高等学校交通运输与工程类专业规划教材

舟艇原理与强度

Zhouting Yuanli yu Qiangdu

程建生　主　编
王建平　副主编

人民交通出版社股份有限公司
China Communications Press Co.,Ltd.

内 容 提 要

本书主要介绍各种舟艇的结构、原理和强度等方面的基本理论，是《浮桥工程》的姊妹篇，《浮桥工程》主要解决的是浮桥上部结构，而《舟艇原理与强度》主要解决的是浮桥下部结构。本书共分为三部分：第一部分即第一章～第二章，为舟艇概述，介绍舟艇的基本结构和浮箱的结构特点和发展；第二部分即第三章～第十章，为舟艇原理，介绍舟艇的形状及其浮性、稳性、抗沉性、水阻力、舟艇的推进、操纵性等基本原理和计算方法，并归纳介绍了舟艇在波浪上摇荡运动的基本概念；第三部分即第十一章～第十五章，为舟艇强度，介绍了舟艇总纵弯曲强度和局部强度的计算原理和具体方法。

本书可作为道路桥梁与渡河工程专业本科学员《舟艇原理》或《船舶原理》课程的教材，也可作为相关专业工程技术人员的参考书。

图书在版编目(CIP)数据

舟艇原理与强度/程建生主编. —北京：人民交通出版社股份有限公司，2015.3

高等学校交通运输与工程类专业规划教材

ISBN 978-7-114-12052-7

Ⅰ.①舟… Ⅱ.①程… Ⅲ.①船体强度—高等学校—教材 Ⅳ.①U661.43

中国版本图书馆 CIP 数据核字(2015)第 027198 号

高等学校交通运输与工程类专业规划教材

书　　名：舟艇原理与强度
著 作 者：程建生
责任编辑：李　喆
出版发行：人民交通出版社股份有限公司
地　　址：(100011)北京市朝阳区安定门外外馆斜街3号
网　　址：http://www.ccpress.com.cn
销售电话：(010)59757973
总 经 销：人民交通出版社股份有限公司发行部
经　　销：各地新华书店
印　　刷：北京盈盛恒通印刷有限公司
开　　本：787×1092　1/16
印　　张：16
字　　数：377千
版　　次：2015年3月　第1版
印　　次：2015年3月　第1版
书　　号：ISBN 978-7-114-12052-7
定　　价：34.00元
(有印刷、装订质量问题的图书由本公司负责调换)

高等学校交通运输与工程（道路、桥梁、隧道与交通工程）教材建设委员会

序
PREFACE

一方面，舟艇是浮桥的浮游桥脚舟，也就是浮桥的下部结构；另一方面，各种舟艇，如动力艇、冲锋舟、各类浮箱等，是渡河桥梁装备和交通运输保障器材的重要组成部分。舟艇一般都具有结构紧凑，质量轻，浮性、稳性、抗沉性、操纵性和可靠性好，以及战术技术性能优越等特点。各类舟艇由于承担的工程保障使命不同，其战术技术要求也各不相同。有的需要承载能力大、浮性稳性好、水上拼组快速，如桥脚舟、浮箱等；有的需要快速机动、便于操纵、抗沉性能好，如动力艇、冲锋舟等。为做好军事斗争准备工作、发展创新渡河桥梁装备，系统掌握舟艇结构、舟艇原理、舟艇强度等方面的知识和理论是十分必要的。本书是《浮桥工程》的姊妹篇，《浮桥工程》主要研究解决的是浮桥上部结构，而《舟艇原理与强度》主要解决的是浮桥下部结构。

《舟艇原理与强度》这本书既有理论又有实践；既有舟艇的原理，又有舟艇的结构与强度；既有总体强度的分析，又有局部强度的研究；既有民用舟艇的一般概念，又有渡河舟艇的鲜明特点。内容系统完整，涉及面较广，尤其可贵的是，随着渡河工程向濒海工程的拓展，在书中加入了波浪的基本知识和舟艇在波浪上的受力特点分析，紧扣了当前的任务牵引和发展研制新装备的要求。

本书的几位作者程建生副教授、王建平教授和李峰讲师等多年来从事浮桥及舟艇的教学和科研工作，在该领域他们分别获得国家级科技进步奖和多项省部级

(军队级)科技进步奖,并获得7项专利,发表各种学术文章120余篇,在本书中他们融入了教学和科研的最新成果。

我相信随着本书的出版,将对该领域的教学改革和专业人才培养起到积极的推动作用。

中国工程院院士 王景全

二〇一四年七月

前言
FOREWORD

浮桥既是一种古老的桥型，也是一种具有特色的桥型。浮桥与一般桥梁一样，也区分为上部结构与下部结构，上部结构的教学内容在作者所著的《浮桥工程》一书中有系统介绍，本书主要介绍浮桥的下部结构，即舟艇的原理与强度，当然各种舟艇，如动力艇、冲锋舟、各类浮桥的桥脚舟、浮箱等，本身也是渡河桥梁装备和交通运输保障器材的重要组成部分。

本书的主要章节为：舟艇概述、浮箱结构、舟艇的形状、浮性、稳性、抗沉性、水阻力、水上推进、操纵性、舟艇摇荡基本概念、舟体总纵弯曲的弯矩和剪力计算、舟艇在波浪上的附加荷载、舟体总纵弯曲强度计算、舟体结构局部强度计算、舟体外板计算共十五个内容。本书在编写过程中，其中的研究工作得到国家自然科学基金(50578157)项目“浮桥在动荷载作用下关键问题研究”、总部科研课题“××桥面防滑耐磨技术研究”、“××浮桥锚定技术研究”、“模块化结构××及水动力性能研究”等项目的资助。

本书可供道路桥梁与渡河濒海工程、道路桥梁与渡河工程、渡河舟桥工程等专业本科学生，在渡河专业方向进行《舟艇原理与强度》等专业基础课程学习时使用，也可供相关规划、科研、设计、生产、监制、管理、使用、维护等工程技术人员参考。

本书由程建生副教授担任主编，由王建平教授担任副主编，李峰讲师、江召兵博士、陈启飞博士、郑峰副教授参与了部分内容的编写。其中程建生副教授编写第一章~第七章,并对全书进行统稿;王建平编写第十章~第十五章;李峰讲师、江召兵博士、陈启飞博士、郑峰副教授编写第八章、第九章。

本书融合了作者们近30多年的相关研究成果,并始终得到了中国工程院王景全院士的指导。本书承蒙中国工程院院士王景全教授作序,在此表示衷心的感谢。

由于作者水平和资料有限,对于书中存在的问题,欢迎读者批评指正;对于书中的引用及参考文献的作者在此也一并表示感谢。

编　　者

二〇一四年七月

目录
CONTENTS

第一章

舟 艇 概 述

第一节　舟艇的基本知识

渡河是部队克服江河障碍的行动，是保障军队机动的一种手段，而部队的机动能力是部队战斗能力、生存能力的关键环节。渡河装备使用是我军工程兵在未来战争中所面临的艰巨而重要的任务。

我国江河众多，水系发达，特别在我国经济发达的东部、南部尤为突出，江河障碍历来是军队机动的主要障碍。现代战争，战场广阔、战场情况瞬息万变，部队前后调动频繁；军队装备不断改善，技术兵器的数量和质量不断增加，对机动保障能力的要求大大提高；战争中敌人会凭借优势的制空权和远射程、高精度武器对我方交通咽喉进行封锁、破坏和袭击，因此渡河工程保障任务更加繁重。

渡河装备器材是保证完成渡河任务的物质基础。渡河装备器材是工程兵部（分）队的装备器材，是工程兵执行渡河工程保障任务的主要工具。随着军队现代化建设发展的步伐，各种先进的渡河装备器材陆续装备部队，对完成现代高技术条件下的机动工程保障创造了条件。

舟艇是渡河装备器材中的一部分。一方面，舟桥的桥脚舟属于舟艇；另一方面，汽艇、橡皮舟和冲锋舟也是舟艇。

一、舟艇分类

目前我国装备的制式渡河器材主要如下。

1. 轻型渡河器材

轻型渡河器材主要用于侦察和强渡江河时保障步兵分队和轻型伴随火器克服江河障碍实施渡河。这类器材主要包括轻型门桥、各种橡皮舟、玻璃钢的冲锋舟等。

轻型门桥，可架设12～16t的浮桥和门桥，渡送较轻的技术兵器，还可以作冲锋舟使用，桥跨采用铝合金材料。新型轻型门桥及轻型门桥分别如图1-1、图1-2所示。

图1-1 新型轻型门桥

图1-2 轻型门桥

我国目前有多种系列的橡皮舟，如图1-3、图1-4所示，配上操舟机，供步兵分队强渡江河时使用，也具有水上侦察、水上巡逻、水上交通、水上救生、水上指挥等用途。

图1-3 班用橡皮舟

图1-4 侦察橡皮舟

冲锋舟主要有可折叠冲锋舟和由玻璃钢制作的抗沉没冲锋舟，如图1-5所示。

2. 重型舟桥器材的桥脚舟

重型舟桥器材的桥脚舟种类较多，但根据结构形式不同可分为两类。

1）桥脚分置式舟桥

桥脚分置式舟桥的载质量从40t到70～110t不等，如图1-6所示，装备的对象分别为工程兵部（分）队，使用场合为一般江河和特大江河。

2）带式舟桥

带式舟桥的载质量一般不超过60t，如图1-7和图1-8所示。

3. 自行舟桥器材

自行舟桥器材主要包括自行舟桥、自行门桥。我国在自行渡河器材方面的研究已经起步，先门桥、浮桥，后又研制了两种类型的自行舟桥。

图 1-5 冲锋舟

图 1-6 某型舟桥架设长江浮桥

图 1-7 在黄河上架设的带式舟桥

图 1-8 某型带式舟桥

本书只研究单个浮游桥脚舟的结构问题。将浮游桥脚放入门桥中研究门桥的结构、强度、稳定等，将浮游桥脚放入浮桥中，研究浮桥的结构、强度、稳定等这是《浮桥工程》一书的主要内容，而《舟艇原理与强度》课程是基础，属于专业基础课的范围，只有解决了单个浮游桥脚舟的一系列问题，才有可能解决门桥或浮桥的总体问题。

另一方面，像汽艇、橡皮舟、冲锋舟、自行舟桥等本身就是单个浮游桥脚舟使用的情况，属于舟艇原理和强度研究的范畴。

二、舟艇的受力特点

浮游桥脚舟主要用于浮桥或门桥的浮游桥脚。因此，一方面要为浮桥或门桥提供足够的浮力；另一方面还要承受由桥跨部分传递来的质量及水中压力的作用（图 1-9），或者承受荷载直接的压力（图 1-10）；而且由于荷载在桥脚舟上位置的不同，对浮游桥脚舟的稳定性也要加以研究。

单个浮游桥脚舟由于长度较长，总体是细长体，因此漂浮在水上的舟体就像放置在弹性地基上的长梁，在外荷载作用下会发生弯曲变形而产生总纵弯曲，见图 1-11。舟体的有些部位在水压力或荷载作用下还会发生局部变形；另外，舟体在横方向还可能产生歪扭，因此舟体结构需要有一定的强度，否则，会导致舟体结构的断裂或破损。

在一般情况下,舟体主要考虑中垂弯曲,但在浪尖上或载重在首尾的情况下,也要考虑中拱弯曲变形。

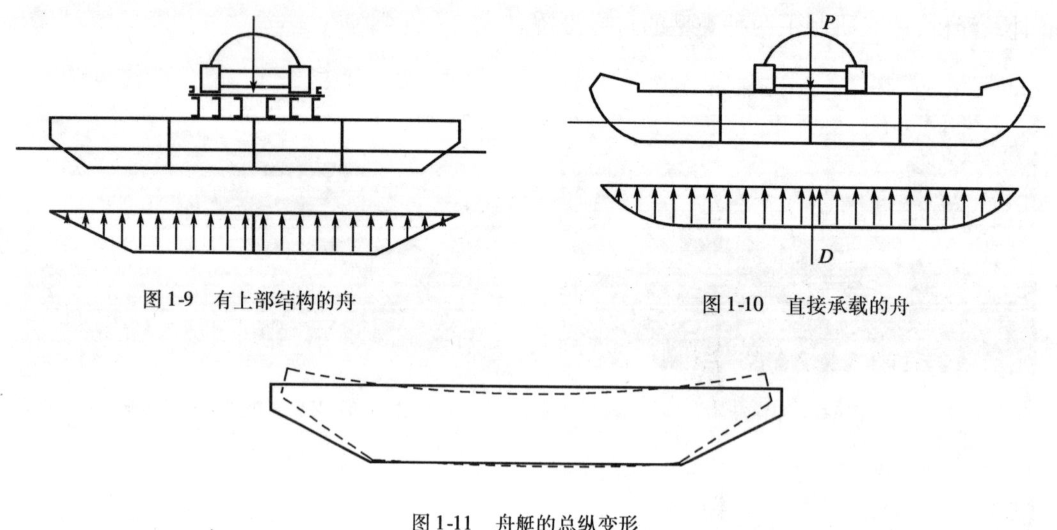

图 1-9　有上部结构的舟

图 1-10　直接承载的舟

图 1-11　舟艇的总纵变形

三、主要技术要求

对于渡河器材的舟艇,其总体要求与民用船舶有相同之处,但也有一些不同之处。

1. 舟体强度适合各种使用条件

无论是架设浮桥还是结合门桥,都是以较小的舟体拼组成较大的浮体而承受较大载重。因此要保证舟体具有足够的强度,无论是总体强度还是局部强度,都要求结构坚固。然而,结构坚固与结构轻便又相互矛盾,因此,许多高强度的合金材料广泛地运用于舟艇制造,以提高舟体强度并减轻舟体自重。

2. 舟艇应有足够的浮性

浮性是指舟艇在载重情况下在水面上的漂浮能力。因而不同的江河情况就有不同的浮性规定,不同类型的舟体结构也有不同的要求。

简单地说,浮性就是指舟艇的载质量是否足够,在载重的作用下能否保证不沉没,这是舟艇乃至船舶设计的基础。

3. 舟艇应有良好的稳性

稳性是指舟艇在各种偏心力作用下,在风浪中的稳定性。为增加其防风浪能力,制式舟一般都设计成封闭式的箱形结构。

4. 舟艇具有一定的流线型

我们都知道,渡河舟桥器材适应流速的大小是一项很重要的战术技术标准,而在之后的学习中,我们将知道舟艇的线形将极大地影响其阻力。因此,为减小舟艇的水阻力,通常将舟艇首尾部分制作成一定的曲线形状,为了结构上的方便,舟体的中间一般制作成方形。

5. 便于运输,装卸

为提高制式舟桥器材的机动能力,浮游桥脚舟都由各种越野汽车载运。因此公路(有时铁路)运输条件是决定舟艇主尺度的主要因素,也是决定舟体分割的主要因素。例如:四折带式舟桥用四节舟折叠而成,由铁马车运输。铁马车自重14t,舟桥自重近7t,车舟合重21t。由于部分道路的承载能力无法满足其载质量,所以在此基础上设计出改进型舟桥器材,原来一辆铁马车运输的舟由三辆东风车来运输。

另外,为了加快架设浮桥、结合门桥的速度,舟体还要便于泛水、装车(又称装载),见图1-12和图1-13,为此,需要在舟体上采取相应的结构措施,如舟底上设置滑铁,舟舷上设置舷缘角钢等。

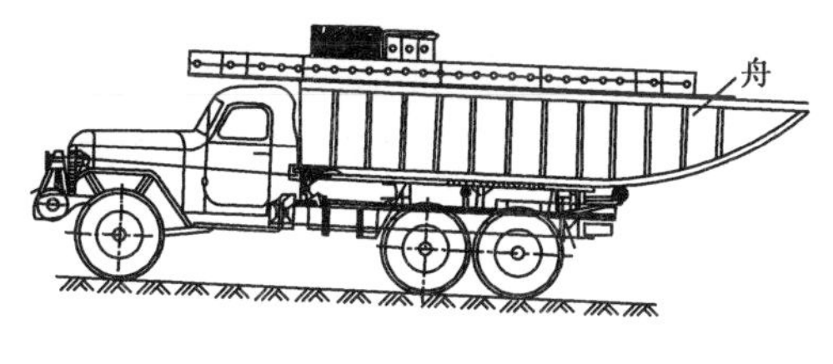

图1-12 舟桥的泛水

图1-13 舟桥的装载

此外,作为舟艇或船舶,还需要考虑有一定的抗沉性(如设置多舱结构)、耐波性、操纵性以及锚泊能力等。

第二节 舟体的基本结构

一、舟体结构的骨架形式

舟体是由钢板(外板)和骨架组成的箱形结构,为保证舟体具有一定的排水体积以提供足够的浮力,需要用密封的外板将舟体包围起来。舟体的外板由底板、舷板、甲板、端板组成,由于板的面积与板的厚度相比尺寸较大,当受到水压力或荷载直接作用时,可能产生变形而影响强度和刚度,故在舟体内部用一些刚度较大的构件作为骨架以支撑外板。

骨架的形式有纵向骨架和横向骨架两种。纵向骨架为主要骨架沿舟的长方向布置;横向骨架为主要骨架沿舟的宽方向布置。

由板和焊在板上的纵、横骨架组成的混合体称为板架结构,因此整个舟体可以分为若干个板架结构(在工艺上也称为分段),如底板板架、舷板板架、甲板板架、端板板架等,各个板架相互连接、相互支撑,使整个舟体构成一个坚固的密封箱体。

舟体的纵、横骨架将板分成许多小板格。根据纵横骨架布置数量的多少,舟体结构可分成三种。

1. 纵骨架式

纵向骨架多,而横向骨架少,则板格的长边沿舟长方向,短边沿舟宽方向,纵骨架形式一般来说有较高的抗弯能力(图1-14),增加了舟体的总纵强度,但缺点是施工较困难。

2. 横骨架式

横向骨架多,而纵向骨架少,因而板格的长边沿舟宽方向,短边沿舟长方向,这种结构横向刚度较大(图1-15),施工制造较方便,但纵向抗弯能力较弱。

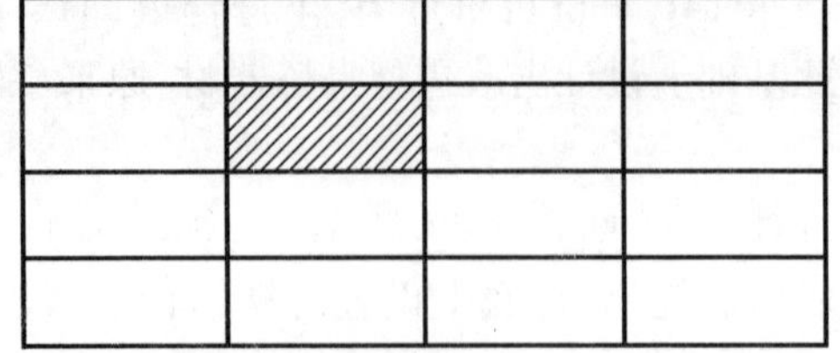

图1-14 纵骨架式

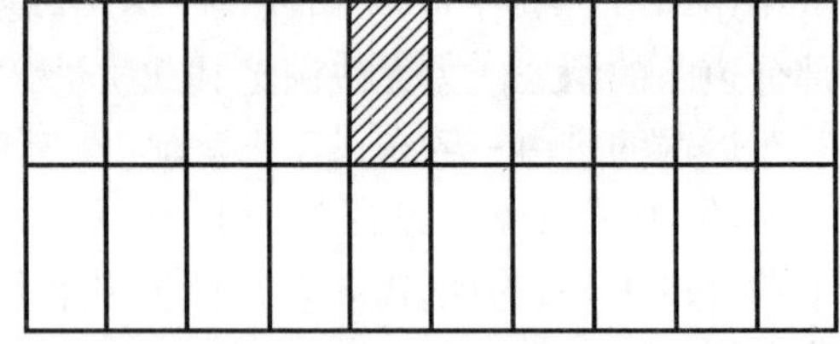

图1-15 横骨架式

3. 混合骨架式

纵横骨架数量相当,即骨架间距相当,板格接近正方形。在有的舟体骨架中总体为纵骨架形式,而局部为横骨架形式,或者总体为横骨架形式,而局部为纵骨架形式,我们称这种形式为混合骨架式。

根据强度和使用的要求,舟体结构均可采用纵骨架式板架和横骨架式板架的组合形式,一般对总纵弯曲要求较高的舟体多采用纵骨架式结构,对小型舟体多采用横骨架式结构。

二、外板和甲板

1. 外板

舟体为密封的箱体,见图1-16,外侧要用各种外板装焊起来。一般说来,钢板的长边沿舟长方向布置,钢板的横向接缝为端接缝,纵向接缝为边接缝,钢板逐块通过端接缝而连成的连续长条板称为列板,外板的名称分别为:

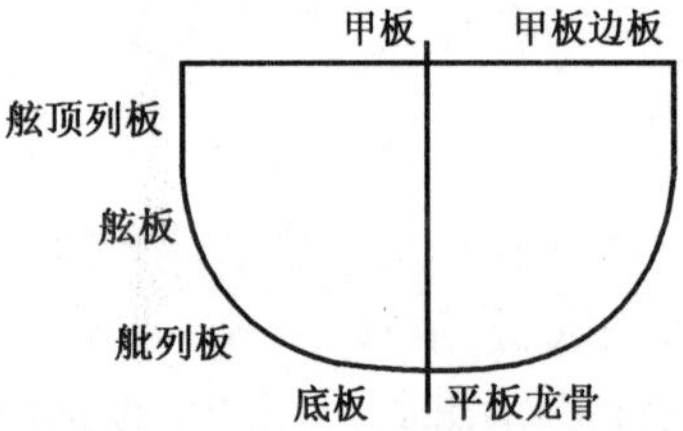

甲板
甲板边板
舷顶列板
舷板
舭列板
底板
平板龙骨

图1-16 外板名称

平板龙骨为位于舟体中线的一列底板;舭列板为由底板向舷板过渡的转圆部分;舷顶列板为直接与甲板相连接的一列舷板;舷板为位于两侧的钢板;底板为位于舟艇底部的板;端板为位于舟艇两端的板,有的舟艇如果是雪橇型,则只有一个端板。

外板保证舟体密封,使舟艇具有一定的漂浮及承载能力。外板主要受力如下:

(1)总纵弯曲。此时,底板可以作为舟体梁(等值梁)的下翼板,甲板可以作为舟体梁(等值梁)的上翼板,在中垂弯曲时,底板承受拉力而甲板承受压力,舷板则作为舟体梁的腹板承受剪力。

(2)局部载重。外板直接承受局部压力的作用。例如,底板直接承受水压力的作用,甲板直接承受各种荷载的作用,因此在受力过程中有局部弯曲的现象发生。

(3)动载。舟体在水中直接承受波浪的冲击力,以及舟艇尾部螺旋桨或操舟机工作时的动水压力。

各块边板根据其位置和受力状况的不同,在尽量减轻自重的情况下,可以选择不同厚度的钢板。舟体的中央总纵弯矩最大,外板应最厚,并向舟体首尾两端逐步过渡变薄。沿肋骨方向(即舟体的横方向),平板龙骨和舷顶列板在舟体梁的最下端和最上端,所受总纵弯曲应力最大,因此其厚度应比其他列板厚些。但是有时舟体底板考虑直接承受局部压力,因此两端的底板稍厚而中间的底板较薄。

外板的排列应充分考虑钢板的规格,减小钢板的剪裁工作量,因而要选择较适宜的板宽,以减少接缝的数量。

外板的端接缝处于总纵弯曲时受拉的位置,因此其要求更高,如果不能充分保证端接缝的焊接质量,则后果十分严重。

2. 甲板

甲板在总纵弯曲时作为等值梁的上翼缘,并且直接承受载重或由桥跨传来的压力,另外,还要便于人员在上面作业等。

甲板的厚度也是中间厚、首尾减薄,但甲板边板是甲板中自首至尾的有效纵向连接构件,承受总纵弯曲应力,并在甲板边缘易积水腐蚀,故要求厚些。

甲板所用钢板的长边沿舟长方向布置,并且平行于甲板中线,在设计时应避免在端接缝附近开口(如舱口、抽水孔等),以避免应力集中。

为了保持甲板边板与舷顶列板之间结构连接的合理性,两板的厚度不宜相差过大。这两列板可以直接相焊,也可以用小角钢过渡(图 1-17),而实际中,后者使用较多。

三、舟底结构

舟底骨架主要为横骨架式和纵骨架式,一般的舟艇为单层底,但像汽艇等在机舱部位为双层底横骨架式,单底结构的横向骨架是肋板,纵向骨架是内龙骨,肋板承受舟底的局部载重,内龙骨与肋板相互支持构成板架。

内龙骨有中内龙骨和旁内龙骨如图 1-18 所示。

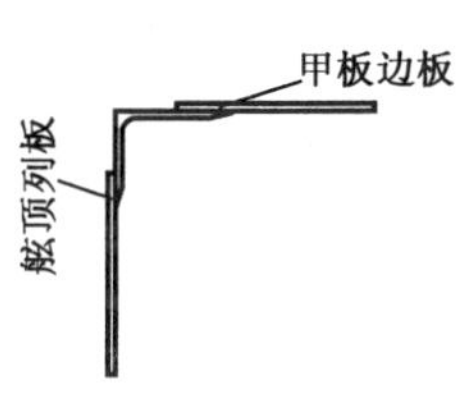

图 1-17 甲板与舷板的过渡

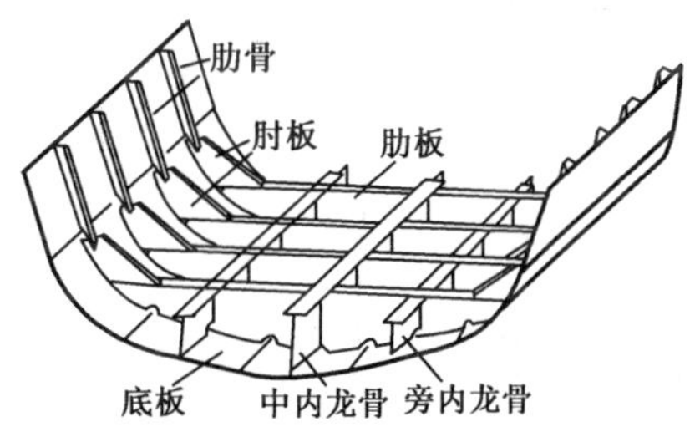

图 1-18 舟底结构

中内龙骨一般是位于舟的纵向中线面,是整个舟中纵向连续的主要构件,一般其从舟首到舟尾不中断,只有在横舱壁处才间断。间断后的连接主要采用以下三种方法:

(1)如图 1-19a)所示,在靠近舱壁处,将其腹板加高至原来的 1.5 倍。

(2)如图 1-19b)所示,腹板不变,另焊接一垂直肘板,肘板的高度和宽度均等于中内龙骨的高度。

(3)如图 1-19c)所示,腹板不变,将中内龙骨的上翼板在一个肋距内逐步放宽成水平肘板,该肘板在隔舱壁处的宽度为原来的两倍。

旁内龙骨对称地设置在中内龙骨的两侧,根据舟宽,通常在每侧设置 1 ~2 根,旁内龙骨可制成折边形或 T 形,在肋板处可间断,它与横舱壁的连接同中内龙骨。

横向骨架肋板是等距设置,它在中内龙骨处间断并与之焊接。肋板可以用折边钢板或焊接成 T 形,肋板在中内龙骨处与中内龙骨同高,在下面开有半圆形的流水孔,以疏通舱内积水。

肋板的两端用肘板与舷板的肋骨连接，肘板相当于肋板与肋骨的节点板（图 1-20），肘板的高度从基线算起，不小于中线面处肋板高度的两倍，宽度不小于型宽的 0.1 倍，并且可以是 T 形或折边钢板。

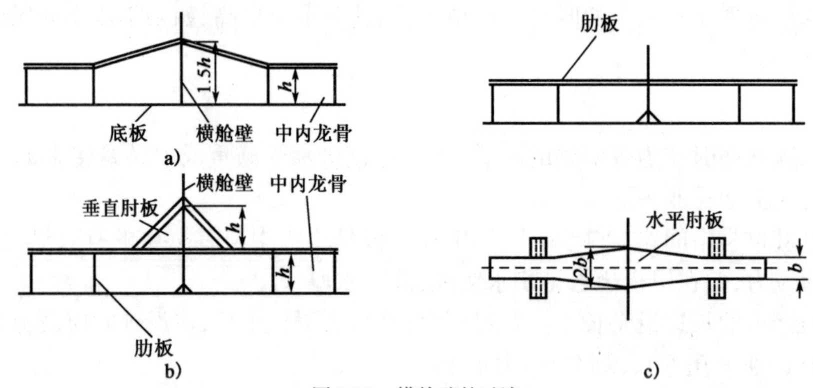

图 1-19　横舱壁的过渡

纵骨架式单底结构，它由一根中内龙骨和数量较多的旁内龙骨组成。其特点是：纵骨架数量多，间距较小，肋板间距较大，为保证纵向构件的连续性，所有的内龙骨都连续贯穿，而肋板则是间断地焊接在内龙骨之间（图 1-21），内龙骨的高度通常大于肋板高度，高出部分须用肘板加强。

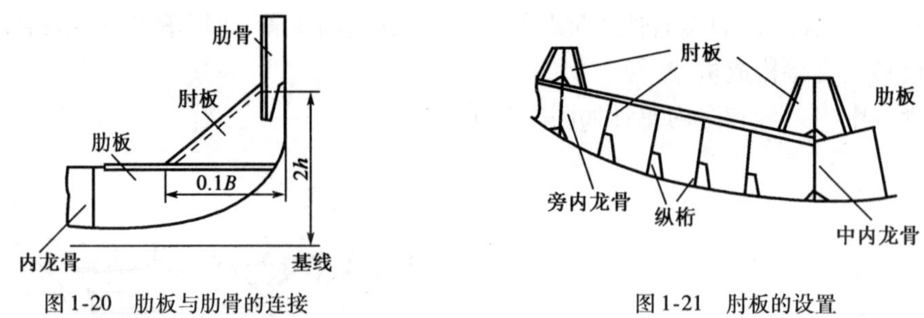

图 1-20　肋板与肋骨的连接

图 1-21　肘板的设置

四、甲板结构

甲板结构主要承受总纵弯曲时的受压，同时还承受横向载重作用，它分为横骨架式和纵骨架式。

甲板结构主要由甲板、甲板下纵桁、甲板下横桁等组成。甲板纵桁作为横梁的节点，并连续贯通舟体全长，常用 T 形材料制成。沿舱口边的纵桁称为舱口纵桁，它一般不采用 T 形，而采用向内折边的折边钢板，并在舟舱口外侧焊一圆钢。

横梁主要承受横向载重，设在每一个肋位上（一般为等间距），常用不等边角钢或折边钢板制成。舷板至舱口边的横梁叫作半梁，其尺寸与横梁相同，舱口前后端横梁需加大腹板尺寸成为强横梁，叫作舱口端横梁。

横梁与纵梁相交时，在纵桁上开口让其穿过，见图 1-22。

五、舷板结构

舷板在总纵弯曲中起等值梁的腹板作用，并且舷板还承受侧向水压力的作用。小型舟艇一般为横骨架式舷板结构，而其肋骨全部采用相同的结构形式。

肋骨起支撑舷板的作用,以保证其强度和刚度。肋骨通常用不等边角钢或折边钢板制成,肋骨与甲板下横梁、底板上肋板都用肘板相连,使之形成一个坚固的横向刚架,以保证舟体横向强度。

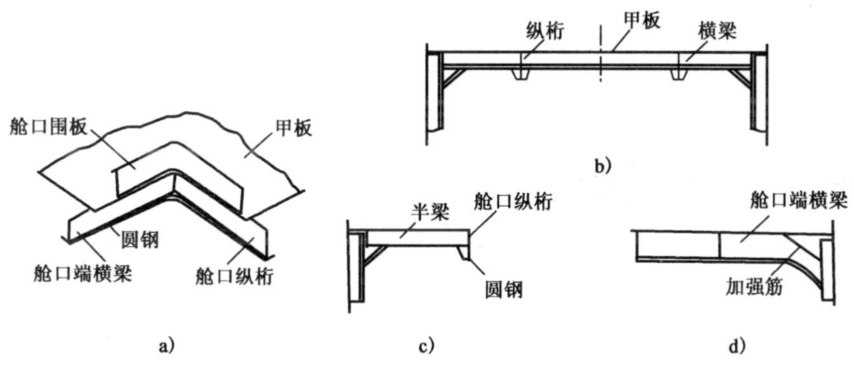

图 1-22 甲板结构

肋骨的腹板垂直于中线面,其翼缘一般朝向中横剖面。

在渡河器材中,肋骨一般不专门焊制,而是采用压筋的形式。压筋就是在钢板上冲压成型,既起到肋骨的作用,又可以减轻结构自重,减少施工难度。

六、舱壁结构

根据舟艇抗沉性的要求,可设置水密隔舱,将舟体分割开来,隔舱通常情况下是横隔舱,大型船舶也有纵隔舱或纵横隔舱的,纵隔舱可以提高舟体的总纵强度,而横隔舱可以提高舟体的横向强度和刚度,见图 1-23。

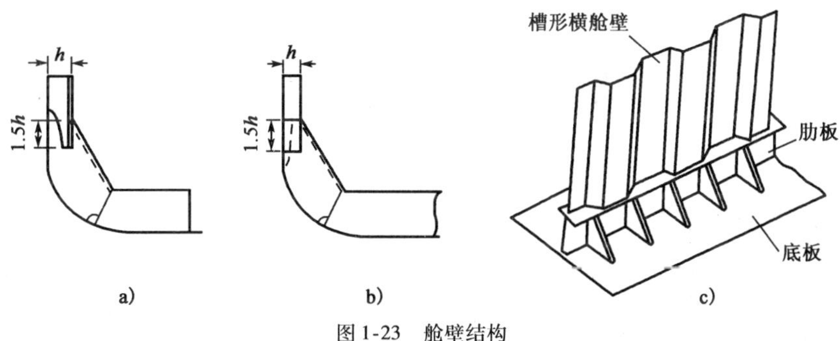

图 1-23 舱壁结构

第二章

浮 箱 结 构

第一节　浮箱发展概况

一、浮箱的发展背景

现代高技术战争突发性大，要求迅速进入战争状态；战场广阔，要求军队快速机动；作战物资消耗巨大，要求及时补给。这将使战时交通运输的地位和作用更加重要。在交通运输线中，桥梁、港口等工程设施常是敌人破坏的重点。由于现代武器和侦察技术飞速发展，这些设施遭受破坏的可能性加大。我国是一个多江河的国家，具有漫长的海岸线。而这些江河、湖泊和海域将对我军的机动和补给造成障碍。

为了在战时能迅速地克服这些障碍，保证军事交通畅通，必须拥有足够数量且性能优良的交通战备器材。我国工程兵虽有一定数量的桥梁渡河器材，但由于数量有限，只能用于保障第一线的主要作战方向的部队机动，而后方广大地域的交通保障任务，必须依靠各地交通战备部门的人力和物力来完成。战时虽然可以征集就便器材和民船，但它们需要临时进行加工、加强或改造，要花费很多时间和人工才能投入使用，不能适应未来战争的快速性要求。因此，在战前储备一定数量的制式交通战备器材，以便战时迅速克服江河湖海等障碍，确保战时交通线的畅通是十分重要的。

(1)浮箱既有浮力,又有强度,是舟体和桥体合一的优化结构形式,它能单独拼成渡驳,架设浮桥,在宽大江河水域中执行交通保障任务。

(2)浮箱是标准的箱体结构,以最少的单元种类在水上拼组多种工程结构物,作业简单、方便迅速,战术技术性能优越。

(3)浮箱有极高的多用性,是典型的军民两用器材,在民用上有极为广泛的应用领域,它能在国民经济建设中发挥良好的经济效益和社会效益。

由此可见,浮箱是一种理想的交通战备器材。浮箱的主要用途为:

(1)公路:带式浮箱桥、渡驳和码头;分置式浮桥桥脚和高架浮桥桥墩。

(2)铁路:带式浮桥桥基,分置式浮桥桥脚、渡驳和深水浮墩。

(3)内河及沿海港口的浮码头和浮游栈桥。

(4)工程作业平台:打桩平台,浮吊和钻探船等。

上述每种结构物都具有多种形式、不同吨位的变化,以适应使用要求。

浮箱器材的先进性,主要体现在以下四个方面:

(1)浮箱应有灵活方便的拼接性能,以满足未来战争对交通保障的快速性要求,并应能实现浮箱平台的大型化和多样化。浮箱的连接必须方便迅速,便于在各种气候和风浪条件下作业。单舟应能方便地引出,长桥段便于在水流中相连,能够实现丁字连接和交错连接,以便拼装成各种几何形状和实现大块浮箱结构之间的连接等。在制造工艺上,应保证浮箱有良好的可拼装性和互换性。在这方面的技术关键是接头问题。

(2)浮箱应有良好的工作条件。由浮箱组装的平台,应有平坦宽广的表面,整体性好,刚柔适度,车辆行驶舒适、平稳迅速,不颠不振,噪声低。人员在平台上便于行走和作业,能方便地在平台上安装各种舾装设备、机械设备和上部结构。

(3)浮箱器材应有广泛的适应性,以满足各种地形条件和工作环境。例如甲板要能直接承受各种车辆荷载;箱底应能直接坐滩承压,浮箱结构物对流速、风浪和水位变化以及岸滩岸坡都应有较大的适应能力。

(4)结构合理,质量较轻,造价不高。浮箱的结构设计必须优化,传力途径顺畅,充分利用箱体各部强度。

二、国内外浮箱的现状和发展

浮箱是船舶、浮墩和平台等大型浮体分解为模块化的箱形单元。将它再拼接起来,又可组成原来的浮体来执行任务。浮箱的出现,首先是出于军队渡河的需要。在20世纪初,军队已装备制式舟桥器材,由于战争常是跨越江河进行,渡河器材必须用车辆在陆地上运输、伴随军队机动。作为浮桥桥墩的舟,不得不分解为能用车辆运输的舟节,即分解为浮箱单元。另一种情况是民用公路渡驳或其他工程作业船舶,在互不通航的一些地点间转移调配时,也需要将它分解成浮箱,以便装车运输。因此浮箱首先是为了满足陆地机动的要求产生的,浮箱的主尺度和质量都要受到运输车辆的限制。浮箱间必须通过有限个接头相互连接起来。浮箱的这种装配性为其带来了众多的变化能力,即能有多种组合形状,可以适应不同的应用场合。而这种变化能力,也正是作为制式器材所特别需要的,也为民用所欢迎。在大型桥梁工地或大坝、港口工程工地,也常因工作需要制造其所需的浮箱,用来拼组浮吊,打桩船、工作船等多种水上工程作业船的浮基,或用于打捞沉船。由于施工工种是经常改变的,由浮箱拼装的各种作业平台便于机动使用,因此比制造许多专用工程作业船的效费比高。由于浮箱具有机动性高和适应性强的两大特点,它在20世纪世界各国都得到广泛的应用和发展,国际上先后出现了很多著名的浮箱器材。

国外及国内浮箱简介如表2-1、表2-2所示。

国 外 浮 箱 简 介 表2-1

内容		单位	英国				德国		意大利	苏联		美国
			艾克罗浮箱	麦埃佛罗特浮箱	梅贝渡船	80t级重型渡船	50/80t级浮箱桥	博登工兵门桥	莫图拉浮箱	KC－Y浮箱	KC－3浮箱	海军码头
尺寸	长	m	5.28	6.1	6.00	9.80	4.20	9.10	9.00	7.20	7.20	2.13
	宽	m	2.43	2.44	2.47	2.30	2.10	2.59	3.00	3.60	3.60	1.52
	高	m	1.21	1.45	1.30	1.20	0.80	1.90	1.50	1.80	1.80	1.52
单箱质量		kg	2 895	4 654	3 824	4 830	1 153	10 300	8 680	7 200	5 900	
单箱承载力		kN	100干舷23cm	100干舷45cm	100		46干舷5cm	112	180干舷51cm	260	270	
接头形式	上部		搭接式单销接头	单销	贝利类阴阳接头		弓形环	扣环和并连栓	卡销接头	盖板及螺栓		连杆与槽口组成的张紧机构
	下部		搭钩	插栓			连接叉					
主要用途			与贝雷桥配套架设浮桥渡船	海上、渡驳、栈桥、码头	渡船、与贝雷桥配套架设浮桥	渡船	浮桥、门桥	渡船	渡船、浮桥有立柱的作业平台	渡船、建桥施工船		栈桥码头

国 内 浮 箱 简 介 表2-2

内容		单位	铁路TF－8浮箱	广西浮箱		济南85双体承压箱	内蒙古				松花江浮箱	装配式公路浮箱	多用途浮箱
							普通浮箱		两栖浮箱				
尺寸	长	m	5.00	5.60		12.00	5.60		9.10		5.40	5.26	5
	宽	m	2.50	2.40		9.60	2.40		2.59		2.50	2.40	2.5
	高	m	1.66	1.40		1.30	1.40		1.90		1.20	1.20	1.5
单箱质量		kg	3 500	3 200		1 100	3 200		10 300		3 400	3 260	3 800
单箱承载力		kN	127	87.5		400	88		112.5		94	90	
干舷		m	0.30	0.40		0.30	0.40					0.25	
接头形式	上部		高强度螺栓	纵向	横向	可变刚性接头	纵向	横向	纵向	横向	接头式单销接头	搭接式单销接头	
	下部		丙丁型搭钩	搭接式单销接头	螺栓		单销接头	螺栓	单销接头	螺栓	搭钩	搭钩	
主要用途			渡驳、道岔驳、浮墩	渡船、浮桥		栈桥、码头	浮桥、渡船				施工便桥、码头	与装配式钢桥配套、渡船	多用途

由于大多数浮箱采用了模块化设计，所以使得浮箱具有多用性，浮箱走向多用途的方向是其本身发展的必然趋势。许多浮箱在研制中也曾在不同程度上考虑过扩大其应用的覆盖面，并采取了以下措施：

(1)许多浮箱根据架设带式桥的需要，提高了纵向接头的强度。为了架设迅速，有的在桥段间设置铰接器，使浮桥成为铰接体系带式桥。

(2)为了满足拼组大型平台的要求，在设计时应保证浮箱的侧向接头具有一定强度，使浮箱平台在纵横方向都可达到一定的长度和宽度。这不仅能保证拼组大型平台，而且能提高浮箱在铁路和海上使用的适应性。

(3)许多器材在设计时已在不同程度上考虑了箱体纵横尺寸的模数化、纵横接头的通用化，以便实现丁字连接和交错连接，拼组成各种不同几何形状的浮体，适应不同的作业需要。

(4)有些浮箱还考虑水位涨落时在岸滩上搁浅和克服软滩等情况，为此在设计时要考虑箱体底部可以直接支承在河滩(岸滩)上。为了适应岸滩地形起伏，箱间的纵向接头可以根据需要由刚接变成铰接。

(5)有的浮箱已考虑到在水中准确定位和经受风浪的需要，做成安装支柱，借以实现平台的升降和脱水。

综上所述，浮箱器材的发展方兴未艾，应用范围越来越广泛，其发展趋势可以概括为：扩大用途，平台大型化和走向海洋。

第二节 国内外主要浮箱介绍

一、外国主要模块化浮箱器材

1. 英军 Mabey Uniflote 系统

英军 Mabey Uniflote 系统(图 2-1，表 2-3)是应用模块化原理于 20 世纪 50 年代设计的一种浮箱器材。以其模块化浮箱可装配构成具有不同承载能力的门桥和浮桥。该系统被世界各国军队广泛运用于架设交通栈桥、浮桥、连接舰船和岸滩的栈桥、浮游码头和渡送车辆用的门桥，也广泛用于诸如浮游码头、滚装转运码头等民用工程，以及保障运载吊车、打桩设备等陆上设备用于海上作业等临时性作业。该系统目前已装备在英国、巴西、比利时等国部队。

图 2-1 英军 Mabey Uniflote 系统

标准 Uniflote 单元长 5.283m，宽 2.438m，型深 1.219m(大型深单元型深为 1.828m)，为钢架全焊接结构，钢架上焊有 4mm 厚的板材。单元体内有 2 道密封舱壁，形成 3 个密封舱。Uniflote 单元在承载 9 000kgf(1kgf = 9.806 65N)条件下可保持干舷高 0.23m。各单元通过插入接头的锁定销进行连接，其接头布置可使单元间能首尾相接、舷侧相连，单元间的端面和侧面也能接合。Uniflote单元底部装有导轮，有利于浮箱单元在岸上时的滑动泛水作业。单元体上还装有四个吊耳,可用起重机将浮箱单元吊送到水中,便于浮箱单元的转运和泛水。

英军 Mabey Uniflote 系统浮箱单元规格尺寸　　表 2-3

规格＼单元	标准 Uniflote(U4/1A)	首浮箱单元(阴接头 U4/3A,阳接头 U4/2A)	跳板单元(U4/6A)
质量(kg)	2 895	843	1 879
长度(m)	5.283	1.82	3.658
宽度(m)	2.438	2.438	2.438
型深(m)	1.219(不带舷缘)	1.219	1.219

标准 Uniflote 单元的甲板比舷缘低 80mm,在甲板上能够铺设可更换的木质甲板。军用型单元则采用与舷缘平齐的整体式钢质甲板,车辆直接在甲板通行。

英军 Mabey Uniflote 系统的平底驳端面经设计与 Uniflote 浮箱单元具有相同的端截面,可以与浮箱单元的端面和侧面连接。平底驳上的短舷缘也与 Uniflote 浮箱单元上的舷缘相对应。系统的跳板单元可通过跳板接头铰接到标准 Uniflote 单元的两端和侧面,能够适应多种岸高条件。

该系统的浮箱单元及单元之间的接合部上提供有一系列座架,可用于安装绞车和推进装置。有些座架还可用于安装艾克罗拆装式桥或贝雷桥,以及其他辅助设备。

2. 英军 Mexeflote 多功能浮箱和港口设备

英军 Mexeflote 多功能浮箱和港口设备(图 2-2,表 2-4)的承载能力为 60t 军用级,能够迅速组装成适用于海上和港口的驳运门桥,也能组装成栈桥、码头和其他浮游设施。该系统于 20 世纪 60 年代列装英军和其他一些国家的部队。英军曾在英、阿马岛战争中成功地运用该系统来保障装备和物资快速卸载上岸。

图 2-2　英军 Mexeflote 多功能浮箱和港口设备

系统采用首、中、尾三种钢质浮箱组成。浮箱单元为带平侧甲板的焊接钢质结构,其端面和侧面甲板上留有凹槽,内装有连接接头,可首尾或舷侧连接构成门桥、栈桥、码头和浮游平台。首浮箱单元由前节、后节和跳板组成。中浮箱单元和尾浮箱单元采用箱形结构。其中,尾浮箱单元的底边经过斜切处理。当推进装置装在浮箱单元尾部时,允许推进器和推进装置的尾鳍 360°回转。

英军 Mexeflote 多功能浮箱和港口设备浮箱单元规格尺寸　　表 2-4

规格＼单元	首浮箱单元	中浮箱单元	尾浮箱单元
质量(kg)	5 909	4 654	4 418
长度(m)	7.92	6.1	6.1
宽度(m)	2.44	2.44	2.44
型深(m)	1.45	1.45	1.45

浮箱单元接头为长方形结构,可安装在浮箱单元上任意一个全长的接合槽中。每个接头的底部有一个固定销和一个活动销。该活动销可通过接头顶部的手把控制升降,使浮箱单元与邻接浮箱单元底部接合。顶部接合时,只需在邻接浮箱单元上各将一短螺栓穿过接头即可接合固定。

该系统在运用时,由登陆舰或其他舰只在船体两侧各曳引一座 37.95×12.9m 门桥(单座门桥可承载 3 辆 60t 级坦克或相当荷载的车辆)或 2 座 20.22×7.42m 门桥(单座门桥可承载 2 辆 60t 级坦克)。当接近滩头时,可将这些浮箱单元释放用作门桥(需装上动力装置)或首尾相接结合成通往滩头的栈桥。该器材的浮箱单元适应浪高为 0.61m,结构成的驳运门桥、浮游栈桥和浮游码头适应浪高 1.22~1.52m,在系泊条件下驳运门桥和浮码头(空载)最大适应浪高 2.74~3.05m;拖曳条件下浮游栈桥或驳运门桥(空载)最大适应浪高达 3.66m。因而该系统具有较好的抗风浪能力。值得一提的是,Mexeflote 中、首浮箱的外形尺寸与 ISO 标准集装箱的尺寸相匹配。因此,系统的装卸和运输也十分方便。

3. 美国陆军模块式栈桥系统(MCS)

MCS 模块式栈桥系统(图 2-3)由采用模块化设计的栈桥桥节构成。这些 24.4×7.3m(80×24ft)(1ft=0.304 8m)的桥节由尺寸与 ISO 标准集装箱尺寸相匹配的浮箱单元结构而成。

a)中间单元

b)首尾单元

图 2-3 美国陆军模块式栈桥系统

浮箱单元有中间单元和首尾单元两种。其中,中间单元外形尺寸为 12.2×2.4×1.4m,首尾单元外形尺寸为 6.1×2.4×1.4m(图 2-4)。每个栈桥的桥节均可拆装,并可通过能够装卸 40ft 集装箱的军用或民用运输器材进行运输。整套系统分浮游栈桥(FC)、滚装卸载平台(RRDF)和驳运门桥三个子系统,主要用于联合海岸后勤行动中,在无港口、登陆上岸设施不足或现有港口和登陆上岸设施无法使用的条件下,实现滚装车辆、集装箱和散装货物由舰到岸的快速卸载。其中,浮游栈桥由首尾相接的标准栈桥桥节构成,由岸向海伸出形成栈桥/跳板,用于克服浅滩或礁石障碍;滚装平台也由标准栈桥桥节组成,用作滚装运输舰与登陆驳运门桥、驳船和气垫船厂等转运器材间的过渡器材;驳运门桥由一个动力桥节和三个栈桥桥节组成,用于将滚装装备和集装箱等

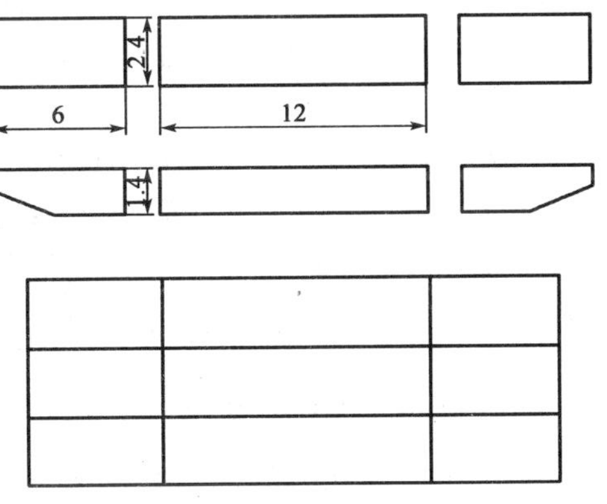

图 2-4 美国陆军模块式栈桥系统浮箱单元和桥节外形尺寸示意图(尺寸单位:m)

物资由舰向岸进行输送和卸载。

4. 美国海军模块式高架栈桥系统[ELCAS(M)]

美国海军模块化高架栈桥系统,在英国又称 Mexecell 模块式后勤系统(图 2-5,表 2-5),由英国 FBM 船舶有限公司和美国 Marinette 船舶公司合作研制生产,于 1998 年开始装备美国海军使用。该系统采用模块化的设计概念,提供了模块式构件和简单而高效的连接系统。其与 ISO 标准集装箱尺寸相匹配的钢质浮箱单元,可在现场组合装配成浮游栈桥、滚装平台、驳运门桥、水下施工平台、钻井平台、海上高架平台、潜水支援平台、高架栈桥和海上防波堤等结构。

图 2-5 美国海军模块式高架栈桥系统[ELCAS(M)]

ELCAS(M)系统包括首、中、尾和配有 154kW(210 马力)船用柴油动力喷水推进器的喷水推进模块,共四种基本模块。它们可以首尾相接和侧向连接构成任何所需的配置形式。为了增强灵活性,ELCAS(M)首浮箱模块能够抬升并高出甲板平面,形成端部的倾斜,或者放低至模块底部平面下以形成装载跳板斜坡。ELCAS(M)模块采用不带任何内部支撑的开放式单元结构,模块内部可存放通用器材、系统部件以及软包装水或燃油袋等货物。其甲板能够承载 60t 军用级轮式车辆和 70t 军用级履带式车辆的荷载。系统可在三级海况条件下进行连接和分离作业,组装成的系统可承受 6 级海况条件。

美国海军模块式高架栈桥系统[ELCAS(M)K]浮箱单元外形尺寸 表 2-5

单元 / 规格	首浮箱单元	中浮箱单元	尾浮箱单元
长度(m)	7.92	6.09/12.19	6.09/12.19
宽度(m)	2.44	2.44	2.44
型深(m)	1.45	1.45	1.45

系统的辅助器材包括系柱、系缆墩、护舷装置、航行灯具、滩头跳板、定位桩槽(用于外桩定位)和定位桩孔(用于内桩定位)等多种"快速安装定位"器材。

ELCAS(M)系统采用的高精度卡爪装置是其拼接和装配的关键,而且该卡爪装置只需辅以很少设备,便可在工作现场进行更换。当卸下单个模块进行维修和更换时,整个系统的性能不会因此而受到影响。

ELCAS(M)模块可采用悬臂结构技术在拍岸浪区拼接组装成高架栈桥。当运输船只到达栈桥结构场后,7d 之内整套高架栈桥系统便能全面运作。高架栈桥系统包含吊臂、打桩机、拔桩机、灯具、发电机、转台、车辆装卸设备和 ELCAS(M)模块的全套系统。所有这些设备均通过 ELCAS(M)浮游式栈桥从海上卸货点运至组装作业场。

二、我国的多用途浮箱

20 世纪 90 年代中期,我国研制成功多用途浮箱。该器材研制坚持平战结合、军民兼容的指导思想,坚持把器材先进性放在第一位的设计原则,贯彻以公路交通保障为主,兼顾海上和铁路交通保障使用。研制成功新型浮箱器材,可高效、快速地拼组搭设各种浮箱结构物,进一步提高了交通运输快速保障和综合保障能力。

以下从浮箱的应用范围、拼组性能、通行性能、适应性能、机动性能及单箱性能方面对国内外同类浮箱器材进行对比说明。

1. 应用范围广

各类浮箱的应用范围比较见表2-6。

浮箱应用范围比较表　　表2-6

用途 \ 浮箱类型		多用途浮箱	TF-83浮箱	艾克罗浮箱	麦埃佛罗特浮箱
公路工程	带式桥	可	—	—	可
	分置式浮箱	可	可	可	—
	高架浮桥	可	可	可	—
	渡驳	可	—	可	可
铁路工程	带式桥	可	—	—	—
	分置式浮桥	可	可	—	—
	渡驳	可	可	—	可
	浮墩	可	可	—	可
海上工程	浮游栈桥	可	—	—	可
	浮码头	可	—	限内河使用	可
	直升机平台	可	可	轻型	—
施工平台	打桩平台	可	可	轻型	—
	钻井平台	可	可	轻型	—
	浮吊	可	—	—	—

注:麦埃佛罗特器材在1992年出现改进型麦克西尔(Mexecell),可作水上施工平台使用,该浮箱专业性很强,其主要特点为,带有直径0.609m的桩柱,可架设海岸高架栈桥(EICAS系统),因浮箱可脱水作业,故有较高的抗风浪能力。配有带喷水推进器的尾箱。

2. 拼组灵活迅速

拼组性能包括拼接方式、拼组速度和作业强度以及拼成的浮箱平台大小和表面平整度等性能。

(1)拼接方式灵活,平台尺寸大

各种浮箱器材的拼接方式比较见表2-7。

浮箱拼接方法比较表　　表2-7

拼接方式		多用途浮箱	TF-83浮箱	艾克罗浮箱	麦埃佛罗特浮箱
对接	纵向	可	可	可	可
	横向	可	可	可	可
丁字接头		可	—	可	—
交错连接		可	可	可	—
角型连接		可	可	—	可
大块拼接	长条拼接	60m长条可横向拼接	—	—	—
	大块拼接	20m×20m两大块可互相拼接	—	—	—

续上表

拼接方式	多用途浮箱	TF-83 浮箱	艾克罗浮箱	麦埃佛罗特浮箱
异形平台(如中空平台)	可	可	—	可
大面积平台	已拼 40m×20m 平台,无拱度,作业迅速	已拼 28m×18m 平台,拱度大,作业慢	—	—

(2)拼组迅速,作业人员少,劳动强度低

多用途浮箱水上拼组速度要比 TF 系列浮箱和装配式公路浮箱(艾克罗浮箱的仿制器材)的拼组速度快得多,见表 2-8。

浮箱拼组速度比较表

表 2-8

拼组方式		多用途浮箱	TF-83 浮箱	装配式公路浮箱
单箱	纵向连接	10s	1min18s	49s
	横向连接	15s	2min16s	1min15s
互换性试验	互换方式	6 箱互换:拼成 10m×7.5m 小平台	同左	4 箱互换:拼成 10m×5.2m 小平台
	拼组时间	2min55s	1h52min	2min10s

注:1. 表中有关数据摘自《多用途浮箱水上互换性试验报告》、《装配式公路浮箱试验报告》和《TF-3 型浮箱拼组效率试验报告》[桥科质检(85)字第 58 号]。

2. 单箱拼组时,多用途浮箱只需要每箱一个人,而 TF-3 型浮箱和装配式公路浮箱需要每箱两个人,且表 2-8 中 TF-3 型浮箱的单箱连接时间只计算到每只浮箱连好两个螺栓为止。

如拼组大面积平台等大型水上浮箱平台,则多用途浮箱拼组的快速性更加明显,现以多用途浮箱和 TF 系列铁路浮箱为代表加以比较,见表 2-9。

水上大面积浮箱平台拼组速度比较表

表 2-9

规格 \ 浮箱类型	多用途浮箱	TF-80 浮箱
平台尺寸(m)	40×20	28×18
平台面积(m^2)	800	504
排列方式	8 排 8 列	7 排 9 列
浮箱数量(只)	64	63
作业时间、人数	12min、30 人	每班 8 人,连续作业 1d
气象条件	浪高≤0.5m,风力≤8 级	无风浪

多用途浮箱具有良好的拼组性能,其主要原因:一是有刚性舟舷缘作为拼组基准,特别是采用了新型的舟舷横竖销交叉连接接头,保证了浮箱准确的拼装位置;二是采用了装钩——钻孔组合胎架舾装,保证整个浮箱的加工实现先焊后钻,并以准机械加工方法进行连接孔系的加工;三是采用了合理的公差配合,并在保证结构受力均匀的前提下,规定合理的接头间隙。

3. 通行性能好,通行荷载等级高

由于多用途浮箱结构强度大,刚性好,所以架设成的浮箱结构物具有良好的通行性能。用多用途浮箱搭设的公路带式桥的荷载等级见表 2-10。

这一指标已超过麦埃佛罗特浮箱及其改进型浮箱器材——麦克西尔(Mexecell)浮箱的通行荷载等级(MLC60 型轮式荷载和 MLC 型履带型荷载)。

多用途浮箱公路带式桥的荷载等级 表 2-10

桥　型	荷载等级	
	军用	民用
单行道	履带荷载 LD-50	设计荷载汽车-50
B=4.7m	轮胎荷载 LT-50	验算荷载挂车-80
双行道	履带荷载 LD-60	设计荷载汽车-20
B=7.2m	轮胎荷载 LT-120	验算荷载挂车-100

4. 对流速、水位变化、海(河)岸地形和地质条件以及风浪均有良好的适应性

多用途浮箱带式桥适应流速可达 2.5m/s,浪高 0.5m(在内河可适应浪高 1m),并可在 6 级风条件下安全工作。标准箱和岸边箱底部能卧滩承压,对克服软河基、海岸滩涂和海岸潮间带有独特作用。由于采用了两级调整的岸边箱,其对高岸和水位变化适应能力明显优于其他浮箱器材,见表 2-11。

岸边箱对岸滩和水位变化适应性比较表 表 2-11

拼接方式		多用途浮箱	TF 系列浮箱	艾克罗浮箱	麦埃佛罗特浮箱
岸边箱长度	总长度(m)	10	无	3.658	7.92
	可调长度(m)	9.5	无	3.658	约 3.5
底部卧滩承压		可	可	—	可
适应岸高(m)		2	—	0.8	0.837
适应水位变化或潮差(m)		2	—	0.8	0.837

5. 机动性好

在公路上可用普通汽车运输,不超重、不超限,每辆 40kN 普通汽车就可运输一个标准箱,而不需要专用车辆或专用的捆扎器材。

在铁路上可用普通敞车运输,每节敞车可装 4 节标准箱和 1 节艏艉箱(或配装其他器材)而不超限。

在水上可拖运,也可驳运。

6. 单箱性能优良

多用途浮箱及其结构物的优良性能是与其优良的单箱性能分不开的,现将国内外主要浮箱器材与多用途浮箱器材的标准箱(有的器材称中间箱)的主要技术性能列表比较,如表 2-12 所示。

各种浮箱的单箱标准箱或中间箱主要技术性能表 表 2-12

性　能	多用途浮箱	TF-83 浮箱	艾克罗浮箱	麦埃佛罗特浮箱
主尺度(m)	5×2.5×1.5	5×2.5×1.66	5.28×2.44×1.22	6.1×2.44×1.44
主尺度是否模数化	是	是	否	否
单箱自重(kN)	38	35	29	46.5

续上表

性　能			多用途浮箱	TF-83 浮箱	艾克罗浮箱	麦埃佛罗特浮箱
自重吃水(cm)			34	32	23	34
有效排水量	排水量(m^3)		11.0	11.5	10.0	10.0
	对应干舷高度(m)		30	30	23	45
单箱接头承载能力	纵向	总弯矩(kN·m)	±3 000	+3 000；-1 000	±390	±1 650
		每横长米弯矩(kN·m)	±1 200	+1 200；-400	±160	±676
		总抗剪力(kN)	400	500	140	353
	横向	总弯矩(kN·m)	+2 200；-2 000	+1 000；-500	±780	±1 650
		每纵长米弯矩(kN·m)	+440；-400	+200；-100	±148	±270
		总抗剪力(kN)	800	250	280	353
连接件	名称		竖销	螺栓	横销	连接盒
	数量(个、付)		6	28	6	6
	最大单质量(kg)		2.7	0.5	1.93	73.94

注:1. 艾克罗浮箱高度有 4ft(1.22m)和 6ft(1.83m)两种,表中列出的为 4ft 高浮箱有关参数。

2. 按艾克罗浮箱使用手册记载,4ft 高浮箱自重 29kN,但交通运输部仿制的装配式公路浮箱和松花江浮箱自重分别为 33kN 和 34kN。

第三节　浮箱结构特点

由上文介绍的国内外浮箱的主要特点可以看出,各类浮箱在箱型、尺度、用途等方面虽然有差异,但是的确存在许多相同之处,其特点如下:

1. 浮箱的主尺度较小,自重较轻

一般组合式浮箱的标准长度为 6m,宽度为 3m,型深为 1.5m 左右,自重在 10t 以下,适于公路运输,便于机动。由于浮箱型深较浅,内河水域、大小江河和湖泊均可以使用,有些浮箱甚至可以坐滩承压。尽管单个箱体尺寸较小,但是许多箱体单元可以任意拼组成载质量很大的工程结构物。浮箱的箱体的主要尺度同渡河舟桥装备的浮游桥脚舟接近,所以它不仅在平时可以广泛地应用在经济建设部门,战时也能迅速转为军用,可伴随部队行动,因此浮箱是一种性能优越的军民两用的战备器材。

2. 浮箱线形简单

各类浮箱器材多由标准箱和首尾箱组成,标准箱是浮箱的主体,是承重浮箱,为保证标准箱具有足够的排水量,它通常呈长方体。为了保证浮箱构成的水上工程结构物便于靠岸以及减少阻力,浮箱器材中还装备部分首尾箱,首尾箱一般呈楔形。首尾箱除了可减少阻力外,还可用来放置锚、系缆桩或安置舷外挂机等,对于由浮箱组成的渡驳和浮桥,使用首尾箱还有增强水动力稳定性的作用。国内外的浮箱都有呈楔形的首尾箱。有些浮箱器材考虑到连岸的方便还设置了跳板，此外还有呈楔形的过渡部分，增强了该类器材的连岸适应性。浮箱的各类器材箱体线形简单，能够合理布置结构，制造也较方便，便于工厂大量生产。

3. 浮箱拼组灵活方便

箱体在首尾端板底部和舷缘设置有连接构件，以保证箱体纵向连接；此外在箱体舷侧也设置有上下连接构件，以保证箱体横向连接，这是与制式舟桥器材浮游桥脚舟结构相同的地方。不过，在制式舟桥中，一般横向连接机构较弱，而纵向连接机构较强。但是在浮箱结构中，考虑到其使用性能的需要，纵横向连接机构的强度等级应相当。

浮箱的连接方式有多种多样，但主要是搭接和对接两种，通常在底部采用搭接，与制式舟桥的丙丁接头相似，这种接头属于开放式接头，连接方便快捷，其构造简单，制造容易，抗锈蚀性能好，故在浮箱器材的下部采用较多。搭接接头连接比较方便，能够采用T形搭接，但是连接间隙较大，承载能力较低。

浮箱的上部连接有的采用高强度螺栓，直接插入甲板边缘的舷墙的孔中，通常采用高强度合金材料。由于浮箱接头承受较大的弯矩和剪力，并要求有良好的抗疲劳性能，所以通常采用高强度的40Cr、30CrMnSi等材料。

首尾箱一般只在端板上设置上、下连接构件，以便与标准箱实现纵向连接。首尾箱的横向连接可只设上部接头，而不设下部接头，这样可便于呈倾斜状态的首尾箱拼接组合。

有些浮箱不能直接实现T形连接，则可采用"过渡箱"的方式进行连接。如TF浮箱靠原来布置的连接装置是不能作T形连接的，为能实现T形连接，需要将浮箱的横向搭接钩改为套接钩(即丙丁接头)，如图2-6所示。

由于浮箱可以纵、横向连接，也可以纵向与横向拼成T形连接，因而能任意组合成多种形式的水上工程结构物，使用较为方便，如图2-7所示为DF型浮箱组合成的几种水上工程结构物的平面布置图。

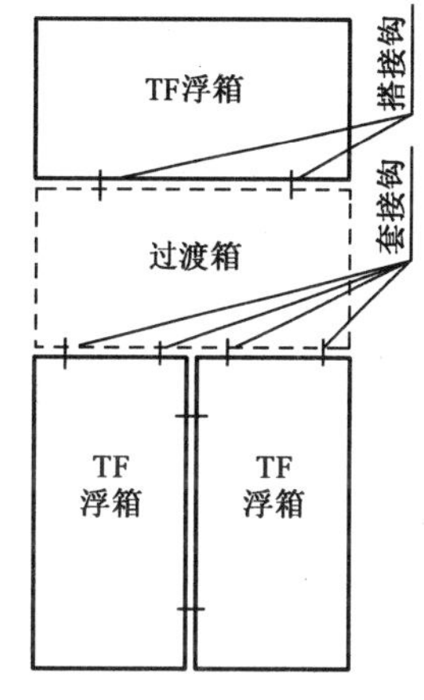

图2-6 用过渡箱组合T形结构

4. 浮箱基本结构为板架结构

浮箱基本结构多为横骨架式的板架结构，制造装配时通常以板架单元分段焊接，同制式舟桥浮游桥脚相似，分为甲板分段、底板分段、舷板分段和端板分段。

浮箱箱体各分段主要由板、纵横骨架组成，因考虑平时民用经济性，箱体外板多用Q235钢，板厚为3~6mm。

甲板分段的纵横骨架布置可依据甲板是否直接通行车辆而定。对可组成带式浮桥的浮箱，甲板分段可以直接承受轮载，为防止甲板发生局部变形，通常采用较密的纵横骨架。例如DF型浮箱甲板的纵横骨架间距为25cm，则避免了车轮单独压在甲板上，其四周舷缘均与甲板平齐，所有构件都不突出甲板面，以保持甲板的平坦，便于车辆通行；为使甲板面具有防滑、耐磨的功能，可以焊接各种防滑条或者采取其他的防滑措施。对于不直接通行车辆的甲板，其纵横骨架根据箱体的总体强度来设置。为了便于设置上部结构，浮箱的四周舷缘可突出甲板面，形成舷缘角钢，例如TF型浮箱、67式铁路舟桥的非机动舟都是这种情况。舷缘也可以是剖面为矩形的空管,例如DF型浮箱采用可以拆卸的活动矩形管舷缘,它由两个相同尺寸的角钢焊接而成,在舷缘上开设有螺孔,以便用螺栓固定上部结构。

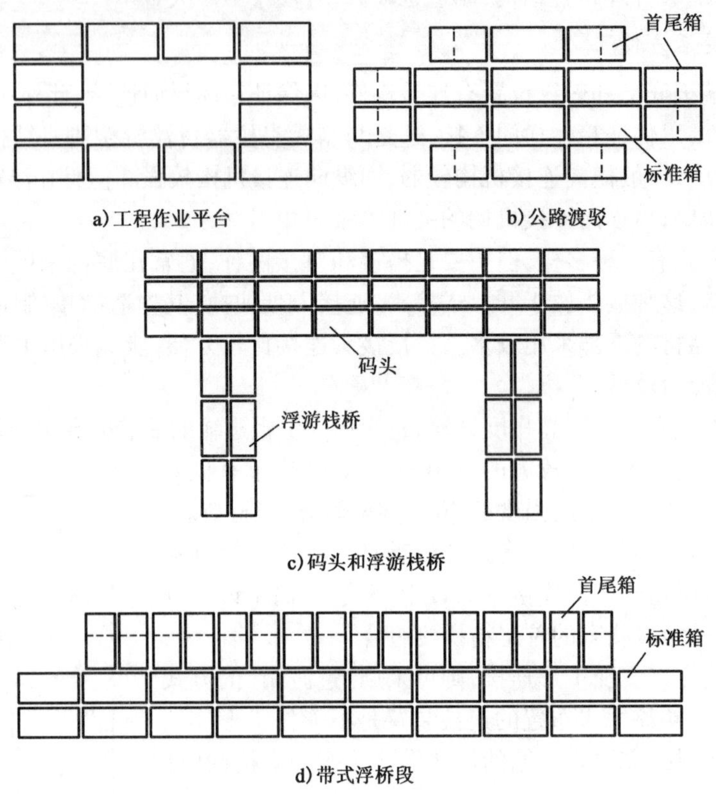

图2-7　浮箱拼组的各类工程结构物

底板分段分为坐滩底板和非坐滩底板,对于坐滩底板,由于要适应河滩缓坡软底以及水位涨落时的需要,坐滩后需要依靠箱体直接承受荷载,因此厚度较大。底部纵向骨架多用由钢板焊接而成的T形构件。例如非机动舟的龙骨尺寸为$\perp$4mm×130/6mm×60mm,DF型浮箱的龙骨为$\perp$3mm×120/4mm×60mm,TF型浮箱的龙骨为$\perp$4mm×100/4mm×60mm,其具体尺寸根据浮箱的受力情况来确定。

在甲板直接承受载重时,为了保证传力可靠,通常在浮箱纵横方向连接构件的剖面内设置桁架,将甲板和底板上的骨架连成整体,以甲板上骨架为桁架的上弦杆,底板上骨架为桁架的下弦杆,加以斜杆组成桁架。如DF型浮箱、黄河85双体承压舟均设置有桁架。对于目前大多数浮箱,采用板架结构,在内部不设置桁架。

浮箱的舷板分段和端板分段同制式舟桥浮游桥脚舟结构相同,只是浮箱型深较高时,可适当增设水平肋材予以加强;当浮箱长度较大(超过6m)时,可设置若干横隔舱,以增强横向强度和提高其抗沉性能。

第三章

舟艇的形状

第一节　型　线　图

一般舟艇舟体的外表面形状是一个具有双重曲率的复杂曲面。为了准确而清晰地表达舟体外表面的几何形状，通常以作图方法来显示，这种表示舟体几何形状的图形称为“型线图”，如图 3-1 所示。舟体型线图是舟艇设计和制造的原始资料，它可提供舟艇有关性能计算的基本数据。因此，要求舟体型线图能够完整而正确地表达舟体型线，以适应计算的准确度，这对舟艇的设计和制造都是很重要的。

型线图是根据画法几何的基本原理来绘制的。绘制时首先选择三个互相垂直的平面作为基准面，分别是中线面、中站面和基平面，如图 3-2 所示。

中线面是通过舟体宽度中央的纵向垂直平面。中线面将舟体分为左右舷两个对称的部分。

基平面是通过舟体底部龙骨线的水平面。

中站面是在舟体长度中央垂直于中线面和基平面的横向垂直平面。

中线面与基平面相交的直线称为基线。

以三个基准面为基本投影面。通过舟体平行于三个基准面并等间距截取若干个剖面，把这些剖面与舟体相交所剖切的曲线投影到相应的基准面上,可得到组成型线图的三组线段。平行于中线面的平面所剖切的曲线投影到中线面上的线段称为纵剖线;中线面与舟体的交线常称为中纵剖线。平行于中站面的剖面所剖切的曲线投影到中站面上的线段称为横剖线,中站面与舟体的交线常称为中横剖线。平行于基面的剖面所剖切的曲线投影到基平面上的线段称为水线;通过设计吃水的水平面与舟体的交线称为设计水线,由各纵剖线、横剖线和水线组成型线图的纵剖线图、横剖线图和水线图。

纵剖线在纵剖线图中为曲线,显示了纵剖面的实形。纵剖线图上的一组纵剖线反映了舟体表面形状沿舟宽方向的变化规律。纵剖线在横剖线图和水线图上则均为直线(图 3-1)。

横剖线在横剖线图上为曲线,显示了横剖面的实形。横剖线图上的一组横剖线反映舟体自首至尾各横剖面沿舟长方向的变化规律。由于舟体形状左右对称,故各横剖线可只绘出一半。横剖线图的左半部表示舟中部至尾部的各横剖面,右半部表示舟中部至首部的各横剖面。横剖线在纵剖线图和水线图上则均为直线(图 3-1)。

水线在水线图上为曲线,显示了水线面的实形。水线图上的一组水线反映了水线面沿舟高方向的变化规律。也由于舟体形状的左右对称,故水线可只绘出一半,称为半宽水线图,水线在纵剖线图和横剖线图上则均为直线(图 3-1)。

纵剖线的数量可根据舟宽的大小、舟体形状的复杂程度以及对型线图精确度的要求而定。一般除中纵剖线外可每舷再绘制 2 ~4 根。纵剖线间距可取舟体半宽的等分值。纵剖线可以纵剖线距中线的距离(毫米数)作为编号,如纵剖线距中线面距离为 1 000mm,则该纵剖线编号为 1 000 纵剖线,或自中至舷部标示Ⅰ、Ⅱ、Ⅲ……其编号在纵剖线图中标注在纵剖线的首尾部分,沿着曲线并写在其上方;在半宽水线图中标注在格子线的首尾两端;在横剖线图中标注在基线下方。

横剖线的数量通常根据对舟体形状的要求而定。一般将舟体长度分为 10 ~20 等分。每个横剖线处称为"站",相邻两横剖面之间的距离称为"站距"。中横剖线站常以符号"⚮"表示。当舟体首尾形状变化较大时,为提高表达的精确性,可在首尾部分再增加$\frac{1}{2}$站或$\frac{1}{4}$站的横剖线。横剖线的编号可从尾部开始按站以 0、1、2、…、10(或 20)等数字表示;对增加的站则以$\frac{1}{4}$、$\frac{1}{2}$、$1\frac{1}{4}$、$1\frac{1}{2}$等表示。在纵剖线图中,其编号标注在基线下方;在半宽水线图中标注在舟体中线的下方;在横剖线图中标注在横剖线上方。

水线的数量根据舟高和吃水大小、线型变化以及对型线图的精确度要求而定。舟体在设计水线以下形状变化较大,对其表达要求较高,所取水线数量应较多些,一般不少于 6 根;在设计水线以上部分舟体线形变化趋于平缓,一般取 1 ~2 根水线即可。水线间距通常取设计吃水的等分值。水线以上距基线的距离(毫米数)作为编号,如水线距基线 500mm,则该水线编号为 500WL(WL 表示水线)。在纵剖线图和横剖线图中水线的编号标注在格子线外侧相应的水线上方。在半宽水图中,水线编号标注在水线首尾部分,沿着型线并写在其上方。

型线图的比例根据对型线图的精确度要求和舟艇尺度而定,常用的比例为 1∶50、1∶25、1∶20等,对于小型舟艇也可采用 1∶10。

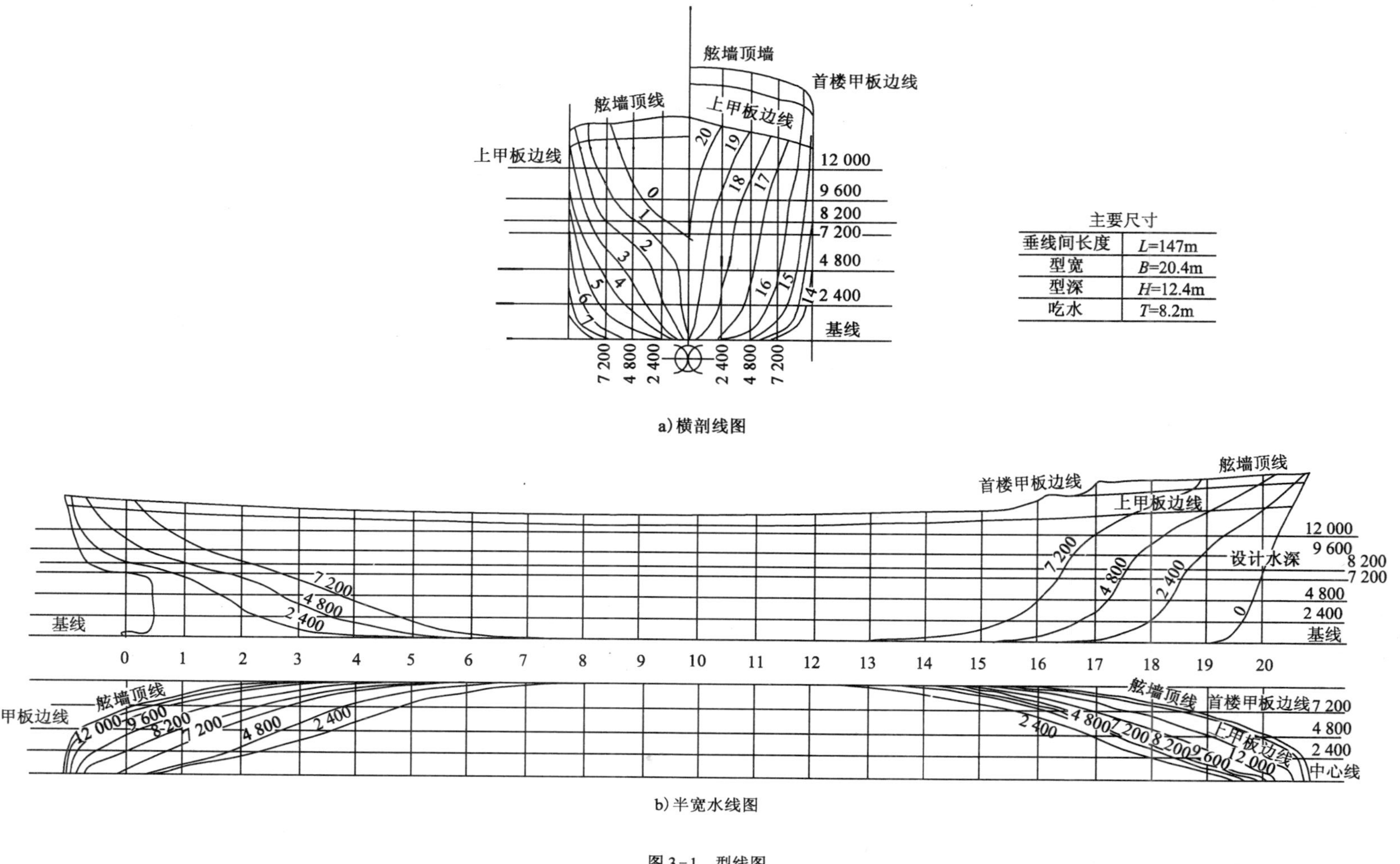

主要尺寸

垂线间长度	L=147m
型宽	B=20.4m
型深	H=12.4m
吃水	T=8.2m

a) 横剖线图

b) 半宽水线图

图 3-1 型线图

舟艇的各种型线均可投影到相应的基准面上。各型线上点的投影由表示点的位置的坐标确定，决定舟体型线空间位置的各点的坐标值称为“型值”。为了确定舟体型线上点的型值，通常将舟体置于一个直角坐标系内。取中线面、中站面和基平面为坐标平面，以中线面与基平面交线为 x 轴，作为舟长方向的坐标轴；以中站面与基平面的交线为 y 轴，作为舟宽方向的坐标轴，以中线面与中站面的交线为 z 轴，作为舟高方向的坐标轴。三根坐标轴的交点为坐标原点 o（图 3-2）。在此直角坐标系中，舟体型线上任一点的位置均可由 x、y、z 三个型值确定。根据点的投影规律，点在某一视图中的投影只需三个型值中的两个值就可确定。于是在纵剖线图中定点只需 x、z 两个型值；在半宽水线图中定点只需 x、y 两个型值；在横剖线图中定点只需 y、z 两个型值；任意一根型线的另一型值均可用坐标的对应关系求得。

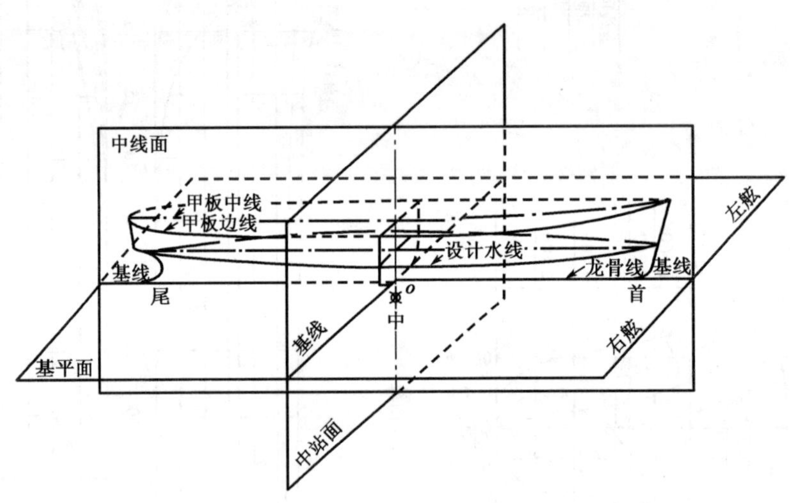

图 3-2　三个互相垂直的基准面

型值表是提供各型线型值的表格，如表 3-1 所示为总长 49.94m、型宽 8.50m、型深 4.00m 船舶的型值表。通常，型值表提供横剖线与水线、甲板边线、舷墙顶线交点的高度值，所以型值表常分为两部分。根据型值表中该两部分型值，即可绘制舟体型线图中各水线、纵剖线和横剖线。

型　值　表　　表 3-1

站号	半宽值(mm)									
	700WL	1 400WL	2 100WL	设计水线	3 500WL	甲板边线	尾楼甲板边线	首楼甲板边线	外板顶线	舷樯顶线
尾封板	—	—	—	—	1 390	2 280	3 080	—	3 080	—
0	—	—	—	850	2 080	2 850	3 620	—	3 620	—
1	560	860	1 410	2 400	3 300	3 810	4 200	—	4 200	—
2	2 150	2 720	3 150	3 550	3 920	4 150	4 250	—	4 250	—
3	3 520	3 940	4 100	4 170	4 220	4 250	—	—	—	4 250
4	4 100	4 200	4 250	4 250	4 250	4 250	—	—	—	4 250
5	3 770	4 110	4 250	4 250	4 250	4 250	—	—	—	4 250
6	2 930	3 500	3 810	4 000	4 120	4 190	—	—	—	4 250

续上表

站号	半宽值(mm)									
	700WL	1 400WL	2 100WL	设计水线	3 500WL	甲板边线	尾楼甲板边线	首楼甲板边线	外板顶线	舷樯顶线
7	1 960	2 580	3 020	3 340	3 580	3 800	—	—	—	4 090
8	1 020	1 530	1 950	2 340	2 660	3 150	—	—	—	3 600
9	320	560	810	1 090	1 460	2 110	—	3 200	—	3 330
10	—	—	—	70	280	840	—	1 740	—	1 960

站号	高度值(mm)						
	1 500纵剖线	3 000纵剖线	甲板边线	尾楼甲板边线	首楼甲板边线	外板顶线	舷樯顶线
尾封板	3 600	6 100	4 170	6 270	—	6 345	—
0	3 180	4 390	4 100	6 200	—	6 275	—
1	2 150	3 250	4 050	6 150	—	6 225	—
2	250	1 850	4 000	6 100	—	6 175	
3	80	300	4 000	—	—	—	5 450
4	80	180	4 000	—	—	—	4 900
5	80	200	4 000	—	—	—	4 900
6	80	790	4 020	—	—	—	4 920
7	370	2 050	4 170	—	—	—	5 070
8	1 370	4 190	4 440	—	—	—	5 350
9	3 180	6 360	4 790	—	6 690	—	6 940
10	6 620	—	5 240	—	7 140	—	7 560

图 3-3 和表 3-2 所示为某特种舟桥浮游桥脚舟(总长 4.615m、型宽 2.40m、型深 1.70m)的艏舟型线图和型值表。

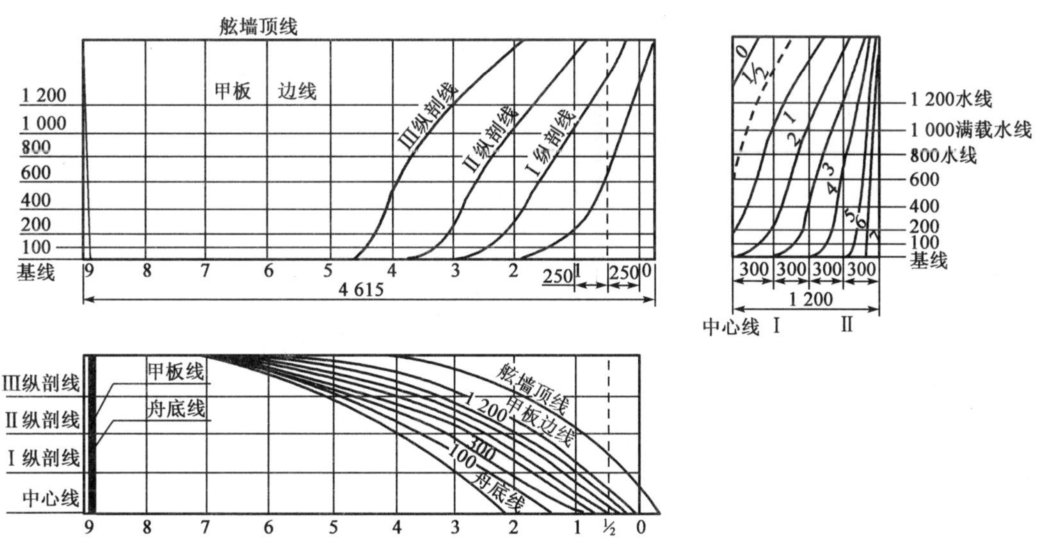

图 3-3　某特种舟桥艏舟型线图(尺寸单位:mm)

某特种舟桥艏舟型值表 表 3-2

站号	半宽值(mm)											
	100 WL	200 WL	300 WL	400 WL	500 WL	600 WL	700 WL	800 WL	900 WL	1 000 WL	1 100 WL	1 200 WL
0	—	—	—	—	—	—	—	—	—	—	—	—
1/2	—	—	—	—	—	12	34	59	85	119	153	185
1	—	6.5	54	93.5	129.5	162.5	195.5	230	265	302	343.5	375
2	217.5	286	334	373.5	410.5	446.5	482.5	518	554.5	593	635	675
3	515	567.5	606.5	640	670	699	727.5	759.5	792.5	825.5	859	880
4	795.5	830.5	855	876	885.5	917	937.5	960	982.5	1 006	1 029.5	1 045
5	1 017.5	1 031	1 045	1 057.5	1 070	1 082	1 095	1 107	1 117.5	1 192.5	1 192.5	1 193
6	1 161	1 165.5	1 171	1 175.5	1 179	1 182	1 184	1 186.5	1 189	1 191.5	1 192.5	1 193
7	1 200	1 200	1 200	1 200	1 200	1 200	1 200	1 200	1 200	1 200	1 200	1 200
8	1 200	1 200	1 200	1 200	1 200	1 200	1 200	1 200	1 200	1 200	1 200	1 200
9	1 200	1 200	1 200	1 200	1 200	1 200	1 200	1 200	1 200	1 200	1 200	1 200

站号	高度值(mm)								
	底线	甲板边线	舷樯顶线	中纵剖线	Ⅰ	Ⅱ	Ⅲ	甲板边线	舷樯顶线
0	—	—	165	1 335	—	—	—	—	1 700
1/2	—	193	463	560	1 435	—	—	1 200	1 700
1	—	387	672	195	1 000	1 595	—	1 200	1 700
2	—	679	931	0	225	1 015	1 635	1 200	1 700
3	317	895	1 086	0	0	280	1 210	1 200	1 700
4	659	1 053.5	1 171.5	0	0	0	575	1 200	1 700
5	973	1 149.5	1 200	0	0	0	0	1 200	1 700
6	1 155	1 194	1 200	0	0	0	0	1 200	1 700
7	1 200	1 200	1 200	0	0	0	0	1 200	1 700
8	1 200	1 200	1 200	0	0	0	0	1 200	1 700
9	1 200	1 200	1 200	0	0	0	0	1 200	1 700

第二节 主 尺 度

一、主尺度

主尺度是表示舟艇外形大小的基本量度,如图 3-4 所示,包括如下几项。

1. 舟艇长度

1)总长

舟艇首端和尾端间的最大水平距离,即舟艇的最大长度,称为总长,以符号 L_{OA}表示。

2）设计水线长

设计水线与首尾轮廓线交点之间的水平距离，称为设计水线长，以符号 L_{WL} 表示，设计水线长亦称为满载水线长。

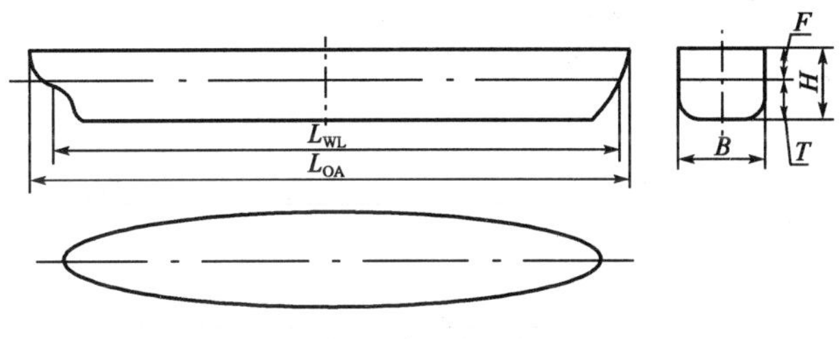

图 3-4　舟艇主尺度

3）垂线间长

舟艇首垂线与尾垂线之间的水平距离，即两柱间长，称为垂线间长，以符号 L_{pp} 表示。

首垂线是通过设计水线前端与首柱前缘中线的交点所作的垂直于水平面的垂线。

尾垂线是通过设计水线后端与尾柱后缘中线的交点所作的垂直于水平面的垂线。

2. 舟艇的宽度

1）型宽

沿设计水线在中横剖面处的两舷型表面之间的水平距离，称为型宽，以符号 B 表示。

2）总宽

总宽即舟艇的最大宽度，包括舟体壳板外的护舷，或舷边延伸甲板等外缘间最大水平距离。

3. 型深

在舟艇的中站面处，由基线至甲板边线的垂直距离，称为型深或舷高，以符号 H 表示。

4. 吃水

在舟艇的中站面处，水线至基线的垂直距离称为吃水，以符号 T 表示。

1）艏吃水

沿首垂线自设计水线量至龙骨上缘延长线的垂直距离，称为艏吃水，以符号 T_S 表示。

2）艉吃水

沿尾垂线自设计水线量至龙骨上缘延长线的垂直距离，称为艉吃水，以符号 T_W 表示。

3）满载吃水

满载吃水即设计吃水，指设计水线量至基线的垂直距离。

对具有纵倾的舟艇，其吃水是指首尾吃水的平均值，称为平均吃水。即：

$$T_p = \frac{T_s + T_w}{2} \tag{3-1}$$

首尾吃水的差值，称为吃水差，即：

$$\Delta T = T_s - T_w \tag{3-2}$$

5. 干舷

通常指设计水线量至中站面处甲板边线间的最小垂直距离，即型深与设计吃水的差值，称为干舷高度，以符号 F 表示，则：

$$F = H - T \tag{3-3}$$

二、主尺度比

舟艇的主尺度只表示舟艇的大小,主尺度之间的关系通常用主尺度比表示,主尺度比在一定程度上可以概略地表达舟艇的某些性能。

1. 长宽比 L/B

长宽比为舟艇长度与宽度的比值。该值与舟艇的速航性能有关。

2. 宽吃水比 B/T

宽吃水比为舟艇的型宽与设计吃水的比值。该值与舟艇的稳性、速航性有关。

3. 深吃水比 H/T

深吃水比为舟艇的型深与设计吃水的比值。该值与舟艇的稳性、抗沉性能有关。

4. 长深比 L/H

长深比为舟艇长度与型深的比值。该值与舟艇的强度、稳性有关。

5. 宽深比 B/H

宽深比为舟艇型宽与型深的比值。该值与舟艇的强度、稳性有关。

第三节　舟艇型系数

舟艇型系数,是用以表示舟艇水下部分的形状和肥瘦程度的无因次系数。它用无尺度的系数,把舟艇的水线面积、中横剖面面积和浸水体积,与简单的平面和立体的几何形状相比较,可概略地表征舟艇形状及其某些性能。舟艇的型系数主要有以下几种:

一、设计水线面系数

设计水线面系数为设计水线面积 A_s 与舟艇主尺度的长度 L 与型宽 B 所组成的矩形面积的比值(图 3-5),即:

$$\alpha = \frac{A_s}{LB} \tag{3-4}$$

水线面系数的大小,可以表示设计水线面两端的尖瘦程度。它与舟艇的稳性和速航性能有关,如浮游桥脚舟的水线面积两端较丰满,其 α 值越大;汽艇的水线面积两端较尖瘦,其 α 值越小。

二、中横剖面系数

中横剖面系数为设计水线下的中横剖面面积与舟艇主尺度型宽 B 与吃水 T 所组成的矩形面积的比值(图 3-6),即:

$$\beta = \frac{A_\omega}{BT} \tag{3-5}$$

中横剖面系数的大小,表示中横剖面的丰满程度。

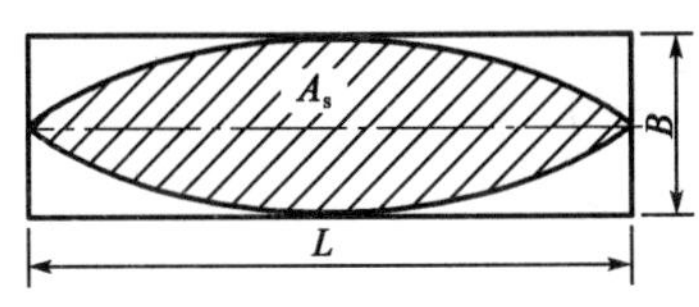

图 3-5　水线面

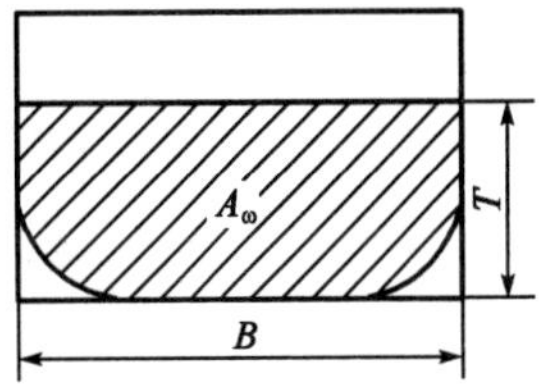

图 3-6　中横剖面

三、排水体积系数

排水体积系数亦称方形系数,为设计水线下排水体积 V 与舟艇主尺度舟长 L、型宽 B 及吃水 T 所组成的长方形体积的比值(图 3-7),即:

$$\delta = \frac{V}{LBT} \tag{3-6}$$

排水体积系数主要用来表示舟艇体积的肥瘦程度,其大小影响到舟艇的速航性能。在主要尺度相同时,δ 值可说明舟艇排水量的大小。δ 值越大,表示舟艇排水体积丰满,δ 值越小,表示舟艇排水体积瘦狭。浮游桥脚舟排水量大,则 δ 值较大;汽艇排水量较小,则其 δ 也较小。如某制式舟桥舟的方形系数,尖形舟 $\delta = 0.8$,方形舟 $\delta = 1.0$;某特种舟桥的艉舟 $\delta = 0.3 \sim 0.5$。

四、棱形系数

棱形系数为设计水线下的排水体积 V 与以中横剖面 $A_ω$ 及舟长 L 所组成的棱柱体积的比值(图 3-8),即:

$$\varphi = \frac{V}{A_ω L} \tag{3-7}$$

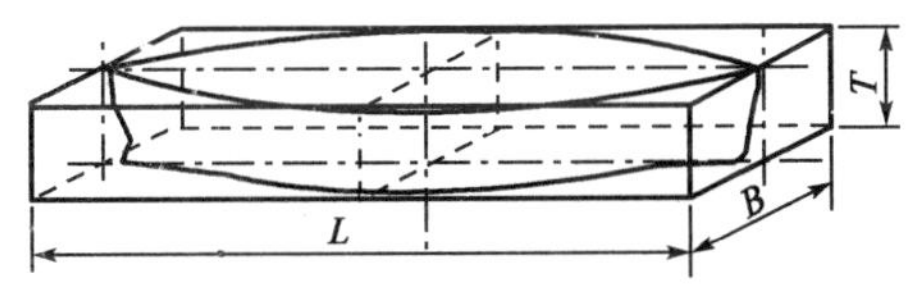

图 3-7　排水体积与长方形体

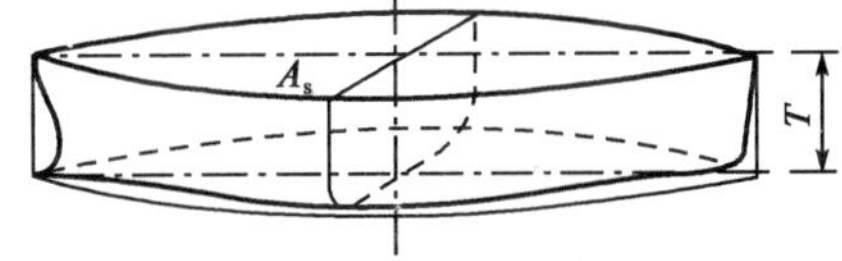

图 3-8　排水体积与纵向棱柱体

棱形系数的大小,与舟艇的速航性能有关。它表示舟艇水下体积沿舟艇长度方向的变化情况。φ 值较大时,表示排水体积在舟艇长度方向上分布比较均匀;φ 值较小时,则说明舟艇中部丰满,两端瘦狭。

由式(3-5)~式(3-7)可导出如下关系式:

$$\varphi = \frac{\delta}{\beta} \tag{3-8}$$

五、竖向棱形系数

竖向棱形系数为在设计水线下的排水体积 V 与以设计水线面积 A_s 与吃水 T 所组成的棱柱形体积的比值(图 3-9),即:

$$X = \frac{V}{A_s T} \tag{3-9}$$

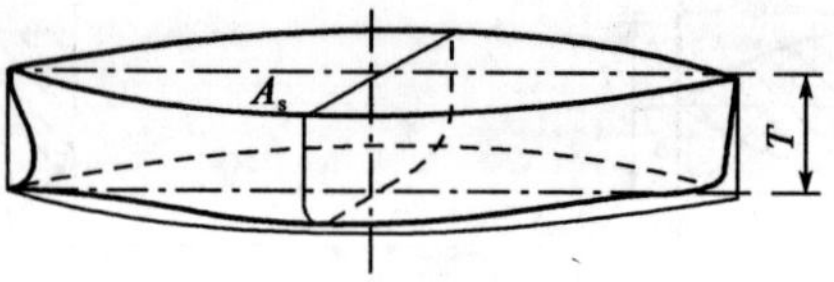

图 3-9 排水体积与竖向棱柱体

由式(3-4)、式(3-6)和式(3-9)可导出如下关系式：

$$X = \frac{\delta}{\alpha} \tag{3-10}$$

竖向棱形系数表示舟艇水下体积沿吃水方向的变化情况。X 值越大，说明舟艇两舷越近于垂直，相应底部趋近于平坦。

第四章

浮　　性

第一节　舟艇的平衡条件

舟艇是一种浮体，它具有浮性。所谓浮性是指舟艇在受一定数量的载重时，能够在水中漂浮的能力。为准确描述舟艇的形状和运动，需建立坐标系，在本书中，除特别指出外，都约定 ox 轴为沿基线并沿舟首方向为正，oy 轴沿舟的横向，并向左舷为正，oz 轴竖直向上为正，o 点为中站面、中线面和基平面的交点。如图 4-4 所示。

舟艇漂浮在水中，它在水表面都受到静水压力的作用。该压力的大小随舟艇的吃水深度而定，即单位面积上的压力为 γT（γ 为水的重度，江河中 $\gamma = 10\text{kN/m}^3$，T 为舟艇的吃水，单位为 m）。在舟艇表面静水压力的水平分力左右对称而相互抵消，即水平分力的合力为零；静水压力的垂向分力的合力向上作用，这种作用力称为浮力。浮力可使舟艇漂浮于水面一定的位置。根据浮性原理可知，舟艇浸沉在水中所受到的浮力大小等于舟体水下部分所排开相同体积水的质量。它所排开水的体积称为排水体积，以符号 V 表示；所排开体积的质量称为排水量，以符号 D 表示。舟艇的排水量用公式表达如下：

$$D = \gamma V \tag{4-1}$$

排水体积的重心，即浮力的作用点，称为浮心，以符号 C 表示。

舟艇除了受浮力作用外，还受到重力作用。所谓重力就是舟艇全部质量的合力，以符号 P 表示。舟艇的全部质量包括结构自重以及动力装置、舾装设备、荷载等。重力的作用是垂直向下的。重力的合力作用点称为重心，以符号 G 表示。

舟艇在浮力与重力的作用下而保持平衡，故在水中漂浮的舟艇其平衡条件，见图 4-1。

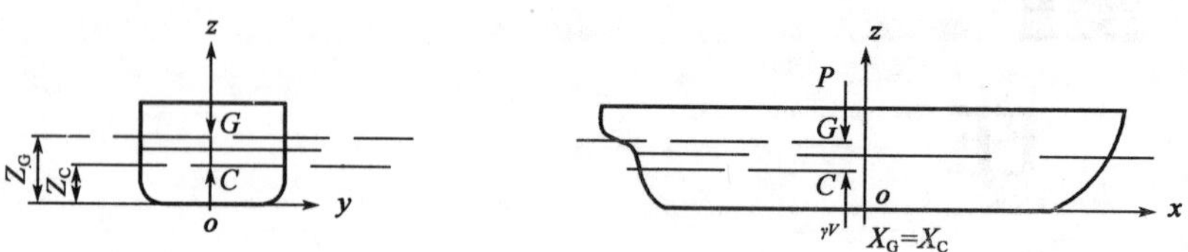

图 4-1　舟艇的平衡

(1)重力与浮力大小相等，方向相反，即：

$$P = D = \gamma V \tag{4-2}$$

(2)重心 G 与浮心 C 必须在同一直线上，即：

$$\left.\begin{aligned} x_G &= x_C \\ y_G &= y_C = 0 \end{aligned}\right\} \tag{4-3}$$

式中：x_G——舟艇重心沿坐标轴 ox 方向的纵坐标；

x_C——排水体积浮心沿坐标轴 ox 方向的纵坐标；

y_G——舟艇重心沿坐标轴 oy 方向的横坐标；

y_C——排水体积浮心沿坐标轴 oy 方向的横坐标。

对于舟艇其重力和浮力总是同时存在的。当 $P > D$ 时，舟艇则下沉，吃水增加；当 $P < D$ 时，舟艇则上浮，吃水减少。

式(4-3)表示舟艇处于正浮状态情况，因舟艇左右两舷形状对称，故有 $y_C = 0$。如果 $y_G \neq 0$，则舟艇的正浮状态由于 P 和 D 所组成的力偶作用，将使舟艇产生横倾，如图 4-2 所示。舟艇的横倾状态需要由吃水 T 和横倾角 θ 两个参数表示，这时由于横倾后水下舟体形状改变，浮心位置移动，则有 $y_G \neq y_C \neq 0$。当重心和浮心的纵向位置 $x_G \neq x_C$ 时，舟艇将产生纵倾，如图 4-3 所示。当 $x_G < x_C$ 时，则舟艇尾倾，即尾吃水大于首吃水；当 $x_G > x_C$ 时，则舟艇首倾，即尾吃水小于首吃水。舟艇的纵倾状态需要由平均吃水 T_p、纵倾角 ψ 和横倾角 θ 三个参数表示。

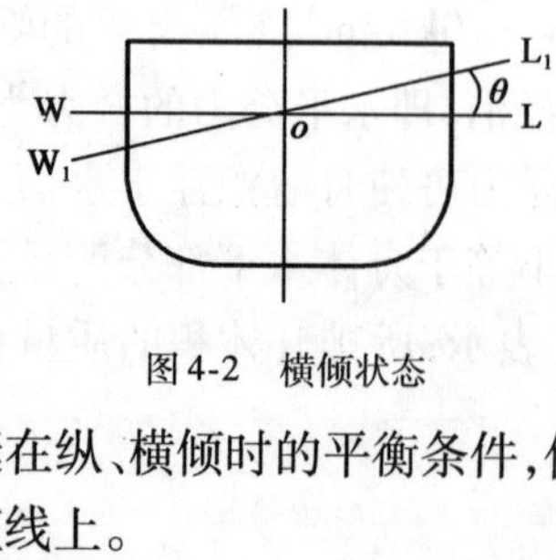

图 4-2　横倾状态

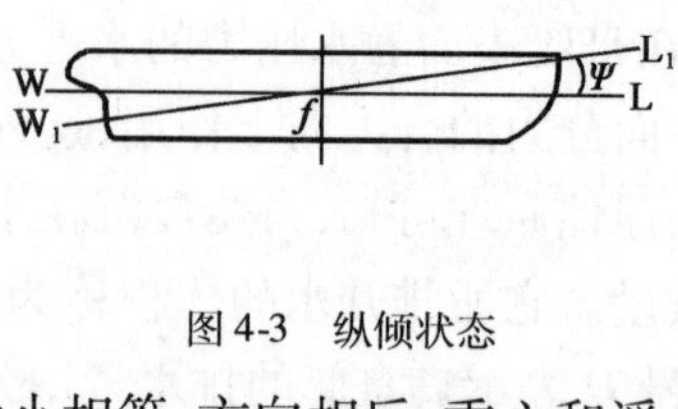

图 4-3　纵倾状态

舟艇在纵、横倾时的平衡条件，仍然为重力和浮力大小相等，方向相反；重心和浮心必须在同一垂直线上。

第二节　近似计算原理

在讨论舟艇的浮性时,将涉及舟体有关面积和体积的计算。如水线面积、横剖面积及其形心、排水体积及其浮心等。这些计算都要依据舟艇的型线图。由于舟体表面是一个具有双重曲率的复杂曲面,目前还没有精确的数学方程来表达其函数关系,多数还是根据型线图所给出的型值,利用近似方法进行计算。舟体近似计算的任务就是求出曲线所围的面积。舟体近似计算常用的有梯形法则和辛氏法则,这里我们只介绍梯形法则。

在计算时首先确定坐标系,坐标系通常采用三轴直角坐标系,其坐标原点取在中线面、中站面和基平面的交点 o,如图 4-4 所示。中线面和基平面的交线为 x 轴,为舟体的纵向轴。中站面和基平面的交线为 y 轴,为舟体的横向轴。中线面和中站面的交线为 z 轴,为舟体的竖向轴。多数计算都是按直角坐标取在舟体中部,有少数计算将坐标原点取在舟体尾垂线上(图 4-5)。

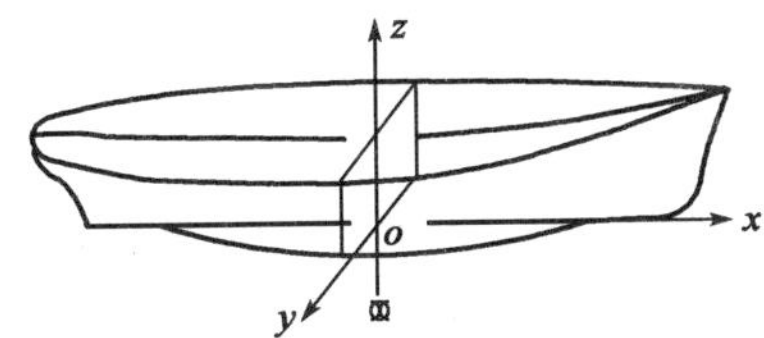

图 4-4　原点取在舟体中部的坐标系

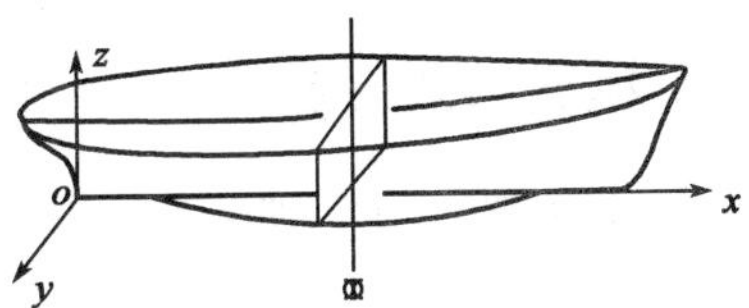

图 4-5　原点取在舟体尾部的坐标系

坐标轴的方向通常为 x 轴向舟首为正;y 轴以向左舷为正;z 轴以向上为正;反之则为负。

梯形法则的原理是:将某曲线等分成若干线段,并以直线取代各曲线段,则各曲线段所围面积用等高梯形的面积取代。最后计算出各梯形面积的总和即代表用曲线所包围的面积总和。

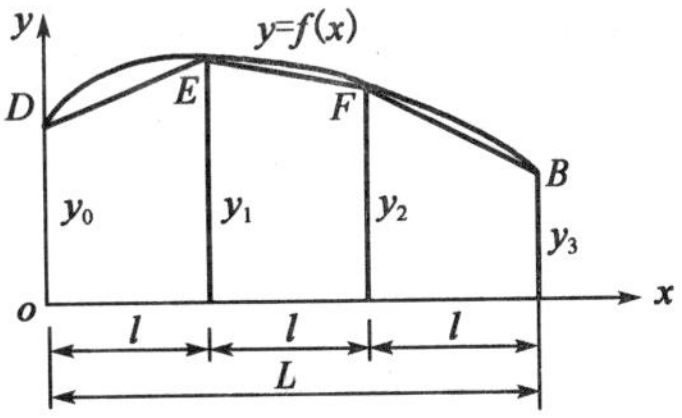

设有某一曲线 DB(图 4-6)。曲线 DB 下所围面积为 A,其积分式为:

$$A = \int_0^L y\mathrm{d}x$$

图 4-6　梯形法则

其中,被积函数 $y = f(x)$ 。

利用梯形法则求曲线 DB 下所围面积:将曲线 DB 分成若干等分,设分成三等分,坐标间距 $l = L/3$,用直线 DE、EF 和 FB 取代曲线 DE、EF 和 FB。折线 $DEFB$ 下所围面积就是曲线 DB 下所围面积的近似值。每一梯形的面积用公式表示分别为:$\frac{l}{2}(y_0 + y_1)$、$\frac{l}{2}(y_1 + y_2)$ 和 $\frac{l}{2}(y_2 + y_3)$,故曲线 DB 下所围面积为:

$$A=\int_0^L y\mathrm{d}x\approx\frac{l}{2}(y_0+y_1)+\frac{l}{2}(y_1+y_2)+\frac{l}{2}(y_2+y_3)$$
$$=l\left(y_0+y_1+y_2+y_3-\frac{y_0+y_3}{2}\right)=l\left(\sum_{i=0}^{3}y_i-\frac{y_0+y_3}{2}\right)$$

若将曲线分成 n 等分,则有:

$$A\approx l\left(\sum_{i=0}^{n}y_i-\frac{y_0+y_n}{2}\right) \tag{4-4}$$

式中:$\sum_{i=0}^{n}y_i$——各坐标 y_0、y_1、y_2、…、y_n 的代数和;

$\frac{y_0+y_n}{2}$——曲线两端坐标和的半数,称为修正值。

式(4-4)为梯形法则的一般公式,该式运算简便。显然,曲线的等分数越多,其精确度越高。

第三节 水线面积及其漂心、惯性矩的计算

一、水线面积的计算

舟艇的水线都绘制在型线图的半宽水线图上。水线的型值在型值表中均可查得。设某水线各站的半宽值为 y_0、y_1、y_2、…、y_n,各站间距相等,为 $l=\frac{L}{n}$,应用梯形法则的一般公式(4-4),即可求得水线面积,其式为:

$$A_s=2\int_{-\frac{L}{2}}^{\frac{L}{2}}y\mathrm{d}x=2l\left(\sum_{i=0}^{n}y_i-\frac{y_0+y_n}{2}\right) \tag{4-5}$$

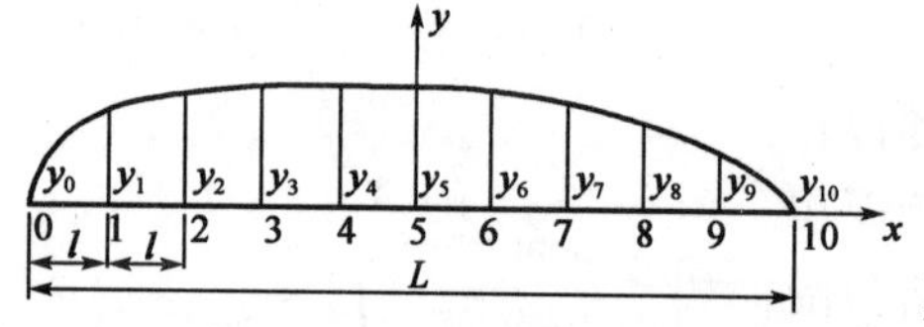

图 4-7 水线面的分站

若将 L 分成 10 等分,各站号为 0 ~ 10(图 4-7),其计算可列表 4-1 进行,计算结果可按表中第Ⅱ项公式求得。

A_s、x_F、J_y 及 J_x 的计算 表 4-1

站号	坐标值	k_i	静矩函数	k_i^2	对 y 轴惯性矩	对 x 轴惯性矩
(Ⅰ)	(Ⅱ)	(Ⅲ)	(Ⅳ)=(Ⅱ)×(Ⅲ)	(Ⅴ)	(Ⅵ)=(Ⅱ)×(Ⅴ)	(Ⅶ)=(Ⅱ)^3
0	y_0	-5	$-5y_0$	25	$25y_0$	y_0^3
1	y_1	-4	$-4y_1$	16	$16y_1$	y_1^3
2	y_2	-3	$-3y_2$	9	$9y_2$	y_2^3
3	y_3	-2	$-2y_3$	4	$4y_3$	y_3^3
4	y_4	-1	$-1y_4$	1	$1y_4$	y_4^3
5	y_5	0	$0y_5$	0	$0y_5$	y_5^3
6	y_6	1	$1y_6$	1	$1y_6$	y_6^3
7	y_7	2	$2y_7$	4	$4y_7$	y_7^3

续上表

站号	坐　标　值	k_i	静 矩 函 数	k_i^2	对 y 轴惯性矩	对 x 轴惯性矩
8	y_8	3	$3y_8$	9	$9y_8$	y_8^3
9	y_9	4	$4y_9$	16	$16y_9$	y_9^3
10	y_{10}	5	$5y_{10}$	25	$25y_{10}$	y_{10}^3
总和Σ	$\sum y_i$	—	$\sum k_iy_i$	—	$\sum k_i^2y_i$	$\sum y_i^3$
修正值	$\frac{y_0+y_{10}}{2}$	—	$\frac{5(y_{10}-y_0)}{2}$	—	$\frac{25(y_0+y_{10})}{2}$	$\frac{y_0^3+y_{10}^3}{2}$
修正后之和	Σ -（修正值）	—	Σ -（修正值）	—	Σ -（修正值）	Σ -（修正值）
计算结果	$A_s=2\times l(\Sigma \text{II})$	—	$x_f=l\times\frac{(\Sigma \text{IV})}{(\Sigma \text{II})}$	—	$J_y=2\times l^3(\Sigma \text{VI})$	$J_x=\frac{2}{3}\times l(\Sigma \text{VII})$

二、漂心的计算

漂心指水线面积的形心，以符号 F 表示。因漂心在 xoy 平面内，其位置可用 x_F 和 y_F 表示。由于舟艇一般左右两舷对称，则漂心位置在中纵剖面上，即 $y_F=0$，因而对漂心只需计算坐标 x_F 的值。

根据理论力学原理可知，整个图形的总面积的静矩等于组成该面积的各分面积的静矩之和。即：

$$A_sx_F = M_{oy}$$

$$M_{oy} = 2\int_{-\frac{L}{2}}^{\frac{L}{2}}xy\mathrm{d}x \approx 2l\left(\sum_{i=0}^{n}x_iy_i - \frac{x_0y_0+x_ny_n}{2}\right)$$

则

$$x_F = \frac{M_{oy}}{A_s} = \frac{\sum_{i=0}^{n}x_iy_i - \frac{x_0y_0+x_ny_n}{2}}{\sum_{i=0}^{n}y_i - \frac{y_0+y_n}{2}} \tag{4-6}$$

由型线图与型值表可知各站的 x、y，按式(4-6)可计算出坐标 x_F 的值。如将 L 分为 10 等分，其计算还按表 4-1 进行。式(4-6)中的分母仍按表中第Ⅱ项结果；分子为：

$$\sum_{i=0}^{10}x_iy_i - \frac{x_0y_0+x_{10}y_{10}}{2}$$

$$= l\left[0\cdot y_5 + 1(y_6-y_4) + 2(y_7-y_3) + \cdots + 5(y_{10}-y_0) - \frac{5y_{10}-5y_0}{2}\right]$$

计算结果可按表中第Ⅳ项的公式求得。

三、惯性矩 J_y、J_x 和 J_f 的计算

在舟艇浮性计算中，常要用到对水线面积各轴的惯性矩值，以下分别求出对 y 轴、x 轴和

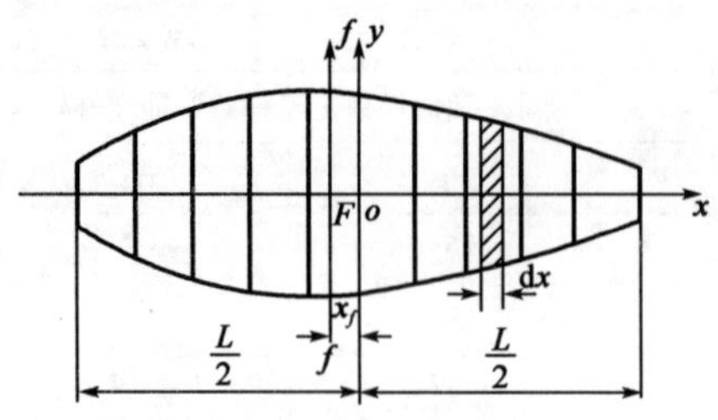

图4-8　水线面积惯性矩计算

通过漂心 F 的 f 轴的惯性矩。

1. 水线面积对 y 轴的惯性矩 J_y

根据惯性矩定义,水线面积各分面积对 y 轴的惯性矩(图4-8)可表达为:

$$J_y = x^2(2y\mathrm{d}x)$$

则水线面积的总面积对 y 轴的惯性矩为:

$$J_y = 2\int_{-\frac{L}{2}}^{\frac{L}{2}} x^2 y\mathrm{d}x \approx 2l\left(\sum_{i=0}^{n} x_i^2 y_i - \frac{x_0^2 y_0 + x_n^2 y_n}{2}\right) \tag{4-7}$$

如将 L 分成10等分,则式(4-7)为:

$$J_y = 2l^3\left[0 \cdot y_5 + 1^2(y_6 + y_4) + 2^2(y_7 + y_3) + \cdots + 5^2(y_{10} + y_0) - \frac{5^2(y_0 + y_{10})}{2}\right]$$

该式结果可用表4-1中第Ⅵ项的公式求出。

2. 水线面积对 x 轴的惯性矩 J_x

水线面积某分面积对 x 轴的惯性矩可表达为:

$$J_x = \frac{(2y)^3\mathrm{d}x}{12} = \frac{2}{3}y^3\mathrm{d}x$$

则水线面积的总面积对 x 轴的惯性矩为:

$$J_x = \frac{2}{3}\int_{-\frac{L}{2}}^{\frac{L}{2}} y^3\mathrm{d}x \approx \frac{2}{3}l\left(\sum_{i=0}^{n} y_i^3 - \frac{y_0^3 + y_n^3}{2}\right) \tag{4-8}$$

如将 L 分成10等分,则式(4-8)为:

$$J_x = \frac{2}{3}l\left(y_0^3 + y_1^3 + y_2^3 + \cdots + y_{10}^3 - \frac{y_0^3 + y_{10}^3}{2}\right)$$

该式结果可用表4-1中第Ⅶ项的公式求出。

3. 对通过漂心 F 的 f 轴的惯性矩 J_f

因 f 轴与 y 轴平行,应用移动原理可得:

$$J_f = J_y - A_s x_F^2 \tag{4-9}$$

式中水线面积 A_s、漂心坐标 x_F 及惯性矩 J_y 均为已知数据。

第四节　利用水线面面积曲线计算排水体积和浮心坐标

根据型线图上的半宽水线图,按式(4-5)求出各不同吃水处的水线面面积值,分别按 $A_s = f(t)$ 的关系画出曲线,即水线面面积曲线。如图4-9所示。故水线面面积曲线是表示舟艇的水线面随吃水变化的曲线。图中 t 为总吃水的等分值,即:

$$t = \frac{T}{n}$$

由水线面面积曲线可知,该面积曲线所围面积即舟艇的排水体积。由图中分面积得:

$$dV = A_s dz$$

则

$$V = \int_0^T A_s dz \approx t\left(\sum_{i=0}^{n} A_{si} - \frac{A_{s0} + A_{sn}}{2}\right) \tag{4-10}$$

其计算结果见表4-2中第Ⅲ项。

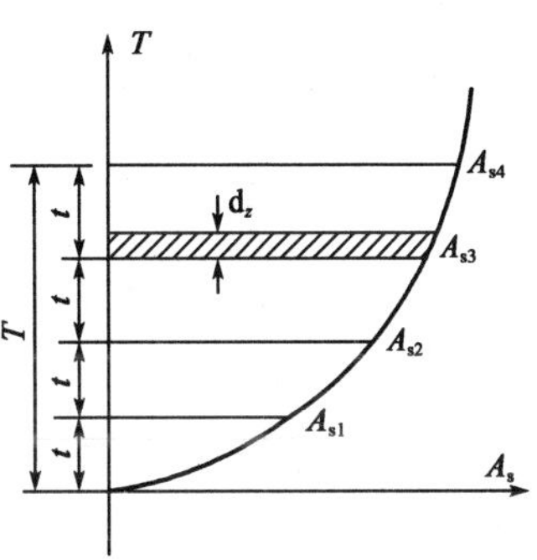

图4-9　水线面面积曲线

排水体积的浮心坐标(x_C, y_C, z_C)($y_C = 0$)仍根据总体积对坐标平面的静矩等于各分体积的静矩之和求得,可得浮心 C 的纵向坐标 x_C 和竖向坐标 z_C 的计算公式为:

$$z_C = \frac{M_{xoy}}{V} = \frac{\int_0^T A_s z dz}{\int_0^T A_s dz} \tag{4-11}$$

式中分子:

$$\int_0^T A_s z dz \approx t^2\left(\sum_{i=0}^{n} k_i A_{si} - \frac{0 \cdot A_{s0} + nA_{sn}}{2}\right)$$

则

$$z_C = \frac{t\left(\sum_{i=0}^{n} k_i A_{si} - \frac{0 \cdot A_{s0} + n \cdot A_{sn}}{2}\right)}{\sum_{i=0}^{n} A_{si} - \frac{A_{s0} + A_{sn}}{2}} \tag{4-12}$$

利用水线面积求 V、x_C、z_C　　表4-2

水线号	吃水 T(m)	水线面积 A_s(m^2)	静矩函数 M_{xoy}	漂心坐标 x_F(m)	静矩函数 M_{yoz}
(Ⅰ)	(Ⅱ)	(Ⅲ)	(Ⅳ)=(Ⅰ)×(Ⅲ)	(Ⅴ)	(Ⅵ)=(Ⅲ)×(Ⅴ)
0	0	A_{s0}	$0 \times A_{s0}$	x_{F0}	$A_{s0}x_{F0}$
1	t_1	A_{s1}	$1 \times A_{s1}$	x_{F1}	$A_{s1}x_{F1}$
2	t_2	A_{s2}	$2 \times A_{s2}$	x_{F2}	$A_{s2}x_{F2}$
…	…	…	…	…	…
n	t_n	A_{sn}	nA_{sn}	x_{Fn}	$A_{sn}x_{Fn}$
总和Σ	—	$\sum A_{si}$	$\sum k_i A_{si}$	—	$\sum A_{si}x_{Fi}$
修正值	—	$\frac{A_{s0}+A_{sn}}{2}$	$\frac{nA_{sn}}{2}$	—	$\frac{A_{s0}x_{F0}+A_{sn}x_{Fn}}{2}$
修正后之和	—	Σ -(修正值)	Σ -(修正值)	—	Σ -(修正值)
计算结果公式	—	$V = t(\Sigma Ⅲ)$	$Z_C = t\frac{(\Sigma Ⅳ)}{(\Sigma Ⅲ)}$	—	$x_C = \frac{(\Sigma Ⅵ)}{(\Sigma Ⅲ)}$

同理:

$$x_C = \frac{M_{yoz}}{V} = \frac{\int_0^T A_s x_F dz}{\int_0^T A_s dz} \tag{4-13}$$

式中分子:

$$\int_0^T A_s x_F dz \approx t\left(\sum_{i=0}^{n} x_{Fi} A_{si} - \frac{x_{F0}A_{s0} + x_{Fn}A_{sn}}{2}\right)$$

则

$$x_{C}=\frac{\sum_{i=0}^{n}x_{Fi}A_{si}-\frac{x_{F0}A_{s0}+x_{Fn}A_{sn}}{2}}{\sum_{i=0}^{n}A_{si}-\frac{A_{s0}+A_{sn}}{2}} \tag{4-14}$$

式(4-12)和式(4-14)的计算结果见表4-2中第Ⅳ项和第Ⅵ项。

【例】 某舟艇 $L=54\text{m}$，$B=7.6\text{m}$，满载吃水 $T=2.4\text{m}$。已知满载水线面型值见表4-3。满载水线下各水线面积及其漂心纵坐标见表4-4。

满载水线面型值 表4-3

站号	0	1	2	3	4	5	6
半宽(m)	0	2.32	3.48	3.80	3.36	1.71	0

满载水线下各水线面积及其漂心坐标 表4-4

水　线　号	水线面积 A_s(m^2)	漂心纵坐标值 x_F(m)
0	0	—
1	147	-0.06
2	217	-1.15
3	251	-1.11

求该舟艇在满载水线下的排水体积、浮心坐标值及方型系数。

计算步骤如下：

(1) $l=\frac{L}{n}=\frac{54}{6}=9(\text{m})$。

列表如表4-5所示，求满载水线的 A_s 和 x_F。

求解 A_s、x_F 所需参数 表4-5

站　　号	纵坐标值 y_i(m)	k_i 系数	静矩函数 k_iy_i
(Ⅰ)	(Ⅱ)	(Ⅲ)	(Ⅳ)=(Ⅱ)×(Ⅲ)
0	0	-3	0
1	2.32	-2	-4.64
2	3.48	-1	-3.48
3	3.80	0	0
4	3.36	1	3.36
5	1.71	2	3.42
6	0	3	0
总和∑	14.67	—	-1.34
修正值	0	—	0
修正后之和	∑Ⅱ=14.67	—	∑Ⅳ=-1.34

由表中数据，得计算结果为：

$$A_s=2l(\sum \text{Ⅱ})=2\times 9\times 14.67=264(\text{m}^2)$$

$$x_F=l\cdot\frac{\sum \text{Ⅳ}}{\sum \text{Ⅱ}}=\frac{9\times(-1.34)}{14.67}=-0.82(\text{m})$$

(2) $t=\frac{T}{n}=\frac{2.4}{4}=0.6(\mathrm{m})$。

列表4-6求舟艇的排水体积 V 和浮心坐标值 z_C、x_C。

求解排水体积和浮心坐标值所需参数　　表4-6

水　线　号	吃水 T(m)	水线面积 A_s(m^2)	静矩函数 M_{yox}	漂心坐标 x_F(m)	静矩函数 M_{yox}
0	0	0	0	0	0
1	0.6	141	141	-0.06	-8.46
2	1.2	217	434	-1.15	-249.55
3	1.8	251	753	-1.11	-278.61
4	2.4	264	1 056	-0.82	-216.48
总和Σ	—	873	2 384	—	-753.1
修正值	—	132	528	—	-108.24
修正后之和	—	ΣⅢ=741	ΣⅣ=1 856	—	ΣⅥ=-644.86

由表中数据,则计算结果为:

$$V=t(\sum Ⅲ)=0.6\times741=445(\mathrm{m}^3)$$

$$z_C=t\cdot\frac{\sum Ⅳ}{\sum Ⅲ}=\frac{0.6\times1\,856}{741}=1.5(\mathrm{m})$$

$$x_C=\frac{\sum Ⅵ}{\sum Ⅲ}=\frac{-644.86}{741}=-0.87(\mathrm{m})$$

(3)舟艇的方型系数为:

$$\delta=\frac{V}{LBT}=\frac{445}{54\times7.6\times2.4}=0.45$$

第五节　邦 津 曲 线

一、横剖面积计算

舟艇的横剖线都绘制在横剖线图中,如图4-10a)所示为某站横剖线,吃水为 T,将其分为 n 等分,则间距 $t=\frac{T}{n}$。在各等分线上可分别量出其型值为 y_0、y_1、y_2、…、y_n(不同吃水线上的半宽值),则横剖面积可由式(4-15)求得,即:

$$A_\omega=2\int_0^T y\mathrm{d}z\approx2t\left(\sum_{i=0}^{n}y_i-\frac{y_0+y_n}{2}\right)\tag{4-15}$$

按式(4-15)可求出不同水线下的 A_ω 值。由此可得到横剖面积曲线,如图4-10b)所示。

同理,对横剖面积的形心可用式(4-16)求得。即:

形心横坐标:$y_\omega=0$。

形心竖坐标:

$$z_\omega = \frac{M_{oy}}{A_\omega} = \frac{\int_0^T zy\mathrm{d}z}{\int_0^T y\mathrm{d}z} \tag{4-16}$$

式中分子：

$$\int_0^T zy\mathrm{d}x \approx t^2\left(\sum_{i=0}^{n} k_i y_i - \frac{0 \cdot y_0 + ny_n}{2}\right)$$

则

$$z_\omega = \frac{t\left(\sum_{i=0}^{n} k_i y_i - \frac{0 \cdot y_0 + ny_n}{2}\right)}{\sum_{i=0}^{n} y_i - \frac{y_0 + y_n}{2}} \tag{4-17}$$

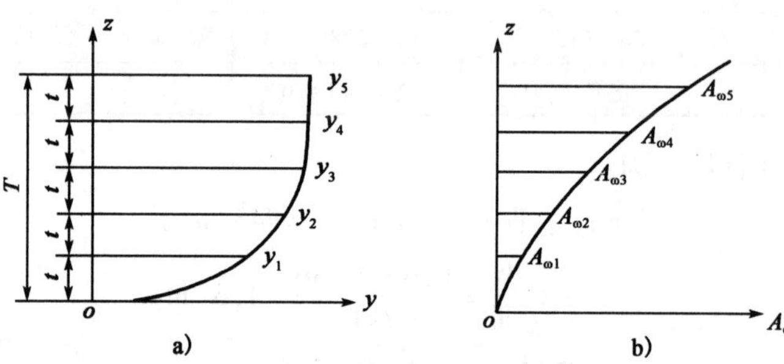

图 4-10　横剖面积及面积曲线

二、利用各站横剖面面积计算排水体积和浮心坐标

已知水线下各站横剖值，则排水体积用式(4-18)可求得，即：

$$V = \int_{-\frac{L}{2}}^{\frac{L}{2}} A_\omega \mathrm{d}x \approx l\left(\sum_{i=0}^{n} A_{\omega i} - \frac{A_{\omega 0} + A_{\omega n}}{2}\right) \tag{4-18}$$

同前述原理，可分别对 xoy 及 yoz 平面取静矩，即可求得浮心坐标值。

浮心竖坐标：

$$z_C = \frac{\int_{-\frac{L}{2}}^{\frac{L}{2}} A_\omega z\mathrm{d}x}{\int_{-\frac{L}{2}}^{\frac{L}{2}} A_\omega \mathrm{d}x} \approx \frac{\sum_{i=0}^{n} A_{\omega i} z_i - \frac{A_{\omega 0} z_0 + A_{\omega n} z_n}{2}}{\sum_{i=0}^{n} A_{\omega i} - \frac{A_{\omega 0} + A_{\omega n}}{2}} \tag{4-19}$$

浮心纵坐标：

$$x_C = \frac{\int_{-\frac{L}{2}}^{\frac{L}{2}} A_\omega x\mathrm{d}x}{\int_{-\frac{L}{2}}^{\frac{L}{2}} A_\omega \mathrm{d}x} \approx \frac{\sum_{i=0}^{n} A_{\omega i} x_i - \frac{A_{\omega 0} x_0 + A_{\omega n} x_n}{2}}{\sum_{i=0}^{n} A_{\omega i} - \frac{A_{\omega 0} + A_{\omega n}}{2}} \tag{4-20}$$

式(4-18)～式(4-20)的计算均可按表 4-3 进行，表中 L 分为 10 站，$l = L/10$。

三、邦津曲线

邦津曲线是由舟艇各站(10 站或 20 站)的横剖面面积曲线 $A_\omega = f(t)$ 所组成的曲线群(共

11 根或 21 根曲线),如图 4-11 所示。

邦津曲线可用来计算任意吃水线下(正浮状态或纵倾状态)的排水体积和浮心坐标。在邦津曲线上可量出各站在某一定吃水线下的 A_ω 值,即可按式(4-18)~式(4-20)进行计算。如舟艇纵倾,在量取 A_ω 值时应注意要从吃水线与站线的交点处引出水平线,此水平线与横剖面积曲线交点的坐标值才是本站在该水线下的横剖面积值。

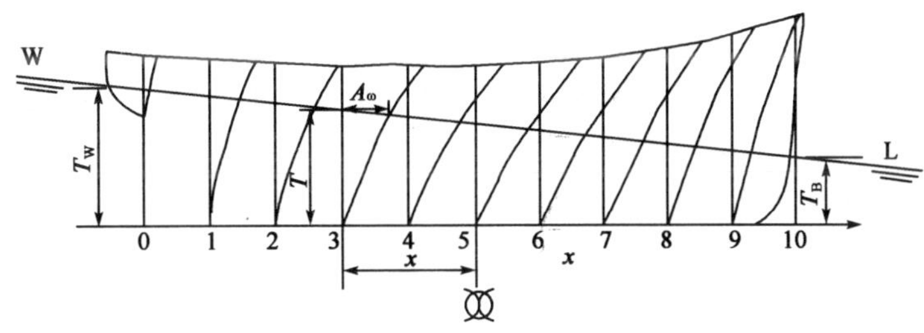

图 4-11　邦津曲线图

如求得某一定吃水线下各站的横剖面积,则在该水线下的排水体积和浮心坐标可按表 4-7进行计算。

任意吃水线下的 V、x_C 及 z_C 的计算　　表 4-7

站　号	横剖面积 $A_{\omega i}$(m²)	系数 k_i	纵向静矩 $k_iA_{\omega i}$	横剖面积形心坐标 $z_{\omega i}$(m)	竖向静矩 $A_{\omega i}z_{\omega i}$
(Ⅰ)	(Ⅱ)	(Ⅲ)	(Ⅳ)=(Ⅰ)×(Ⅲ)	(Ⅴ)	(Ⅵ)=(Ⅲ)×(Ⅴ)
0	$A_{\omega 0}$	−5	$-5\times A_{\omega 0}$	$z_{\omega 0}$	$A_{\omega 0}z_{\omega 0}$
1	$A_{\omega 1}$	−4	$-4\times A_{\omega 1}$	$z_{\omega 1}$	$A_{\omega 1}z_{\omega 1}$
2	$A_{\omega 2}$	−3	$-3\times A_{\omega 2}$	$z_{\omega 2}$	$A_{\omega 2}z_{\omega 2}$
3	$A_{\omega 3}$	−2	$-2\times A_{\omega 3}$	$z_{\omega 3}$	$A_{\omega 3}z_{\omega 3}$
4	$A_{\omega 4}$	−1	$-1\times A_{\omega 4}$	$z_{\omega 4}$	$A_{\omega 4}z_{\omega 4}$
5	$A_{\omega 5}$	0	$0\times A_{\omega 5}$	$z_{\omega 5}$	$A_{\omega 5}z_{\omega 5}$
6	$A_{\omega 6}$	1	$1\times A_{\omega 6}$	$z_{\omega 6}$	$A_{\omega 6}z_{\omega 6}$
7	$A_{\omega 7}$	2	$2\times A_{\omega 7}$	$z_{\omega 7}$	$A_{\omega 7}z_{\omega 7}$
8	$A_{\omega 8}$	3	$3\times A_{\omega 8}$	$z_{\omega 8}$	$A_{\omega 8}z_{\omega 8}$
9	$A_{\omega 9}$	4	$4\times A_{\omega 9}$	$z_{\omega 9}$	$A_{\omega 9}z_{\omega 9}$
10	$A_{\omega 10}$	5	$5\times A_{\omega 10}$	$z_{\omega 10}$	$A_{\omega 10}z_{\omega 10}$
总和Σ	$\sum A_{\omega i}$	—	$\sum k_iA_{\omega i}$	—	$\sum A_{\omega i}z_{\omega i}$
修正值	$\frac{A_{\omega 0}+A_{\omega 10}}{2}$	—	$\frac{5(A_{\omega 0}-A_{\omega 10})}{2}$	—	$\frac{A_{\omega 0}z_{\omega 0}+A_{\omega 10}z_{\omega 10}}{2}$
修正后之和	Σ − 修正值	—	Σ − 修正值	—	Σ − 修正值
计算结果公式	$V=l(\sum \text{Ⅱ})$	—	$x_C=\frac{l(\sum \text{Ⅳ})}{\sum \text{Ⅱ}}$	—	$z_C=\frac{\sum \text{Ⅵ}}{\sum \text{Ⅱ}}$

为了使曲线清晰,在绘制邦津曲线图时,竖向 z 和横向 x 均可采用不同的比例尺,通常竖向 z 的比例可大于横向 x 的。

第六节　舟艇质量和重心的计算

在舟艇有关性能计算中，常涉及舟艇的质量和重心坐标，以下讨论舟艇质量和重心的计算问题。

舟艇质量有两类：

第一类为不变质量，它包括舟艇各部结构以及舟艇内动力装置、舾装设备等的质量。本类质量均属于舟艇自重。

第二类为可变质量，本类质量是根据舟艇的装载情况而变，属舟艇的载质量。

因此，舟艇的总质量应包括舟艇自重和载质量，即：

$$P=\sum_{i=0}^{n}p_i \tag{4-21}$$

式中：p_i——舟艇各项自重及载质量等。

关于重心 G 的坐标常以 x_G、y_G、z_G 表示，因舟艇左右两舷对称，在布置各种荷载时，应使舟艇的重心 G 位于中纵剖面上，即 $y_G=0$，因此，对舟艇的重心 G 只需计算 x_G 和 z_G 两个坐标值。重心坐标的计算可根据理论力学合力矩原理求得，即：

$$x_G=\frac{\sum_{i=0}^{n}p_ix_i}{\sum_{i=0}^{n}p_i}\quad z_G=\frac{\sum_{i=0}^{n}p_iz_i}{\sum_{i=0}^{n}p_i} \tag{4-22}$$

式中：x_i、z_i——各个部件的重心距原点 o 的距离；

$\sum_{i=0}^{n}p_ix_i$——各个部件对 yoz 平面的静矩之和；

$\sum_{i=0}^{n}p_iz_i$——各个部件对 xoy 平面的静矩之和。

对于舟艇重心的计算是一项相当繁琐的工作，需要细致而精确地进行计算。实际工作中，通常根据舟艇的布置总图以表格形式进行计算，如表4-8所示。

舟艇质量和重心坐标计算表　　表4-8

序　号	重物名称	质量 $P_i(t)$	对 yoz 平面		对 xoy 平面	
			力臂 x_i(m)	静矩 P_ix_i	力臂 z_i(m)	静矩 P_iz_i
1	…	P_1	x_1	P_1x_1	z_1	P_1z_1
2	…	P_2	x_2	P_2x_2	z_2	P_2z_2
3	…	P_3	x_3	P_3x_3	z_3	P_3z_3
…	…	…	…	…	…	…
n		P_n	x_n	P_nx_n	z_n	P_nz_n
总和		ΣP_i		ΣP_ix_i		ΣP_iz_i

第七节 每厘米吃水吨数

舟艇在装卸载重时,可根据排水量曲线或载质量表尺查得装卸载后吃水的变化,此外还可利用“每厘米吃水吨数”进行计算。每厘米吃水吨数指舟艇吃水平行变化 1cm 时所引起的排水量变化数值。

设舟艇载质量为 P,如增加载质量 ΔP,则浮力也相应增加 ΔD,根据舟艇平衡条件:

$$P + \Delta P = D + \Delta D$$

则 $\Delta P = \Delta D$。

如图 4-12 所示,增加的浮力 ΔD 等于两个水线面之间的一层小体积的排水量 ΔV,即:

$$\Delta D = \gamma \Delta V$$

当装卸载质量较小时,可认为水线形状及面积变化不大,则有:

$$\Delta D = \gamma A_s \Delta T$$

当 $\Delta T = 1\text{cm}$ 时,则 $\Delta D = 0.01\gamma A_s$,其中 $\gamma = 10\text{kN/m}^3$。

每厘米吃水吨数以符号 q 表示,则:

$$q = 0.01\gamma A_s \tag{4-23}$$

如舟艇装卸载质量为 P,则其吃水变化可用式(4-23)求得:

$$\Delta T = \frac{p}{q} \tag{4-24}$$

对于型线变化较大的船,式(4-24)只适用于少量装卸载的情况,而对于小型的型线变化不大的舟艇,则可以不受此限制。

根据式(4-23)和水线面积曲线画出每厘米吃水吨数曲线,如图 4-13 所示。

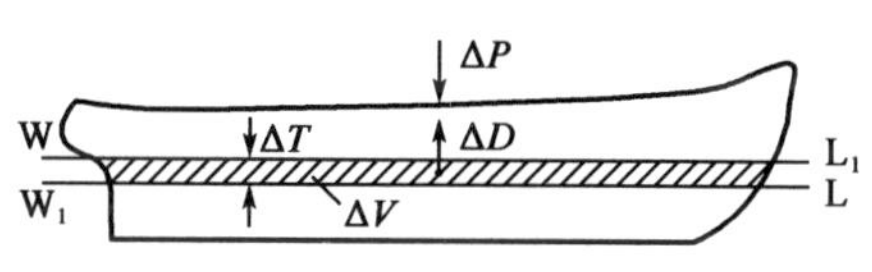

图 4-12 舟艇平均吃水变化图

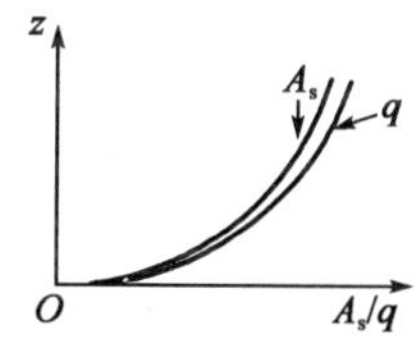

图 4-13 每厘米吃水吨数曲线

舟艇装卸载重前的正浮水线为 WL,此时的浮力 D 通过浮心 C 与重力 P 通过重心 G 作用在同一垂线上,见式(4-2)、式(4-3)。

若舟艇平行沉浮至 W_1L_1,两平行水线的排水量为 ΔD,排水体积为 ΔV,ΔD 的浮心坐标为 $(x_{\Delta V}, y_{\Delta V}, z_{\Delta V})$,在少量装卸载的情况下,前后水线面积相等,则 ΔD 的浮心与 WL 水线面漂心在同一垂线上。有:

$$\left.\begin{aligned} x_{\Delta V} &= x_F \\ y_{\Delta V} &= 0 \\ z_{\Delta V} &= T + \frac{\Delta T}{2} \end{aligned}\right\} \tag{4-25}$$

为使舟艇平行沉浮,要求装卸载质量中的重心必须与 ΔD 的浮心在同一垂直线上,即平行沉浮的条件为：

$$\left.\begin{aligned} x_p &= x_F \\ y_p &= y_F = 0 \end{aligned}\right\} \tag{4-26}$$

式中：x_p、y_p——装卸载的重心坐标值。

如果 $x_p \neq x_F$、$y_p \neq 0$，则舟艇将由于 P 和 ΔD 所组成的力偶而产生纵倾和横倾。故少量装卸载重时，其平行沉浮的条件是装卸载重物重心必须通过原水线面漂心的垂线。

第八节　储 备 浮 力

为了保证舟艇的安全和良好的浮性，要求舟艇必须具备一定的储备浮力。储备浮力是指舟艇满载吃水线至甲板水密部分的体积所能提供的浮力。

舟艇储备浮力的大小可通过舟艇干舷高度来观察，干舷高度越大，储备浮力越大，但干舷高度过大会影响舟艇的有效载重能力和稳性等。因此，为了保证舟艇安全，又能最大限度地利用舟艇的载重能力，可根据舟艇使用条件和航行条件，对干舷高度做出适当的规定。内河船舶的干舷高度，由国家有关航运技术监督部门依据载重吃水线规范确定，在船舶中部的两舷绘出"载重线标志"，如图 4-14 所示，图中圆环中心的水平线（即载重吃水线）至甲板线的距离即干舷高度，ZC 为中华人民共和国船舶检验局的标志。

水尺是吃水深度的标志，通常在船舶首尾及中部的两舷，如图 4-15 所示，吃水到达水尺数字下缘时，即表明为该数字的吃水。

图 4-14　载重线标志　　　图 4-15　水尺标志（单位：m）

渡河舟艇有关干舷高度的规定，因根据对舟艇战术技术的要求而定。在设计新型舟艇时，还可以参考内河船舶的有关规定适当选用。

舟艇对干舷的标志一般不像内河船舶的载重标志，通常只在舟艇首部两舷用水尺标志吃水。有的可在舟艇两舷沿全长画出两条白色水平线，一条标志空载吃水线，一条标志满载吃水线。

第五章
稳 性

第一节 概 述

由舟艇的平衡条件可知,舟艇在水面上正浮时,其重力和浮力大小相等、方向相反,且重心和浮心在同一垂线上,如图 5-1a)所示。当舟艇受到外力产生的力矩作用后,这种平衡可能被破坏而使舟艇发生倾斜,当舟艇倾斜后,由于排水体积形状的变化,浮心的位置将产生移动,如图 5-1b)所示,浮心由 C 移至 C_1。这时重心和浮心不再在同一条垂线上,而使重力和浮力间形成一对力偶。这对力偶具有抗拒舟艇倾斜而使其回复到平衡位置的作用,故可称为复原力矩。所谓稳性,就是指舟艇受到外力作用偏离平衡状态而倾斜,当外力消除后,舟艇所具有的能回到平衡位置的能力。稳性是舟艇一项非常重要的性能,要求舟艇应具有足够的稳性。

产生舟艇作用力矩的外力因素很多,如风力的作用、波浪冲击、拖索牵引、舟艇回转时的离心力、舟艇内载重的移动和装卸等。

稳性按其倾斜方向分为横稳性和纵稳性。横稳性指舟艇绕 x 轴横向倾斜时的稳性;纵稳性指舟艇绕 y 轴纵向倾斜时的稳性。

通常稳性按其倾斜角的大小分为初稳性和大倾角稳性。初稳性指舟艇在小角度范围内的稳性,即倾斜角一般不超过 15°;大倾角稳性指舟艇的倾角超过 15°时的稳性。大倾角倾斜通常只在横倾时产生,对渡河舟艇稳性的讨论主要为初稳性。

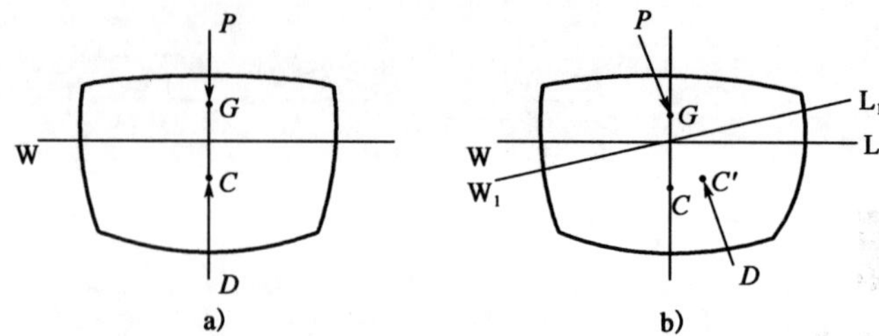

图5-1 舟艇的平衡与倾斜

舟艇无论如何倾斜,其倾斜水线下的排水体积恒等于正浮水线下的排水体积,即排水体积数值保持不变,仅体积形状发生变化,这种倾斜称为等体积倾斜,相应的作用水线称为等体积水线。

根据重力和浮力平衡的条件:

$$P = \gamma V_1 = \gamma V_2$$

则有

$$V_1 = V_2 \tag{5-1}$$

式中:V_1——正浮水线 WL 下的排水体积;

V_2——横倾水线下 W_1L_1 下的排水体积。

因此

$$V_1' = V_2' \tag{5-2}$$

式中:V_1'——出水楔形体 WOW_1 的体积;

V_2'——入水楔形体 LOL_1 的体积。

在小角度倾斜时,倾斜前后的两个等体积水线面的交线(称为等体积倾斜轴线)必通过初始水线面的漂心,如图5-2所示,图5-2a)为横倾状态,两水线交于 O 点;图5-2b)为纵倾状态,两水线交于 f 点。

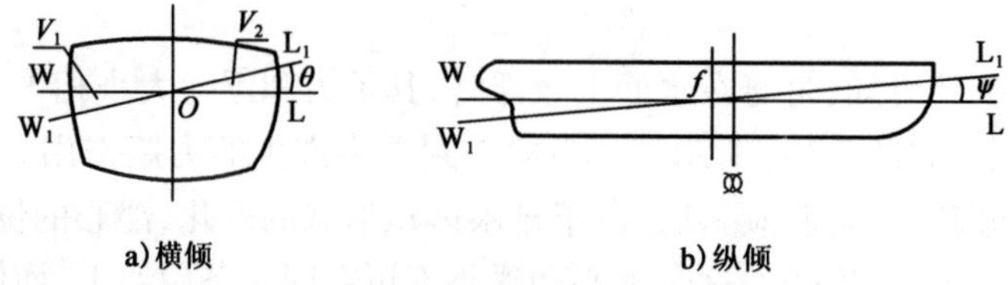

图5-2 舟艇等体积倾斜

该结论很容易得到证明,由图5-2可以看出,出水楔形面积 $\Delta WOW_1 = \frac{1}{2}y_1^2\theta$,入水楔形面积 $\Delta LOL_1 = \frac{1}{2}y_2^2\theta$,则楔形体积分别为:

$$V'_1 = \frac{1}{2}\int_{-\frac{L}{2}}^{\frac{L}{2}} y_1^2\theta \mathrm{d}x$$

$$V'_2 = \frac{1}{2}\int_{-\frac{L}{2}}^{\frac{L}{2}} y_2^2\theta \mathrm{d}x$$

则

$$\frac{1}{2}\int_{-\frac{L}{2}}^{\frac{L}{2}} y_1^2\theta \mathrm{d}x = \frac{1}{2}\int_{-\frac{L}{2}}^{\frac{L}{2}} y_2^2\theta \mathrm{d}x \tag{5-3}$$

式(5-3)说明水线面在等体积倾斜轴线两边的面积对 x 轴的静矩相等,故倾斜轴线必通过初始水线面的漂心。

第二节　初稳性方程式

首先讨论横倾的情况。当舟艇横倾 θ 角后,其排水体积的浮心由 C 移至 C_1,新的浮心 C_1 与重心 G 不再在同一垂直线上。通过浮心 C_1 的浮力作用线与正浮状态的浮力作用线相交于点 M。如图 5-3a)所示。M 点称为稳心。在小角度倾斜时,在一定的排水体积下,可以认为稳心的位置是不变的,浮心的移动轨迹则是:以稳心 M 为圆心,稳心至浮心的距离为半径的一段圆弧。$\overline{MC}$长度称为稳心半径。横倾时的稳心称为横稳心,其稳心半径称为横稳心半径,以符号 r 表示。

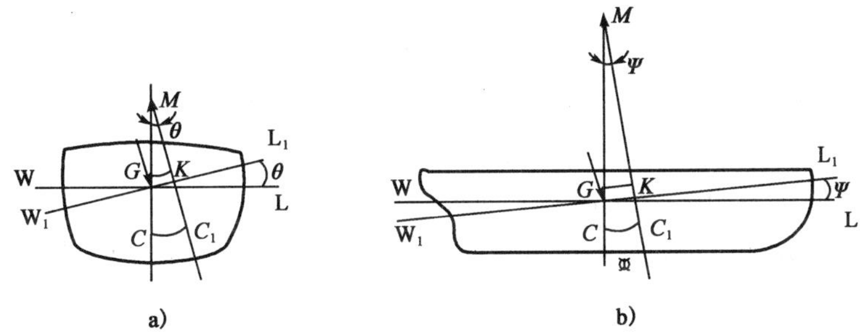

图 5-3　舟艇的横倾和纵倾

自重心 G 向新的浮力作用线作垂线$\overline{GK}$,$\overline{GK}$即为重力 P 与浮力 D 所形成的复原力矩的力臂。$\overline{GK}$与横倾角的函数关系为:

$$\overline{GK} = \overline{MG}\sin\theta \tag{5-4}$$

式中:$\overline{MG}$——稳心 M 至重心 G 的距离,称为稳心高度。横倾时则称为横稳心高度,通常用符号 h 表示。

因此,舟艇横倾时的复原力矩用 M_H 可表达为:

$$M_H = D\,\overline{GK} = Dh\sin\theta \tag{5-5a}$$

当为小角度横倾时,可近似地以 θ 角代替 $\sin\theta$,而用弧度来计算,即:

$$M_H = Dh\theta \tag{5-5b}$$

由式(5-5a)可以知道,当舟艇发生小角度倾斜时,在一定排水量情况下,复原力矩 M_H 的大小与横稳心高度成正比。舟艇的横稳心高度值越大,复原力矩值也越大,则舟艇抗倾斜的能力越强。因此,横稳心高度值是衡量舟艇初稳性的一个重要指标,在设计舟艇时,应适当选取横稳心高度值。

式(5-5a)和式(5-5b)称为横倾时的初稳性方程式。该式为舟艇稳性计算时的基本公式。

从式(5-5a)中可以看到,舟艇倾斜后能否回复到原位置及其能力的大小与复原力矩的大

小和方向有关。而复原力矩的大小和方向则随重心和浮心的相对位置而定。按重心和浮心的相对位置,有三种平衡状态:

(1)舟艇倾斜后,浮心移动后其稳心 M 高于重心 G。这时,重力和浮力所形成的复原力矩方向与倾斜方向相反,具有使舟艇回复到原位置的能力。当外力消除后,在此复原力矩作用下舟艇可以回复到正浮平衡位置。这种情况,舟艇始终处于稳定状态,属稳定平衡,如图 5-3a)所示。设计要求舟艇能达到此种状态。

(2)舟艇倾斜后,稳心 M 低于重心 G。这时复原力矩方向与倾斜方向一致,它不仅不能使舟艇回复到原位置,反而会促使舟艇继续倾斜,从而使舟艇发生倾覆。这种情况,舟艇则处于不稳定状况,属不稳定平衡,如图 5-4a)所示。

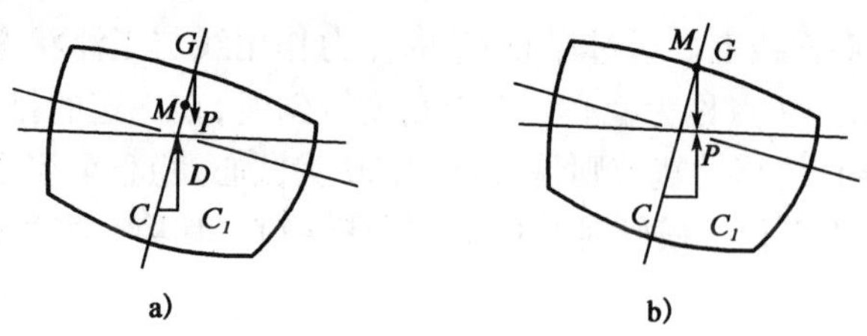

图 5-4　舟艇的稳定状态

(3)舟艇倾斜后,稳心 M 与重心 G 重合,这时重力作用线与浮力作用线重合在一条直线上。此时复原力矩等于零,舟艇则始终保持在倾斜状态,属于随遇平衡状态,如图 5-4b)所示。对于这种情况,我们认为仍属不稳定状态,它不符合稳性的要求。

由上述情况可见,根据舟艇的稳心和重心的相对位置及其距离大小,可以判别舟艇稳定性及优劣性。

同理,对于舟艇的纵向倾斜可得出相同的结论。当舟艇纵倾 ψ 角时,浮心 C 也移动至新位置 C_1,通过 C_1 的浮力作用线与正浮状态的浮力作用线也交于一点 M,此点即纵稳心,如图 5-3b)所示,纵稳心 M 至浮心 C 的距离称为纵稳心半径,以符号 R 表示。纵稳心 M 至重心 G 的距离称为纵稳心高度,以符号 H 表示。

舟艇纵倾时的初稳性方程为:

$$M_Z = DH\sin\psi \tag{5-6}$$

或

$$M_Z = DH\psi \tag{5-7}$$

式中:M_Z——纵倾时的复原力矩。

为了计算方便,通常以首尾吃水差 ΔT 表示纵倾角 ψ ,即:

$$\psi \approx \tan\psi = \frac{\Delta T}{L} \tag{5-8}$$

式中:L——舟艇长度。

则式(5-7)可表达为:

$$M_Z = DH\frac{\Delta T}{L} \tag{5-9}$$

以下介绍两个常用的量:

(1)横倾1°力矩。

设 M_θ 为舟艇横倾1°所需的横倾力矩。

应用式(5-5)并使 $\theta = 1° = \frac{1}{57.3}$rad,可得:

$$M_\theta = Dh\theta = \frac{Dh}{57.3} \tag{5-10}$$

如要求当舟艇受横倾力矩 M_{HQ} 作用后所产生的横倾角,则可用式(5-11)计算。

$$\theta^0 = \frac{M_{HQ}}{M_\theta} \tag{5-11}$$

(2)纵倾1cm力矩。

设 M_{cm} 为纵倾1cm所需的纵倾力矩。应用式(5-9)并使 $\Delta T = 1cm = 0.01m$,可得:

$$M_{cm} = DH\psi = \frac{DH}{100L} \tag{5-12}$$

如果求当舟艇受纵倾力矩 M_{ZQ} 作用后所产生的纵倾值 ΔT,则可用式(5-13)计算。

$$\Delta T = \frac{M_{ZQ}}{M_{cm}} \tag{5-13}$$

第三节 稳心高度的计算

首先讨论横倾的情况,如图5-5所示,可看出重心、浮心与稳心之间的关系为:

$$\overline{MG} = \overline{MC} + \overline{OC} - \overline{OG}$$

用符号表示即得:

$$h = r + z_C - z_G \tag{5-14}$$

令 $a = z_G - z_C$,则:

$$h = r - a \tag{5-15}$$

式中:h——横稳心高度;

r——横稳心半径;

z_G——舟艇重心竖向坐标值;

z_C——舟艇浮心竖向坐标值。

如求得稳心半径 r,则可知稳心高度。现在我们讨论 r 值的计算。

由图5-6看出,当舟艇横倾 θ 后,浮心 C 移至 C_1,楔形体积重心 G_1 将移至 G_2,楔形体积属水下排水体积的分部体积,根据重心移动原理可知:

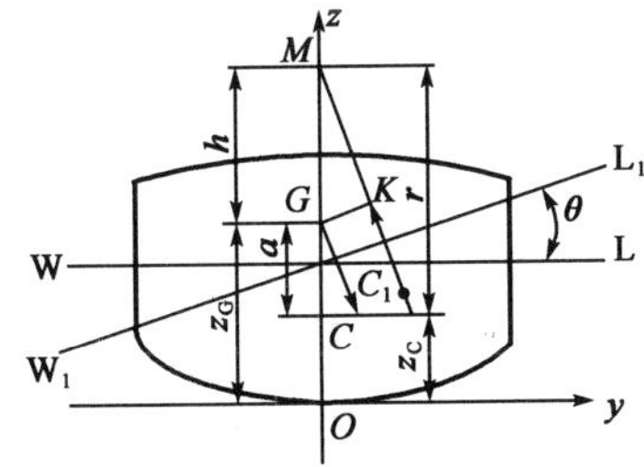

图5-5 横稳心高度计算图

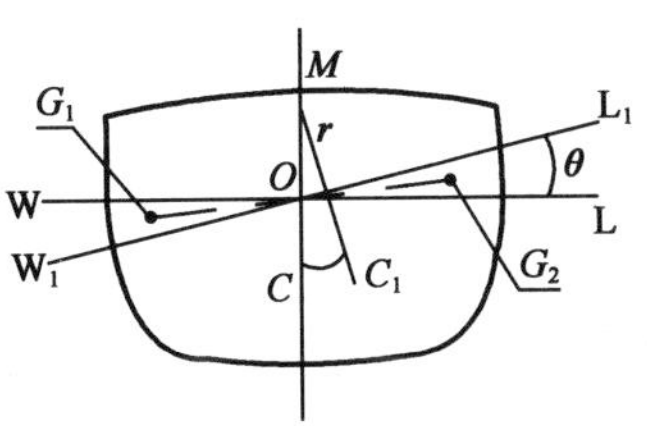

图5-6 楔形体积重心移动

$$\overline{CC_1} \parallel \overline{G_1G_2}$$

且

$$\frac{\overline{CC_1}}{\overline{G_1G_2}} = \frac{V'}{V}$$

故

$$\overline{CC_1} = \overline{G_1G_2}\frac{V'}{V} \tag{5-16}$$

由前述可知出水和入水楔形体积分别为：

$$V'_1 = \frac{1}{2}\int_{-\frac{L}{2}}^{\frac{L}{2}} y_1^2\theta \mathrm{d}x$$

$$V'_2 = \frac{1}{2}\int_{-\frac{L}{2}}^{\frac{L}{2}} y_2^2\theta \mathrm{d}x$$

对小角度倾斜，楔形体积重心距倾斜轴的距离等于 $\frac{2}{3}y_1$ 和$\frac{2}{3}y_2$，则出水和入水楔形体积对倾斜轴的静矩为：

$$V'_1\overline{G_1O} = \frac{1}{3}\int_{-\frac{L}{2}}^{\frac{L}{2}} y_1^3\theta \mathrm{d}x$$

$$V'_2\overline{G_2O} = \frac{1}{3}\int_{-\frac{L}{2}}^{\frac{L}{2}} y_2^3\theta \mathrm{d}x$$

两式相加得到：

$$V'_1\overline{G_1O} + V'_2\overline{G_2O} = \frac{\theta}{3}\int_{-\frac{L}{2}}^{\frac{L}{2}} (y_1^3 + y_2^3)\mathrm{d}x$$

由于出水和入水楔形体积以及倾斜水线面半宽均相等，即：

$$V'_1 = V'_2 = v$$

$$y_1 = y_2 = y$$

则

$$V'\ \overline{G_1G_2} = \frac{2}{3}\theta\int_{-\frac{L}{2}}^{\frac{L}{2}} y^3 \mathrm{d}x$$

由浮性计算中可知水线面积的总面积对 x 轴的惯性矩为：

$$J_x = \frac{2}{3}\int_{-\frac{L}{2}}^{\frac{L}{2}} y^3 \mathrm{d}x$$

则得 $V'\ \overline{G_1G_2} = J_x\theta$，代入式(5-16)可得浮心横向移动的距离为：

$$\overline{CC_1} = \frac{J_x}{V}\theta \tag{5-17}$$

由图 5-6 可知：

$$\overset{\frown}{CC_1} = r\theta$$

因横倾角 θ 很小，可近似地表示为 $\overline{CC_1} = \overset{\frown}{CC_1}$ 。则(5-17)可表达为：

$$r = \frac{J_x}{V} \tag{5-18}$$

在得知横稳心半径后,横稳心高度便可求得,即:

$$h = \frac{J_x}{V} - a \tag{5-19}$$

同理,对舟艇纵倾时,其纵稳心半径 R 和纵稳心高度 H(图 5-7)可求得:

$$R = \frac{J_f}{V} \tag{5-20}$$

$$H = R - a = \frac{J_f}{V} - a \tag{5-21}$$

式中:J_f——舟艇水线面积对通过漂心横轴的惯性矩。

因为 R 比 a 值大得多,故纵倾时可认为 $H = R$。

一般纵稳心半径都很大,故舟艇纵倾要比横倾稳定得多。

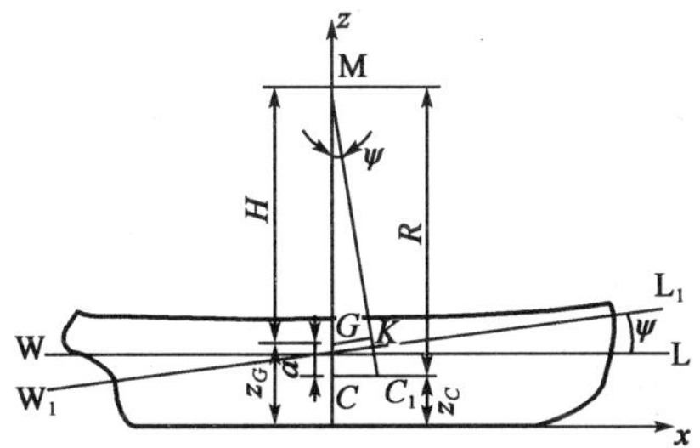

图 5-7　纵稳心高度计算

【例】　某舟艇 $L = 78\text{m}$,$B = 12.5\text{m}$,在满载吃水 $T = 4.0\text{m}$ 时排水体积 $V = 2\,670\text{m}^3$。已知其载重水线半宽值如表 5-1 所示。

载重水线半宽值　　表 5-1

站号	0	1	2	3	4	5	6	7	8	9	10
半宽值(m)	0.38	3.40	5.45	6.25	6.25	6.25	6.25	6.22	5.80	3.40	0

求该舟艇的初横稳心半径和纵稳心半径。

计算步骤如下:

$$l = \frac{L}{n} = \frac{78}{10} = 7.8(\text{m})$$

列表 5-2 求出满载水线的 A_s、x_F 及 J_y、J_x。

求解满载水线的 A_s、x_F 及 J_y、J_x 所需参数　　表 5-2

站　号	半宽值 y_i(m)	系数 k_i	静矩函数 $k_i y_i$	系数平方 k_i^2	对 y 轴惯性矩函数 $k_i^2 y_i$	对 x 轴惯性矩函数 y_i^3
(Ⅰ)	(Ⅱ)	(Ⅲ)	(Ⅳ)	(Ⅴ)	(Ⅵ)	(Ⅶ)
0	0.38	−5	−1.9	25	9.5	0.06
1	3.40	−4	−13.6	16	54.4	39.3
2	5.54	−3	−16.35	9	49.05	161.88
3	6.25	−2	−12.5	4	25.00	244.14
4	6.25	−1	−6.25	1	6.25	244.14

续上表

站 号	半宽值 y_i(m)	系数 k_i	静矩函数 k_iy_i	系数平方 k_i^2	对 y 轴惯性矩函数 $k_i^2y_i$	对 x 轴惯性矩函数 y_i^3
(Ⅰ)	(Ⅱ)	(Ⅲ)	(Ⅳ)	(Ⅴ)	(Ⅵ)	(Ⅶ)
5	6.25	0	0	0	0	244.14
6	6.25	1	6.25	1	6.25	244.14
7	6.22	2	12.44	4	24.88	240.64
8	5.80	3	17.4	9	52.2	195.11
9	3.40	4	13.6	16	54.4	39.3
10	0	5	0	25	0	0
总和Σ	49.65		−0.91		281.93	1 652.85
修正值	0.19		−0.95		4.75	0.03
修正后之和	49.46		0.04		277.18	1 652.82

由表中数据,可得计算结果如下:

$$A_s = 2l(\sum Ⅱ) = 2 \times 7.8 \times 49.46 = 772(\text{m}^2)$$

$$x_F = l\frac{(\sum Ⅳ)}{(\sum Ⅱ)} = 7.8 \times \frac{0.04}{49.46} = 0.01(\text{m})$$

$$J_y = 2l^3(\sum Ⅵ) = 2 \times 7.8^3 \times 277.18 = 263\,073(\text{m}^4)$$

$$J_x = \frac{2}{3}l(\sum Ⅶ) = \frac{2}{3} \times 7.8 \times 1\,652.82 = 8\,595(\text{m}^4)$$

则

$$J_f = J_y - A_s x_f^2 = 263\,073 - 772 \times 0.01^2 = 263\,073(\text{m}^4)$$

可得:

$$R = \frac{J_f}{V} = \frac{263\,073}{2\,670} = 98.5(\text{m})$$

$$r = \frac{J_x}{V} = \frac{8\,595}{2\,670} = 3.2(\text{m})$$

第四节　重物移动对稳性的影响

舟艇上的重物向任意方向移动都会引起舟艇稳性的变化,也就是会使舟艇产生纵倾、横倾以及稳心高度的变化。在讨论重物向任意方向移动对舟艇稳性产生的影响时,我们先用三个平行于坐标轴的重物移动来进行分析。这里应当指出,我们所讨论的是小量荷载的重物移动,舟艇的排水量保持不变。

一、重物竖向移动

设某重物 P 自位置Ⅰ(坐标 z_1)向Ⅱ(坐标 z_2)竖向移动,如图 5-8 所示,根据重心移动原理,重心 G_1 将移至 G_2,而舟艇仍正浮于原水线 WL 位置。重心的位移值可由下式确定,即:

$$\overline{G_1G_2} = \frac{P(z_2 - z_1)}{D} \tag{5-22}$$

式中:D——舟艇在 WL 水线下的排水量。

显然,由于重心发生位移,稳心高度会随之改变。新横稳心高度为:

$$h_1 = h - \overline{G_1G_2} = h - \frac{P(z_2 - z_1)}{D} \tag{5-23}$$

新纵稳性高度为:

$$H_1 = H - \overline{G_1G_2} = H - \frac{P(z_2 - z_1)}{D} \approx H \tag{5-24}$$

式中 $(z_2 - z_1)$ 的正负,应视重物移动的方向而定,若重物向上移动,即 $z_2 - z_1 > 0$,则 $h_1 < h$,横稳性降低;若重物向下移动,即 $z_2 - z_1 < 0$,则 $h_1 > h$,横稳性增强。

二、重物横向移动

设某重物 P 自位置Ⅰ(坐标 y_1)向Ⅱ(坐标 y_2)横向移动,如图 5-9 所示,舟艇重心位置由 G_1 移至 G_2,则:

$$\overline{G_1G_2} = \frac{P(y_2 - y_1)}{D}$$

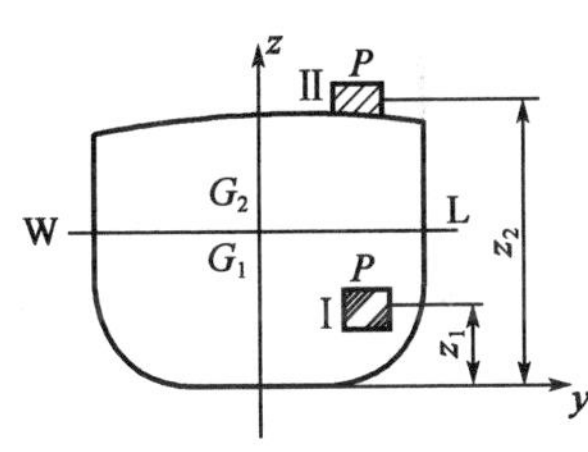

图 5-8 重物竖向移动

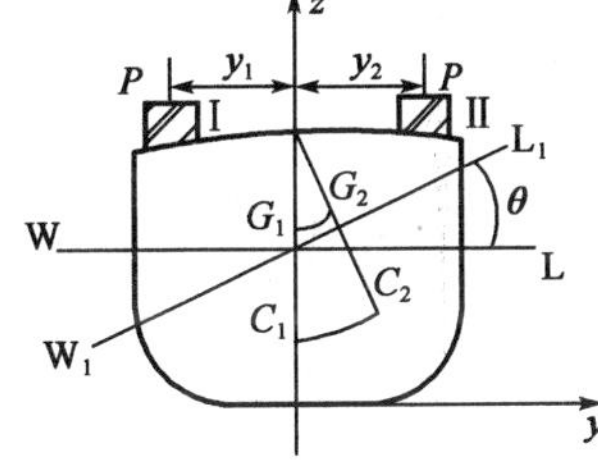

图 5-9 重物横向移动

如在重物原位置Ⅰ处加一对大小相等方向相反的力 P,其中 $+P$ 可看作与原重物位置未移动前的情况一样,而 $-P$ 则与重物在位置Ⅱ的重力 P 形成一对力偶。对舟艇来说,可设想为重物 P 没有移动,但要附加一个力矩 $P(y_2 - y_1)\cos\theta$,这个力矩是横倾力矩,使舟艇横倾 θ,即:

$$M_{HQ} = P(y_2 - y_1)\cos\theta$$

由前述可知,当舟艇横倾 θ 后,其复原力矩为:

$$M_H = Dh\sin\theta$$

因舟艇处于平衡状态,即 $M_H = M_{HQ}$,则有:

$$\tan\theta = \frac{P(y_2 - y_1)}{Dh} \tag{5-25}$$

同理,式中 $y_2 - y_1 > 0$,舟艇向左舷倾斜;$y_2 - y_1 < 0$,舟艇向右舷倾斜。

由于舟艇横倾,浮心 C_1 也相应随之移动至 C_2 点,在小角度倾斜时,稳心 M 位置保持不变,这时稳心 M 与重心 G_2、浮心 C_2 仍处于同一垂直线上,横稳性高度与纵稳性高度保持不变。

三、重物纵向移动

设某重物 P 自位置Ⅰ（坐标 x_1 ）向Ⅱ（坐标 x_2 ）纵向移动，如图 5-10 所示。

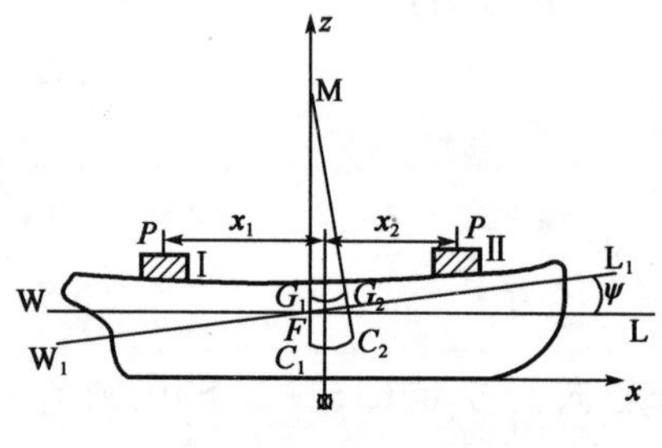

图 5-10　重物纵向移动

重物移动后舟艇产生纵倾，纵倾角为 ψ ，倾斜后两水线 WL 与 W_1L_1 相交于水线面积漂心 F。

使舟艇产生的纵倾力矩为：

$$M_{ZQ} = P(x_2 - x_1)\cos\psi$$

当舟艇纵倾 ψ 后，其复原力矩为：

$$M_Z = DH\sin\psi$$

因舟艇处于平衡状态，即 $M_Z = M_{ZQ}$ ，则有：

$$\tan\psi = \frac{P(x_2 - x_1)}{DH} \tag{5-26}$$

同理，式中 $x_2 - x_1 > 0$ ，舟艇首纵倾，首部吃水增加；$x_2 - x_1 < 0$ ，舟艇尾纵倾，尾部吃水增加。

舟艇纵倾后，首尾吃水发生变化。由图 5-10 可以看出，其变化值为：

$$\left.\begin{aligned} \Delta T_s &= \left(\frac{L}{2} - x_F\right)\tan\psi \\ \Delta T_w &= -\left(\frac{L}{2} + x_F\right)\tan\psi \end{aligned}\right\} \tag{5-27}$$

式中：ΔT_s——首吃水变化量；

ΔT_w——尾吃水变化量；

x_F——水线面积漂心纵坐标。

于是可得舟艇纵倾后的首尾吃水为：

$$\left.\begin{aligned} T_{s1} &= T_s + \Delta T_s \\ T_{w1} &= T_w + \Delta T_w \end{aligned}\right\} \tag{5-28}$$

如果重物在舟艇上任意方向移动，即自位置Ⅰ［坐标为 (x_1, y_1, z_1) ］向Ⅱ［坐标为 (x_2, y_2, z_2) ］移动，可分别按以上三个移动方向分解计算，所得结果就是沿任意方向移动的情况。

第五节　重物装卸对舟艇稳性的影响

在舟艇上装卸重物，可能产生几种后果，即引起排水量变化、引起平均吃水的变化、引起横倾和纵倾。由于浮态的变化，会使初稳性发生变化。

设舟艇上装载某重物，其质量为 P，放置位置坐标为 (x_p, y_p, z_p) ，如图 5-11 所示。

对于重物装卸对稳性的影响，我们可以分两步讨论。

第一步：把重物放在使舟艇不产生纵、横倾的位置上来讨论浮性和稳性的变化情况。

第二步：再把重物移动到任意指定的位置，讨论重物移动后的横倾和纵倾情况。

现分述如下：

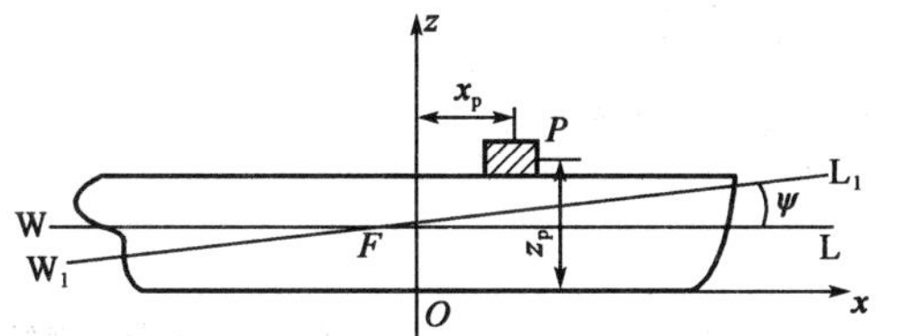

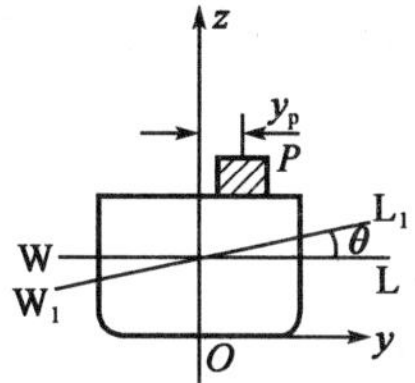

图 5-11　重物在任意位置的装载

一、舟艇不产生倾斜的装载

根据舟艇的平衡条件，要使舟艇不产生横倾或纵倾，所装载的重物重心必须在通过水线面积漂心的垂直线上，即重物应放在坐标为 $x = x_F$ 、$y = 0$ 及 z 的位置上。这时引起平均吃水的变化，即：

$$\Delta T = \frac{P}{\gamma A_s} \tag{5-29}$$

式中：A_s——水线面积。

同时引起稳心高度的变化。我们已知原横稳心高度为 $h_1 = r_1 + z_{C_1} - z_{G_1}$，变化后则为 $h_2 = r_2 + z_{C_2} - z_{G_2}$，其变化量 Δh 可表达为：

$$\begin{aligned}\Delta h &= h_2 - h_1 = (r_2 - r_1) + (z_{C_2} - z_{C_1}) - (z_{G_2} - z_{G_1}) \\ &= \Delta r + \Delta z_C - \Delta z_G\end{aligned} \tag{5-30}$$

式中：Δr、Δz_C、Δz_G——分别为横稳心半径、浮心竖坐标及重心竖坐标的变化量。

从式(5-30)看出，要求得横稳心高度变化量，必须先求出 Δr、Δz_C、Δz_G 的值。以下分别求之。

1. 求 Δr

$$\Delta r = r_2 - r_1 = \frac{I_{x2}}{V_1 + \Delta V} - \frac{I_{x1}}{V_1} \tag{5-31}$$

式中：I_{x2}、I_{x1}——重物装载前后水线面积对 x 轴的惯性矩；

V_1——重物装载前的排水体积；

ΔV——排水体积增量。

由于是小量增载，前后水线面积差值甚小，可以认为 $I_{x2} \approx I_{x1}$，将其代入式(5-31)，并对各部分体积值乘以水的比重 γ，则得：

$$\Delta r = -\frac{P}{D_1 + P} \cdot r_1 \tag{5-32}$$

2. 求 Δz_C

按重心移动原理，以装载重物后的排水体积和排水体积增量对通过原浮心的水平面取静矩，可导出如下表达式：

$$\Delta z_C = \frac{\Delta V}{V_1 + \Delta V}\left(T_1 + \frac{\Delta T}{2} - z_{C_1}\right) \tag{5-33}$$

式中：T_1——重物装载前的吃水；

ΔT——吃水增量。

把式(5-33)中各部分体积乘以水的比重 γ,则得:

$$\Delta z_{C} = \frac{P}{D_1 + P}\left(T_1 + \frac{\Delta T}{2} - z_{C1}\right) \tag{5-34}$$

3. 求 Δz_G

同理,以装载重物后得排水体积和排水体积增量对通过原重心的水平面取静矩,可导出如下表达式:

$$\Delta z_G = \frac{P}{D_1 + P}(z_p - z_G) \tag{5-35}$$

将式(5-32)、式(5-34)、式(5-35)代入式(5-30)得:

$$\Delta h = \frac{P}{D_1 + P}\left(T_1 + \frac{\Delta T}{2} - h_1 - z_p\right) \tag{5-36}$$

故

$$h_2 = h_1 + \Delta h = h_1 + \frac{P}{D_1 + P}\left(T_1 + \frac{\Delta T}{2} - h_1 - z_p\right) \tag{5-37}$$

同理,可以导出纵稳心高度的变化量 ΔH,即:

$$\Delta H = \frac{P}{D_1 + P}\left(T_1 + \frac{\Delta T}{2} - H_1 - z_p\right) \tag{5-38}$$

式中:H_1——重物装载前的纵稳心高度。

由于式(5-38)中 $T_1 + \frac{\Delta T}{2} - z_p$ 与 H_1 相比是很小的,可略去不计,则:

$$\Delta H = -\frac{P}{D_1 + P}H_1$$

故

$$H_2 = H_1 + \Delta H = \frac{D_1 H_1}{D_1 + P} \tag{5-39}$$

二、重物移到任意位置

当把重物重心从通过漂心下的垂线上移至(x_p, y_p, z_p)位置时,则有:

1. 重物横向移动

设重物由 $y = 0$ 移至 y_p 处,则装载重物后的横倾角为:

$$\theta \approx \frac{P y_p}{(D_1 + P)h_2} \tag{5-40}$$

2. 重物纵向移动

设重物由 $x = x_f$ 移至 x_p 处,则装载重物后的纵倾角为:

$$\psi \approx \frac{P(x_p - x_F)}{(D_1 + P)H_2} \tag{5-41}$$

3. 首尾倾斜吃水变化

根据式(5-27)可得:

$$\left.\begin{aligned}\Delta T_{\mathrm{s}} &\approx \left(\frac{L}{2} - x_{\mathrm{F}}\right)\frac{P(x - x_{\mathrm{F}})}{(D_1 + P)H_2}\\ \Delta T_{\mathrm{w}} &\approx -\left(\frac{L}{2} + x_{\mathrm{F}}\right)\frac{P(x - x_{\mathrm{F}})}{(D_1 + P)H_2}\end{aligned}\right\} \tag{5-42}$$

故装载重物后首尾新的吃水为:

$$\left.\begin{aligned}T_{\mathrm{s2}} &= T_{\mathrm{s1}} + \Delta T + \Delta T_{\mathrm{s}}\\ T_{\mathrm{w2}} &= T_{\mathrm{w1}} + \Delta T + \Delta T_{\mathrm{w}}\end{aligned}\right\} \tag{5-43}$$

对于卸载,可用同样方法计算,只需将质量 P 取为负值代入以上各式即可。

第六节 静水力性能曲线

我们在浮性和稳性计算中,可以求得舟艇的各项水力性能数据,如水线面积、排水量、漂心与浮心坐标等。随着舟艇吃水的变化,这些数据也相应地变化,也就是说,这些数据都可表现为吃水的函数。我们把舟艇正浮状态下浮性和稳性各要素与吃水的关系绘成各种曲线,并把这些曲线综合在一张图上,由这些曲线所组成的图称为静水力性能曲线图。

每只舟艇均可根据其型线图计算出不同吃水情况下的各种浮性和稳性要素数据,并绘成静水力性能曲线图,作为舟艇的设计资料,以提供有关部门查阅及进行有关浮性和稳性性能的计算。

如图 5-12 所示,静水力性能曲线图通常包括下列曲线:

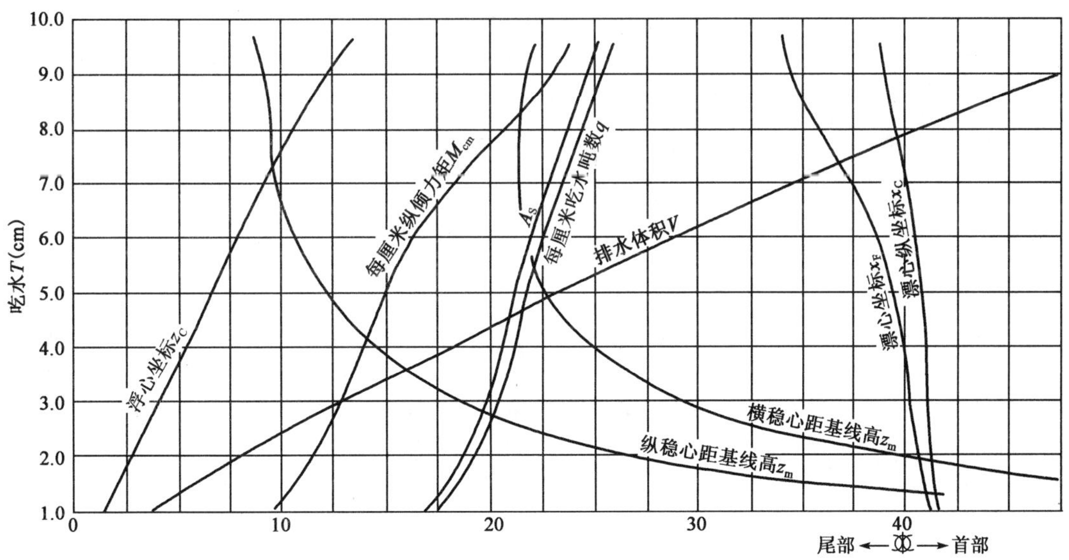

图 5-12 静水力性能曲线图

(1)排水体积曲线 $V=f(z)$。

(2)浮心竖坐标曲线 $z_C=f(z)$。

(3)浮心纵坐标曲线 $x_C=f(z)$。

(4)水线面积曲线 $A_s=f(z)$。

(5)漂心纵坐标曲线 $x_F=f(z)$。

(6)每厘米吃水吨数曲线 $q=f(z)$。

(7)初横稳心竖坐标曲线 $z_{MH}=f(z)$。

(8)初纵稳心竖坐标曲线 $z_{MZ}=f(z)$。

(9)纵倾1cm力矩曲线 $M_{cm}=f(z)$。

(10)方型系数曲线 $\delta=f(z)$。

本曲线图均以吃水为竖坐标,而横坐标以每厘米长度表示 m、m^2、m^3、kN · m 和无因次系数值的量,以代表各种长度、面积、体积、质量、力矩等。在图中取适当位置为坐标原点,向艏为正,向艉为负。

第七节 倾斜试验

舟艇重心竖向位置对稳性影响很大,在设计舟艇时应把重心控制在一定范围内。由于有些载重的质量和重心只是初步估计的,重心的计算数据往往不够准确。另外在舟艇建造过程中,由于某些设备质量及构件质量的校正,会引起舟艇质量和重心的改变。因此,在舟艇建造后需要校核重心实际位置。舟艇重心的实际坐标位置通常是对舟艇作倾斜试验来测定。

一、倾斜试验的原理

当舟艇正浮水线 WL 时,若把质量为 P 的重物横向移动一段距离 l,如图 5-13 所示,这时由 P 产生横倾力矩,使舟艇横倾 θ 角,舟艇平衡到水线 W_1L_1 位置。当重物 P 移开后,在复原力矩作用下,舟艇回复到原正浮位置。

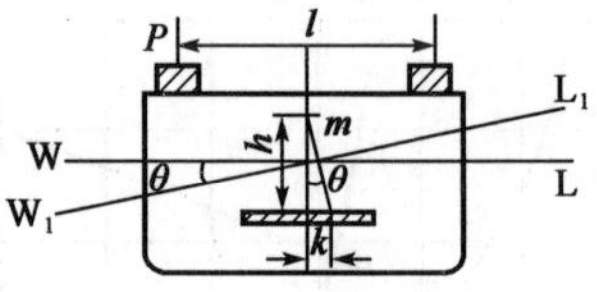

图 5-13 倾斜试验原理

应用横倾初稳性方程式,使:

$$Pl \approx Dh\theta$$

得

$$h \approx \frac{pl}{D\theta} \tag{5-44}$$

式(5-44)中,舟艇的排水量 D、移动重物的质量 P 和移动距离是已知数,横倾角通过倾斜试验可以测量,则初横稳性高度 h 就可以求出。根据公式 $h=r+z_C-z_G$ 可以求得重心实际坐标位置,即:

$$z_G = r + z_C - h \tag{5-45}$$

式(5-45)中的浮心坐标 z_C 和稳心半径 r,可在该舟艇静水力曲线上求得。

二、试验方法

试验时，通常在舟艇首、中、尾部中纵剖面位置装设三个测角的摆锤，摆锤放置在盛水的槽内，如图 5-14 所示。

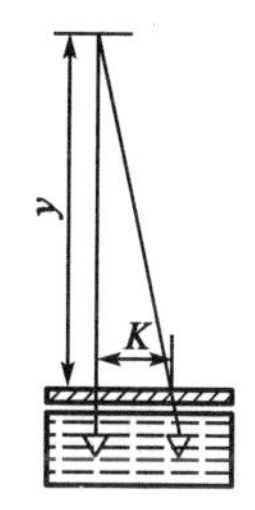

图 5-14 横倾角测量

设摆锤的摆动幅度为 K，摆锤悬点距标尺垂直距离为 λ，则横倾角为：

$$\theta \approx \tan\theta = \frac{K}{\lambda}$$

摆动时横倾角一般控制在 2°～4°范围内。

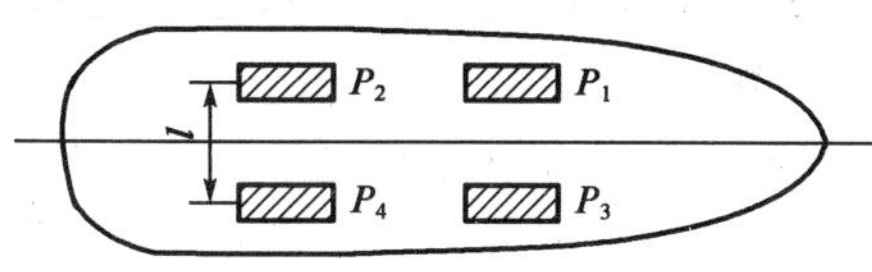

图 5-15 重物移动示意图

移动重物一般为具有标定质量的铁块。把铁块分四组放置在舟艇两舷甲板上标定的位置。按一定的次序，左右舷轮换横向移动每组重物，如图 5-15 所示。重物移动次序可参照表 5-3 进行，一般由左、右舷往返横向移动共八次，计算出每次移动的横倾力矩 M_i 及横倾角 θ_i，可得舟艇的横稳心高度：

$$h = \frac{1}{6D}\left(\frac{M_2}{\theta_2} + \frac{M_3}{\theta_3} + \frac{M_4}{\theta_4} + \frac{M_6}{\theta_6} + \frac{M_7}{\theta_7} + \frac{M_8}{\theta_8}\right)$$

横倾力矩和横倾角计算表 表 5-3

序号	移动质量 P(tf)	移动距离 l(m)	移动力矩 Pl (tf·m)	横倾力矩 M_i (tf·m)	横倾角 θ (rad)
1	0	0	0	0	
2	P_1	$+l_1$	$+P_1l_1$	$M_2 = +P_1l_1$	$\theta_2 = \frac{1}{3}\left(\frac{K_1}{\lambda_1} + \frac{K_2}{\lambda_2} + \frac{K_3}{\lambda_3}\right)_2$
3	P_2	$+l_2$	$+P_2l_2$	$M_3 = +P_1l_1 + P_2l_2$	$\theta_3 = \frac{1}{3}\left(\frac{K_1}{\lambda_1} + \frac{K_2}{\lambda_2} + \frac{K_3}{\lambda_3}\right)_3$
4	P_2	$-l_2$	$-P_2l_2$	$M_4 = +P_1l_1$	$\theta_4 = \frac{1}{3}\left(\frac{K_1}{\lambda_1} + \frac{K_2}{\lambda_2} + \frac{K_3}{\lambda_3}\right)_4$
5	P_1	$-l_1$	$-P_1l_1$	0	
6	P_3	$-l_3$	$-P_3l_3$	$M_6 = -P_3l_3$	$\theta_6 = \frac{1}{3}\left(\frac{K_1}{\lambda_1} + \frac{K_2}{\lambda_2} + \frac{K_3}{\lambda_3}\right)_6$
7	P_4	$-l_4$	$-P_4l_4$	$M_6 = -P_3l_3 - P_4l_4$	$\theta_7 = \frac{1}{3}\left(\frac{K_1}{\lambda_1} + \frac{K_2}{\lambda_2} + \frac{K_3}{\lambda_3}\right)_7$
8	P_4	$+l_4$	$+P_4l_4$	$M_8 = -P_3l_3$	$\theta_8 = \frac{1}{3}\left(\frac{K_1}{\lambda_1} + \frac{K_2}{\lambda_2} + \frac{K_3}{\lambda_3}\right)_8$
9	P_3	$+l_3$	$+P_3l_3$	0	

表 5-3 中所测试的摆幅 K_1、K_2、K_3 数据系多次观测记录的平均值，然后以首、中、尾部三处观测的数据平均计算。

第八节　大倾角稳性基本概念

一、基本原理

当舟艇的横倾角增大，一般超过15°时稳性会逐渐降低。对于大角度倾斜，就不能再认为是等体积倾斜了，因这时出水和入水楔形体积形状差别较大。此时倾斜轴线不再通过原水线面漂心 F，浮心移动的轨迹也不能看作是以稳心 M 为圆心的圆弧，稳心 M 的位置发生了移动，如图5-16所示。故初稳性方程式 $M \approx Dh\theta$ 也就不适用于大倾角稳性了。

讨论大倾角稳性，仍然是讨论舟艇所受横倾力矩与其复原力矩相平衡的问题，就是要计算舟艇在各个倾角下的复原力矩值，所产生的复原力矩，仍然与浮心的位置有关。我们知道，舟艇倾斜后其复原力矩在同一排水量下是与稳性力臂 $\overline{GK}$ 的大小成比例的。在计算大倾角下的复原力矩时，必须先分别求出每个倾角对应的浮心实际坐标值，然后再计算 $\overline{GK}$ 值。

设舟艇倾斜了一个大倾角 θ，倾斜后保持原排水量不变，实际的等体积水线为 W_1L_1，浮心由C移至 C_θ，如图5-17所示。现以浮心 C 作为坐标原点。此时的复原力矩为：

$$M_H = D\,\overline{GK}$$

$$\overline{GK} = \overline{CN} - \overline{CH} = y\cos\theta + z\sin\theta - a\sin\theta \tag{5-46}$$

式中：y、z——浮心 C_θ 的坐标值；

$\overline{CN}$——浮心 C_θ 坐标 y、z 在 $\overline{CN}$ 上的投影总和（图5-18）。

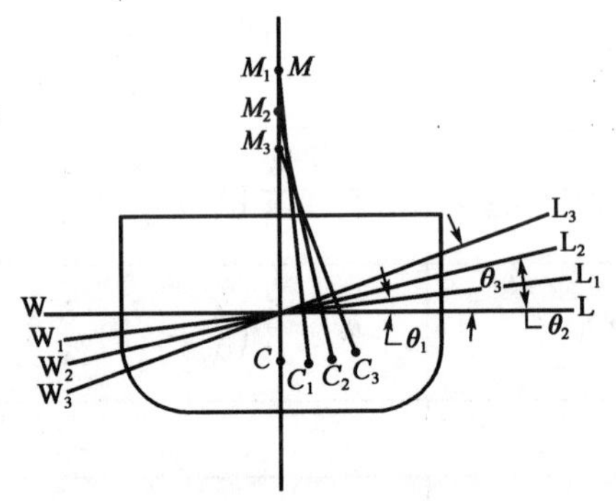

图5-16　稳心的变化

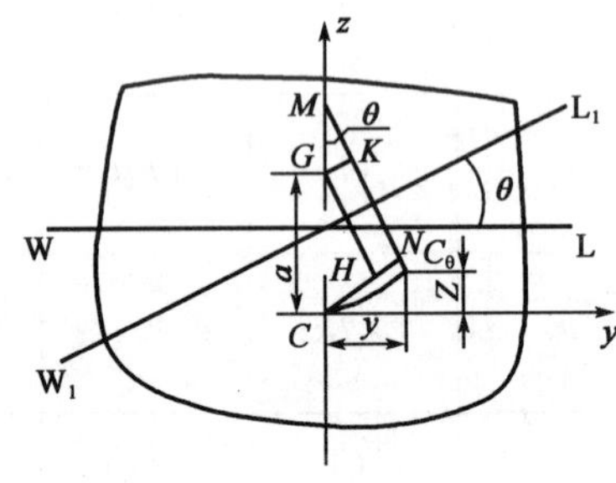

图5-17　大倾角横倾的力臂图

由式(5-46)可以看出 $\overline{GK}$ 由两部分组成，即：

第一部分为 $y\cos\theta + z\sin\theta$，称为形状稳性力臂，它只与舟艇型线有关；

第二部分为 $a\sin\theta$，称为质量稳性力臂，它决定于舟艇重心与浮心间的距离。

当排水量不变时，对稳性力臂的计算便成为计算在某一倾角时的浮心坐标 y_i 及 z_i。因此，必须找出表示 y_i 及 z_i 坐标与 θ 角之间的关系式。

设舟艇倾斜角为 θ 时，浮心位于 C_θ 点，其坐标为 y 及 z（图5-19）。若 θ 角增加一个微量 $d\theta$ 时，则浮心位置由 C_0 移至 C_1 点，其坐标则为 $y + dy$，$z + dz$。

因为 $\angle C_1C_\theta E$ 近似地等于角 θ，故：

$$\overline{C_\theta E} = dy = \overline{C_\theta C_1}\cos\theta$$

$$\overline{EC_1} = \mathrm{d}z = \overline{C_\theta C_1}\sin\theta$$

而
$$\overline{C_\theta C_1} = \overline{C_\theta M}\mathrm{d}\theta = r\mathrm{d}\theta$$

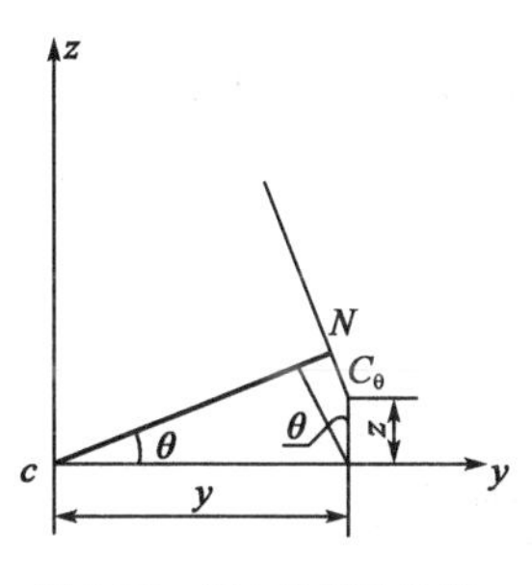

图 5-18 浮心坐标的投影

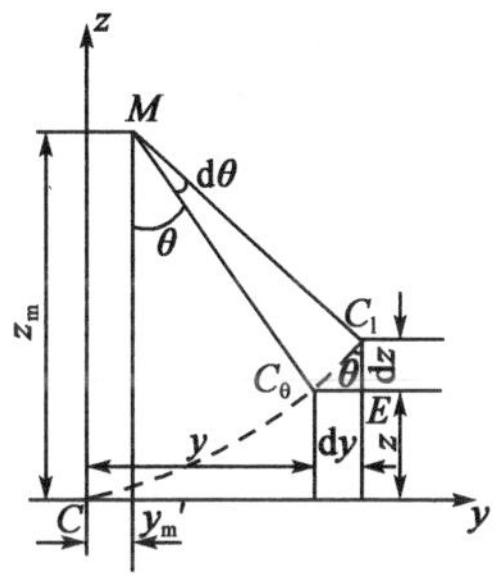

图 5-19 浮心坐标 y 和 z

于是

$$\mathrm{d}y = r\cos\theta\mathrm{d}\theta$$
$$\mathrm{d}z = r\sin\theta\mathrm{d}\theta$$

因此,可求得浮心坐标计算公式为:

$$\left.\begin{aligned} y &= \int_0^\theta r\cos\theta\mathrm{d}\theta \\ z &= \int_0^\theta r\sin\theta\mathrm{d}\theta \end{aligned}\right\} \tag{5-47}$$

式(5-47)中 r 是 θ 的函数。

如果把 0 ~ θ 等分,计算出每个倾角时的稳心半径 $r_i = \dfrac{J_{xi}}{V_i}$,则浮心坐标 y、z 可根据式(5-47)并按梯形法则求得。

在求得浮心坐标 y、z 后,则可计算出稳心坐标(图 5-19),其计算公式可表达为:

$$\left.\begin{aligned} y_m &= y - r\sin\theta \\ z_m &= z + r\cos\theta \end{aligned}\right\} \tag{5-48}$$

在求出横倾角为 θ 时的浮心坐标后,就可计算出稳性力臂$\overline{GK}$,则在该倾斜状态下的复原力矩也就可以求出。

二、静稳性曲线

静稳性曲线是用以表示稳性力臂$\overline{GK}$与横倾角 θ 相对应的关系曲线,即$\overline{GK} = f(\theta)$,如图 5-20所示;由于复原力矩 M_H 与稳性力臂$\overline{GK}$在数值上仅相差浮力 D 大小,故静稳性曲线同样可用 M_H 与 θ 的对应关系表示,即 $M_H = f(\theta)$,只是在竖坐标轴上用不同比例尺标示。这两条曲线变化情况是一致的。

由图 5-20 看出,当舟艇横倾后,随着横倾角的增大,稳性力臂(或复原力矩)由零逐渐增大;当曲线到达 A 点,即 $\theta = \theta_m$ 时,稳性力臂达到最大值,称为最大稳性力臂,复原力矩也达到最大值,称为最大复原力矩,θ_m 称为最大稳性力臂(矩)横倾角。当 $\theta = \theta_r$ 时,稳性力臂(矩)为零,θ_r 称为稳性消失角。当横倾角超过 θ_r 后,稳性力臂(矩)为负值,这时舟艇将产生倾覆力矩,即丧失稳性。

在静稳性图上画出$\overline{GM}\sin\theta$ 正弦曲线(图 5-20),并与大倾角稳性力臂$\overline{GK}$曲线相比较,可以看出：

（1）在小倾角范围内，$\overline{GK}$曲线与正弦曲线重合，说明在小倾角时稳性力臂$\overline{GK}$可用$\overline{GM}\sin\theta$表示；

（2）当横倾角 θ 逐渐增大时，$\overline{GK}$曲线逐渐向上弯曲，与正弦曲线的距离渐远，且横倾角越是增大，$\overline{GK}$与$\overline{GM}\sin\theta$ 两曲线间的差异越大，说明在大倾角时稳性力臂$\overline{GK}$不能再应用$\overline{GM}\sin\theta$值。

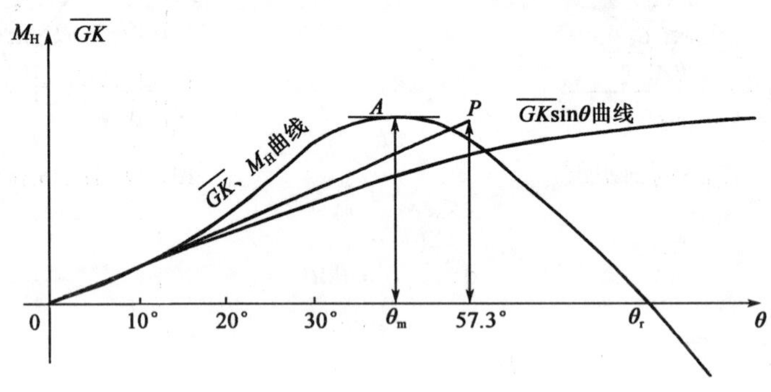

图 5-20　静稳性图

以下我们再分析一下静稳性曲线的特征。

1. 两种平衡位置

设有横倾力矩 M_{HQ} 作用于舟艇，因 M_{HQ} 为一定值，将它画在静稳性图上，则为一条水平直线。该直线与静稳性曲线交于 n_1 和 n_2 两点，所对应的横倾角为 θ_1 和 θ_2，如图 5-21 所示。

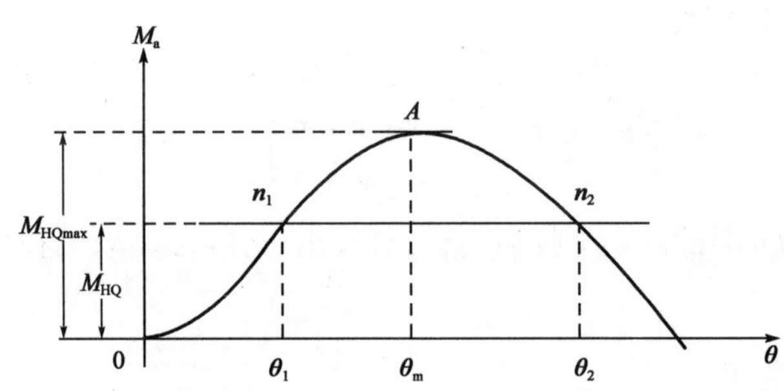

图 5-21　稳定和不稳定平衡位置

（1）先分析舟艇处于 θ_1 位置的情况：

若使舟艇稍微增大点倾角，从静稳性曲线可知，这时 $M_H > M_{HQ}$，可促使舟艇回复到原平衡位置 θ_1 处，若使舟艇稍微减小点倾角，则曲线上反映为 $M_H < M_{HQ}$，仍会促使舟艇回复到原平衡位置 θ_1 处。因此，舟艇在 θ_1 位置处是稳定平衡。

（2）再分析舟艇处于 θ_2 位置的情况：

若使舟艇倾角稍微加大，从静稳性曲线的竖坐标看出，$M_H < M_{HQ}$，可促使舟艇继续倾斜；若使舟艇倾角稍微减小，则曲线上反映为 $M_H > M_{HQ}$，这时会使舟艇的横倾角继续减小，直到 θ_2 的位置才能停止保持平衡，因此，舟艇处在 θ_2 的位置时，无论是增加微倾还是减小微倾，都不会使舟艇回复到 θ_2 位置，说明在该位置时舟艇是不稳定平衡。

由此可得结论：舟艇倾斜后，在静稳性曲线上升段的曲线各点所对应的横倾角范围，属稳定平衡位置；在静稳性曲线下降段的曲线各点所对应的横倾角范围，属不稳定平衡位置。

图中 A 点所示竖坐标表示舟艇所能承受的极限横倾力矩 M_{HQmax}。

2. 曲线的斜率

静稳性曲线的一个重要特性即曲线原点处所作切线的斜率等于初稳性高度 h，这个特性对检验静稳性曲线开始一段的正确性很有用。

如图 5-20 所示，在横倾角 $\theta=57.3°$处作垂线，并使垂线长 $h=\overline{GM}$，得 P 点，作直线 OP，则 OP 过 O 点而与$\overline{GK}$曲线相切。OP 可用来检验$\overline{GK}$曲线是否正确。对此可用$\overline{GK}$表达式予以证明。

将式(5-46)对横倾角 θ 求导，得：

$$
\begin{aligned}
\frac{\mathrm{d}\,\overline{GK}}{\mathrm{d}\theta} &= \frac{\mathrm{d}y}{\mathrm{d}\theta}\cos\theta - y\sin\theta + \frac{\mathrm{d}z}{\mathrm{d}\theta}\sin\theta + z\cos\theta - a\cos\theta \\
&= r\cos^2\theta - y\sin\theta + r\sin^2\theta + z\cos\theta - a\cos\theta \\
&= r - y\sin\theta + z\cos\theta - a\cos\theta
\end{aligned}
$$

当横倾角 $\theta\to0$ 时，浮心 $C_\theta\to C$，$\sin\theta\to0$，$\cos\theta\to1$，则：

$$\left|\frac{\mathrm{d}\,\overline{GK}}{\mathrm{d}\theta}\right|_{\theta=0} = r - a = h$$

若 θ 以角度计，则有：

$$\left|\frac{\mathrm{d}\,\overline{GK}}{\mathrm{d}\theta}\right|_{\theta=0} = \frac{h}{57.3°} \tag{5-49}$$

式(5-49)说明静稳性力臂曲线在原点的斜率等于初稳性高度。

三、动稳性

舟艇的静稳性是指横倾力矩逐渐作用下发生的倾斜，静稳性是以复原力矩的大小来衡量的。舟艇受到突然的横倾力矩作用时，舟艇的倾斜会产生角速度，使舟艇作动力倾斜，这种横倾称动力横倾。舟艇抵抗动力横倾的能力称为动稳性。

当横倾力矩大于复原力矩时，此角速度将不断增加。当舟艇达到横倾力矩和复原力矩相等的平衡位置时，由于带有角速度运动的原因，舟艇将会越过平衡位置而继续倾斜。但这时复原力矩将大于横倾力矩，使角速度逐渐减小直至为零。由于复原力矩大于横倾力矩不会使舟艇平衡，所以当角速度为零的瞬间，舟艇将又开始反方向倾斜，力图使其恢复到平衡位置。可是，由于运动的惯性，舟艇回复运动会超过其平衡位置。这时横倾力矩又大于复原力矩，又使舟艇产生转向倾斜。此时舟艇将围绕平衡位置作摇摆运动。这种运动直到摇摆的能量为水阻力作用所消耗，最后才使舟艇静止在平衡位置。

对动力稳性，我们需要求出其最大动力倾角值。因为当达到这个角度时，舟艇只要稍微受到一个突加的外力矩作用，就会倾覆。

计算最大动力倾角，可根据力矩所做的功来确定。当舟艇倾斜 $\mathrm{d}\theta$ 角时，复原力矩所做的微功为：

$$\mathrm{d}W_1 = M_H\mathrm{d}\theta$$

横倾力矩所做的微功为：

$$dW_2 = M_{HQ}d\theta$$

舟艇由正浮位置倾斜到最大动力倾角 θ_2 时，其复原力矩与横倾力矩所做的功分别为：

$$W_1 = \int_0^{\theta_2} M_H d\theta \tag{5-50}$$

$$W_2 = \int_0^{\theta_2} M_{HQ} d\theta \tag{5-51}$$

当复原力矩与横倾力矩所做的功相等时角速度为零，此时倾角达到最大值 θ_2。因此得：

$$\int_0^{\theta_2} M_H d\theta = \int_0^{\theta_2} M_{HQ} d\theta$$

在横倾力矩 M_{HQ} 为常数时，则方程式为：

$$\int_0^{\theta_2} M_H d\theta = M_{HQ}\theta_2 \tag{5-52}$$

对式(5-52)可应用图解法求解，并可以利用静稳性图来求 θ_2，如图 5-22 所示。图中面积 $OBCE$ 值表示 $\int_0^{\theta_2} M_H d\theta$，面积 $OADE$ 表示 $M_{HQ}\theta_2$，即面积 $OBCE$ = 面积 $OADE$；除去图中共有部分的面积 $OBDE$ 后，可得到：面积 OAB = 面积 BCD。

按照这个关系在静稳性曲线上作图，先按一定的比例在竖坐标轴上量出 M_{HQ}，并作水平线与静稳性曲线交于 B 点，使面积 OAB 等于 BCD。则垂线 CE 与横坐标轴的交点 θ_2 即为所要求的动力倾角值。从图 5-22 中看出，在同一横倾力矩作用下动力倾角 θ_2 要大于静力倾角 θ_1。

我们再分析一下在动力作用下使舟艇可能倾覆的横倾力矩。如图 5-23 所示，当在横倾力矩 M_{HQ} 作用下恰使面积 OAB 等于面积 BCK 时，若再增加一个微小横倾力矩值，则舟艇就会倾覆。故这时的横倾力矩值为极限横倾力矩值 M_{HQmax}，它所对应的倾角就是动力极限倾角 θ_{2max}，从图 5-23 中还可以看出，静力极限横倾力矩大于动力极限横倾力矩，而静力极限倾角小于动力极限倾角。

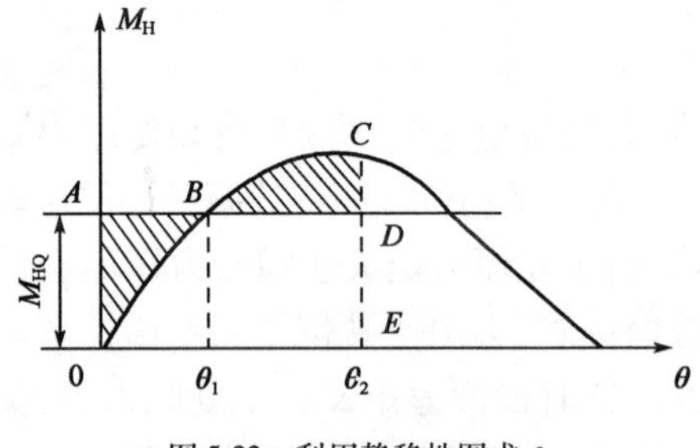

图 5-22　利用静稳性图求 θ_2

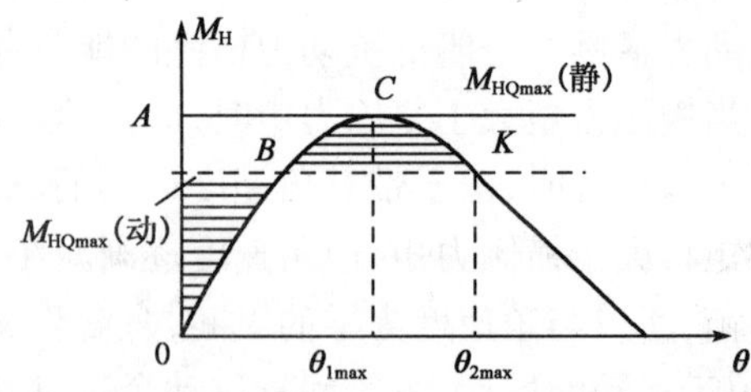

图 5-23　动力作用下得横倾力矩

第九节　横 倾 力 矩

稳性的良好与否是舟艇的内在因素，它决定于舟艇的质量和重心位置及舟艇形状，引起舟艇横倾的横倾力矩则是外在因素，其大小主要由外力对舟艇的作用来决定。横倾力矩按其作用性质可分为静力横倾力矩和动力横倾力矩。

1. 静力横倾力矩

静力横倾力矩是指作用过程缓慢的横倾力矩,如稳定风力作用,可用静平衡条件来确定其横倾角。

如图5-24所示,舟艇受横向稳定风力的作用作等速横移。这时风力 P_f 与水对舟体的横向阻力 R 相平衡,则风力横倾力矩 M_f 为:

$$M_f = P_f(z_P - z_R) \tag{5-53}$$

式中:z_P——风力作用点距基线高;

z_R——水阻力作用点距基线高,一般 z_R 取为:$z_R = \frac{T}{2}$,T 为满载吃水。

横向风力可按式(5-54)求得:

$$P_f = PA \tag{5-54}$$

式中:P_f——横向风力(N);

A——承受风压面积(m^2);

P——风压强(Pa),可按式(5-55)算出:

$$P = \frac{1}{2}\rho C_p v^2 \tag{5-55}$$

式中:ρ——空气密度,取1.226kg/m^3;

C_p——风压系数,取1.25;

v——横向稳定相对风速(m/s),可按有关风力等级表确定。

2. 动力横倾力矩

动力横倾力矩主要指突然作用在舟艇上的横倾力矩,如横向突风作用、拖索急牵产生的横倾力矩,其横倾角需用动平衡条件确定。

如舟艇在拖索横向急牵的拖力 P_t 作用下(图5-25),开始时,舟艇尚无横移速度,这时横向水阻力 $R=0$,而在舟艇重心 G 处存在惯性力 F,故拖索急牵横倾力矩 M_t 为:

$$M_t = P_t(z_P - z_G) \tag{5-56}$$

式中:z_P——拖力作用点距基线高;

z_G——舟艇重心距基线高,可取 $z_G \approx T$。

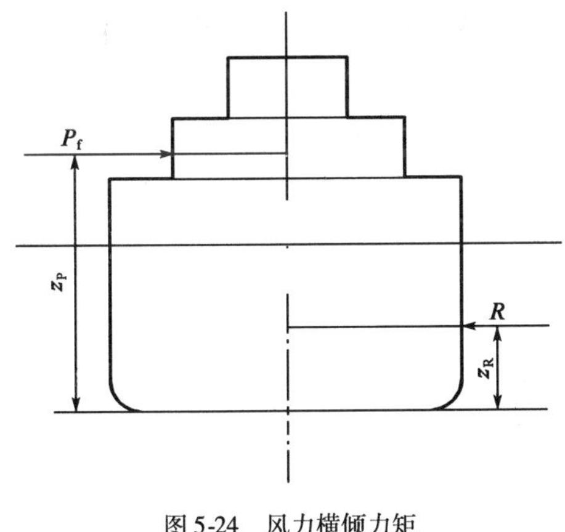

图5-24 风力横倾力矩

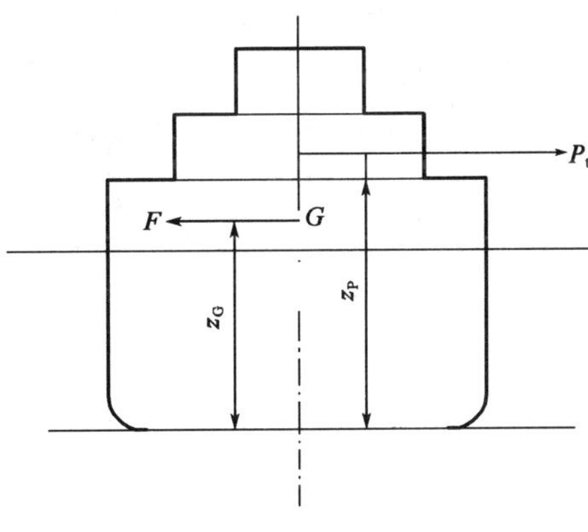

图5-25 拖索急牵力矩

确定拖索急牵拖力尚无确切数据,可用式(5-57)估算,即:

$$P_t = 160P_e \tag{5-57}$$

式中:P_t——拖索拖力(N);

P_e——牵引舟艇主机功率(kW);

160——拖力系数。

第十节　稳性衡准标准

稳性衡准标准应遵照《船舶稳性报告书》(CB/Z 302—1979,2008 年修订)的规定要求。《船舶稳性报告书》(CB/Z 302—1979,2008 年修订)是由船舶检验部门(我国为“中华人民共和国船舶检验局”)根据船舶的航区、类型等因素所规定的对船舶稳性的最低要求。要求船舶受到风浪、风压的作用后具有足够的稳性而不致倾覆。

稳性的基本衡准应满足式(5-58)的要求:

$$K = \frac{M_Q}{M_f} \geqslant 1$$

或

$$K = \frac{l_Q}{l_f} \geqslant 1 \tag{5-58}$$

式中:K——稳性衡准数;

M_Q——最小倾覆力矩(N·m);

M_f——风力横倾力矩(N·m);

l_Q——最小倾覆力臂(m);

l_f——风力横倾力臂(m)。

式(5-58)表明,当风力产生的横倾力矩 M_f 大于 M_Q 时,则舟艇倾覆;如 M_f 小于 M_Q,则舟艇处于安全状态。

由前文所述,可以知道影响舟艇稳性的因素很多。稳性要素包括初稳性高度、复原力矩以及产生最大复原力矩的横倾角。如舟艇稳性不够,一般可采用以下办法予以提高:

(1)降低舟艇重心。

(2)减小横倾力矩:如减小受风面积;舟艇要有足够的干舷以增大甲板边的进水角;降低舟艇拖钩的位置以减小急牵横倾力矩等。

(3)在设计时就要考虑适当增加舟艇宽度,以改善大倾角稳性。

第六章

抗　沉　性

第一节　概　　述

当舟艇破裂、舱内进水后，舟艇仍然具有一定的浮力和稳性，能保持舟艇浮在水面而不致倾覆或沉没的能力称为抗沉性。

舟艇舱内进水后，因浮力损失会使其下沉、倾斜，造成稳性降低，稳性降低过多，会促使舟艇加速倾覆。舟艇下沉的深度与舟艇进水量有关。所以进水量不能超过舟艇的储备浮力。提高舟艇的抗沉性能，要依靠一定的浮力储备和增加水密隔舱来保证。增加水密隔舱是保证抗沉性要求的重要措施。

舟艇舱室进水，一般有如下三种情况，如图 6-1 所示。

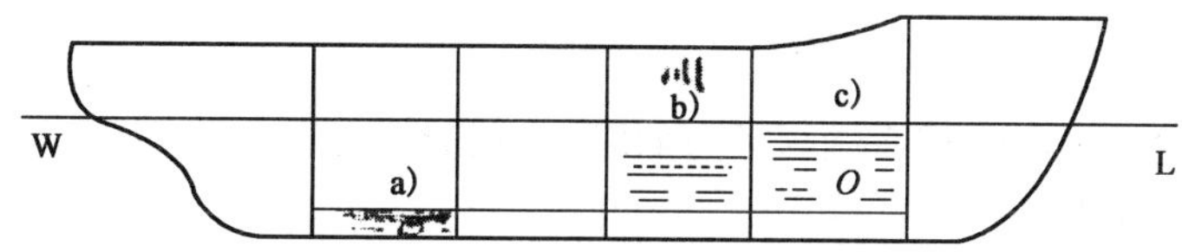

图 6-1　舱内进水情况

(1)舱室上部是封闭的且位置在水线以下,如双层底的下部破舱进水,其特点是舱室的整个都灌满了水,故进水量不变,且没有自由液面影响,如图 6-1a)所示。

(2)舱室上部是开敞的,但与舷外水不相通,如甲板开口引起的进水。其特点是水量不随倾斜而增减,但有自由液面影响,如图 6-1b)所示。

(3)舱室上部是开敞的,但与舷外水相连通,如水线下舟舷破裂进水。其特点是进水量随舟艇下沉及倾斜而有变化,舱内水平面与舷外水平面一致,如图 6-1c)所示。

以上三种进水情况,对舟艇浮态和稳性均有影响。一般计算破舱后的浮态和稳性的方法有两类,即:

(1)增加荷载法:把灌进舱内的水看成是舱内增加的液体荷载质量。它可以应用前章所述在舟艇内增加小量荷载的方法来计算。

(2)损失浮力法:把破舱的部分浮力作为损失掉的浮力来处理。所损失的浮力与灌进舱内水的质量大小相等、方向相反,并作用在同一点上。这样,在计算时可以从整个浮力中减去损失的部分,而不计及舱内水的质量。对于整个舟艇来说,质量没有变化,只是对应于原水线的浮力减少了。

对于进水量不超过舟艇排水量 15% 的,或仅有横舱壁的舟艇,一般只会引起纵倾;对于进水量超过排水量 15% 的,均可以应用初稳性有关公式来计算破舱进水后的浮态和稳性。

对于渡河舟艇,因其主尺度均较小,舱内多只设置横舱壁,故舱室进水后其稳性主要考虑纵倾问题。

第二节　应用增加荷载法计算舱内进水的浮态和稳性

对于第一种和第二种舱内进水情况,因进水量是固定的,所以可以把它看成是定量的装载质量,均可用增加荷载法来计算其浮态和稳性的变化。

以下讨论第二种舱内进水情况的浮态和稳性的变化。

已知舟排水量为 V,吃水为 T,纵横稳性高度为 H_1、h_1,水线 WL 下的水线面积为 A_s,漂心纵坐标为 x_F,某舱内进水体积为 V',其重心为 $G(x_V{}',0,z_V{}')$。

把灌进舱内水的质量作为荷载,根据第五章第五节所述,并应用其有关公式进行计算。

(1)舟艇增加的平均吃水,按式(5-29)可得:

$$\Delta T = \frac{v}{A_s}$$

(2)新的稳心高度,按式(5-37)并考虑自由液面的影响,则得:

$$h_2 = h_1 + \frac{V'}{V + V'}\left(T + \frac{\Delta T}{2} - h_1 - Z_{V'}\right) - \frac{j_x}{V + V'} \tag{6-1}$$

$$H_2 = \frac{VH_1}{V + V'} - \frac{j_y}{V + V'} \tag{6-2}$$

式中:j_x、j_y——舱内自由液面对通过其形心的纵、横轴的惯性矩。

(3)新的倾角,按式(5-41)可得:

$$\psi = \frac{V'(x_{V'} - x_F)}{(V + v)H_2}$$

(4)首尾倾斜吃水变化,按式(5-42)可得:

$$\Delta T_{S} = \left(\frac{L}{2} - x_{F}\right)\psi$$

$$\Delta T_{W} = \left(-\frac{L}{2} - x_{F}\right)\psi$$

对于第一种舱内进水情况的浮态和稳性,其计算公式均与第二种情况的计算公式相同,只是不计及自由液面的影响,即在式(6-1)与式(6-2)中去掉$\frac{j_x}{V+V'}$与$\frac{j_y}{V+V'}$项。

第三节　应用损失浮力法计算舱内进水的浮态和稳性

对于第三种进水情况,一般常采用损失浮力法来计算其浮态和稳性的变化。

已知舟艇排水量为V;浮心坐标为$C_1(x_{C_1},0,z_{C_1})$;吃水为T;纵横稳性高度为H_1、h_1;水线WL下的水线面积为A_s;漂心F_1的纵坐标为x_{F_1};水线面积对纵轴的惯性矩为J_{x_1},对通过漂心横轴的惯性矩为J_{f_1}。

灌水后破舱在水线WL下的体积为V',其重心为$G(x_{V'}$、0、$z_{V'})$;损失水线面积为a_s,该面积的形心坐标为$(x_s$、$0)$。

舟艇破舱后损失的浮力为$\gamma_{V'}$,但舟艇质量未变,故舟艇将下沉一定的深度,使其吃水增加,则新的水线为W_1L_1,如图6-2所示。

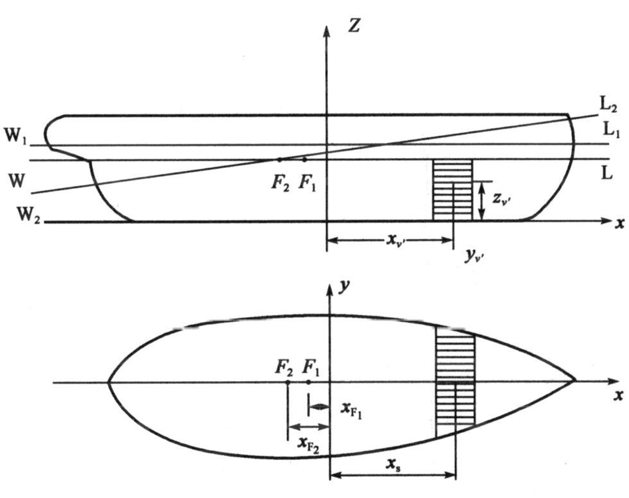

图6-2　第三种舱内进水情况

舟艇浮态和稳性的变化如下。

(1)平均吃水增量:

$$\Delta T = \frac{V'}{A_s - a_s} \tag{6-3}$$

式中:$A_s - a_s$——舟艇的有效水线面积。

(2)有效水线面积$(A_s - a_s)$的形心 F_2 的坐标：

$$\left.\begin{aligned} x_{F_2} &= \frac{A_s x_{F_1} - a_s x_s}{A_s - a_s} \\ y_{F_2} &= 0 \end{aligned}\right\} \tag{6-4}$$

(3)有效水线面积$(A_s - a_s)$对与 ox、oy 轴平行并通过 F_2 的纵、横轴的惯性矩：

$$J_{x_2} = J_{x_1} - j_x \tag{6-5}$$

$$J_{f_2} = J_{f_1} - [j_y + a_s(x_s - x_{F_1})^2] - (A_s - a_s)(x_{F_2} - x_{F_1})^2 \tag{6-6}$$

式中：j_x——损失水线面积对通过其自身形心纵轴的惯性矩；

j_y——损失水线面积对通过其自身形心横轴的惯性矩。

(4)舟艇浮心坐标的变化量。

设对应于水线 W_1L_1 下的浮心坐标分别为 $C_2(x_{C_2}、0、z_{C_2})$。根据前述的重心移动原理可得：

$$\left.\begin{aligned} Vx_{C_2} &= Vx_{C_1} - V'(x_{V'} - x_{F_2}) \\ Vz_{C_2} &= Vz_{C_1} - V'\left(z_{V'} - T - \frac{\Delta T}{2}\right) \end{aligned}\right\} \tag{6-7}$$

由此得浮心坐标的变化量：

$$\left.\begin{aligned} \Delta x_C &= x_{C_2} - x_{C_1} = -\frac{V'}{V}(x_{V'} - x_{F_2}) \\ \Delta z_C &= z_{C_2} - z_{C_1} = -\frac{V'}{V}\left(z_{V'} - T - \frac{\Delta T}{2}\right) \end{aligned}\right\} \tag{6-8}$$

(5)稳心半径的变化量为：

$$\Delta r = r_2 - r_1 = \frac{J_{x_2}}{V} - \frac{J_{x_1}}{V}$$

$$\Delta R = R_2 - R_1 = \frac{J_{f_2}}{V} - \frac{J_{f_1}}{V}$$

(6)稳心高度。

横、纵稳心高度的变化量为：

$$\Delta h = \Delta z_C + \Delta r - \Delta z_G$$

$$\Delta H = \Delta z_C + \Delta R - \Delta z_G$$

因舟艇的质量未变，故 $\Delta z_G = 0$，则稳心高度的变化量应为：

$$\left.\begin{aligned} \Delta h &= \Delta z_C + \Delta r \\ \Delta H &= \Delta z_C + \Delta R \end{aligned}\right\} \tag{6-9}$$

新的横、纵稳心高度为：

$$\left.\begin{aligned} h_2 &= h_1 + \Delta h \\ H_2 &= H_1 + \Delta H \end{aligned}\right\} \tag{6-10}$$

(7)纵倾角。

由于浮心在纵向移动了 Δx_C 的距离,与重心不再在同一垂直线上而使舟艇产生纵倾,其纵倾角为:

$$\psi = -\frac{V'(x_{V'} - x_{F_2})}{VH_2} \tag{6-11}$$

(8)首尾倾斜吃水变化量为:

$$\left.\begin{aligned} \Delta T_S &= \left(\frac{L}{2} - x_{F_2}\right)\psi \\ \Delta T_W &= -\left(\frac{L}{2} + x_{F_2}\right)\psi \end{aligned}\right\} \tag{6-12}$$

第七章
水　阻　力

舟艇在水中航行时，处在空气和水两种流体介质中运动，必然受到空气和水对舟艇的反作用力。这种与舟艇运动方向相反的流体作用力称为阻力。因此，舟艇受到的总阻力为空气阻力和水阻力之和。由于舟艇挡风面积不大，故空气阻力很小，只占总阻力的2%～4%，对在水中航行的舟艇来说，它主要受到水阻力作用。本章主要讨论舟艇所受的水阻力。

讨论水阻力并正确地计算水阻力，对舟艇设计是很重要的。因为选定舟艇的主要尺度及型线均与水阻力大小有关；为了保证舟艇的航速及有效地利用其动力，也必须以水阻力为依据。此外，对浮桥在具有一定流速的江河中的水平固定，也需要依据水阻力值来设计所用固定装置（如锚、锚纲）的形式、质量和尺度。

第一节　水流运动的基本概念

水是一种流体，为了更好地理解水阻力，我们首先对水流运动的基本概念作简要介绍。

一、水流体的物理性质

水流体由无数连续的水质点组成。每个质点内包含许多水分子，水流体分子间的内聚力较小,它们之间容易发生相对的移动。因此可以说水流体是容易流动的连续介质,各质点都是连成一线的通常水流体的。水流体的基本性质可以用相对密度、密度、压缩性和黏性等物理量来表征。

1. 比重和密度

比重为单位体积水的质量,以符号 γ 表示,即:

$$\gamma = \frac{P}{V} \tag{7-1}$$

式中:V——排水体积(m^3);

P——排水体积 V 中水的质量(kgf 或 tf,1kgf = 9.806 65N,1tf = 9.806 65 × 10^3N)。

在标准温度 15℃时,淡水的比重 γ = 1 000kgf/m^3。

密度为单位体积水的质量,以符号 ρ 表示,即:

$$\rho = \frac{m}{V} \tag{7-2}$$

式中:m——排水体积 V 中水的质量。

在水温为 4℃时,ρ = 102kgf · s^2/m^4,通常在计算水阻力时采用此数据。

比重和密度的关系为:

$$\rho = \frac{\gamma}{g} \tag{7-3}$$

2. 压缩性

由于水流体具有流动性,其体积随压力的增大而减小的特性称为压缩性。在常温下当压力从一个大气压增加到 100 个大气压力时,相当于在 1 000m 水深下,水的密度只增加 0.5%;而当温度由 4℃增加到 45℃时,水的密度只减少 1%。故可以认为水流体是不可压缩的,在计算水阻力时可不考虑其压缩性。

3. 黏性

水是具有黏性的流体,其黏性表现在:流体的某一层对相邻的一层相对运动时,它们相互间产生摩擦,即具有内摩擦力。

如图 7-1 所示,有充满黏性液体的两平板。下平板固定,对上平板施加一水平力 F 使它移动。可以发现,上平板的移动速度在增加到某一数值 v_0 以后就不再增加。即它以速度 v_0 做匀速运动。黏附在上平板的一层液体随板也以速度 v_0 移动,而黏附在下平板的一层液体则静止不动。由上而下的各层液体,由于层与层间的内摩擦力作用,其速度由上而下均匀地递减。

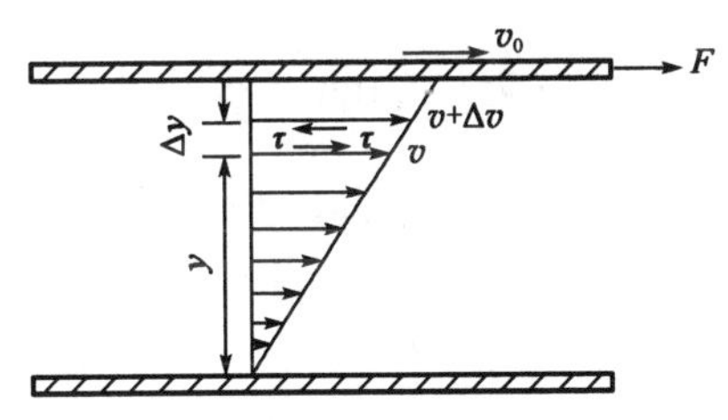

图 7-1 液体黏性作用

试验结果证明,单位面积上的内摩擦力 τ(切应力)与两液层间速度的变化率 $\frac{\Delta v}{\Delta y}$ 成正比,即:

$$\tau = \mu \frac{\Delta v}{\Delta y} \tag{7-4}$$

式中:μ——流体动力黏性系数,该值随流体的性质和温度而变;

$\frac{\Delta v}{\Delta y}$——速度沿垂直方向的变化率。

在实际工程计算中，常以流体动力黏性系数 μ 与密度 ρ 的比值 η 来表示流体的黏性，该比值称为运动黏性系数，即：

$$\eta = \frac{\mu}{\rho} \tag{7-5}$$

η 值表示流体中产生的黏性力加速度，由试验得知 η 值随温度而变化，它与温度的关系见表 7-1。

水的运动黏性系数 $\eta(\times 10^{-6}\text{m}^2/\text{s})$ 表 7-1

水 温(℃)	淡 水	水 温(℃)	淡 水
0	1.792 2	16	1.112 2
1	1.731 3	17	1.084 2
2	1.673 9	18	1.057 4
3	1.619 4	19	1.031 5
4	1.567 8	20	1.006 7
5	1.518 9	21	0.982 9
6	1.472 5	22	0.959 9
7	1.428 4	23	0.937 9
8	1.386 4	24	0.916 7
9	1.346 3	25	0.896 2
10	1.308 1	26	0.876 5
11	1.271 8	27	0.857 5
12	1.237 0	28	0.839 1
13	1.203 7	29	0.821 4
14	1.171 9	30	0.804 3
15	1.141 3	—	—

二、水流运动的分类

根据流速和压力是否随时间而变，可将水流运动分为稳定流动和非稳定流动。当水流运动时，每一质点流过某点时的速度 v 和压力 P 不随时间而变化，称为稳定流动。如速度 V 和压力 P 随时间而变化，称为非稳定流动。在稳定流动的情况下，任何水流质点到达某点处时都具有同样大小的 v 值和 P 值，如等速均匀的水流沿舟体流动时，在相对于舟体某任意点 A 或 B 处的流速 v_1 或 v_2 是不随时间而变化的，如图 7-2 所示。

三、稳定流动的连续性方程式

水流运动和其他任何物质一样，也遵守质量守恒定律。如在河渠上任意选取两个过水断面 1－1 和 2－2。如图 7-3 所示，其面积相应为 W_1 和 W_2，平均流速相应为 v_1 和 v_2。则流量、过水断面面积和平均流速之间关系为：

$$Q_1 = W_1 v_1$$
$$Q_2 = W_2 v_2$$

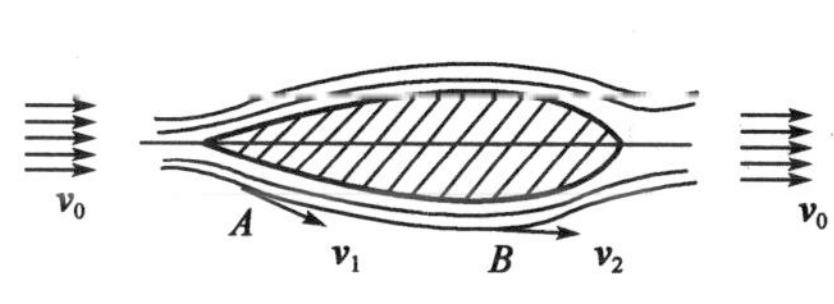

图 7-2 稳定流动

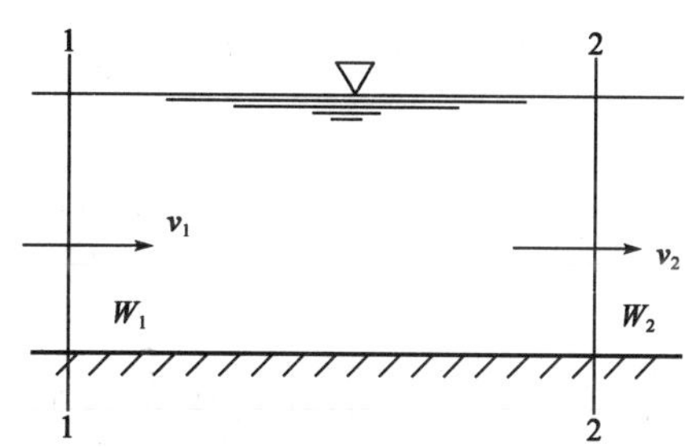

图 7-3 过水断面

由于水的不可压缩性，经过两过水断面的水流量是相等的，因此得稳定流动的连续性方程式为：

$$W_1 v_1 = W_2 v_2 = C(\text{常量})$$

或

$$\frac{v_1}{v_2} = \frac{W_2}{W_1} \tag{7-6}$$

四、理想流体和稳定流动的能量方程式

理想流体指没有黏性的流体。在自然界中，这种无黏性的流体实际是不存在的。理想流体只是一种假定，主要是为了使研究流体问题简化。

在水力学中根据功能原理可导出水流运动的能量守恒定律，如图 7-4 所示，即：

$$Z_1 + \frac{P_1}{\gamma} + \frac{v_1^2}{2g} = Z_2 + \frac{P_2}{\gamma} + \frac{v_2^2}{2g} = E(\text{常量}) \tag{7-7}$$

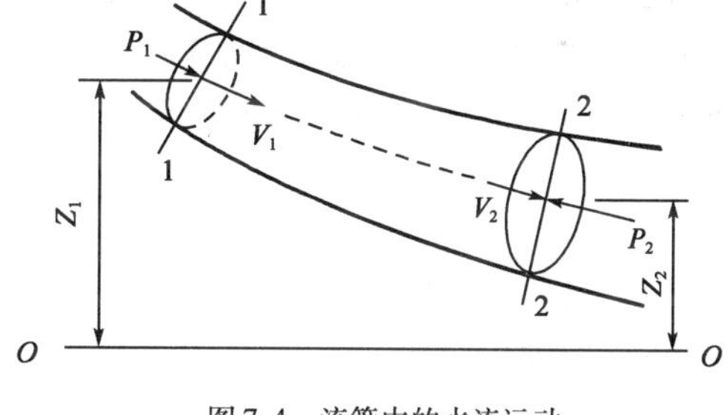

图 7-4 流管中的水流运动

式中：Z——单位位能或称静水头（m 或 cm）；

$\frac{P}{\gamma}$——单位压能或称压力水头（m 或 cm）；

$\frac{v^2}{2g}$——单位动能或称流速水头（m 或 cm）；

E——单位总能量或称总水头（m 或 cm）。

式(7-7)为稳定流动的能量方程式，或称伯努利方程式。该方程为水流动的基本方程式之一，它建立了流速、压力和位置高度之间的关系。

式(7-7)如应用到水平流线，此时 $Z_1 = Z_2$，则有：

$$\frac{P_1}{\gamma} + \frac{v_1^2}{2g} = \frac{P_2}{\gamma} + \frac{v_2^2}{2g}$$

或

$$P_1 + \frac{1}{2}\rho v_1^2 = P_2 + \frac{1}{2}\rho v_2^2 \tag{7-8}$$

式(7-8)说明了速度和压力间的关系,即速度大,则压力小;速度小,则压力大。

第二节　黏性流体运动

自然界中存在的流体均具有黏性,水流体也是如此。故对于水流体,除考虑其重力和压力外,还需考虑由于黏性影响而产生的切力。舟艇航行时,沿着运动的舟体表面黏附着一层水流体,在靠近舟体表面的各层水流速度变化较大,说明该处切力较大而产生阻抗作用。以下简要介绍黏性流体运动的两种不同状态和边界层概念。

1. 层流

当水流质点在各流层中运动时,流体分子只顺着该层流动而不混杂,即不会移动到另一层中去,这种运动状态称为层流运动。

2. 紊流

当水流运动速度增大并达到某一定值时,流体分子由一流层渗入到另一流层,水质点的运动轨迹发生不规则运动而互相混杂,这种紊乱的运动状态称为紊流。

水流运动分为层流和紊流两种不同的运动状态,这是通过雷诺试验观察到的,他们可用一个无因次数 R_e(称为雷诺数)来判别。

经过试验,将影响水流的各种因数组合为式(7-9),来表示雷诺数 R_e。

$$R_e = \frac{VL}{\eta} \tag{7-9}$$

式中:L——舟艇长度(m);

V——航速(m/s);

η——水流体运动黏性系数。

雷诺数反映了水流惯性力和黏性力之比。层流和紊流的大致范围,一般为:

$R_e < 2\,000$,水流为层流;

$R_e > 5\,000$,水流为紊流;

$R_e = 2\,000 \sim 5\,000$ 时,水流处于层流和紊流混杂的变化状态。

在江河中的水流运动状态属于紊流。

3. 边界层

当舟艇在水中运动时,流速分布有两个不同区域,靠近舟体的一个很小的范围内,流速变化很大,越接近舟体表面,流速逐步减小,在舟体浸湿表面的水流与舟体的相对速度则为零。在接近舟体表面一定范围内水流速度开始发生变化的水层称为边界层。在边界层范围以内,水流速度沿着舟体法线方向逐步递减,而在边界层范围以外的水流可保持原速度不变。它表明黏性力的影响只局限在舟体运动的某个区域内,如图7-5所示,其中图7-5a)与图7-5b)分别表示平板与舟体表面的边界层。

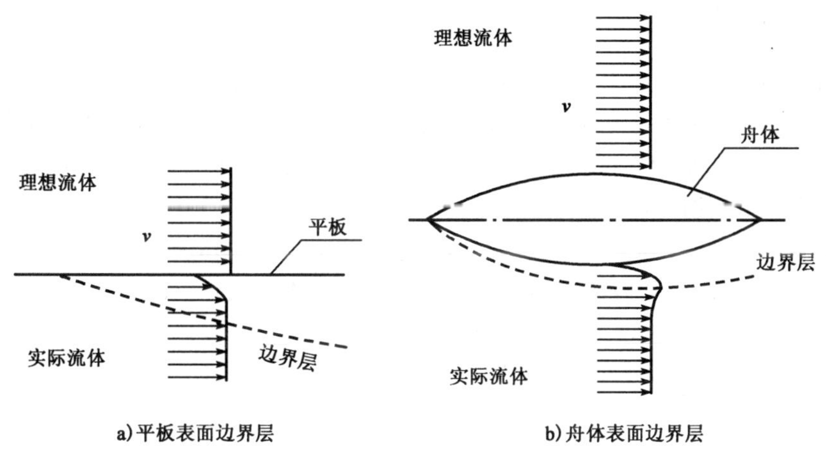

图 7-5 边界层水流图

在一般情况下,水流沿舟体表面流动时,开始的一段边界层厚度很小,流速也很小,常为层流状态;而后向舟体尾部,边界层厚度加大,流速也加大。这时水流由层流转化为紊流。如图 7-6所示,当水流经过 A 点后,边界层厚度增大,见图中 B、C 点处,靠近舟体表面的水流质点,有部分动能转化为压能,并处于不断减速增压的过程中;同时水流质点运动时,因与舟体相互摩擦所消耗的能量也来自动能。由于这两方面的影响,流速减小较快。水流到达一定地点时(如图中 C 点),流速降到零,水流在此区域内会停滞下来。迫使继续来的水流质点离开舟体表面沿 CE 方向流去,而形成边界层脱离现象,见图中 D 点处。边界层脱离后所形成的空间,由舟体尾后的水流倒转补充,这种反向流,会使局部水流形成漩涡。

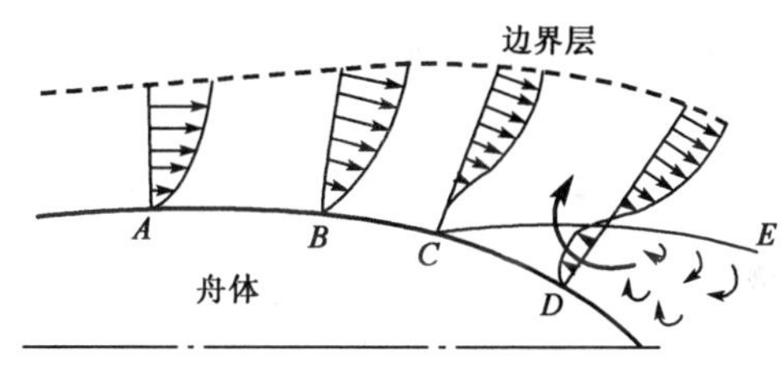

图 7-6 边界层厚度的变化与漩涡

第三节 基本水阻力

舟体所受水阻力可按舟体表面上的水流作用力的方向来分类。在实际水流运动中,一方面受到垂直于舟体表面的压力作用,这种压力是由兴波和漩涡所引起的;另一方面又受到水质点沿着舟体表面切向力的作用,即水流的摩擦作用,故舟体的水阻力由三种基本水阻力组成,即:

$$R_t = R_f + R_P + R_w \tag{7-10}$$

式中:R_t——总阻力(kgf 或 tf);

R_f——摩擦阻力;

R_P——涡流阻力或称黏性压差阻力;

R_w——兴波阻力或兴波压差阻力。

一、摩擦阻力

由前面所述关于水流的黏性和边界层概念可知,舟艇在水中航行时,水流与舟体表面的相互作用即产生切向力阻碍舟体的运动;也就是水流对舟体产生了阻力,该阻力称为摩擦阻力。除了黏性作用以外,在边界层内水流的运动状态对摩擦阻力也有影响,试验得知,紊流状态下产生的摩擦阻力要比层流状态时大得多。

舟艇的摩擦阻力计算是以平板试验为依据的。由试验得知,摩擦阻力的大小与水的黏性、舟艇航速、舟艇长度、舟体浸湿表面积及其粗糙度等因素有关,其关系式可表达为:

$$\frac{R_f}{\frac{1}{2}\rho\Omega v^2} = f(R_e) = \zeta_f$$

即

$$R_f = \frac{1}{2}\zeta_f\rho\Omega v^2 \tag{7-11}$$

式中:ζ_f——摩擦阻力系数,为雷诺数 R_e 的函数;

ρ——水的密度;

Ω——舟体表面浸湿面积(m^2);

v——舟艇航速(m/s)。

1957 年国际拖曳水池会议(ITTC)确定采用下式:

$$\zeta_f = \frac{0.075}{(\lg R_e - 2)^2} \tag{7-12}$$

在舟艇模型试验中计算摩擦阻力时均应采用式(7-12)。

舟艇表面是并不光滑的平板表面,因其表面有焊缝、锈蚀点,会增加摩擦阻力,所以是粗糙面,因此在计算中应对摩擦阻力加以修正。一般将摩擦阻力系数增加一个 $\Delta\zeta_f$(称为摩擦补贴),其变化范围约为 $\Delta\zeta_f = (0.1 \sim 0.95) \times 10^{-3}$,常用 $\Delta\zeta_f = 0.4 \times 10^{-3}$。

对于大型船舶,还需考虑外表面曲度对摩擦阻力的影响,即增加一个曲度修正系数。但对渡河舟艇,因曲度变化较小,故对此可不予考虑,因此舟艇的摩擦阻力公式可表达为:

$$R_f = (\zeta_f + \Delta\zeta_f)\frac{1}{2}\rho\Omega v^2 \tag{7-13}$$

对于内河船:

$$\Omega = L(1.7 + \delta B) \tag{7-14}$$

对于摩托艇:

$$\Omega = L(B + 2T)(0.76\delta + 0.28) \quad (0.29 < \delta < 0.55) \tag{7-15}$$

对于桥脚舟:

首艉舟
$$\Omega_1 = (0.074\frac{L}{T} + 5.1)\Delta^{2/3} \tag{7-16}$$

中间舟
$$\Omega_2 = L(B + 2T) \tag{7-17}$$

$$\Omega = m\Omega_1 + n\Omega_2 \tag{7-18}$$

式中：L——舟艇的长度(m)；

B——舟艇的型宽(m)；

δ——舟艇的方形系数；

Δ——舟艇的排水量(m^3)；

m——首艉舟的数量；

n——中间舟的数量。

二、涡流阻力

在理想的水流条件下，物体在水中运动时，其压力差为零。根据理想流体的伯努利方程可知，在同一水平面上，水流经过物体时，其压能和动能相互转化而没有能量损失，物体前后对应点处的压能相等，见图 7-7 曲线Ⅰ。但实际水流体是具有黏性的，在水流由舟体首部向尾部流动过程中，由于黏性的影响会消耗动能。在水流动能不断消耗的情况下，其流速到达某处(图中的 C 点)时为零，再往后则形成边界层脱离(图中的 D 点)，在尾部产生涡流。强烈的涡流导致大量能量的消耗，则使首尾部产生压力差，见图 7-7 曲线Ⅱ，这就是产生舟艇涡流阻力的基本原因。

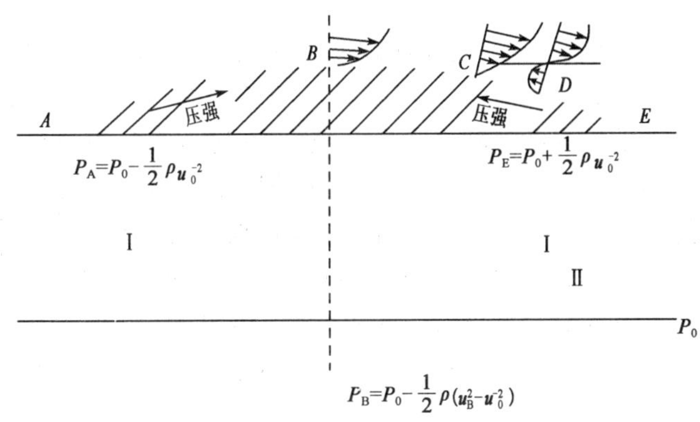

图 7-7　舟体首尾压力差

水中运动物体的形状，对涡流阻力也有较大的影响。如将断面积相同的四种物体以相等速度做试验，如图 7-8 所示。测出的水阻力若以圆盘的阻力为 1.0，则圆柱为 0.66，圆球为 0.30，流线型体为 0.04。可见，要减小涡流阻力，应使舟体尾部的形状变化缓和。

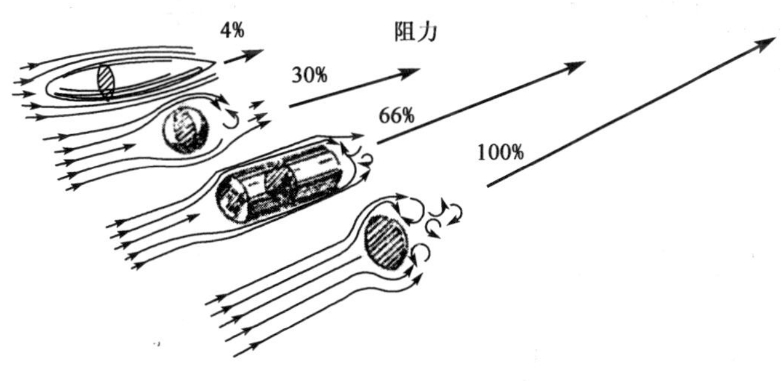

图 7-8　不同形状物体阻力比较

涡流阻力也可用下列公式表达,即:

$$R_{\mathrm{P}} = \frac{1}{2}\zeta_{\mathrm{P}}\rho\Omega v^2 \tag{7-19}$$

式中:ζ_{P}——涡流阻力系数,可用经验公式计算。对于渡河舟艇,一般均通过模型试验求出。

三、兴波阻力

兴波是自由水面的波动。波动除外界因素(风或舟艇航行时对水的作用力)之外,其内在因素是重力作用。

如舟艇静止在水面上,水流以与舟艇的航速相等的速度流向舟体,当水流接近舟体时,其速度逐渐减小,按照伯努利方程的原理,则水流的压力逐渐增大,这时水流体的动能转化为压能;由于水表面的压力等于大气压力,因而增加的压能促成舟体周围的压力发生变化,使水位也发生变化,不再保持原水平面,即压能转变为位能而使水面升高。水流流过舟体首端后,由于其惯性力的作用,除使舟艇具有前进速度外,还能继续作上升运动。随后,水流到达舟体中部时,其流线开始压缩,如图 7-9 所示,流速增大而压力逐渐减小,水位也随之下降。水流流过舟体中部区域以后,流线开始扩张,水流速度减小,压力水又开始升高,在舟体尾部压力增大之处,水位又升高。

由以上所述可知,舟艇航行时,其首尾两端形成高压区,水流质点在重力和惯性力的共同作用下发生上下振荡运动,而造成波浪,由于舟体首尾端各有一个高压区,于是在首尾端各形成一组波系,首波系在首端稍后的波峰处产生,尾波系在尾端前的波谷处发生,两个波系均有散波和横波,如图 7-10 所示。散波由许多单独的短波所组成,自舟体向左右舷方向成阶梯形扩散。散波的中点近似地在一条直线上,该直线与舟艇航行方向成 α 角,其值为 18° ~20°,每一散波线与舟艇航行方向夹角约为 2α,在 36° ~40°之间。首散波与尾散波互不干扰。横波在相应的散波范围以内,首尾横波在传播时可能相遇而发生干扰,一般散波较清晰,横波因干扰则可能不清晰。舟艇航速较低时,几乎只见散波,随着航速增大,越来越清楚地出现横波,航速越大,横波越明显。

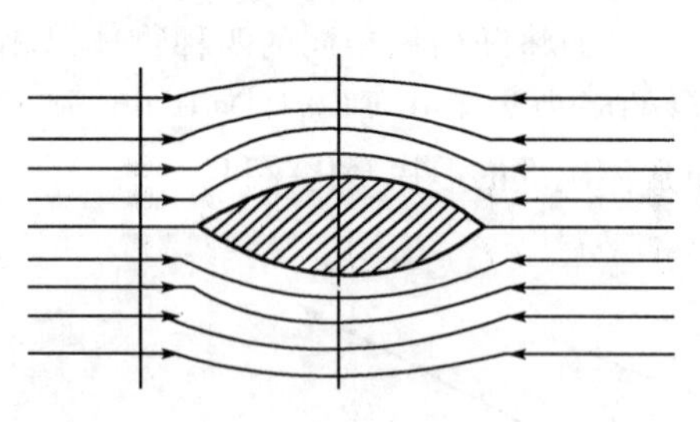

图 7-9　流线

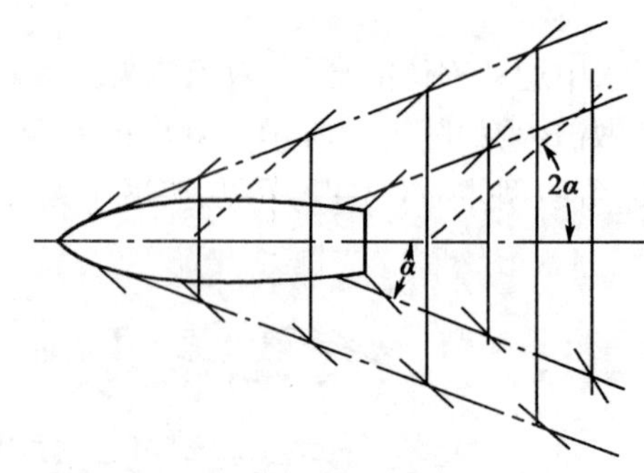

图 7-10　散波与横波

我们知道,形成波浪所消耗的能量来自舟艇,相当于舟体受到阻力作用。也就是说波浪形成后的振荡运动具有一定能量,可以认为这种能量是舟艇航行时给予周围水流以作用力,这种作用力对水流做功转化为能量。由此,舟艇给予水流以作用力,水流则必然给舟艇以反作用力,而产生与舟艇航行方向相反的阻力,这种阻力就是兴波阻力。

兴波阻力也可用下列公式表达，即：

$$R_w = \frac{1}{2}\zeta_w \rho \Omega v^2$$

根据理论分析和实验证明，兴波阻力系数 ζ_w 是佛鲁德数 F_r 的函数，即 $\zeta_w = f(F_r)$。佛鲁德数 F_r 是一个无因次数，其表达式为：

$$F_r = \frac{v}{\sqrt{gL}} \tag{7-20}$$

式中：v——舟艇航速(m/s)；

g——重力加速度(m/s²)；

L——舟艇长度(m)。

由式(7-20)可以看出，兴波阻力的产生与水流体的重力有关，与水流体的黏性无关，其大小与波高有关，而波高取决于舟艇航速的高低，即航速越高，则波高越大，兴波阻力越大。

渡河舟艇兴波阻力计算由试验确定。

第四节 相 似 原 理

确定舟艇阻力值，通常是用舟艇模型试验测定，并将试验所得的数据换算为舟艇的实际阻力。阻力换算的依据为相似原理。相似原理的实质就是在两物体几何相似和两流场相似条件下的力学相似。

以下分别讨论各相似条件。

一、几何相似

如图7-11所示，舟艇实体和模型所有对应的线型主尺度(如长度 L、宽度 B、吃水 T 等)成同一比例值，即：

$$\frac{L_S}{L_m} = \frac{B_S}{B_m} = \frac{T_S}{T_m} = \frac{dL_S}{dL_m} = \lambda(\text{常数}) \tag{7-21}$$

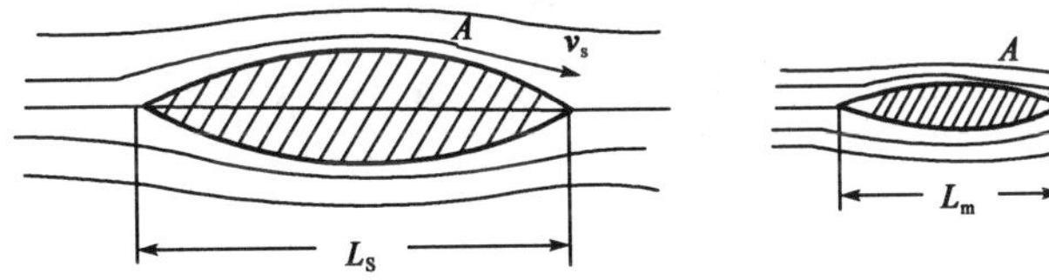

图7-11 几何相似

式中的标注符号 S、m 用以表示舟艇实体和模型。

同理，舟艇实体和模型的浸湿面积 Ω 和排水体积 ∇ 也成一定比例，即：

$$\frac{\Omega_S}{\Omega_m} = \frac{(L_S)^2}{(L_m)^2} = \lambda^2 \tag{7-22}$$

$$\frac{\nabla_S}{\nabla_m} = \frac{(L_S)^3}{(L_m)^3} = \lambda^3 \tag{7-23}$$

二、力学相似

作用在舟艇实体和模型上的诸力(如惯性力 F、重力 P、黏性力 τ、压力 p 等)相应成一定比例。即:

$$\frac{F_S}{F_m} = \frac{P_S}{P_m} = \frac{\tau_S}{\tau_m} = \frac{p_S}{p_m} = C(\text{常数}) \tag{7-24}$$

先讨论惯性力 F 和重力 P 满足力学相似的条件:

1. 惯性力相似

惯性力表达式为:

$$F = Ma = M\frac{\mathrm{d}v}{\mathrm{d}t} = M\frac{\mathrm{d}v}{\mathrm{d}L}\frac{\mathrm{d}L}{\mathrm{d}t} = M\frac{\mathrm{d}v}{\mathrm{d}L}v \tag{7-25}$$

式中:M——水流体质量;

v——舟艇与流场的相对速度。

则

$$\frac{F_S}{F_m} = \frac{M_S v_S\left(\frac{\mathrm{d}v}{\mathrm{d}L}\right)_S}{M_m v_m\left(\frac{\mathrm{d}v}{\mathrm{d}L}\right)_m} = \frac{M_S V_S \mathrm{d}v_S \mathrm{d}L_m}{M_m V_m \mathrm{d}v_m \mathrm{d}L_S} = \lambda_f(\text{常数}) \tag{7-26}$$

由式(7-26)可以看出,若使 λ_f 为常数,则应满足舟艇实体和模型的流体质量和运动速度相似,即:

①质量相似:$\frac{M_S}{M_m} = \lambda_m$;

②运动相似:$\frac{v_S}{v_m} = \frac{\mathrm{d}v_S}{\mathrm{d}v_m} = \lambda_v$;

③几何相似:因密度 $\rho = \frac{M}{\nabla}$,$\frac{M_S}{M_m} = \frac{\rho_S \nabla_S}{\rho_m \nabla_m} = \lambda_\rho \lambda^3$。

因此要使 λ_f 为常数,则必须是几何相似、运动相似、质量相似。即:

$$\frac{F_S}{F_m} = \frac{M_S v_S \mathrm{d}v_S \mathrm{d}L_m}{M_m v_m \mathrm{d}V_m \mathrm{d}L_S} = \lambda_\rho \lambda^3 \lambda_v^2 \lambda^{-1} = \lambda_\rho \lambda^2 \lambda_v^2 \tag{7-27}$$

2. 重力相似

重力相似可表达为:

$$\frac{P_S}{P_m} = \frac{\rho_g \nabla_S}{\rho_g \nabla_m} = \lambda_\rho \lambda^3 \tag{7-28}$$

按式(7-24)可得:

$$\lambda_\rho \lambda^2 \lambda_v^2 = \lambda_\rho \lambda^3$$

所以

$$\lambda = \lambda_v^2 \tag{7-29}$$

即：

$$\left(\frac{v_S}{v_m}\right)^2 = \frac{(gL)_S}{(gL)_m}$$

经变换得：

$$\left(\frac{v}{\sqrt{gL}}\right)_S = \left(\frac{v}{\sqrt{gL}}\right)_m$$

或

$$(F_r)_S = (F_r)_m \tag{7-30}$$

式(7-30)说明，重力相似的条件为舟艇实体和模型的佛鲁德数相等。兴波阻力 R_w 是在重力下引起的，故在满足重力相似的条件下，舟艇实体和模型的兴波阻力之比值应满足式(7-31)：

$$\frac{(R_w)_S}{(R_w)_m} = \frac{\left(\frac{1}{2}\rho\Omega v^2\right)_S}{\left(\frac{1}{2}\rho\Omega v^2\right)_m} \tag{7-31}$$

$$\frac{(R_w)_S}{\left(\frac{1}{2}\rho\Omega v^2\right)_S} = \frac{(R_w)_m}{\left(\frac{1}{2}\rho\Omega v^2\right)_m} \tag{7-32}$$

即：

$$(\xi_w)_S = (\xi_w)_m \tag{7-33}$$

式(7-33)说明当舟艇实体和模型的佛鲁德数相等时，其兴波阻力系数 ξ_w 也相等。

由此可知，舟艇实体和模型的速度间关系可表达为：

$$\frac{v_S}{v_m} = \frac{(\sqrt{gL})_S}{(\sqrt{gL})_m} \tag{7-34}$$

即：

$$\frac{v_S}{v_m} = \sqrt{\frac{L_S}{L_m}} = \sqrt{\lambda} \tag{7-35}$$

则

$$v_m = \frac{V_S}{\sqrt{\lambda}} \tag{7-36}$$

式(7-36)说明，模型按比例 λ 缩小后，其试验速度也可按一定比例$\frac{1}{\sqrt{\lambda}}$缩小，这在试验水池中是可以办到的。

由前面所述，舟艇不仅受重力引起兴波阻力，还受黏性力引起的黏性阻力，即摩擦阻力和涡流阻力。因此，若使舟艇实体和模型的阻力相似，则应使它们的黏性阻力和兴波阻力都能相似，称为全相似。如要满足全相似，除满足佛鲁德数 F_r 相等外，还必须使舟艇实体和模型的雷诺数 R_e 相等，即：

$$(R_e)_S = (R_e)_m$$

在流体黏性力的作用下，流体运动黏性系数的相似条件为：

$$\frac{\eta_S}{\eta_m}=\frac{(vL)_S}{(vL)_m}$$

得

$$v_m=\frac{\eta_m}{\eta_S}\frac{L_S}{L_m}v_S \tag{7-37}$$

如满足全相似时,必须使式(7-36)等于式(7-37),则有:

$$\frac{v_S}{\sqrt{\lambda}}=\frac{\eta_m}{\eta_S}\lambda v_S$$

$$\eta_m=\frac{\eta_S}{\sqrt{\lambda}^3} \tag{7-38}$$

在模型试验中,要满足式(7-38)很困难。如限 $\lambda=25$,则 $\eta_m=\frac{\eta_S}{\sqrt{25}^3}=\frac{\eta_S}{125}$。表示要求模型的流体运动黏性系数只为舟艇实体运动黏性系数的$\frac{1}{125}$,这在模型试验技术上很难达到。若试验水池用淡水,使 η_m 和 η_S 相似。按式 $\eta_m=\frac{\eta_S}{\sqrt{(L_S/L_m)^3}}$,则 L_m 应和 L_S 接近,即模型尺度与舟艇实体尺寸相等。这在水池试验中是不现实的,也是不可能的。因此,在水池中的模型试验不可能满足全相似条件,故而不能用模型试验所测得的基本阻力系数,直接换算为舟艇实体的阻力。

第五节　舟艇模型试验

由于影响舟艇阻力的因素很多,目前还没有精确的理论公式来计算各项基本水阻力。尤其对渡河舟艇以及固定于水中的浮桥,有关阻力的计算资料更少,都需要依据模型或实体试验来取得阻力值。对于舟艇的初步方案设计,在选择其型线和主尺度时,最可行的方法还是模型试验。

模型试验方法是采用木材或铁皮为材料,并按一定比例将舟艇实体缩小为相似的模型,放在水池中做拖曳试验,以测出在不同流速下的阻力值。

模型的比例可按相似的原理选取比例 $\lambda=L_S/L_m$。因模型受水池尺度限制,一般不可能做得很大,其雷诺数较小,试验时模型前端大部分流场呈层流状态,而舟艇实体在航行中多为紊流运动状态。为使运动条件一致以达到两流场运动相似,常采用在模型前端装置钢丝挠流的方法,以达到呈紊流运动状态的目的。

模型试验通常是在专用的水池中进行的。水池是模型试验的主要设备,其技术条件要求高,如长度、宽度、深度等必须满足航速的要求。此外,在水池中还需装置有造波、消波等设备。试验中需配置阻力仪、测量及记录等仪器。

试验水池常用的有如下两种类型：

1. 拖车式试验水池

模型由水池上的拖车来拖动，如图7-12所示。拖车是设置在轨道上行驶的轻便钢架行车。行车上有平台，用以放置各种测试仪器，试验人员可随车运动进行操纵和观测，舟艇模型可固定在行车上以一定的速度拖曳，并可测出相应速度下的阻力值。

拖车式水池一般水池尺度较大，可适应高速航行的舟艇。国内如船舶科学研究中心的拖车式水池为深水池，深度达7m，尺度为474m×14m。

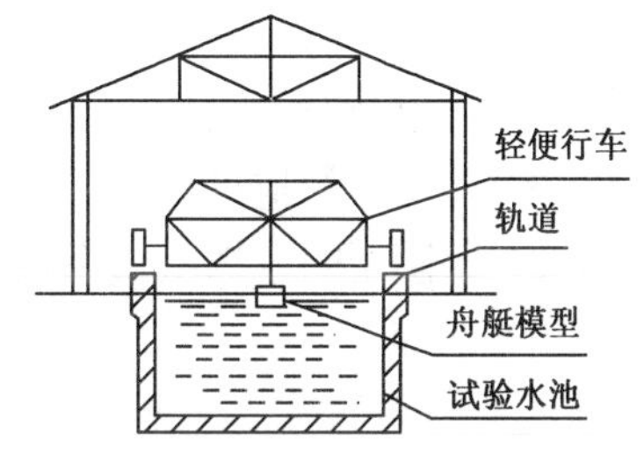

图7-12 拖车式试验水池

2. 重力式试验水池

在水池两端装置有滑轮用以张紧拖索，模型与下拖索连接，靠重物的质量提供动力牵引拖索来拖曳模型运动，以求得在相应航速下的阻力值，如图7-13所示。这种水池一般较小，长度约在50m左右，仅适用于低速航行的舟艇模型的试验，其试验精度相对也较差。

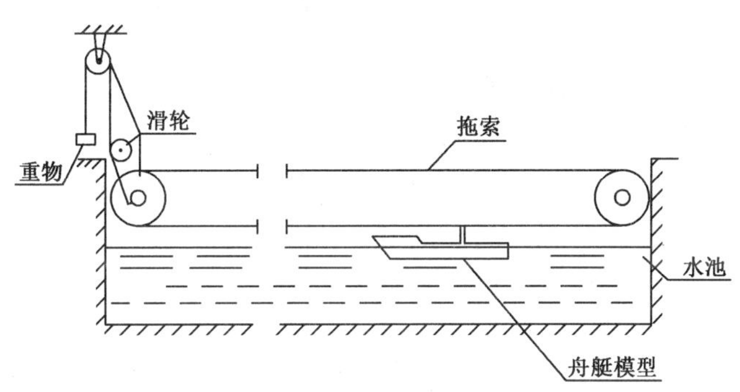

图7-13 重力式试验水池

由模型试验所得的阻力还不是实际的阻力值，需要依据前节所述的相似原理进行换算。根据相似原理，模型试验不能实现完全相似条件，为此，在阻力换算中作了如下假定。

(1)假定舟艇的总阻力由两部分阻力组成，即一个为摩擦阻力 R_f，它只与雷诺数 R_e 有关；另一个为剩余阻力 R_r，它包括兴波阻力 R_w 和涡流阻力 R_P，并认为它只与佛鲁德数 F_r 有关，即

$$R_t = R_f + R_w + R_P = R_f + R_r = f(R_e) + f(F_r)$$

实际上涡流阻力 R_P 应属于黏性阻力，把它放在剩余阻力中不尽合理，在理论上是不够完善的。但目前按此方法换算的结果，一般与实际情况还较接近，故仍然采用此法。

(2)假定舟艇的摩擦阻力等于同速度、同长度、同湿面积的平板摩擦阻力，所以对摩擦阻力计算可应用前述所列公式。由此，在已知模型测试的总阻力值后，可按如下步骤换算舟艇实体总阻力值：

①应用式(7-11)计算出模型的摩擦阻力值,即

$$R_{fm} = \frac{1}{2}\rho\Omega_m v_m^2 \zeta_{fm} \tag{7-39}$$

式中:Ω_m——模型湿表面积;

v_m——模型的拖曳速度;

ζ_{fm}——模型的摩擦阻力系数,可按1957年ITTC公式计算,即:

$$\zeta_{fm} = \frac{0.075}{(\lg R_{em} - 2)^2}$$

$$R_{em} = \frac{v_m L_m}{\eta_m}$$

对模型而言,因其表面光滑,取$\Delta\zeta_m = 0$。

②求出模型的剩余阻力R_{rm},按下式计算:

$$R_{rm} = R_{tm} - R_{fm} \tag{7-40}$$

式中:R_{tm}——模型试验测试的总阻力值。

③利用相似原理求出舟艇实体剩余阻力R_{rs},即:

$$\frac{R_{rs}}{R_{rm}} = \lambda_v^2\lambda^2 = \lambda^3 \quad (因\ \lambda_v^2 = \lambda)$$

则

$$R_{rs} = \lambda^3 R_{rm}$$

④应用式(7-13)计算舟艇实体的摩擦阻力R_{fs},即:

$$R_{fs} = (\zeta_{fs} + \Delta\zeta_{fs})\frac{1}{2}\rho\Omega_s v_s^2 \tag{7-41}$$

式中:ζ_{fs}、Ω_s、v_s——均为舟艇实体的相应数据。

⑤求出舟艇实体的总阻力R_{ts},即:

$$R_{ts} = R_{fs} + R_{rs}$$

⑥求出不同航速下的诸总阻力值,并绘出$R_{ts} - v_s$曲线,具体计算可按表7-2进行。

以下模型试验实况之一。

为了比较用浮箱组成的带式浮桥不同编组方案的水力性能,我们作了各种方案的浮桥段及其桥节单元的模型试验。试验是在原武汉交通科技大学航模试验池进行的。水池为拖车式,尺度为132m×10.8m,水深2m。浮箱用两种类型的,其形状如图7-14所示,主尺度为6m×3m×1.5m,模型采用具有光洁度的木模,缩尺比为20。

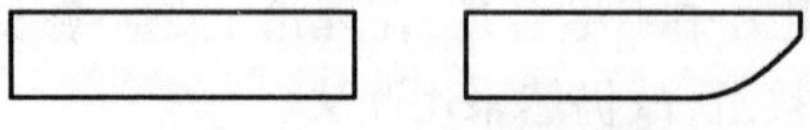

a)方箱　　b)首尾箱

图7-14　浮箱

阻力计算表

表 7-2

基本数据	长 度(m)		吃 水(m)		排水量(t)		水 深(m)		浸湿面积(m^2)		水 温(℃)		密度($kg \cdot s^2/m^4$)		运动黏性系数(m^2/s)	
实体	L_S		T_S		D_S		h_S		Ω_S				ρ		γ	
模型	L_m		T_m		D_m		h_m		Ω_m							
项目	(1)	(2)	(3)	(4)	(5)	(6)	(7)	(8)	(9)	(10)	(11)	(12)	(13)	(14)	(15)	(16)
	v_S	v_S^2	v_m	v_m^2	R_{tm}	R_{em}	ζ_{fm}	$\frac{\rho}{2}\Omega_m v_m^2$	R_{fm}	R_{rm}	R_{rs}	R_{es}	ζ_{fs}	$\frac{\rho}{2}\Omega_s v_s^2$	R_{fs}	R_{rs}
		$(1)^2$	$\frac{(1)}{\sqrt{\lambda}}$	$(3)^2$		$\frac{v_m L_m}{\gamma_m}$			(7) × (8)	(5) − (9)	$(10)\lambda^3$	$\frac{v_S L_S}{\gamma_S}$			(13) × (14)	(11) + (15)
1	v_{1s}															R_1
2	v_{2s}															R_2
…	…															…
n	v_{ns}															R_n

现仅将浮箱所组成的两种单行道浮桥桥节单元的试验结果列出，以了解其水阻力情况。模型编组如图7-15所示，基本数据见表7-3。

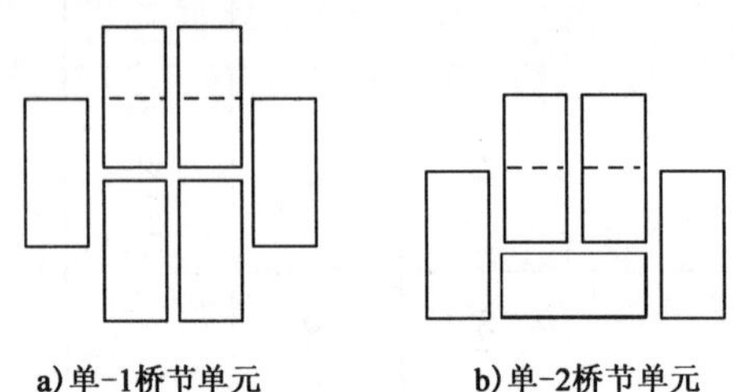

图7-15　桥节单元编组方案

模型编组方案基本数据表　　表7-3

编　号	名　称	$L \times B \times T$ (m×m×m)	排　水　量(kN)	浸湿面积(m^2)
1	单-1桥节单元	0.6×0.6×0.05	0.114	0.347
2	单-2桥节单元	0.45×0.6×0.05	0.103	0.308

试验时在距首端0.05L处设置ϕ1.6mm铜丝一道以激流，消除模型首部层流影响。

由于设计要求浮桥适应最大流速为2.5m/s，试验时对模型拖曳速度取为0.25～0.65m/s，相应水流速度取为1.0～3.0m/s。试验结果列于表7-4和表7-5。

模型编组方案阻力表　　表7-4

车　速 (m/s)	单-1桥节单元			单-2桥节单元		
	R_{fm}	R_{rm}	R_{tm}	R_{fm}	R_{rm}	R_{tm}
0.35	0.015	0.103	0.118	0.014	0.116	0.130
0.40	0.019	0.137	0.156	0.018	0.152	0.170
0.45	0.023	0.179	0.202	0.022	0.204	0.226
0.50	0.028	0.232	0.260	0.026	0.264	0.290
0.55	0.033	0.285	0.318	0.031	0.319	0.350
0.60	0.038	0.346	0.384	0.036	0.386	0.422

注：R_{fm}、R_{rm}、R_{tm}为模型的摩擦阻力、剩余阻力与总阻力，单位均为kgf。

分析：依据表7-4模型编组方案的阻力R_{fm}及R_{rm}的值，与总阻力R_{tm}相比。可以看到，在流速超过1.5m/s时，各编组方案中摩擦阻力所占成分均很少，约占10%左右，而剩余阻力所占成分均超过90%，且随着流速的增长，摩擦阻力成分越来越少，剩余阻力成分越来越多。

实箱编组方案阻力表　　表7-5

车　速 (m/s)	单-1桥节单元			单-2桥节单元		
	R_{fs}	R_{rs}	R_{ts}	R_{fs}	R_{rs}	R_{ts}
0.35	48	825	873	45	926	971
0.40	61	1 098	1 159	57	1 218	1 275
0.45	76	1 433	1 509	71	1 633	1 704
0.50	92	1 860	1 952	86	2 110	2 196
0.55	110	2 285	2 395	102	2 550	2 652
0.60	129	2 771	2 900	120	3 088	3 208

注：R_{fs}、R_{rs}、R_{ts}为实箱的摩擦阻力、剩余阻力与总阻力，单位均为kgf。

在模型试验中,按照前述可知,剩余阻力由兴波阻力 R_w 与涡流阻力 R_P 两部分组成。

由理论分析可知,低速舟艇在 F_r =0.1 ~0.15 时,其兴波阻力很小,几乎趋于零。本试验桥节单元模型拖曳是处于低速状态运行的,且对水也没有造波,因而它符合这种情况。可以认为模型所受阻力中兴波阻力远较涡流阻力小。其原因主要为:涡流阻力的产生是由于黏性作用和舟艇尾部水的减速流动,使边界层发生分离现象的结果,而舟的后体形状对边界层分离的影响很大。此外,由试验得知,方体与球体相比,其涡流阻力系数相差 6 ~ 12 倍。编组的各桥节单元方案除首部呈雪橇形外,尾部均为一段很宽的方体。水流经过时,该处的流速与压力均降低很多,引起桥节单元首尾很大的压力差,即产生很大的涡流阻力。另外,还由试验可知,方体的宽度越大,涡流阻力也越大。桥节单元特别是浮桥段的宽度相对其长度来说是较宽的,这就增大了其涡流阻力。在桥节单元以及浮桥段模型拖曳中,明显地观察到尾部的漩涡,随着拖速的增大,这种漩涡运动更强烈。

第八章

水上推进

第一节　概　　述

舟艇快速性是舟艇的重要性能之一。所谓快速性,是指舟艇在给定主机功率情况下,以较快速度航行的能力。舟艇快速性包括阻力和推进两部分,舟艇设计时应从下述四个方面来考虑快速性的问题:

(1)选择优良线形,使舟艇航行时所遭受的阻力较小。

(2)选择性能优良的推进器,使推进效率较高。

(3)选取合适的主机,使推力较大。

(4)推进器与舟体和主机之间相互匹配,步调一致。

因此,快速性良好的舟艇除应具有优秀的艇型以外,还必须具有最佳的推进性能。由此可见,研究舟艇的推进问题对于改善快速性具有重大的作用。

舟艇在水面或水中航行时遭受阻力,为了使舟艇能保持一定的速度向前航行,必须供给舟艇一定的推力,以克服其所受的阻力。作用在舟艇上的推力是依靠专门的装置或机构通过吸收主机发出的能量并把它转换成推力而得,这种专门吸收与转换能量的装置或机构统称为推进器。

推进器种类很多,例如风帆、明轮、直叶推进器、喷水推进器及螺旋桨等。螺旋桨构造简单、造价低廉、使用方便、效率较高,是目前应用最广的推进器(表 8-1)。根据不同舟艇工作条件的要求,在普通螺旋桨的基础上发展起来一些具有特殊功能的特种螺旋桨,如导管螺旋桨、可调螺距螺旋桨、对转螺旋桨、串列螺旋桨。

本章将限于讨论螺旋桨,并主要讨论普通螺旋桨的工作原理、工作特性及螺旋桨的设计等问题。

几种推进器的效率和质量 表 8-1

推进器类型	推进器效率	轴系传送效率	推进系数	推进器质量(kg/hp)
螺旋桨	0.60 ~ 0.75	0.95 ~ 0.98	0.50 ~ 0.70	0.5 ~ 2.0
明轮	0.40 ~ 0.60	0.70 ~ 0.85	0.30 ~ 0.50	15 ~ 30
直叶推进器	0.55 ~ 0.70	0.85 ~ 0.95	0.45 ~ 0.60	4 ~ 8
喷水推进器	0.55 ~ 0.60	0.90 ~ 0.95	0.50 ~ 0.55	—

第二节 螺旋桨几何特征

一、螺旋桨的组成及名称

螺旋桨俗称车叶,通常由桨叶和桨毂组成(图 8-1)。螺旋桨与尾轴连接部分叫桨毂,桨毂是个锥形体。为了减小水阻力,在桨毂后端加一整流罩,与桨毂形成一光顺流线形体,称为毂帽。

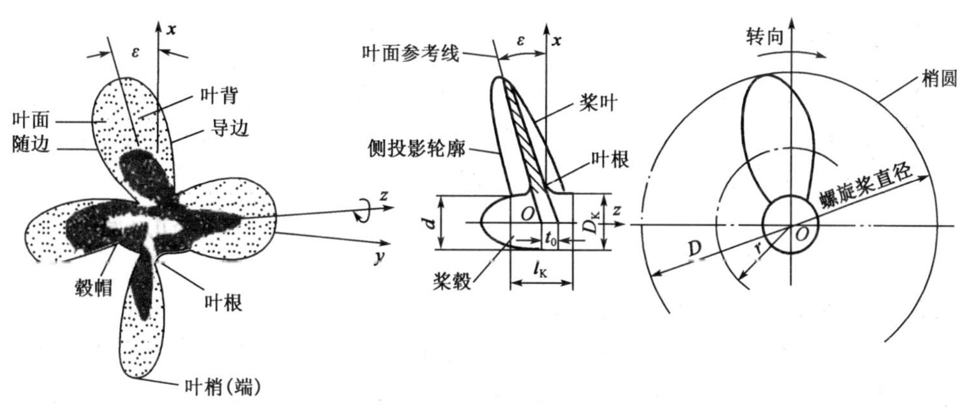

图 8-1 螺旋桨各部分名称

螺旋桨在水中产生推力的部分叫桨叶,桨叶固定在桨毂上,普通螺旋桨常为 3 叶或 4 叶,2 叶螺旋桨仅用于机帆船或小艇上,近来有些民用船舶(如大吨位大功率的油船),为避免振动而采用 5 叶或 5 叶以上的螺旋桨。

由舟艇尾部向前看时,所见到的螺旋桨桨叶的一面称为叶面,另一面称为叶背。桨叶与毂连接处称为叶根,桨叶的外端称为叶梢。螺旋桨正车旋转时先入水的一边称为导边,另一边称为随边。螺旋桨旋转时叶梢的圆形轨迹称为梢圆。梢圆的直径称为螺旋桨直径,以 D 表示。

梢圆的面积称为螺旋桨的盘面积，以 A_0 表示。

$$A_0 = \frac{\pi D^2}{4} \tag{8-1}$$

由舟艇后面向前看去，螺旋桨正车旋转为顺时针者称为右旋桨，反之，则为左旋桨。装于舟艇尾部两侧的螺旋桨，左桨左旋，右桨右旋，称为外旋桨；左桨右旋，右桨左旋，称为内旋桨。

二、螺旋面、螺旋线、螺旋桨的几何特征

1. 螺旋面及螺旋线

桨叶的叶面通常是螺旋面的一部分，为了清楚地了解螺旋桨的几何特征，有必要讨论一下螺旋面的形成及其特点。

设线段 ab 与轴线 OO_1 成固定角度，并使 ab 以等角速度绕轴 OO_1 旋转的同时以等线速度沿 OO_1 向上移功，则 ab 在空间所描绘的曲面即为等螺距螺旋面，如图 8-2 所示。线段 ab 称为母线，母线绕行一周在轴向前进的距离称为螺距，以 P 表示。

根据母线的形状及与轴线间夹角的变化可以得到不同形式的螺旋面。若母线为一直线且垂直于轴线，则所形成的螺旋面为正螺旋面如图 8-3a）所示，若母线为一直线但不垂直于轴线，则形成斜螺旋面，如图 8-3b）所示。当母线为曲线时，则形成扭曲的螺旋面，如图 8-3c）及图 8-3d）所示。

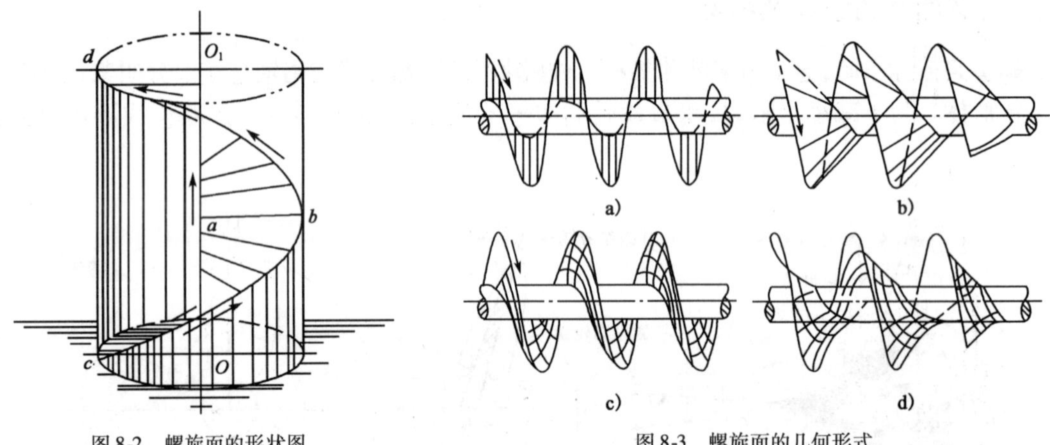

图 8-2　螺旋面的形状图　　图 8-3　螺旋面的几何形式

母线上任一固定点在运动过程中所形成的轨迹为一螺旋线。任一共轴的圆柱面与螺旋面相交的交线也为螺旋线，图 8-4a）表示半径为 R 的圆柱面与螺旋面相交所得的螺旋线 BB_1B_2。如将此圆柱面展成平面，则此圆柱面即成一底长为 $2\pi R$，高为 P 的矩形，而螺旋线变为斜线（矩形的对角线），此斜线称为节线。三角形 $B'B''B''_2$ 称为螺距三角形，节线与底线间的夹角 θ 称为螺距角，如图 8-4b）所示。由图可知，螺距角可由式(8-2)来确定：

$$\tan\theta = \frac{P}{2\pi R} \tag{8-2}$$

2. 螺旋桨的面螺距

螺旋桨桨叶的叶面是螺旋面的一部分，见图 8-5a），故任何与螺旋桨共轴的圆柱面与叶面的交线为螺旋线的一段，如图 8-5b）中的 B_0C_0 段。若将螺旋线段 B_0C_0 引长且环绕轴线一周，

则其两端之轴向距离等于此螺旋线的螺距 P。若螺旋桨的叶面为等螺距螺旋面的一部分，则 P 即称为螺旋桨的面螺距。面螺距 P 与直径 D 之比(P/D)称为螺距比。将圆柱面展成平面后即得螺距三角形，如图 8-5c)所示。

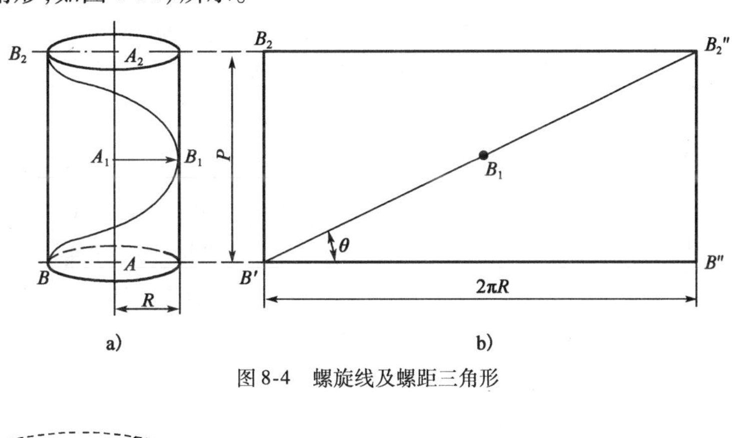

图 8-4 螺旋线及螺距三角形

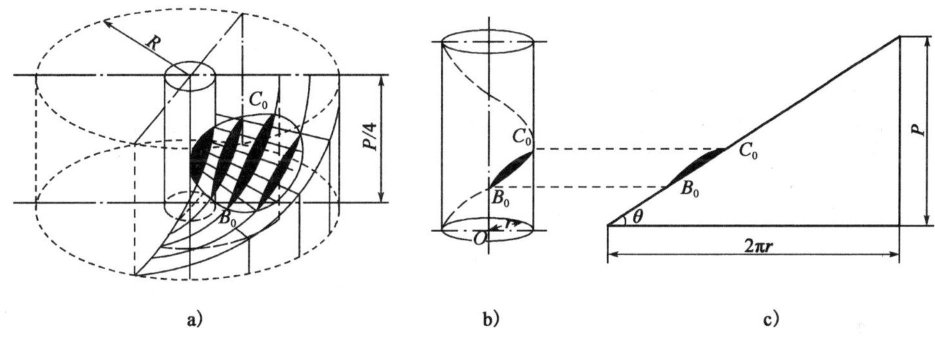

图 8-5 螺旋桨的面螺距

设上述圆柱面的半径为 r，则展开后螺距三角形的底边长为 $2\pi r$，节线与底线之间的夹角为半径 r 处的螺距角，并可据式(8-3)来确定：

$$\tan\theta = \frac{P}{2\pi r} \tag{8-3}$$

螺旋桨某半径 r 处螺距角 θ 的大小，表示桨叶叶面在该处的倾斜程度。不同半径处的螺距角是不等的，r 越小则螺距角 θ 越大。图 8-6a)表示三个不同半径的共轴圆柱面与等螺距螺旋桨桨叶相交的情形，其展开后的螺距三角形如图 8-6b)所示。显然，$r_1 < r_2 < r_3$，而 $\theta_1 < \theta_2 < \theta_3$。

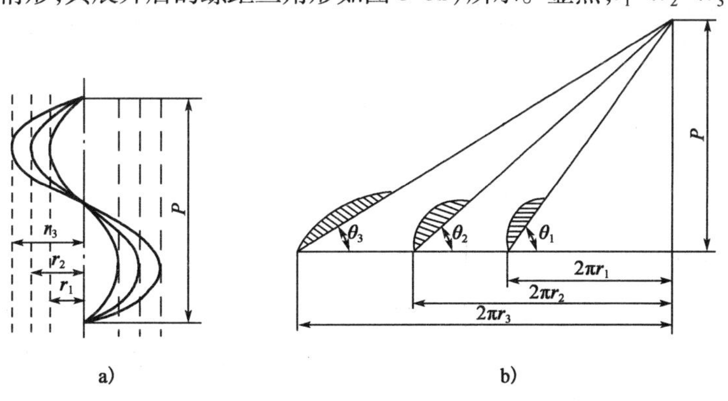

图 8-6 等螺距螺旋桨桨叶不同半径处的螺距角

若螺旋桨叶面各半径处的面螺距不等，则称为变螺距螺旋桨，其不同半径处螺旋线的展开如图 8-7 所示。对此类螺旋桨常取半径为 0.7R 或 0.75R（R 为螺旋桨梢半径）处的面螺距代表螺旋桨的螺距，为注明其计量方法，在简写时可写作 $R_{0.7R}$ 或 $R_{0.75R}$。

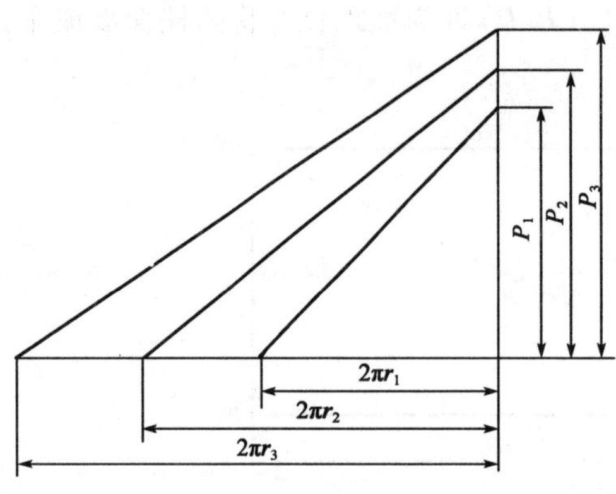

图 8-7　变螺距螺旋桨桨叶不同半径处的螺距及螺距角

3. 桨叶切面

与螺旋桨共轴的圆柱面和桨叶相截所得的截面称为桨叶的切面，简称叶切面或叶剖面。如图 8-5b）所示。将圆柱面展为平面后则得如图 8-5c）所示的叶切面形状，其形状与机翼切面相仿。所以表征机翼切面几何特性的方法，可以用于桨叶切面。

桨叶切面的形状通常为弓形切面或机翼形切面，特殊的也有梭形切面和月牙形切面，如图 8-8 所示。一般来说，机翼形切面的叶型效率较高，但空泡性能较差，弓形切面则相反。普通的弓形切面展开后，叶面为一直线，叶背为一曲线，中部最厚两端颇尖。机翼形切面在展开后无一定形状，叶面大致为一直线或曲线，叶背为曲线，导边钝而随边较尖，其最大厚度则近于导边，在离导边 25% ~40% 弦长处。

切面的弦长一般有内弦和外弦之分。连接切面导边与随边的直线 AB 称内弦（图 8-9），图中所示线段 BC 称为外弦。对于系列图谱螺旋桨来说，通常称外弦为弦线。而对于理论设计的螺旋桨来说，则常以内弦为弦线，弦长及螺距也根据所取弦线来定义。图 8-9 中所示的弦长 b 为系列螺旋桨的表示方法。

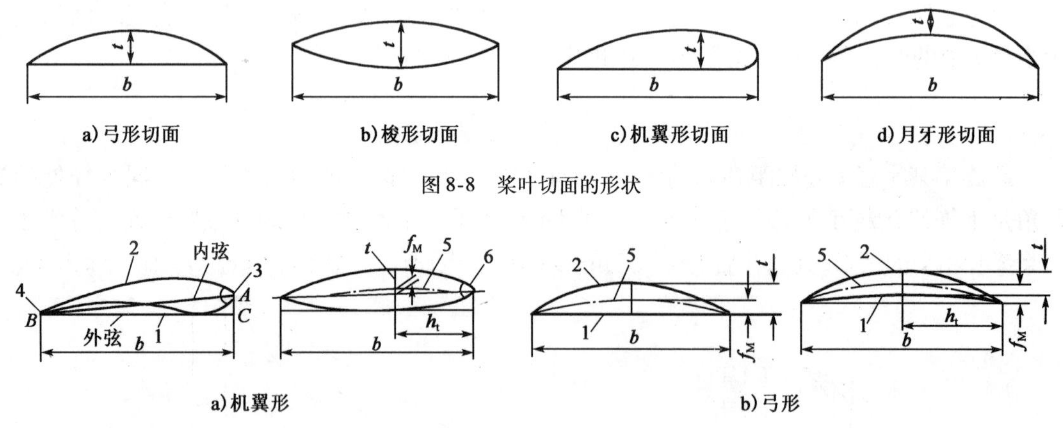

图 8-8　桨叶切面的形状

图 8-9　切面的几何特征

1-面线；2-背线；3-导边；4-随边；5-拱线；6-导边端圆

切面厚度以垂直于所取弦线方向与切面上、下面交点间的距离来表示。其最大厚度 t 称为叶厚，与切面弦长 b 之比称为切面的相对厚度或叶厚比 $\delta = t/b$。切面的中线或平均线称为拱线或中线，拱线到内弦线的最大垂直距离称为切面的拱度，以 f_M 表示。f_M 与弦长 b 之比称切面的拱度比 $f = f_M/b$，如图 8-9 所示。

4. 桨叶的外形轮廓和叶面积

桨叶的外形轮廓可以用螺旋桨的正视图和侧视图来表示。从舟艇后面向舟艇首所看到的为螺旋桨的正视图,从舟艇侧面看过去所看到的为侧视图。图 8-10 所示为一普通螺旋桨的外形轮廓,图上注明了螺旋桨各部分的名称和术语。

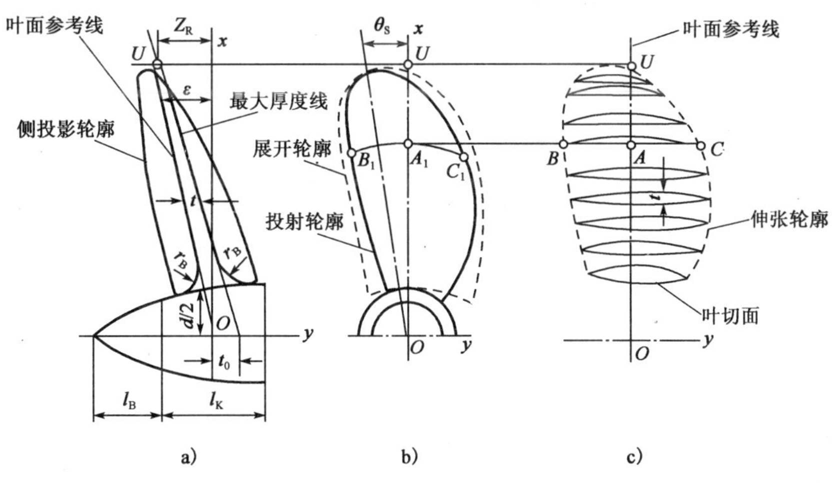

图 8-10 桨叶的外形轮廓

为了正确表达正视图和侧视图之间的关系,取叶面中间的一根母线作为作图的参考线,为桨叶参考线或叶面参考线,如图中直线 OU。若螺旋桨叶面是正螺旋面,则在侧视图上参考线 OU 与轴线垂直。若为斜螺旋面,则参考线与轴线的垂线成某一夹角 ε,称为纵斜角。参考线段 OU 在轴线上的投影长度称为纵斜,用 Z_R 表示。纵斜螺旋桨一般都是向后倾斜的,其目的在于增大桨叶与尾框架或艇体间的间隙以减小螺旋桨诱导的艇体振动,但纵斜不宜过大(一般 $\varepsilon < 15°$),否则螺旋桨在操作时因离心力而增加叶根处的弯曲应力,对桨叶强度不利。

桨叶在垂直于桨轴的平面上的投影称为正投影,其外形轮廓称为投射轮廓。螺旋桨所有桨叶投射轮廓包含面积的总和称为螺旋桨投射面积,以 A_P 表示。投射面积 A_P 与盘面积 A_0 之比称为投射面比,即:

$$投射面比 = \frac{A_P}{A_0}$$

投射轮廓对称于参考线的称为对称叶形。若其外形与参考线不相对称,则为不对称叶形。不对称桨叶的叶梢与参考线间的距离 X_S 称为侧斜,相应的角度以为侧斜角。桨叶的侧斜方向一般与螺旋桨的转向相反,合理选择桨叶的侧斜可明显减缓螺旋桨诱导的艇体振动。

桨叶在平行于包含轴线和辐射参考线的平面上的投影称为侧投影。图上除画出桨叶外形轮廓及参考线 OU 的位置外,还需作出最大厚度线。最大厚度线与参考线 OU 之间的轴向距离 t 表示该半径处叶切面的最大厚度。它仅表示不同半径处切面的最大厚度沿径向的分布情况,并不表示最大厚度沿切面弦向的位置。与桨毂相连处的切面最大厚度称叶根厚度(除去两边填角料)。辐射参考线与最大厚度线的延长线在轴线上交点的距离 t_0 与直径 D 的比值 t_0/D 称为叶厚分数。工艺上往往将叶梢处的桨叶厚度做薄,呈圆弧状,为了求得叶梢厚度,须将桨叶最大厚度线延长至梢径,如图 8-10a)所示。

螺旋桨桨毂的形状一般为圆锥体,在侧投影上可以看到其各处的直径并不相等。通常所说的桨毂直径(简称毂径)是指辐射参考线与桨毂表面相交处(略去叶根处的填角料)至轴线距离的两倍,并以 d 来表示[参阅图 8-10a)]。毂径 d 与螺旋桨直径 D 的比值 d/D 称为毂径比。

将各半径处共轴圆柱面与桨叶相截的各切面展成平面后,以其弦长置于相应半径的水平线上,并光顺连接端点所得的轮廓称为伸张轮廓,如图 8-10c)所示。螺旋桨各叶伸张轮廓所包含的面积的总和称为伸张面积,以 A_E 表示。伸张面积 A_E 与盘面积 A_0 之比称为伸张面比,即:

$$伸张面比 = \frac{A_E}{A_0}$$

将桨叶叶面近似展放在平面上所得的轮廓称为展开轮廓,如图 8-10b)虚线所示。各桨叶展开轮廓所包含面积的总和称为展开面积,以 A_D 表示。展开面积 A_D 与盘面积 A_0 之比称为展开面比,即:

$$展开面比 = \frac{A_D}{A_0}$$

螺旋桨桨叶的展开面积和伸张面积极为接近,故均可称为叶面积,而伸张面比和展开面比均可称为盘面比或叶面比。盘面比的大小实质上表示桨叶的宽窄程度,在相同的叶数下,盘面比越大,桨叶越宽。

此外,还可用桨叶的平均宽度 b_m 来表示桨叶的宽窄程度,其值按式(8-4)求得:

$$b_m = \frac{A_E}{Z\left(R - \frac{d}{2}\right)} \tag{8-4}$$

式中:A_E——螺旋桨伸张面积;

d——毂径;

Z——叶数。

或用平均宽度比 $\bar{b}_m$ 来表示,即:

$$\bar{b}_m = \frac{b_m}{D} = \frac{\frac{\pi A_E}{A_0}}{2Z\left(1 - \frac{d}{D}\right)} \tag{8-5}$$

第三节　螺旋桨的理论基础

螺旋桨理论按其内容发展阶段可分为动量理论、叶元体理论和环流理论。本节主要介绍动量理论。

推进器的动量理论早在 19 世纪末就已确立,它认为螺旋桨的推力是因其使水产生动量变化所致的,所以可通过水的动量变更率来计算推力。由于忽略的因素过多,所得到的结果与实际情况有一定的距离,不能用作计算或设计的依据。但是,由于推进器的动量理论还能简略地说明推进器产生推力的原因,而且某些结论也有一定的实际意义,故在本章中做必要的介绍。

在介绍之前,先简要地分析螺旋桨在水中运转的情况。我们通常把由于螺旋桨运转使水流产生的运动速度称为诱导速度。为了便于分析研究问题,把诱导速度分解为两个分量:一个是平行于桨轴方向,另一个是垂直于轴平面内的圆周方向。沿轴线方向的诱导速度分量称为轴向诱导速度,其方向与螺旋桨轴向运动方向相反。沿圆周方向的诱导速度分量称为周向诱导速度,其方向与螺旋桨旋转方向相同。对于负荷(指螺旋桨承担的推力)较重的螺旋桨常可以发现螺旋桨尾流有较严重的收缩现象,这时水质点还存在径向诱导速度。

往往由于对诱导速度的处理不同,产生了不同的螺旋桨理论,例如忽略了周向诱导速度影响,应用动量定理可得到理想推进器理论,若同时考虑周向诱导速度并应用动量矩定理,便可得到理想螺旋桨理论。下面我们分别来讨论理想推进器理论和理想螺旋桨理论。

一、理想推进器理论

1. 理想推进器的工作情况

为了使问题简单起见,我们假定:

(1)推进器为一轴向尺度趋于零、水可自由通过的盘,此盘可以拨水向后,称为鼓动盘(具有吸收外来功率并推水向后的功能)。

(2)水流速度和压力在盘面上均匀分布。

(3)水为不可压缩的理想流体。

根据这些假定而得到的推进器理论,称为理想推进器理论。

设推进器在无限静止流体中以速度 v_A 前进,应用运动转换原理,即认为推进器是固定的,而水流自无穷远前方以速度 v_A 流向推进器(鼓动盘)。图 8-11a)表示包围着推进器的流管。由于推进器的作用,在流管中水质点的速度与流管外不同,在流管以外的水流速度和压力处处相等,均为 v_A 和 P_0,故流管的边界 ABC 和 $A_1B_1C_1$ 是分界面。现在讨论流管内水流轴向速度和压力的分布情况。参阅图 8-11a),在推进器的远前方(A_1B_1 剖面)压力为 P_0、流速为 v_A。离盘面越近,由于推进器的抽吸作用,水流的速度越大而压力下降,到达盘面(BB_1 剖面)的紧前方时,水流的速度为 v_A+u_{a1},而压力降为 P_1。当水流经过盘面时,压力突增为 P'_1(这一压力突变是由于推进器的作用而产生),而水流速度仍保持连续变化。水流离开盘面以后,速度将继续增大而压力下降。到推进器的远后方(CC_1 剖面)处,速度将达到最大值 v_A+u_a,而压力回复至 P_0。图 8-11b)和 8-11c)分别表示流管中水流速度和压力的分布情况。流管内水流轴向速度的增加使流管截面形成收缩,而流管内外的压力差由其边界面的曲度来支持。由于假定推进器在无限深广的流体中运动,故流管以外两端无限远处的压力和水流速度可视为不变。

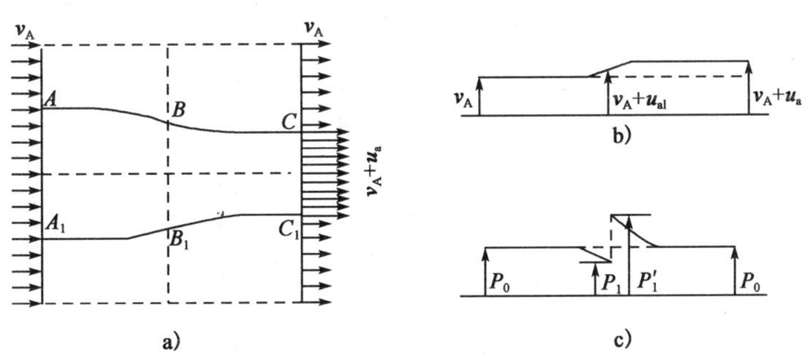

图 8-11 理想推进器的工作情况

根据以上的分析,便可以进一步求出推进器所产生的推力和水流速度之间的关系。

应用动量定理可以求出推进器的推力。单位时间内流过推进器盘面(面积为 A_0)的流体质量为 $m=\rho A_0(v_A+u_{a1})$,自流管远前方 A_1A_1 断面流入的动量为 $\rho A_0(v_A+u_{a1})v_A$,而在远后方 CC_1 断面处流出的动量为 $\rho A_0(v_A+u_{a1})(v_A+u_a)$,故在单位时间内水流获得的动量增值为:

$$\rho A_0(v_A+u_{a1})(v_A+u_a)-\rho A_0(v_A+u_{a1})v_A=\rho A_0(v_A+u_{a1})u_a \tag{8-6}$$

根据动量定理,作用在流体上的力等于单位时间内流体动量的增量。而流体的反作用力即为推力,故推进器所产生的推力:

$$T_i=mu_a=\rho A_0(A_A+u_{a1})u_a \tag{8-7}$$

以上各式中,ρ 为流体的密度。

为了寻求盘面处速度增量 u_{a1} 与无限远后方速度增量 u_a 的关系,在推进器盘面前和盘面后分别应用伯努利方程。在盘面远前方和紧靠盘面处有下列关系式:

$$P_0+\frac{1}{2}\rho v_A^2=P_1+\frac{1}{2}\rho(v_A+u_{a1})^2$$

故

$$P_1=P_0+\frac{1}{2}\rho v_A^2-\frac{1}{2}\rho(v_A+u_{a1})^2 \tag{8-8}$$

而在盘面的远后方和紧靠盘面处有:

$$P_0+\frac{1}{2}\rho(v_A+u_a)^2=P_1'+\frac{1}{2}\rho(v_A+u_{a1})^2$$

故

$$P_1'=P_0+\frac{1}{2}\rho(v_A+u_a)^2-\frac{1}{2}\rho(v_A+u_{a1})^2 \tag{8-9}$$

盘面前后的压力差($P_1'-P_1$)就形成了推进器的推力,由式(8-8)及式(8-9)可得:

$$P_1'-P_1=\rho(v_A+\frac{1}{2}u_a)u_a \tag{8-10}$$

因推进器的盘面积为 A_0,故推进器所产生的推力 T_i 的另一种表达式为:

$$T_i=(P_1'-P_1)A_0=\rho A_0(v_A+\frac{1}{2}u_a)u_a \tag{8-11}$$

比较式(8-7)和式(8-11)可得:

$$u_{a1}=\frac{1}{2}u_a \tag{8-12}$$

由式(8-12)可知,在理想推进器盘面处的速度增量为全部增量的一半。水流速度的增量 u_{a1} 及 u_a 称为轴向诱导速度。由式(8-8)或式(8-11)可见,轴向诱导速度越大,推进器产生的推力也越大。

2. 理想推进器效率

推进器的效率等于有效功率和消耗功率的比值。现以绝对运动观点来讨论理想推进器的效率。推进器在静水中以速度 v_A 前进时产生推力 T_i,则其有效功率为 T_iV_A。但推进器在工作时,每单位时间内有 $\rho A_0\left(v_A+\frac{1}{2}u_a\right)$ 质量的水通过盘面得到加速而进入尾流,尾流中的能量随水消逝乃属损失,故单位时间内损失的能量(即单位时间内尾流所取得的能量)为:

$$\frac{1}{2}\rho A_0\left(v_A + \frac{1}{2}u_{a1}\right)u_a^2 = \frac{1}{2}T_i u_a$$

从而推进器消耗的功率为：

$$T_i v_A + \frac{1}{2}T_i u_a = T_i\left(v_A + \frac{1}{2}u_a\right)$$

因此，理想推进器的效率为：

$$\eta_{iA} = \frac{T_i v_A}{T_i\left(v_A + \frac{1}{2}u_a\right)} = \frac{v_A}{v_A + \frac{1}{2}u_a} \tag{8-13}$$

由式(8-11)可见，推进器必须给水流以向后的诱导速度才能获得推力，故从式(8-13)可知，理想推进器的效率总是小于1。

理想推进器的效率还可用另外的形式来表达，根据式(8-11)求解 u_a 的二次方程可得：

$$u_a = -v_A + \sqrt{v_A^2 + \frac{2T_i}{\rho A_0}} \tag{8-14}$$

或

$$\frac{u_a}{v_A} = \sqrt{1 + \frac{T_i}{\frac{1}{2}\rho A_0 v_A^2}} - 1 = \sqrt{1 + \sigma_T} - 1 \tag{8-15}$$

式中：σ_T——推进器的荷载系数，$\sigma_T = \dfrac{T_i}{\frac{1}{2}\rho A_0 v_A^2}$。

将式(8-15)代入式(8-13)可得效率的表达式为：

$$\eta_{iA} = \frac{2}{1 + \sqrt{1 + \sigma_T}} \tag{8-16}$$

由式(8-15)及式(8-16)可见，若已知推进器的荷载系数 σ_T 便可以确定诱导速度 u_a（或 u_{a1}）及效率 η_{iA}。图8-12表示 η_{iA}、$\dfrac{\frac{1}{2}u_a}{v_A}$ 与荷载系数 σ_T 之间的关系曲线。σ_T 越小则效率越高。在推力 T_1 和速度 v_A 一定的条件下，要取得小的荷载系数必须增大盘面积 A_0，对螺旋桨来说需增大直径 D，从而提高效率。这一结论具有重要的现实意义。

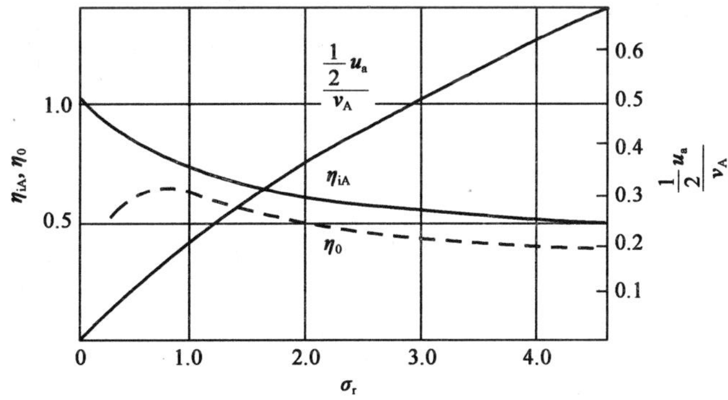

图8-12 理想推进器的效率曲线

二、理想螺旋桨理论

1. 理想螺旋桨的工作情况

在理想推进器理论中，规定推进器具有吸收外来功率并产生轴向诱导速度的功能。然而，对于推进器是怎样吸收外来功率，又如何实现推水向后等问题，却未予说明。对于螺旋桨来说，它是利用旋转运动来吸收主机功率的。因而，实际螺旋桨在工作时，除产生轴向诱导速度外还产生周向诱导速度，其方向与螺旋桨旋转方向相同，两者合成作用表现为水流经过螺旋桨盘面后有扭转现象，如图 8-13 所示。

为了便于简要地分析周向诱导速度的存在对螺旋桨性能的影响，现讨论具有无限多桨叶的螺旋桨在理想流体中的运动情况，即同一半径处周向诱导速度为常量。

按动量矩定理，必须有对轴线的外力矩才能变更流体对此轴的动量矩。因为我们假定水是理想流体，故在流体中任何面上仅有垂直的力。在桨盘以前，水柱的任何两切面间所受的压力或通过轴线，或平行于轴线，对轴线皆无力矩，故动量矩保持不变，因而水质点不能产生周向的附加速度，亦即在盘面以前水流的周向诱导速度总是等于零。水流经过盘面时，因螺旋桨的转动作用使水流获得周向诱导速度。水流过螺旋桨后直到远后方，作用在流体上的外力矩又等于零，所以流体的动量矩不变。若桨盘后尾流的收缩很小，则可近似认为从螺旋桨紧后方和远后方的周向诱导速度为一常数。

设螺旋桨在无限、静止流场中以速度 v_A 前进，以角速度 $\omega = 2\pi n$ 旋转。为了便于讨论，假定螺旋桨仍以 ω 旋转但不前进，而水流在远前方以轴向速度 v_A 流向推进器。

现分别以 u_{t1} 和 u_t 表示桨盘处和远后方的周向诱导速度（其方向与螺旋桨旋转方向相同），并对盘面上半径 r 处 dr 段圆环中所流过的水流应用动量矩定理。参阅图 8-14，设 dm 为单位时间内流过此圆环的流体质量，其值为：

$$dm = \rho dA_0\left(v_A + \frac{1}{2}u_a\right) \tag{8-17}$$

式中：dA_0——桨盘上半径 r 至 $(r + dr)$ 段的环形面积。

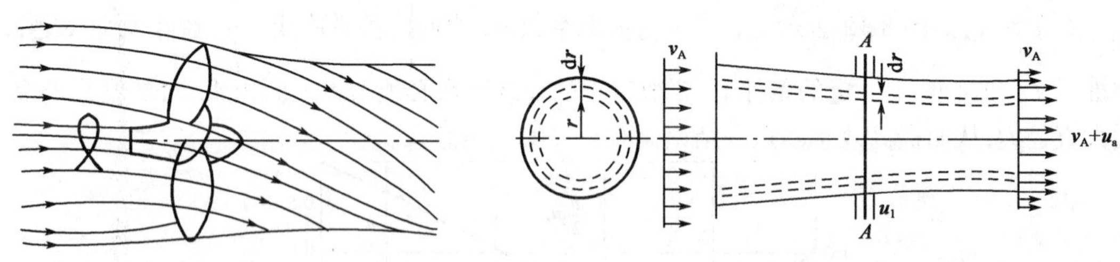

图 8-13　桨盘前后的水流情况　　图 8-14　理想螺旋桨的工作情况

若 L' 和 L'' 分别表示质量为 dm 的流体在桨盘紧前方和紧后方的动量矩，则：

$$L' = 0 \tag{8-18}$$

$$L'' = ru'_t dm \tag{8-19}$$

式中：u'_t——螺旋桨紧后方的周向诱导速度。

在单位时间内动量矩的增量为：

$$L'' - L' = ru_t'\mathrm{d}m \tag{8-20}$$

根据动量定理:流体在单位时内流经流管两截面的动量增量等于作用在流管上的力矩。在我们所讨论的情形下,是指对螺旋桨轴线所取的力矩,即:

$$L'' - L' = \mathrm{d}Q \tag{8-21}$$

设螺旋桨在旋转时圆环范围内作用于流体的旋转力为 $\mathrm{d}F_i$,则其旋转力矩为 $r\mathrm{d}F_i$,故作用在流体上的力矩应为:

$$\mathrm{d}Q = r\mathrm{d}F_i \tag{8-22}$$

由式(8-20)及式(8-22)可得:

$$\mathrm{d}F_i = u_t'\mathrm{d}m \tag{8-23}$$

质量为 $\mathrm{d}m$ 的流体经过桨盘之后,不再遭受外力矩的作用,故其动量矩保持不变。若桨盘后尾流的收缩很小,则可以近似地认为桨盘后的周向诱导速度为一常数,亦即桨盘紧后方及远后方处的诱导速度相等,故

$$u_t' = u_t \tag{8-24}$$

根据动能定理可知,质量为 $\mathrm{d}m$ 的流体在旋转运动时动能的改变应等于旋转力 $\mathrm{d}F_i$ 在单位时间内所作的功,即:

$$\mathrm{d}F_i u_{t1} = \mathrm{d}m\frac{u_t^2}{2} \tag{8-25}$$

式中:u_{t1}——桨盘处的周向诱导速度。

将式(8-23)代入式(8-25)中,并经简化后可得:

$$u_{t1} = \frac{1}{2}u_t \tag{8-26}$$

式(8-26)表明,螺旋桨盘面处的周向诱导速度等于盘面后任一截面处(包括远后方)的周向诱导速度的一半。

$\mathrm{d}r$ 段圆环面积 $\mathrm{d}A_0$,吸收的功率为 $\omega r\mathrm{d}F_i$,它消耗于三部分:完成有效功 $\mathrm{d}T_i v_A$、水流轴向运动所耗损的动能$\frac{1}{2}\mathrm{d}mu_a^2$ 和水流周向运动所耗损的动能$\frac{1}{2}\mathrm{d}mu_t^2$。因此

$$\omega r\mathrm{d}F_i = \mathrm{d}T_i v_A + \frac{1}{2}\mathrm{d}mu_a^2 + \frac{1}{2}\mathrm{d}mu_t^2 \tag{8-27}$$

将 $\mathrm{d}F_i = \mathrm{d}mu_t$ 代入式(8-27)左边并消去两端 $\mathrm{d}m$,整理后可得:

$$\frac{u_a}{u_t} = \frac{\omega r - \frac{u_t}{2}}{v_A + \frac{u_a}{2}} \tag{8-28}$$

若将盘面处、远前方及远后方三项的水流速度(相对于半径 r 处的圆环)作成图8-15所示的速度多角形示形,则据式(8-28)可

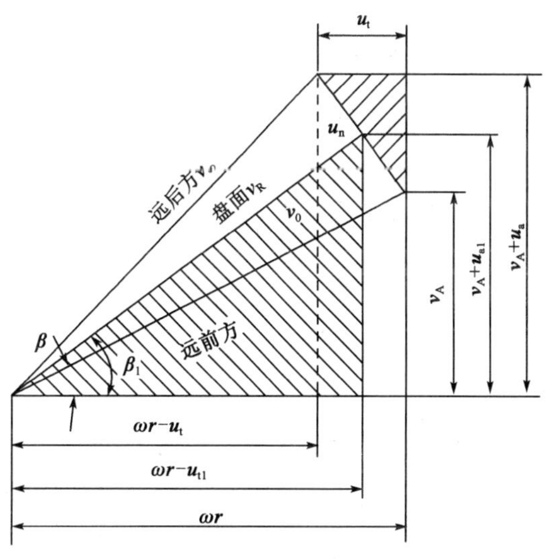

图 8-15 盘面 r 半径处的速度多角形

知,由$(v_A+u_{a1})(\omega r-u_{t1})$和$v_R$组成的直角三角形与$u_a$、$u_t$和$u_n$组成的直角三角形相似,从而得到一个非常重要的结论:诱导速度u_n垂直于合速度v_R。图中v_0和v_∞分别表示远前方和远后方的合速。

2. 理想螺旋桨的效率

设dT_i为流体在环形面积dA_0上的推力,则单位时间内所做的有用功为$dT_i v_A$,而吸收的功率为$dF_i\omega r$,故半径r处dr段圆环的理想效率为:

$$\eta_i=\frac{dT_i v_A}{dF_i\omega r}=\frac{dmu_a v_A}{dmu_t\omega r}=\frac{u_a v_A}{u_t\omega r} \tag{8-29}$$

将式(8-28)代入式(8-29)得到:

$$\eta_i=\frac{v_A}{v_A+\dfrac{u_a}{2}}\cdot\frac{\omega r-\dfrac{u_t}{2}}{\omega r}=\eta_{iA}\eta_{iT} \tag{8-30}$$

$$\eta_{iT}=\frac{\omega r-\dfrac{u_t}{2}}{\omega r} \tag{8-31}$$

式中:η_{iA}——理想推进器效率,也可称为理想旋转桨的轴向诱导效率;

η_{iT}——理想螺旋桨的周向诱导效率。

从式(8-30)可见,由于实际螺旋桨后的尾流旋转,故理想螺旋桨效率η_i总是小于理想推进器效率η_{iA}。这里尚须提醒的是:式(8-30)是半径r处dr段圆环的理想效率,只有在各半径处的dr圆环对应的η_i都相等时,该式所表示的才是整个理想螺旋桨的效率。

第四节　螺旋桨的工作原理

一、机翼原理

机翼是飞机产生升力的机构。如图8-16所示,机翼的长度称为翼展,用符号l表示,它的宽度称为翼弦,用符号b表示,翼展l与翼弦b之比,称为展弦比,即$\lambda=l/b$。

将机翼模型放在风洞中进行试验,如图8-17所示。用伯努利方程,解释机翼产生升力的原因。伯努利方程给出了一个流场里流速与压力之间的关系,即流速大的地方压力小,而流速小的地方则压力大。在在研究机翼的运动时,常采用运动相对原理,即认为机翼不动,来流以速度v流向机翼,来流速度v与机翼弦线之夹角称为冲角α_k,见图8-17。由于来流受机翼阻挡,所以只能分别从上下绕过机翼。这时发现机翼上表面的气流速度比前方来流速度高,因而压力较低,机翼下表面的气流速度大致与翼前方的相等或略低,因而压力稍增。这样机翼上

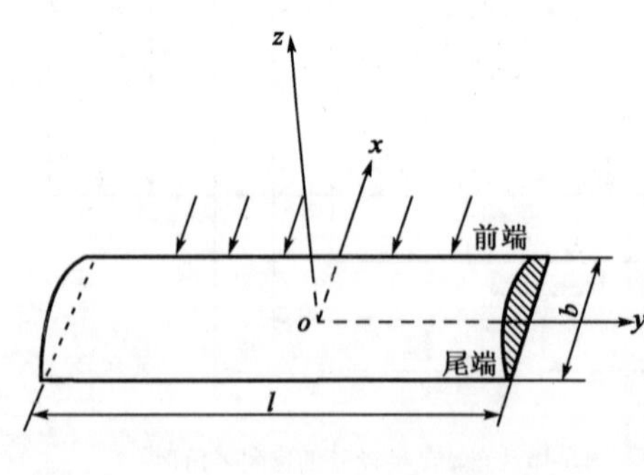

图8-16　机翼的形状及几何要素

下表面的压力差就构成了向上的力。此力的方向垂直与来流方向，具有使机翼升起的作用，故称为升力。由于实际流体具有黏性，故机翼在实际流体中运动时，除产生升力之外，来流对机翼同时还产生阻力，具有阻碍机翼运动的作用。通常一个优良的机翼升力总是比阻力大得多。

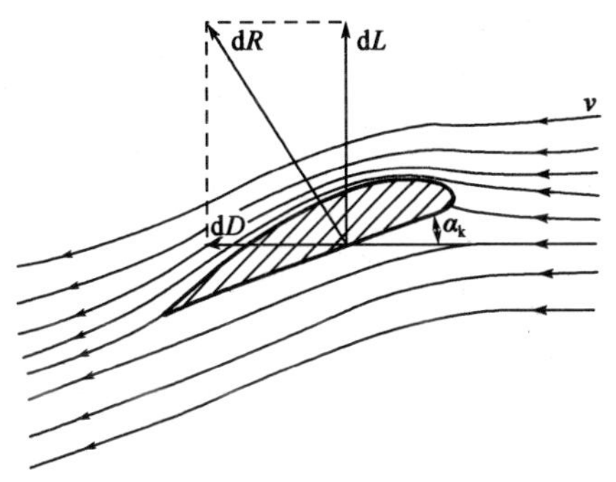

图 8-17　机翼的流体动力形状

通过大量的试验研究表明，升力与阻力的大小与机翼本身的几何要素有关。对一既定翼形，其升力和阻力主要随运动速度 v 与几何冲角 α_k 的大小而变化。如果变更机翼模型与气流运动方向的夹角，便可以测得各不同几何冲角时的升力、阻力和力矩，通常风洞试验的结果是以下面无因次系数来表示：

$$C_L = \frac{L}{\frac{1}{2}\rho v^2 S} \tag{8-32}$$

$$C_D = \frac{D}{\frac{1}{2}\rho v^2 S} \tag{8-33}$$

式中：v——流体的速度（即机翼前进的速度）；

S——机翼平面面积；

L——机翼的升力；

D——机翼的阻力。

系数 C_L 和 C_D 的大小，与展弦比 λ 及切面形状有关，特别是与几何冲角的大小有关。对于一定几何形状的叶片，C_L 和 C_D 取决于几何冲角 α_k，图 8-18 是 C_L 和 C_D 随 α_k 变化的曲线。从图中可以看出：

（1）实验证明，在实用范围内，升力系数 C_L 随几何冲角 α_k 增加而增加，两者几乎呈线性关系。当几何冲角达到某一临界值 α_B 后，C_L 反而随 α_k 的增大而下降。这是由于流线与机翼表面产生了分裂现象，形成了一个充满旋涡的广阔尾流，如图 8-19 所示。因为机翼上面的压力升高，致使升力激剧下降，阻力突然上升，这一情况称为失速现象，α_B 称为临界冲角或失速角。

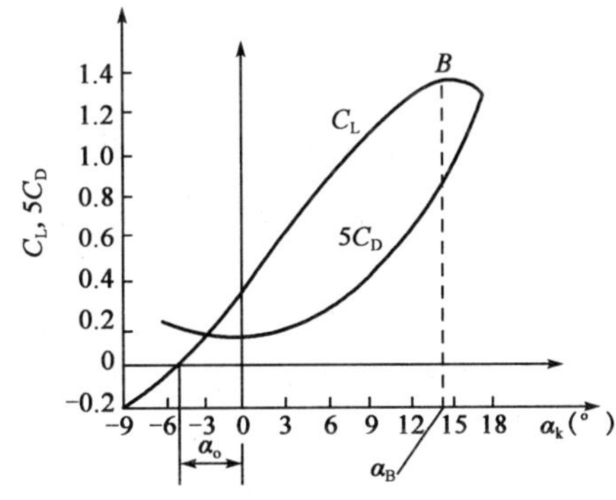

图 8-18　C_L、C_D 与 α_k 的关系曲线

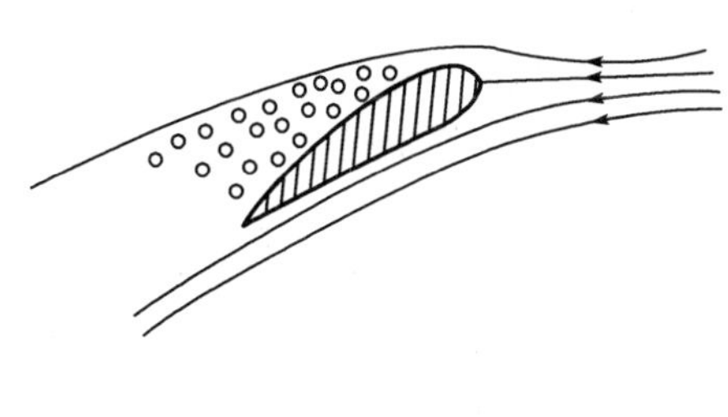

图 8-19　机翼表面流体分裂

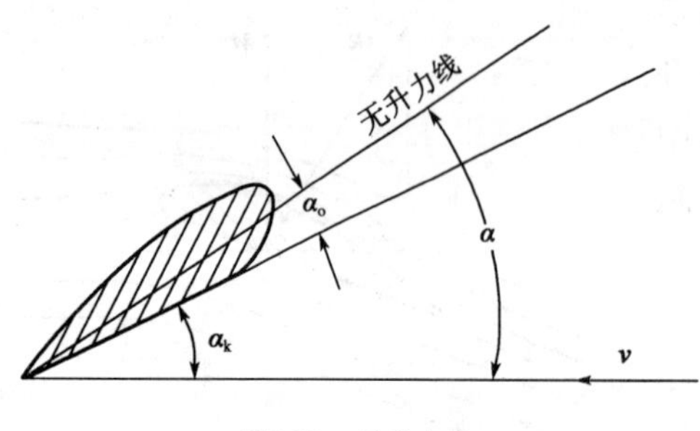

图 8-20　无升力角

(2)当几何冲角 α_k 为零时,升力系数 C_L 并不等于零,而是某一正值,这是因为机翼剖面不对称的原因。如果在某冲角下机翼的升力恰好等于零,则此时来流速度 v 的方向线称为无升力线,如图 8-20 所示。其冲角 α_0 称为无升力角。有时以无升力线为参考方向,来流速度 v 的方向线与此线的夹角 α 称为流体动力冲角(或绝对冲角)。显然 $\alpha = \alpha_0 + \alpha_k$。

(3)阻力系数 C_D 也随几何冲角 α_k 而变,在零冲角前后变化比较平缓,但随 α_k 的增加而迅速增大,从图 8-18 可以看出,阻力系数要比升力系数小得多,但不管什么时候阻力都不等于零,但当 $\alpha_k = 0$ 时阻力最小。

二、敞水螺旋桨的水流运动分析

螺旋桨工作时,一面随主机驱动而旋转,一面随舟艇前进而前进,这两种运动的组合即为螺旋运动。

为了分析螺旋桨的运动和受力情况,我们先对半径为 r,宽度为 dr 的一薄片,称为叶元体[图 8-21a)]进行分析,而整个螺旋桨所受的力正是各叶元体受力的总和。

如果将半径为 r 处的叶元体展平,则叶元体切面如图 8-21b)所示。其切面弦线与周向的倾斜角即为螺距角 φ。

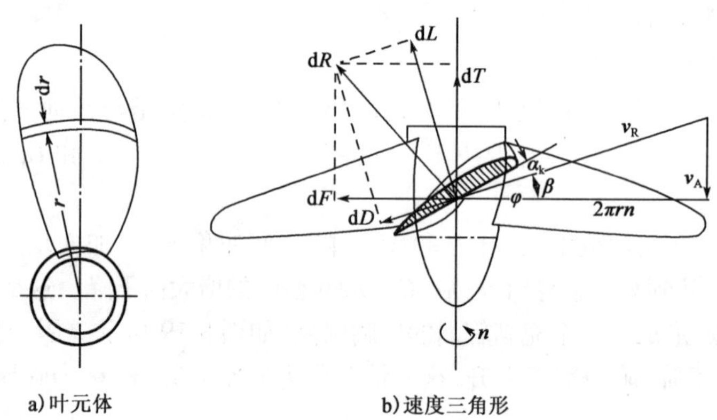

图 8-21　叶元体的运动和受力

由于螺旋桨一面旋转一面前进,设螺旋桨的转速为 n,在 r 处切向速度(周向速度)为 $2\pi rn$,前进的速度(轴向速度)为 v_A。根据相对运动的原理,设叶元体不动,水流以轴向速度 v_A 和周向速度 $2\pi rn$ 流向叶元体,其合成速度为 v_R。合速度 v_R 与叶元体之间的夹角 α_k 称为几何冲角。以轴向速度 v_A、周向速度 $2\pi rn$ 及合速度 v_R 组成的三角形常称为速度三角形,如图 8-21b)所示。这样叶元体的螺旋运动最后归结为水流以合速度 v_R 及几何冲角 α_k 流向叶元体。其几何冲角 $\alpha_k = \varphi - \beta$,($\beta$ 是合速度与周向速度之间的夹角,称为进角)。几何冲角的大小与螺距角和水流的进角有关。

经过以上分析,得知叶元体与水的相对运动和机翼与空气相对运动类似。因此,叶元体将受到一个升力 dL 和一个阻力 dD,dL 的方向与来流合速度 v_R 垂直,dD 就在 v_R 的方向上,两者

的合力为 dR。合力 dR 在螺旋桨前进方向的投影为推力 dT,在周向的投影即为阻碍螺旋桨运动的阻力 dF,因而旋转阻力矩 $dQ = rdF$。

以上是桨叶任意半径 r 处叶元体的运动受力情况,整个螺旋桨所产生的推力 T 和遭受的旋转阻力矩分别为各叶元体推力 dT 和旋转阻力矩 dQ 的总和,即:

$$T = Z\int_{r_0}^{R} dT \tag{8-34}$$

$$Q = Z\int_{r_0}^{R} dQ \tag{8-35}$$

式中:Z——螺旋桨的叶数;

r_0——桨毂半径;

R——螺旋桨半径。

螺旋桨工作时,发出的推力用以克服舟艇的阻力,推舟艇前进。遭受的阻力矩由主机发出的旋转力矩克服。可见,当螺旋桨以转速 n 进行旋转时,必须吸收主机所供给的转矩 Q,才能克服阻力矩。螺旋桨吸收的功率为 $2\pi nQ$。螺旋桨在运动中产生推力为 T,且以进速 v_A 推舟艇前进,其所发挥作用的功率为 Tv_A。故螺旋桨的效率为:

$$\eta_0 = \frac{\text{推功率}}{\text{吸收}} = \frac{Tv}{2\pi nQ} \tag{8-36}$$

为了提高螺旋桨的效率,总是力求使螺旋桨所产生的推力增大,而使运动中所遭受的阻力矩减少,从而使主机供给的转矩 Q 减小。为此,首先要选择良好的叶元体形状。更为重要的是,还要使桨叶在各半径处都有较适宜的几何冲角 α_k。由图 8-21b)可以看出,对于性能良好的桨叶切面,在各半径处合成的来流速度 v_R 与桨叶切面的几何冲角 α_k 又是适宜的。那么,各桨叶切面就会产生较大的升力 dL 和较小的阻力 dD,从而使推力 dT 较大而旋转阻力 dQ 较小,这就有利于提高螺旋桨的效率。

由速度三角形可见,进角 β 的正切与所处的半径 r 成反比,这与螺距角 φ 有相同的特性。这就是说,采用螺旋面作为桨叶的叶面,可以使各半径处的螺距角 φ 与进角 β 相适应,以保证桨叶在各半径处都其有较适宜的几何冲角 α_k。

三、速度多角形及叶元体上的作用力

前面我们是应用速度三角形来求螺旋桨的作用力及效率,一般在给定螺旋桨的进速 v_A 和转速 n,且能求得诱导速度 u_A 及 u_T 时采用该方法。还可以用速度多角形来求螺旋桨的作用力和效率。取半径 r 处 dr 段的叶元体进行讨论,其速度多角形如图 8-22 所示。当水流以合速度 v_R、冲角 α_k 流向叶元体时,便产生了升力 dL 和阻力 dD。将升力 dL 分解为沿螺旋桨轴向的分力 dL_a 和旋转方向的分力 dL_t,阻力 dD 相应地分解为 dD_a 和 dD_t,因此该叶元体的推力、转力矩公式是

$$dT = dL_a - dD_a = dL\cos b_i - dD\sin b_i = dL\cos b_i(1 - \varepsilon\tan b_i) \tag{8-37}$$

$$dF = dL_t + dD_t = dL\sin\beta_i + dD\cos\beta_i = dL\sin\beta_i\left(1 + \frac{\varepsilon}{\tan\beta_i}\right) \tag{8-38}$$

$$dQ = rdF = rdL\sin\beta_i\left(1 + \frac{\varepsilon}{\tan\beta_i}\right) \tag{8-39}$$

式中：β_i——水动力进角或水动力螺距角；

ε——阻升比，$\varepsilon = \dfrac{\mathrm{d}D}{\mathrm{d}L}$。

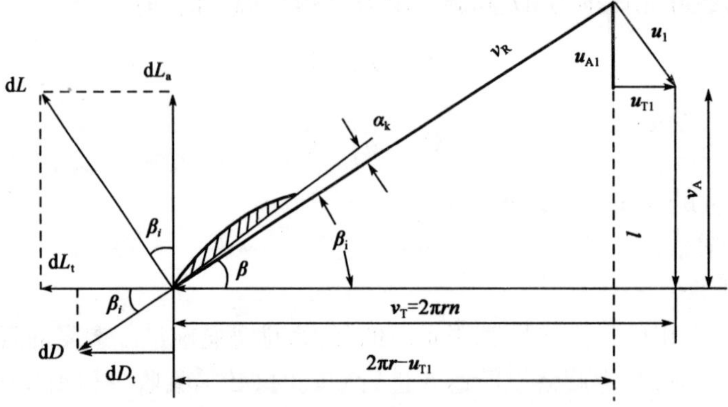

图 8-22　速度多角形及叶元体上的作用力

叶元体的效率 η_{0r} 为：

$$\eta_{0r} = \frac{v_A \mathrm{d}T}{\omega r \mathrm{d}F} = \frac{v_A \mathrm{d}L(\cos\beta_i - \varepsilon\sin\beta_i)}{\omega r \mathrm{d}L(\sin\beta_i + \varepsilon\cos\beta_i)} = \frac{v_A\cos\beta_i(1 - \varepsilon\tan\beta_i)}{\omega r\sin\beta_i\left(1 + \dfrac{\varepsilon}{\tan\beta_i}\right)}$$

$$= \frac{v_A}{v_A + \dfrac{u_a}{2}} \cdot \frac{\omega r - \dfrac{u_t}{2}}{\omega r} \cdot \frac{1 - \varepsilon\tan\beta_i}{1 + \dfrac{\varepsilon}{\tan\beta_i}} = \eta_{iA} \cdot \eta_{iT} \cdot \eta_{\varepsilon} \tag{8-40}$$

式中：η_{iA}——理想螺旋桨的轴向诱导效率；

η_{iT}——理想螺旋桨的周向诱导效率；

η_{ε}——叶元体的结构效率，$\eta_{\varepsilon} = \dfrac{1 - \varepsilon\tan\beta_i}{1 + \dfrac{\varepsilon}{\tan\beta_i}}$。

η_{ε} 是因螺旋桨运转于具有黏性的实际流体中所引起的。在实际流体中，因 $\varepsilon \neq 0$，故 $\eta_{\varepsilon} < 1$，说明螺旋桨在实际流体中工作的效率比在理想流体中要低。应从改善每一叶元体的 η_{iA}、η_{iT} 和 η_{ε} 入手，尽量减少尾流中的能量损失和降低阻升比 ε。

从上述我们已知螺旋桨桨叶任意半径处叶元体上的作用力及效率，由此可通过积分求得整个螺旋桨上的作用力及效率。则：

$$T = Z\int_{r_0}^{R} \mathrm{d}T \tag{8-41}$$

$$Q = Z\int_{r_0}^{R} \mathrm{d}Q \tag{8-42}$$

$$\eta_0 = \frac{T v_A}{2\pi n Q} \tag{8-43}$$

式中：Z——螺旋桨叶数；

r_0——桨毂半径；
R——螺旋桨半径；
v_A——螺旋桨进速；
n——螺旋桨转速。

四、进速系数和滑脱比

如果螺旋桨是在刚性介层中工作，像螺钉在螺母中运动一样。无疑地，旋转一周在轴线上前进的距离将等于几何螺距 P。但螺旋桨是在舟艇后工作的，其前进的距离决定于舟艇速度。螺旋桨旋转一周在轴向前进的距离称为进程，以 h_p 表示。进程 h_p 将小于几何螺距 P，其差值 $(P-h_p)$ 为滑脱，如图 8-23 所示。滑脱与冲角有一定联系，正是由于有滑脱才会产生推力。滑脱与螺距之比称为滑脱比，以 S 表示。即：

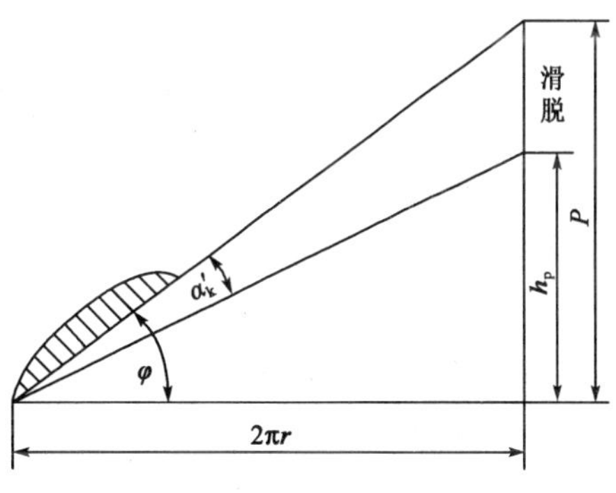

图 8-23　进程三角形

$$S=\frac{P-h_p}{P}=1-\frac{h_p}{P} \tag{8-44}$$

或

$$h_p=(P-SP)=(1-S)P \tag{8-45}$$

进程 h_p 与螺旋桨直径 D 之比称为进速系数，因螺旋桨每秒钟前进的距离为 $nh_p=v_A$，故进速系数可写成：

$$J=\frac{h_p}{D}=\frac{v_A}{nD} \tag{8-46}$$

式中：v_A——螺旋桨进速(m/s)；
n——螺旋桨桨转速(r/s)。

由式(8-45)及式(8-46)可得进速系数 J 与滑脱比 S 之间的关系为：

$$J=\frac{P}{D}(1-S) \tag{8-47}$$

在螺距 P 一定的情况下，若不考虑诱导速度，则滑脱(或滑脱比 S)的大小即标志冲角 α_k 的大小；滑脱比 S 大(进速系数 J 小)即表示冲角 α_k 大，则螺旋桨的推力和转矩亦大。因此，滑脱比(或进速系数 J)是影响螺旋桨性能的重要参数，对于几何形状一定的螺旋桨来说，其推力系数和转矩系数只与进速系数 J(或滑脱比 S)有关。

五、螺旋桨的特性曲线

螺旋桨的水动力性能是指一定几何形体的螺旋桨在水中运动时所产生的推力、消耗的转矩及效率与进速 v_A 和转速 n 之间的关系。在研究它们之间的关系时，通常不是应用推力和转力矩的绝对数量，而是以无因次系数来表示。这样可使所得到的结果不受几何尺寸的限制，它们的表达式分别为：

推力系数：

$$K_T = \frac{T}{\rho n^2 D^4} \tag{8-48}$$

转矩系数：

$$K_Q = \frac{Q}{\rho n^2 D^5} \tag{8-49}$$

效率：

$$\eta_0 = \frac{Tv_A}{\omega Q} = \frac{K_T \rho n^2 D^4 v_A}{K_Q \rho n^2 D^5 \omega} = \frac{K_T}{K_Q}\frac{J}{2\pi} \tag{8-50}$$

式中：T——推力(N)；

Q——转矩(N·m)；

ρ——水的密度(kg/m^3)；

n——螺旋桨转速(r/s)；

D——螺旋桨直径(m)。

对于几何形状一定的螺旋桨而言，推力系数 K_T、转力矩系数 K_Q 及效率 η_0 与进速系数 J 有关。通常把螺旋桨在不同进速系数时的推力系数 K_T、转矩系数 K_Q 和效率 η_0 绘在同一图上，如图 8-24 所示。因 K_Q 的数值太小，常增大 10 倍($10K_Q$)与 K_T 共用一纵坐标。表示螺旋桨水动力系数 K_T、K_Q 和 η_0 与进速系数 J 之间关系的曲线称为螺旋桨的敞水性征曲线。通常它是根据敞水螺旋桨模型试验结果绘制的，也可以用理论方法求得。它表示螺旋桨在正车状态时的全面性能。

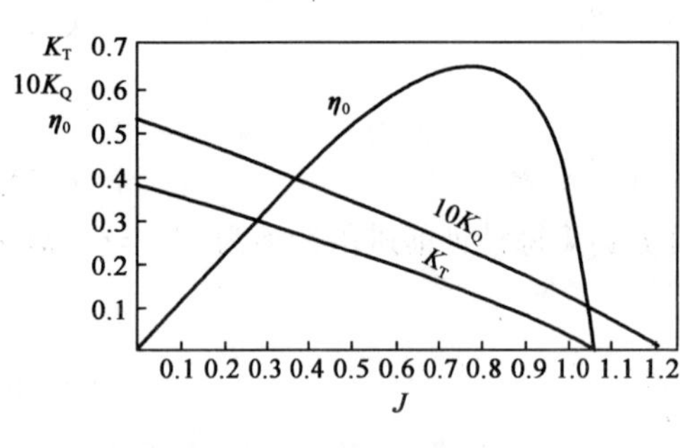

图 8-24 螺旋桨特性曲线图

从图 8-24 中可以看出：

(1)推力系数 K_T 和转矩系数 K_Q 随进速系数 J 的增加而减小，其原因主要因为冲角的改变。因为 J 大则冲角小，J 小则冲角大，在一定的范围内，冲角的增大，会使升力和阻力增加。

(2)当螺旋桨的转速一定时，即当 $J=0$ 时，K_T 和 K_Q 均达到最大值。舟艇在系泊试验时，即为此种情况，这是检验螺旋桨在最大推力及转矩作用下能否满足强度要求的办法之一，也可检查系柱推力是否与设计要求相符。由于系柱试验时转矩大，因而主机会超负荷。一般情况下，柴油机在额定转速时，其功率不能超过额定功率的 110%，而且超功率时不能多于 1h，如发生这种情况，必须降低转速。

(3)当 J 为某一数值时，$K_T=0$，即没有产生推力，但此时 K_Q 并不为零，但数值很小。例如，当主机由全速变换为低速运转时，由于舟艇有惯性，仍会保持一定航速前进，即进速系数变化小，而螺旋桨的转速已很低，致使水流的实际冲角为零升力角，螺旋桨不产生推力。

(4)从效率 η_0 曲线可知，当 J 为某一数值时，效率出现最高位，但对不同螺距比的螺旋桨，效率的最高值大小是不同的。螺距比越大(在一定的范围内)，则最高效率数值也越大。此时所对应的 J 值也大，即在一定的 D、n 之下，舟艇速度较快；或在一定航速下，D、n 较小。换句话说，负荷轻的螺旋桨，其螺距比稍大一些，所对应的 J 值也大一些。

第五节　螺旋桨模型的敞水试验

螺旋桨模型单独地在静水中的试验称为敞水试验,试验可以在船模试验池或空泡水筒中进行。它是检定和分析螺旋桨性能较为简便的方法。

螺旋桨模型试验对于研究螺旋桨的水动力性能有极其重要的作用,由于模型试验可以在一定条件下进行重复试验和多次观察,因而能充分分析各种现象的本质,为螺旋桨理论的建立和发展以及螺旋桨性能的改进提供可靠的基础,为螺旋桨设计提供丰富的资料。

一、螺旋桨敞水试验的目的

(1)进行螺旋桨模型的系列试验,将所得的结果绘制成专用图谱,以供螺旋桨设计之用。当前各类螺旋桨的各种形式的设计图谱都是根据系列试验结果绘制而成的。

(2)根据系列试验的结果,可以全面系统地分析螺旋桨各种几何要素对性能的影响,以供设计时正确选择各种参数,并为改善螺旋桨性能提供方便。

(3)为配合自航试验和进行同一螺旋桨的敞水试验,以分析推进效率成分,比较各种设计方案的优劣,便于选择最佳的螺旋桨。

从"流体力学"及"舟艇阻力"课程中可知,在流体中,运动的模型与实物要达到力学上的全相似,必须使模型与实物几何相似、运动相似及动力相似。对于螺旋桨模型(简称桨模)和实船螺旋桨(简称实桨)来说也无例外。由相似理论可以证明,要使几何相似的螺旋桨成为动力相似,主要具备的条件是进速系数 J 相等(运动相似)。就是说,不论实际螺旋桨与模型螺旋桨之间的绝对尺度和运动速度怎么不同,只要保持它们之间的几何相似、进速系数 J 相等,则无因次系数 K_T、K_Q 和 η_0 均相等(雷诺数达到一定数值),因此可将螺旋桨的模型试验结果应用于与其几何相似的实际螺旋桨计算中。当几何形状或进速系数 J 改变时,则 K_T、K_Q 和 η_0 亦随之改变。因此对于几何形状一定的螺旋桨来说,其水动力性能只与进速系数 J 有关,而 K_T、K_Q 和 η_0 为进速系数 J 的函数,因此可写成:

$$K_T = \frac{T}{\rho n^2 D^4} = f_1(J) \tag{8-51}$$

$$K_Q = \frac{Q}{\rho n^2 D^5} = f_2(J) \tag{8-52}$$

$$\eta_0 = \frac{K_T}{K_Q}\frac{J}{2\pi} = f_3(J) \tag{8-53}$$

螺旋桨试验的目的就是要测定螺旋桨的性能数据,即求出上述 K_T、K_Q 及 η_0 与 J 的变化规律,一般是采用保持模型的转速 n 不变,而以不同的进速 v_A 进行试验来改变进速系数 J 的值。

通常,将试验测得的结果(v_A、n、T 及 Q)按公式算出无量纲系数 K_T、K_Q、η_0 及 J,并以 J 为横坐标,K_T、K_Q 及 η_0 为纵坐标绘制成如图 8-24 所示的螺旋桨性征曲线。

二、敞水试验设备及测试仪器

螺旋桨模型敞水试验,是把桨模安装在流线型敞水箱前方,如图 8-25 所示。敞水箱由拖车带动,以获得一定的进速(等于拖车速度)。用于驱动桨模转动及测量其推力、转矩和转速的动力仪安装在敞水箱内。为了防止敞水箱对桨模周围流场产生影响,一般把桨模置于敞水箱(2~3)D处,且保持$h_s \geqslant D$,以避免螺旋桨兴波的影响。

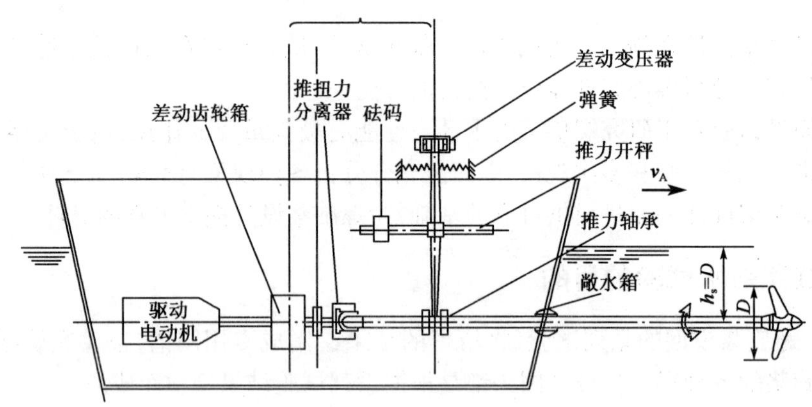

图 8-25　敞水试验装置示意图

图 8-25 是为试验螺旋桨装置的动力仪图,它是目前大型水池广泛采用的一种装置。螺旋桨转速通过桨轴上转速传感器(可以是光电式、磁电式或电接触式)检测,其推力通过推力轴承作用于推力天平上,推力天平借砝码平衡大部分推力。余下小部分推力使弹簧发生变形,利用差动变压器(或其他微变形传感器)输出。检测弹簧的变形,而后用图线记录仪记录,或数字化后打印输出。

转矩是通过一个差动齿轮机构来测量的,驱动马达的转矩借差动齿轮机构的外壳作用于螺旋桨转轴上,因此螺旋桨转轴同时给外壳的一个大小相等、方向相反的作用力矩,用天平各机构测得这反作用力矩的大小,也就是螺旋桨的转矩。测量转矩天平的原理与推力天平完全一样,因此在图 8-25 中没有画出。为了使推力只作用于推力天平上,必须采用图中的推扭力分离器,有了分离器可使推力全部传至推力天平,而转矩传至齿轮箱,互不干扰。

三、螺旋桨模型系列试验及性征曲线组

为了研究螺旋桨几何参数对性能的影响,各试验池常以成组的螺旋桨模型做系统的试验,并将其结果以最方便的形式绘制成专门图谱,以供设计螺旋桨或分析舟艇试航时用。此种试验数据称为螺旋桨模型系列试验组,其方法是将一定类型的螺旋桨按一定的秩序变更某些主要参数,以构成一个螺旋桨系列。在同一系列中,将叶数 Z 和盘面比 A_E/A_0 相同,而螺距比 P/D不同的 5 个或 6 个桨模称为一组。通常将同一组螺旋桨的敞水性征曲线绘制在同一张图内,如图 8-26 所示。

目前世界上已有不少性能优良的螺旋桨系列,其中比较著名且应用较广的有:荷兰的B 型螺旋桨、日本的 AU 型螺旋桨和英国的高恩螺旋桨等。B 型和 AU 型螺旋桨适用于商船,而高恩螺旋桨则适用于水面高速军舰。图 8-26 是根据 B 系列螺旋桨中 B-4-55 组模型系列试验结果绘制的性征曲线。其中第一个字母“B”表示螺旋桨的形式,第二个数字表示叶数,第三个数字表示盘面比。B-4-55 表示 B 型四叶盘面比为 0.55 的螺旋桨。下面举例说明性征曲线的一个应用。

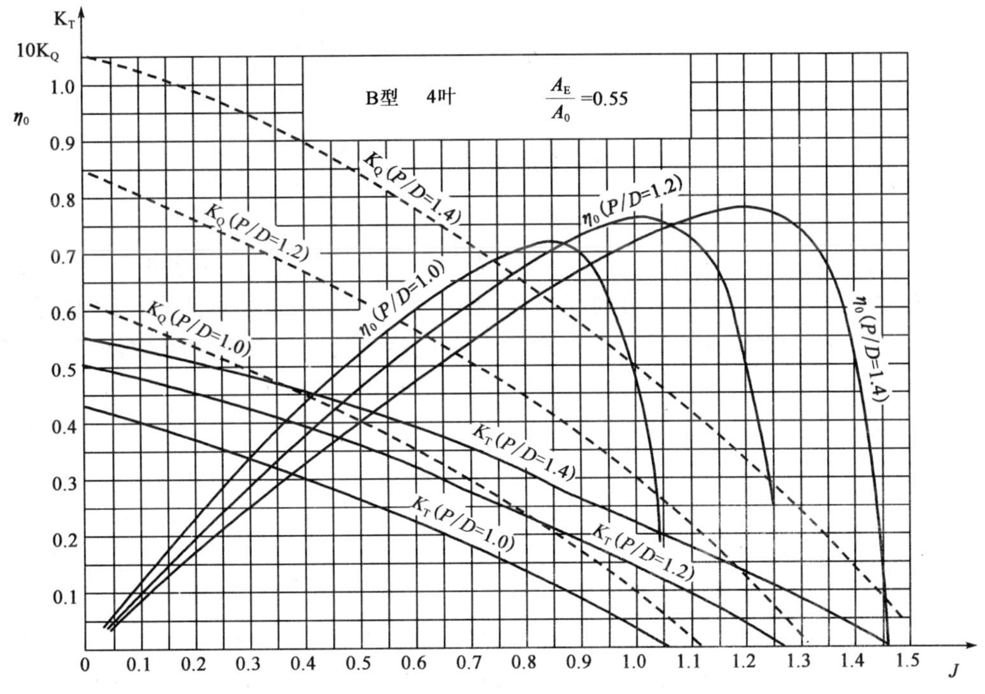

图 8-26 B-4-55 图

【例】 已知螺旋桨形式为 B-4-55，直径 $D=2.6\text{m}$，转速 $n=200\text{r/min}$，进速 $v_A=12.65\text{kn}$，要求发出 98 100N 推力，如轴系效率为 0.97，试求该螺旋桨所需的螺距比及主机功率。

解：(1)预备计算。

$$n=\frac{200}{60}=3.33(\text{r/s})$$

$$v_A=0.5144\times12.65=6.507(\text{m/s})$$

$$\rho n^2D^4=1000\times3.33^2\times2.6^4=506736.12(\text{N})$$

(2)计算 J 与 K_T。

$$J=\frac{v_A}{nD}=\frac{6.507}{3.33\times2.6}=0.752$$

$$K_T=\frac{T}{\rho n^2D^4}=\frac{98100}{506736.12}=0.194$$

(3)按算出的 J 和 K_T 值查 B-4-55 性征曲线图得：

$$\frac{P}{D}=1.07$$

$$K_Q=0.035$$

(4)求螺旋桨收到的主机功率。

$$P_D=2\pi nQ$$

$$Q=K_Q\rho n^2D^5=0.035\times1000\times3.33^2\times2.6^5=46112.987(\text{N}\cdot\text{m})$$

$$P_D=2\times3.14\times46112.987\times3.33=964.333(\text{kW})$$

(5)求主机功率。

$$P_B = \frac{P_D}{\eta_S} = \frac{964.333}{0.97} = 994.158(\text{kW})$$

第六节　螺旋桨与艇体相互影响

在上面各节中,我们只讨论了孤立螺旋桨在敞水中(或称在均匀流场中)的水动力性能,而在“舟艇阻力”课程中也只研究了孤立艇体(即不带有螺旋桨的艇体)在静水中航行时所遭受的阻力。实际螺旋桨是在船后工作的,螺旋桨和船体成为一个系统,两者之间必然存在相互作用。这种相互作用表现为船体所形成的速度场和螺旋桨所形成的速度场之间的相互影响。在船后工作的螺旋桨因受到船体的影响,故进入桨盘处的水流速度及其分布情况与敞水者不同,而船体周围的水流速度分布及压力分布受螺旋桨的影响也与孤立的船体不同。因此,船后螺旋桨与水流的相对速度不等于船速,螺旋桨发出的推力也不等于孤立船体所遭受的阻力。

如何把孤立螺旋桨和孤立船体联系起来,正是研究螺旋桨和船体相互影响的目的。严格来说,应把船体与螺旋桨作为统一的整体来考虑。近年来,也确有一些学者从事这方面的研究,但由于问题相当复杂,所以该想法未能付诸实施。所以,目前仍采用近似方法来解决,即分别研究船体和螺旋桨的单独性能,然后再近似地考虑两者之间的相互影响。这种近似方法的实质是:把船体和螺旋桨仍然看作是孤立的,即认为螺旋桨是在船后流场中单独工作,而船体位于螺旋桨所影响的水流中运动。这样就可以把孤立螺旋桨和孤立船体联系起来,亦即考虑到上述情况以后,可以把螺旋桨敞水试验的结果和船模阻力试验的结果用于船体—螺旋桨的整个系统。

一、伴流—艇体对螺旋桨的影响

1.伴流的成因和分类

舟艇在水中以某一速度 v 向前航行时,附近的水受到艇体的影响而产生运动,其表现为艇体周围伴随着一股水流,这股水流称为伴流。由于伴流的存在,使螺旋桨与其附近水流的相对速度和艇速不同。在舟艇推进中通常所指的伴流即为艇尾装螺旋桨处(即桨盘处)的伴流。

艇后伴流的速度场是很复杂的,它在螺旋桨盘面各点处的大小和方向是不同的。一般来说,伴流速度场可以用相对于螺旋桨的轴向速度、周向(或切向)速度和径向速度三个分量来表示。测量结果表明,与轴向伴流速度相比较,周向和径向两种分量为二阶小量,在螺旋桨设计问题中,常可不予考虑。因此,在本书中,如无特别说明,所谓伴流均指轴向伴流。伴流的速度与艇速同方向者称为正伴流,反之则为负伴流。伴流按形成的原因分以下三种:

1)摩擦伴流

因水具有黏性,故当舟艇在运动时沿艇体表面形成边界层,边界层内水质点具有向前的速度,形成正伴流,通常称为摩擦伴流。摩擦伴流在紧靠艇身处最大,由艇身向外急剧减小,离艇体不远处即迅速消失,但在艇后相当距离处摩擦伴流依然存在。图 8-27 表示艇身附近的边界层(或称摩擦伴流带),边界层(实际上是尾流)在尾部后具有相当的厚度,与螺旋桨直径相差不多,故摩擦伴流常为总伴流中的主要部分。摩擦伴流的大小与艇型、螺旋桨的位置等有关。

2）形势伴流

舟艇在水中以速度 v 向前航行时，艇体周围水流的流线分布情况大致如图 8-28 所示。首尾处的水流具有向前速度，即产生正伴流，而在舷侧处水流具有向后速度，故为负伴流。由此而形成的伴流称为形势伴流或势伴流。因流线离艇身不远处即迅速分散，故在离艇体略远处其作用不甚显著，也就是说离艇体越远，形势伴流的数值则越小。

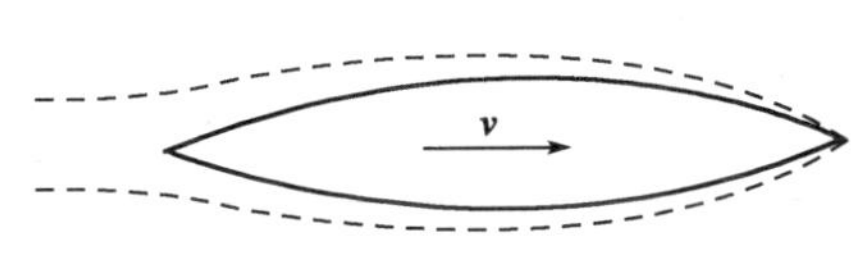

图 8-27　摩擦伴流图

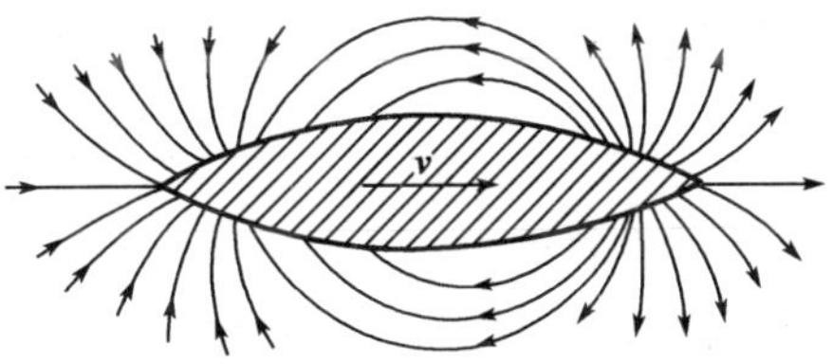

图 8-28　艇体周围的流线分布

3）波浪伴流

舟艇在航行时水面形成波浪，若螺旋桨附近恰为波峰，则水质点具有向前速度；如恰为波谷，则具有向后速度。由于舟艇本身兴波作用而形成的伴流称为波浪伴流，其数值常较前两者为小。但对于高速双桨船（例如驱逐舰），因其尾部常为波谷，且螺旋桨的位置处于船后两侧，摩擦伴流和势伴流较小，故其总伴流可能为负值。

由伴流的成因可知，伴流是一股很复杂的水流，在螺旋桨盘面各处伴流速度的大小和方向各不相同。因而，在利用螺旋桨系列敞水图谱设计螺旋桨时，常取盘面处伴流的平均轴向速度近似地估计桨盘处的速度场。若艇速为 v，桨盘处伴流的平均轴向速度为 u，则螺旋桨与该处水流的相对速度（即进速）：

$$v_A = v - u \tag{8-54}$$

根据伴流的成因，可将伴流速度 u 写成：

$$u = u_f + u_p + u_w \tag{8-55}$$

式中：u_f——桨盘处摩擦伴流的轴向平均速度；

u_p——桨盘处形势伴流的轴向平均速度；

u_w——桨盘处波浪伴流的轴向平均速度。

2. 伴流分数

伴流的大小通常用伴流速度 u 对艇速 v 的比值 ω 来表示，称为伴流分数，即：

$$\omega = \frac{u}{v} = \frac{v - v_A}{v} = 1 - \frac{v_A}{v} \tag{8-56}$$

若已知伴流分数，则可由式(8-57)来决定螺旋桨的进速：

$$v_A = (1 - \omega)v \tag{8-57}$$

根据伴流的成因，伴流分数也可写作：

$$\omega = \omega_f + \omega_p + \omega_w \tag{8-58}$$

式中：ω_f——摩擦伴流分数；

ω_p——形势伴流分数；

ω_w——波浪伴流分数。

各类舟艇的伴流分数数值大致如表 8-2 所示。

各类舟艇的伴流分数 表 8-2

舟艇类型	伴流分数	舟艇类型	伴流分数
快速船和邮船	0.10～0.18	轻巡洋舰	0.035～0.10
单桨商船(C_B=0.5～0.7)	0.20～0.30	大型驱逐舰	0.00～0.10
双桨商船(C_B=0.5～0.7)	0.08～0.20	驱逐舰和护卫舰	0.00～0.03
肥大型船(C_B为0.8左右)	0.30～0.40	潜艇	0.10～0.25
主力舰及重巡洋舰	0.15～0.20	鱼雷艇	0.00～0.04

3. 伴流的测定

伴流的大小一般用试验方法求得，因测量的方法不同，伴流可分为标称伴流和实效伴流两种。在未装螺旋桨的船模(或实船)后面，用各种流速仪测定螺旋桨盘面处水流速度，可得标称伴流；根据艇后螺旋桨试验或自航试验结果与螺旋桨敞水试验结果比较分析，可得实效伴流。

试验证明，上述两种测量结果是不同的。其差别在于是否考虑了螺旋桨工作的影响。因为当艇尾有螺旋桨工作时，螺旋桨产生抽吸作用，从而改变了艇尾的流线、边界层厚度、波形等。由于螺旋桨在艇后工作，以实效伴流分数来计算螺旋桨进速比较合理，故通常说的伴流分数均指实效伴流分数，下面我们主要介绍测量实效伴流的方法。

当艇速和螺旋桨的转速一定时，伴流的大小直接决定螺旋桨的进速，因而决定螺旋桨所发生的推力及吸收的转矩，故根据螺旋桨的推力或转矩可测定实效伴流。

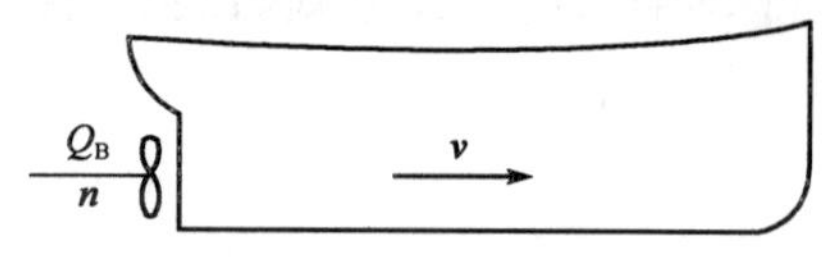

图 8-29 测量实效伴流

如图 8-29 所示，首先在船模后试验螺旋桨，量出船模速度 v 及螺旋桨的转速 n、推力 T_B、转矩 Q_B。然后，将螺旋桨进行敞水试验，保持转速 n 不变，调节进速直到发出的推力等于上述 T_B 值时，量取其进速 v_A 及转矩 Q_0，则 $u=v-v_A$ 即实效伴流速度。

上述测定实效伴流的方法使螺旋桨在艇后与敞水中于同一转速时发生相同的推力，故称为等推力法，但此时 $Q_B \neq Q_0$。

当螺旋桨进行敞水试验时，保持转速 n 不变，调节进速直至 $Q_B=Q_0$ 时，量取其进速 v_A 及推力 T_0，则得 $u_1=v-v_A$，也为实效伴流速度。这种方法称为等转矩方法，但此时 $T_B \neq T_0$。用等推力法得到的实效伴流与等转矩法得到的实效伴流是不相等的，一般来说，以等推力法所得的实效伴流较等转矩法所得者约大 4%。等推力法是目前为大家广泛采用的方法。

在实际工作中，当无法进行模型试验时，伴流分数可应用近似公式来估算。这些公式都是根据几类船型的实船试验和模型试验的结果归纳而成，应用时应根据艇型的特点选择合适的公式。

1)泰勒公式(适用于海上运输船)

对于单螺旋桨船：

$$\omega = 0.5C_B - 0.05 \tag{8-59}$$

对于双螺旋桨船：

$$\omega = 0.55C_B - 0.02 \tag{8-60}$$

式中：C_B——方形系数。

2）海克休公式

对于单桨船（$C_B=0.54\sim0.84$）：

$$\omega = 0.7C_P - 0.18 \tag{8-61}$$

对于双桨船（$C_B=0.54\sim0.84$）：

$$\omega = 0.7C_P - 0.3 \tag{8-62}$$

对于单桨渔船：

$$\omega = 0.77C_P - 0.28 \tag{8-63}$$

式中：C_P——纵向棱形系数。

3）巴甫米尔公式（用于内河船）

$$\omega = 0.165C_B^x\sqrt{\frac{\sqrt[3]{\nabla}}{D}} - \Delta\omega \tag{8-64}$$

式中：C_B——方形系数；

x——方形系数 C_B 的指数，$x=1$ 时适用于船中螺旋桨，$x=2$ 时适用于船侧螺旋桨；

∇——舟艇排水体积；

D——螺旋桨直径；

$\Delta\omega$——伴流分数修正值，与傅氏数 $F_N=\frac{v}{\sqrt{gL}}$ 有关，当 $F_N>0.2$ 时，$\Delta\omega=0.1\times(F_N-0.2)$，当 $F_N<0.2$ 时，$\Delta\omega=0$。

关于上列各公式的使用情况：

（1）单桨船：海船以泰勒公式误差较小，内河船以巴甫米尔与海克休公式的平均值为佳。

（2）双桨船：以海克休公式最好，巴甫米尔公式次之。当方形系数较小时，海克休公式误差较大，仍以巴甫米尔公式较好。

二、推力减额——螺旋桨对艇体的影响

1. 推力减额的成因

螺旋桨在艇后工作时，由于它的抽吸作用，使桨盘前方的水流速度增大。根据伯努利定理，水流速度增大，压力必然下降，故在螺旋桨吸水作用所及的整个区域内压力都要降低，其结果改变了艇尾部分的压力分布状况。如图8-30所示，曲线A表示孤立艇体周围的压力分布曲线，曲线B为螺旋桨在敞水中工作时桨盘前后的压力分布曲线。螺旋桨在艇后工作时，艇体周围的压力分布状况可近似认为是上述两种压力的叠加，故图中曲线C即表示螺旋桨在艇后工作时压力沿艇体周围的分布情况，其阴影部分即为压力减小的数值，导致艇体压阻力增加。此外，艇尾部水流速度的增大，使摩擦阻力也有所增加，但其数值远较压阻力的增加为小。

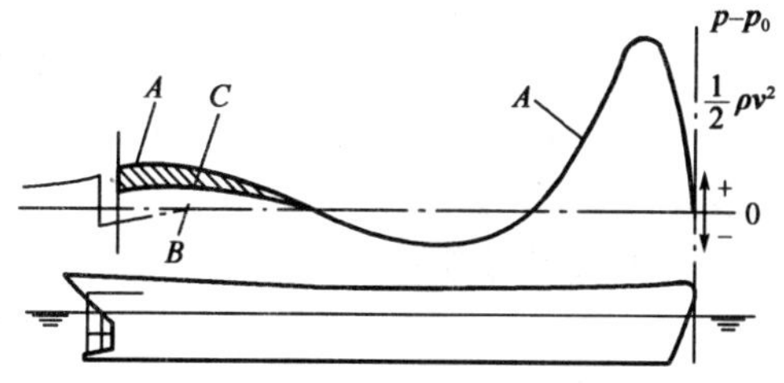

图8-30 艇体周围的压力分布情况

由于螺旋桨在艇后工作时引起的艇体附加阻力称为阻力增额。若螺旋桨发出的推力为 T,则其中一部分用于克服舟艇的阻力 R(带螺旋桨时的阻力),而另一部分则为克服阻力增额 ΔR,即:

$$T = R + \Delta R \tag{8-65}$$

由式(8-65)可知,螺旋桨发出的推力中只有($T - \Delta R$)这一部分是用于克服阻力 R 并推艇前进的,故称为有效推力 T_{e0}。习惯上,通常将 ΔR 称为推力减额,并以 ΔT 表示。因此,螺旋桨的总推力 T 可写作:

$$T = R + \Delta T \tag{8-66}$$

式(8-66)也可写作:

$$R = T - \Delta R$$

2. 推力减额分数

在实用上,常以推力减额分数来表征推力减额的大小,推力减额 ΔT 与推力 T 的比值称为推力减额分数,即:

$$t = \frac{\Delta T}{T} = \frac{T - T_e}{T} = \frac{T - R}{T} \tag{8-67}$$

由此可得艇体阻力 R 和螺旋桨推力 T 之间的关系为:

$$R = T(1 - t) \tag{8-68}$$

推力减额分数的大小与艇型、螺旋桨尺度、螺旋桨负荷以及螺旋桨与艇体间的相对位置等因素有关。通常都是根据船模自航试验或经验公式来决定的。当不可能进行模型试验时,推力减额分数可按下述经验公式近似选取。

1)商赫公式

对于单螺旋桨船:

$$t = k\omega \tag{8-69}$$

式中:ω——伴流分数。

其中 $k = 0.50 \sim 0.70$ 时,适用于装有流线型舵或反应舵者,$k = 0.70 \sim 0.90$ 时,适用于装有方形舵或双板舵者,$k = 0.90 \sim 1.05$ 时,适用于装有单板舵者。

对于双螺旋桨船装有轴包架者:

$$t = 0.25\omega + 0.14 \tag{8-70}$$

对于双螺旋桨船装有轴支架者:

$$t = 0.70\omega + 0.06 \tag{8-71}$$

2)泰勒公式

对于双螺旋桨船:

$$t = 0.55C_B - 0.20 \tag{8-72}$$

式中:C_B——艇的方形系数。

3)海克休公式

对于单螺旋桨船:

$$t = 0.50C_P - 0.12 \tag{8-73}$$

对于双螺旋桨船:

$$t = 0.50C_P - 0.18 \tag{8-74}$$

对于拖网渔船：

$$t = 0.77C_P - 0.30 \tag{8-75}$$

系泊时推力减额分数 t_0 可按下式估算：

$$t_0 = t\left(1 - \frac{J}{\frac{P}{D}}\right) \tag{8-76}$$

式中：$\frac{P}{D}$——螺距比；

J——设计状态进速系数；

t——设计状态推力减额分数。

表 8-3 中列举了各类舟艇推力减额分数 t 的大致范围。

各类舟艇推力减额分数 表 8-3

舟艇类型	推力减额分数 t	舟艇类型	推力减额分数 t
快速船和邮船	0.06～0.15	轻巡洋舰	0.05～0.10
单桨商船（C_B＝0.5～0.7）	0.08～0.20	大型驱逐舰	0.07～0.08
双桨商船（C_B＝0.5～0.7）	0.10～0.22	驱逐舰和护卫舰	0.06～0.08
肥大型船（C_B 为 0.8 左右）	0.17～0.25	潜艇	0.10～0.18
主力舰及重巡洋舰	0.18～0.22	鱼雷艇	0.01～0.03

三、功率及效率

舟艇推进系统由主机、轴系、推进器（主要是螺旋桨）组成，它们在推进系统中各司其职。主机负责提供能量，是舟艇能量的提供者；轴系负责把主机的能量传递给螺旋桨，是能量的传递者；推进器负责吸收能量并把能量转换为推力，是能量的吸收者和转换者。推进系统在能量的提供、传递、吸收并转换的过程中，其功率及效率成分如下：

1. 功率

1）主机功率 P_S

推进舟艇所需要的功率由主机供给，主机发出的功率称为主机功率，以 P_S 表示。

2）螺旋桨的收到功率 P_{DB}

螺旋桨在艇后必须克服转矩 Q_B，才能以转速 n 转动，因此艇后螺旋桨的收到功率 P_{DB} 为：

$$P_{DB} = 2\pi n Q_B \tag{8-77}$$

螺旋桨敞水转矩为 Q_0，螺旋桨敞水收到功率 $P_{D0} = 2\pi n Q_0$。

3）螺旋桨的推功率 P_T

舟艇后螺旋桨在收到功率 P_{DB} 后发出推力 T，其进速为 v_A，故螺旋桨的推功率 P_T 为：

$$P_T = Tv_A \tag{8-78}$$

4）艇的有效功率 P_E

主机发出的功率 P_S 中真正有用的部分是克服舟艇阻力 R，使艇以航速 v 前进，把 Rv 称为艇的有效功率 P_E：

$$P_E = Rv \tag{8-79}$$

2. 效率

1）传送效率 η_S

主机功率经过减速装置、推力轴承及主轴等传送至螺旋桨，由于推力轴承、轴承、尾轴填料函及减速装置等具有摩擦损耗，故螺旋桨收到功率总是小于主机功率，两者的比值称为传送效率或轴系效率，以 η_S 表示，它表示轴系性能的好坏。

$$\eta_S = \frac{P_D}{P_S} \tag{8-80}$$

若主机直接带动螺旋桨，螺旋桨的转速亦为主机转速，则中机型船 $\eta_S = 0.97$；尾机型船 $\eta_S = 0.98$。

2）艇后螺旋桨效率 η_B、螺旋桨敞水效率 η_0、相对旋转效率 η_R

螺旋桨推功率 P_T 与艇后螺旋桨的收到功率 P_{DB} 的比值称为艇后螺旋桨的效率：

$$\eta_B = \frac{P_T}{P_{DB}} = \frac{Tv_A}{2\pi Q_B} = \frac{Tv_A}{2\pi n Q_0}\frac{Q_0}{Q_B} = \eta_0\eta_R \tag{8-81}$$

式中：η_0——螺旋桨敞水效率，$\eta_0 = \frac{\mathrm{T}v_A}{2\pi n Q_0}$；

η_R——相对旋转效率，$\eta_R = \frac{Q_0}{Q_B}$，η_R 也可写作螺旋桨敞水收到功率 P_0 与艇后收到功率 P_{DB} 之比，即：

$$\eta_R = \frac{P_D}{P_{DB}} \tag{8-82}$$

3）艇身效率 η_H

把舟艇的有效功率 P_E 与螺旋桨推功率 P_T 之比称为艇身效率 η_H，即：

$$\eta_H = \frac{P_E}{P_T} = \frac{Rv}{Tv_A} = \frac{1-t}{1-\omega} \tag{8-83}$$

由式(8-83)可见，艇身效率 η_H 表示伴流与推力减额的合并作用。

4）推进效率 η_D

把舟艇的有效功率 P_E 与艇后螺旋桨的收到功率 P_{DB} 之比，称为推进效率 η_D（或称为准推进系数 QPC），即：

$$\eta_D = \frac{P_E}{P_{DB}} = \frac{P_E}{P_T}\frac{P_T}{P_{DB}} = \eta_H\eta_{DB} = \eta_H\eta_0\eta_R \tag{8-84}$$

5）推进系数 $P.C$

把艇的有效功率 P_E 与主机功率 P_S 之比称为推进系数，即：

$$P.C = \frac{P_E}{P_S} = \frac{P_E}{P_T}\frac{P_T}{P_{DO}}\frac{P_{DO}}{P_{DB}}\frac{P_{DB}}{P_S} = \eta_D\eta_S = \eta_H\eta_0\eta_R\eta_S \tag{8-85}$$

推进系数 $P.C$ 表示由主机、艇体及螺旋桨三者组成的整个推进系统的综合性能推进系数，该系数越高，舟艇的推进性能越好。

第九章

操　纵　性

舟艇在航行时能按照驾驶员的意图，保持或改变航速、航向和位置的性能称为舟艇操纵性，舟艇操纵性主要反映在以下三个方面：

(1)航向稳定性——舟艇维持给定的直线运动的能力。

(2)回转性——舟艇按需要迅速改变航向，由直线进入曲线运动的能力。

(3)转首性——舟艇操舵后迅速进入新航向的能力。

航向稳定性可减少舟艇航线偏离，从而减少不必要的功率消耗和时间损失。转首性、回转性，则是避免碰撞、防止触礁、航行安全的保障。由于航向稳定性和回转性是相互矛盾的，所以对不同类型舟艇操纵性的要求应作具体分析。例如对海上和远洋运输舟艇的要求，是希望它能作长期的(几小时甚至若干天)不变航向的运动，因此，要求它们具有良好的航向稳定性；但对海上渔业舟艇而言，除要求它具备航向稳定性外，尚要求它在捕鱼作业时具有良好的转首性和回转性。

对于军舰，为了保证炮火、鱼雷和火箭的发射精度，要求它具备航向稳定性；但为防止被敌方炮火所击中，又要求它具备良好的转首性、回转性和快速性。

内河舟艇和船队在狭窄的弯道水域内行驶时，其最重要的航行性能是回转性。随着水库系统的建立，会出现多种混合航行船队，航向稳定性的重要性也日趋增加。内河舟艇和船队下水航行至前方单行航道已为其他舟艇所占据的水域时需要掉头；在狭窄航道中避让船只时要求安全错开，这些作业都对回转性提出了更高的要求。因此，提高和改善舟艇操纵性是设计和用船部门不可忽视的问题。

舟艇操纵性的好坏虽与艇体的几何形状及其大小有关,但是舟艇操纵性的保证必须依靠操纵设备。目前在艇上采用的操纵设备种类很多。常见的有舵、转动导流管、主动舵、直翼推进器、侧推螺旋桨等。尽管它们的形式不同,但其作用相仿,都是提供了一个使艇转动的力矩。其中,由于舵构造简单,效果可靠,故是目前应用最广泛的装置。本章主要介绍舵的操纵性能。

第一节　舟艇回转运动

在舟艇操纵性的分析中,除舟艇运动的稳定性之外,另一个重要方面是机动性,其中研究得最多的是舟艇的回转运动,一方面是因为回转运动是舟艇操纵中常见的一种运动,另一方面是因为回转运动的最后阶段是定常运动,便于进行理论分析。直线运动的舟艇,将舵转至某一舵角,并保持此舵角,舟艇将做曲线运动,称为舟艇回转运动。

一、回转圈的几何要素

在舟艇回转运动中,舟艇重心运动的轨迹称为回转圈,如图 9-1 所示。

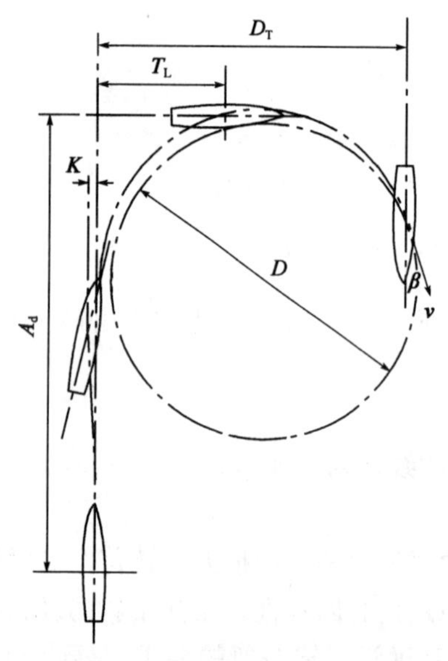

图 9-1　舟艇回转时重心的运动轨迹

1. 回转运动的三个阶段

1)转舵阶段

舟艇从开始执行转舵命令起到实现命令舵角为止的阶段(为 8 ~ 15s 的时间),称为转舵阶段。舵角从 0 逐渐增大至命令舵角,同时产生舵力和回转力矩。由于艇的惯性很大而舵力较小,转舵阶段中漂角和回转角速度都很小,只有舵力起主要作用,舟艇几乎是按原方向航行。若向右转一舵角,舵上受到一个指向左舷的水动力作用。这个力在轴上的分量使艇向左舷方向横移(反向横移)。在轴上的分量使舟艇前进阻力增加,航速开始下降。舵力对舟艇重心的力矩,迫使舟艇向右舷回转。

2)过渡阶段

从转舵终止到舟艇进入定常回转的中间阶段,称为过渡阶段。舟艇在回转力矩的作用下,重心处的漂角和角速度不断增加,艇体水动力迅速增大,在数值上超过舵力。这样,使艇反向横移的加速度逐渐减小至零并改变方向,反向横移逐渐停止,而产生向回转一侧的正向横移。艇首一直保持向右舷回转。

过渡阶段的主要特征是作用在艇体上的水动力随时间而变化,所以舟艇的运动参数也是随时间而变化的。

3)定常阶段

在回转运动中,过渡阶段终了,舟艇运动参数开始稳定,达到新的平衡阶段,称为定常阶段。在定常阶段中,作用于艇体上的诸力矩达到平衡,舟艇以一定的角速度匀速回转,重心的轨迹成圆形。

2. 回转圈的几何要素

1)定常回转直径 D

在回转运动中,舟艇进入定常阶段后的回转圈的直径称为定常回转直径。满舵条件下的定常回转直径称为最小回转直径。定常回转直径与艇长的比值称为相对回转直径。

在舟艇设计中,对各类舟艇的定常回转直径都有一定要求。回转性好的艇,最小相对回转直径为3m左右,回转性差的艇约为10m,大多数艇在5~7m的范围内。各类民用船舶的最小相对回转直径的大致范围见表9-1。

各类民用船舶最小相对回转直径大致范围　表9-1

船　型	相对回转直径(m)	船　型	相对回转直径(m)
驱逐舰	5.0~7.0	大型客货船	5.0~7.0
大型货船	5.0~6.5	中型客货船	4.0~5.0
中型货船	4.0~5.0	油船	3.5~7.5
一般小型船	2.0~3.0		

对于一般船型的海船,最小回转直径可以用以下经验公式确定:

(1)巴士裘宁公式:

$$D = \frac{L^2 d}{10A_R} \tag{9-1}$$

式中:L——水线长(m);

d——吃水(m);

A_R——舵的浸水侧面积(m^2)。

(2)季美公式:

$$D = 0.25L^{\frac{5}{3}} \tag{9-2}$$

定常回转直径的大小与回转初速有关,对于低速的民用舟艇,回转初速对回转直径影响并不显著,对高速舰艇的影响则较大。

一般情况下,定常回转直径与回转初速度的$(1/4)^3$呈正比。回转初速度越大,定常回转直径越大,但是回转周期,即舟艇从初始直线航向回转360°时所经过的时间却不一定增大。

2)战术直径 D_T

舟艇首向改变180°时,其重心距初始直线航线的横向距离称为战术直径。它是军舰回转性的重要指标,一般 $D_T = (0.9 \sim 1.2)D$。

3)纵距 A_d

自转舵开始时的舟艇重心沿初始直线航向至首向改变90°时的舟艇重心间的纵向距离称为纵距。纵距的大小可用来表征舟艇的回转性和跟从性。纵距越小,表示艇的定常回转半径小(即回转性好),以及舟艇在操舵后进入新的稳定运动状态越快(即跟从性好);反之,纵距大,则舟艇回转性和跟从性差或其中一个特性很差。当然一艘回转性好、跟从性差的艇,其纵距可能和另一艘回转性差、跟从性好的艇非常接近。根据不同类型的舟艇,纵距大致为 $A_d = (0.6 \sim 1.2)D$。

4)正横距 T_r

舟艇转首90°时,其重心至初始直线航线的横向距离称为正横距。

5)反横距 K

舟艇离开初始直线航线向回转中心的反侧横移的最大距离称为反横距。通常 $K=(0\sim0.1)D$。反横距是一个很重要的特征参数。例如在两艇相遇时,由于两艇的距离很近,若两艇同时操舵避让,则两艇可能突然靠拢而发生碰撞,这正是两艇同时产生反横距的结果。内河舟艇在狭窄航道中回转时,反横距也是一个重要参数。

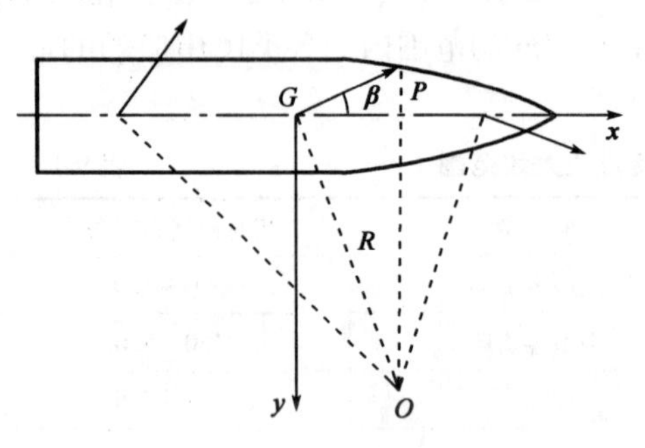

图 9-2 舟艇回转枢心

舟艇做回转运动时,在某一瞬时,舟艇中纵剖面上各点的速度大小和方向是不同的,中纵剖面上漂角为零的点,即在该点上速度的方向与中纵剖面相一致,横向速度为零,称为回转枢心;图 9-2 中的 P 点即为回转枢心。通常漂角是比较小的,因此可以得出:

$$\overline{GP} = R\sin\beta \approx R\beta \tag{9-3}$$

在定常回转阶段,由于 R 和 β 保持不变,因此枢心的位置也保持不变,通常位于艇首与离艇首 $L/4$ 处之间。因为较小的回转半径 R 会伴随较大的漂角 β,而较大的 R 伴随较小的 β,因此不同的艇或者同样的艇在不同回转半径条件下,枢心位置的变化是不大的。

二、回转时的横倾

舟艇在回转时,作用在艇体上的力有:舵上水压力的横向分力 P_y、流体动力的横向分力 R_y 和离心惯性力的横向分力 F_y,由于各力的作用点不在同一高度而形成了横倾力矩,使舟艇横向倾斜。这种倾斜有时会造成严重后果,必须引起注意,尤其是高速艇,情况更为严重。

舟艇横倾方向及横倾角大小与舟艇所处的回转阶段有关。舟艇横倾时分为两个阶段:

(1)横倾的第一阶段——向内倾斜。

在舟艇回转的转舵阶段,由于漂角很小,作用在艇体上的流体动力可略去不计,只需计算作用在舵上水压力所产生的横向分力 P_y(作用点在舵叶面积中心 K 点)和离心惯性力的横向分力 F_y(作用点在舟艇重心 G 点)。由于转舵阶段,在力 P_y 作用下,舟艇向回转的外侧移动,回转曲线的曲率中心在舟艇回转的外侧,因此舟艇的离心惯性力的横向分力指向回转的内侧,如图 9-3 所示。此时在二力所形成的力偶作用下,舟艇向回转的内侧横倾,倾斜力矩为 $P_y\times\overline{GK}$。由于转舵阶段时 P_y 很小,所以横倾角 φ 也很小。而且向内倾斜持续的时间也极短。

(2)横倾的第二阶段——向外倾斜。

舟艇进入发展阶段之后,随着漂角 β 增大,作用在艇体上的流体动力 R_β 逐渐增大到不能忽略的地步。R_β 的作用点可以近似认为作用在吃水的一半,即 $d/2$ 处的 E 点。设 R_β 的横向分力为 R_y,那么这时横倾力矩应为 $P_y\,\overline{kG}-R_y\,\overline{EG}$,如图 9-4 所示。

当流体动力的横向分力 R_y,对舟艇重心 G 的力矩为 $R_y\,\overline{EG}$,大于舵压力 P_y 对于重心 G 的力矩 $P_y\,\overline{kG}$ 时,舟艇即由向内倾斜变为向外倾斜。

由于在发展阶段中,漂角总是不断增大,因而 R_y 的值也是不断增大的,所以舟艇向外倾斜的横倾力矩也不断增大,当舟艇达到稳定回转阶段时,漂角达到最大值,使横向流体动力 R_y 及横倾力矩也达到最大值,故横倾角 φ 为最大。舟艇的离心惯性力的横向分力 F_y 随着舟艇重心轨迹曲率的变化而变化。从发展阶段起,惯性力方向由指向回转内侧改为指向回转外侧。

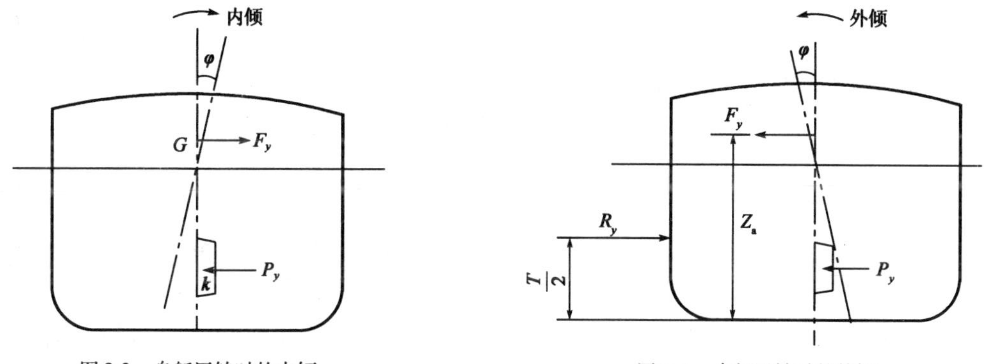

图 9-3　舟艇回转时的内倾　　　　图 9-4　舟艇回转时的外倾

从上面的分析可知,舟艇回转时的最大横倾角、最大横倾力矩发生在稳定回转阶段。该横倾角因没有涉及力的动力作用,故称为静力倾角,常用 φ 表示。实际上,由于舟艇回转时,横倾力矩增长速度较快,舟艇从向内倾斜改为向外倾斜的变化速度较快,故横倾力矩具有动力效应。在动力作用下,舟艇的倾角称为动力倾角,常用 φ_d 表示。通常,舟艇在回转发展阶段,先达到动力倾角,经几次摇摆后,最后停留在静力倾角上。整个回转过程中舟艇横倾角的变化规律可由图 9-5 表示。其中横坐标为时间 t(s),纵坐标为横倾角 φ(°)。

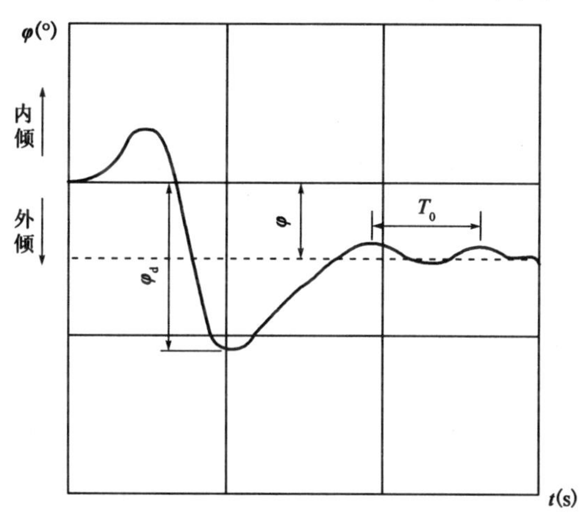

图 9-5　舟艇回转时的横倾角变化

舟艇在稳定回转阶段时的横倾角可以根据横倾力矩与复原力矩的平衡关系求得。

舟艇在稳定回转时,由于舟艇作匀速圆周运动,舟艇的离心惯性力的横向分力作用于舟艇重心 G 点处,其大小为:

$$F_y = \frac{\Delta v^2}{gR} \tag{9-4}$$

式中:Δ——排水量(t);

g——重力加速度(m/s²);

v——舟艇在稳定回转时的速度(m/s);

R——舟艇回转半径(m)。

作用在艇上的水动力的横向分力 R_y 与离心惯性力的横向分力 F_y 构成的力矩即横倾力矩，应为：

$$M = \frac{\Delta}{g}\frac{v^2}{R}\left(Z_c - \frac{d}{2}\right)Z_C \tag{9-5}$$

当舟艇倾斜到 φ 时，复原力矩为：

$$M_h = \Delta\,\overline{GM}\sin\varphi \tag{9-6}$$

$$\sin\varphi = \frac{v^2}{gR\,\overline{GM}}\left(Z_c - \frac{d}{2}\right) \tag{9-7}$$

可见静力倾角 φ 的大小取决于航速 v、回转半径 R、稳心高度 $\overline{GM}$ 、重心高度 Z_C 及吃水 d 等因素。其中航速 v 影响最大。这就是高速艇在回转时应特别注意横倾现象的原因。

这里的航速 v 是指舟艇在稳定回转阶段时的航速，它不同于舟艇在直线航行时的航速 v_0 。由式(9-7)求 φ 时，仍然存在一定困难，因为式中某些数值又与其他一些要素（如主尺度比值）有关。费尔索夫根据其船模试验结果，提出下列舟艇回转时最大横倾角的近似公式：

$$\varphi_{max} = 1.4\frac{v_0^2}{\overline{GM}L}\left(Z_C - \frac{d}{2}\right) \tag{9-8}$$

式中：φ_{max}——舟艇回转时的最大横倾角（°）；

v_0——舟艇回转前直线航行时的速度（m/s）；

$\overline{GM}$——初稳心高度（m）；

L——艇长（m）；

Z_C——舟艇重心距基线高度（m）；

d——舟艇的吃水（m）。

对于一般货船 φ_{max} 在2°~4°之间。对于 $v_0 \geqslant 30$kn 的高速客船，φ_{max} 可达12°~14°。一般 $\varphi = (1.2 \sim 1.5)\varphi_{max}$ 。

动力倾角 φ_{d0} 的具体数值与转舵时间有关。转舵越快，则 φ_d 越大。根据试验结果：

$$\varphi_{dmax} = (1.3 \sim 2.2)\varphi_{max} \tag{9-9}$$

将式(9-8)带入式(9-9)得：

$$\varphi_{dmax} = (1.3 \sim 2.2) \times 1.4\frac{v_0^2}{\overline{GM}L}\left(Z_C - \frac{d}{2}\right) \tag{9-10}$$

在舟艇稳性规律中一般都以 φ_{max} 作为判断舟艇回转时舟艇稳性的重要特征数。

由式(9-10)可知：横倾角与航速平方成正比，因此高速舟艇回转时的横倾角比低速舟艇大得多。另外，横倾角与初稳性高度 $\overline{GM}$ 成反比，即稳性高度 $\overline{GM}$ 越大，回转时的横倾角就越小，横倾角还与重心高度 Z_C 及吃水 d 有关。

最后，还应指出，舟艇在稳定回转阶段中，舵上的水压力 P_y 的作用是减少舟艇横倾；但若在舟艇回转过程中，突然将舵转至相反的方向，这时力 P_y 将突然改变方向，其作用将变为增大舟艇的横倾。因此舟艇的横倾角将增大，甚至会引起危险。为了防止转舵时过大的横倾危险，需要采取以下措施：

（1）在力求增大 $\overline{GM}$ 的同时，要采取措施防止自由液面和货物的移动。

（2）减低航速，缓缓操舵，用小舵角进行回转，尽量增大回转直径。

（3）应选择可使风浪的作用力矩与舵产生的舟艇最大横倾能够错开的时机操舵。

第二节 舵 力

一、舵的几何要素

舵是装在艇后的，可以看作为一个小展弦比的机翼，它在艇后的水流中工作，并受到艇体和螺旋桨的影响。舵的几何形状如图 9-6 所示。

(1)舵面积 A_R：未转动的舵轮廓在中线面上的投影面积，称为舵的总面积。

(2)舵高 h：指沿舵杆轴线方向，舵叶上缘至下缘的直线距离。

(3)舵宽 b：指舵叶前缘至后缘之间的垂直距离。舵叶为矩形时，舵宽即为各剖面的弦长；舵叶为非矩形时，舵宽用平均舵宽表示：

$$b = \frac{A_R}{h} \tag{9-11}$$

(4)舵展弦比 λ：舵高与舵宽的比值。舵叶为矩形时，则：

$$\lambda = \frac{h}{b} \tag{9-12}$$

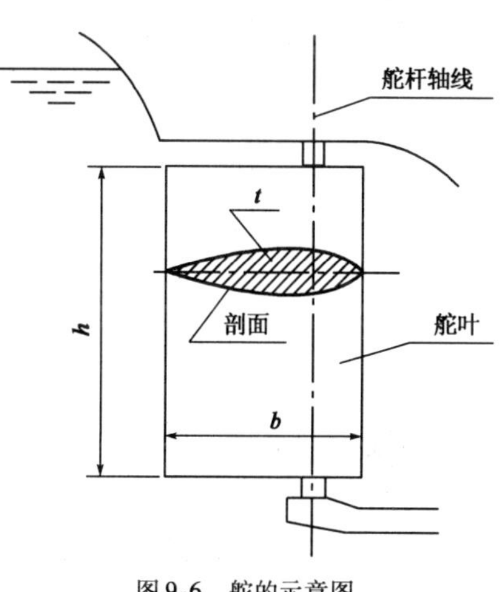

图 9-6 舵的示意图

舵叶为非矩形时，则：

$$\lambda = \frac{h}{b} = \frac{h^2}{A_R} = \frac{A_R}{b_m^2} \tag{9-13}$$

(5)平衡比 K：又称平衡系数，指舵杆轴线前的舵面积与整个舵面积的比值。

$$K = \frac{A_P}{A_R} \tag{9-14}$$

(6)厚度比 E：舵剖面的最大厚度与舵宽的比值。

$$E = \frac{t}{b} \tag{9-15}$$

(7)舵面积比 μ：舵面积与舟艇水线长和设计吃水的乘积的比值。

$$\mu = \frac{A_R}{L_{WL} d} \tag{9-16}$$

(8)舵剖面：与舵杆轴线垂直的舵叶剖面。高度方向厚度不变的矩形舵，在整个高度方向剖面是一样的。

二、舵压力及转舵力矩的估算

1. 敞水舵的水动力

如前所述，转舵之后舵上将产生舵压力，舵压力的产生与飞机机翼和螺旋桨桨叶产生升力的

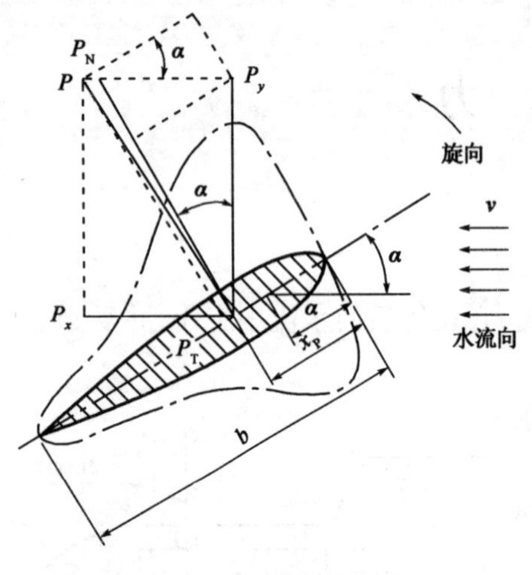

图 9-7　舵的水动力特性

原理一样。如图 9-7 所示。当流体以一定的速度 v、冲角 α 流经舵叶时,舵叶上将产生升力 P_y 和阻力 P_x。升力 P_y 的方向垂直于水流速度 v,阻力 P_x 的方向平行来流速度 v。其合力为 P,合力 P 与舵叶对称平面的交点 O 称为水压力中心,O 点到导缘的距离为 x_p。

若将合力 P 按垂直于和平行于舵的弦线分解,就可得到舵的法向力 P_N 和切向力 P_T,其间的关系通常用下列公式表达。

舵压力:

$$P = \sqrt{P_y^2 + P_x^2} = \sqrt{P_N^2 + P_T^2} \tag{9-17}$$

舵的法向力:

$$P_N = P_y \cos\alpha + P_x \sin\alpha \tag{9-18}$$

舵的切向力:

$$P_T = P_x \cos\alpha - P_y \sin\alpha \tag{9-19}$$

舵的升力:

$$P_y = P_N \cos\alpha - P_T \sin\alpha \tag{9-20}$$

舵的阻力:

$$P_x = P_N \sin\alpha + P_T \cos\alpha \tag{9-21}$$

式中:α——水流方向与舵的平面或剖面弦线间的夹角。

舵的水压力中心位置由实践得知,一般是靠近舵的前缘,如图 9-7 中 x_p 的位置。作用在舵上的力与对舵杆中心线的垂直距离的乘积称为舵杆的转矩。

对于矩形的普通舵,其舵杆中心在导缘上,则舵杆转矩为:

$$M_T = P_N x_p \tag{9-22}$$

对于平衡舵或半平衡舵,其舵杆中心在舵叶导缘以后,则舵杆扭矩为:

$$M_T = P_N (x_p - \alpha) \tag{9-23}$$

式中:α——舵杆中心距前缘的距离。

为了将实验资料换算到不同尺度的实舵上,一般用模型舵做风洞或水洞试验,求出舵叶的无因次水动力系数,表达式如下。

合力系数:

$$C = \frac{P}{\frac{1}{2}\rho v^2 A_R} \tag{9-24}$$

升力系数:

$$C_y = \frac{P_y}{\frac{1}{2}\rho v^2 A_R} \tag{9-25}$$

阻力系数:

$$C_x = \frac{P_x}{\frac{1}{2}\rho v^2 A_R} \tag{9-26}$$

法向力系数：

$$C_N = \frac{P_N}{\frac{1}{2}\rho v^2 A_R} \tag{9-27}$$

切向力系数：

$$C_T = \frac{P_T}{\frac{1}{2}\rho v^2 A_R} \tag{9-28}$$

转矩系数：

$$C_M = \frac{P_M}{\frac{1}{2}\rho v^2 A_R} \tag{9-29}$$

水压力中心系数：

$$C_p = \frac{x_p}{b} \tag{9-30}$$

式中：A_R——舵面积(m^2)；

$\frac{1}{2}\rho v^2$——水动力压强(Pa)；

v——水流对舵的速度(m/s)；

ρ——水的密度(kg/m^3)；

b——舵宽(m)。

这些无因次水动力系数之间关系如下：

$$C = \sqrt{C_y^2 + C_x^2} = \sqrt{C_N^2 + C_T^2} \tag{9-31}$$

$$C_N = C_y\cos\alpha + C_T\sin\alpha \tag{9-32}$$

$$C_T = C_x\cos\alpha - C_y\sin\alpha \tag{9-33}$$

$$C_y = C_N\cos\alpha - C_T\sin\alpha \tag{9-34}$$

$$C_x = C_T\cos\alpha + C_N\sin\alpha \tag{9-35}$$

$$C_p = \frac{x_p}{b} = \frac{C_M}{C_N} \tag{9-36}$$

将式(9-32)代入式(9-36)整理得：

$$x_p = \frac{C_M b}{C_y\cos\alpha + C_x\sin\alpha} \tag{9-37}$$

不平衡舵的舵杆转矩为：

$$M_T = C_M \frac{1}{2}\rho v^2 A_R b \tag{9-38}$$

平衡舵或半平衡舵的舵杆转矩为：

$$M_T = C_M \frac{1}{2}\rho v^2 A_R (x_p - a) \tag{9-39}$$

上述各个水动力系数都是由模型试验求得，它们是舵叶参数与冲角的函数，在单独对舵的水动力计算中，当实物和模型的相应参数相似时，可直接应用模型试验结果。

在无法应用已有的试验资料时，例如剖面形状比较特殊，对于 $1.0 \leqslant \lambda \leqslant 2.5$ 的单独舵的升力系数 C_y 可用式(9-40)计算：

$$C_y = 2\pi \frac{\lambda}{\lambda + 2} \tag{9-40}$$

当 $\alpha = 25° \sim 35°$ 时，式(9-40)计算 C_y 的值同试验数值差别不大；当 $\alpha < 25°$ 时，计算值略高。

2. 舵压力估算

舵压力的大小可用经验公式求得，其常用的有乔赛尔公式：

$$P_N = K \frac{9.81\sin\alpha}{0.2 + 0.3\sin\alpha} A_R v_T^2 \tag{9-41}$$

$$x_p = (0.2 + 0.3\sin\alpha) b \tag{9-42}$$

式中：P_N——作用在舵叶上的法向力(N)；

x_p——水压力中心至舵导缘的水平距离(m)；

b——舵宽(m)；

A_R——舵面积(m^2)；

v_T——舵速(m/s)；

K——修正系数，查表 9-2。

舵力修正系数 K 值 表 9-2

α(°)	5	10	15	20	25	30	35
K(舵处于螺旋桨尾流中)	31	33	35	36	37	38	40
K(舵不处于螺旋桨尾流中)	10	12	15	17	18	21	22
$0.2+0.3\sin\alpha$	0.226	0.252	0.278	0.303	0.327	0.35	0.372
$9.81 \times \frac{\sin\alpha}{0.2+0.3\sin\alpha}$	3.783	6.760	9.133	11.073	12.679	14.014	15.126
C_N	0.233	0.477	0.640	0.795	0.935	1.067	1.206

乔赛尔公式是我国习惯采用的一种计算公式，尽管在此公式里没有考虑剖面形状、展弦比等的影响，计算结果粗糙。但计算方便，特别对于近似于平板形式的舵，通过实舵测试与计算结果很接近，所以乔赛尔公式在计算倒航舵时应用更广泛。

3. 艇的回转力矩

舟艇转舵 α 角后产生舵压力 P。该力对回转中心 G 的力矩称为回转力矩，为：

$$M_a = P(\overline{RG}\cos\alpha + x_p) \tag{9-43}$$

式中：$\overline{RG}$——艇的重心 G 到舵叶前缘的距离。

由于 x_p 值与 $\overline{RG}$ 值比较甚小，故可忽略不计。通常近似地使 $\overline{RG} \approx \frac{L_{WL}}{2}$，即约等于 1/2 艇长，则式(9-43)可以改写为：

$$M_a = P\frac{L_{WL}}{2}\cos\alpha \tag{9-44}$$

从实践和理论分析表明，当舵角 $\alpha < 35°$ 时转艇力矩 M_a 具有较大值。因此，通常最大舵角控制在 35°以内，该舵角称为有利舵角。

第三节 影响舟艇操纵性的因素

影响舟艇操纵性的因素,除操纵技术外,通常有两个方面,即艇型和舵设备。为了使舟艇具有良好的操纵性,以保证航行安全,就要从舟艇主要尺度的正确选择及舵的正确设计着手。

一、艇型对操纵性的影响

1. 艇长 L

舟艇的回转性和航向稳定性对艇型的要求是相互矛盾的。一般对回转性越有利的艇型对航向稳定性就越不利。反之,对航向稳定性有利的艇型对回转性就不利。如果在舟艇设计中考虑到它们之间的相互影响,将会使舟艇的航行性能更为完善。

在舟艇主要尺度中,对操纵性的影响主要是艇长。一般说来,艇越长,定常回转直径越大,回转性能越差。在实际的航行过程小,定常回转直径的大小很重要。因为舟艇是否能在狭窄航道中转向,能否绕过一定距离处的障碍物等都取决于回转直径的大小。艇长的增加,将给操纵带来困难。

2. 纵中剖面面积

艇体形状对操纵性的影响主要是艇尾水下部分纵中剖面的形状。尾部纵中剖面的面积增加,有利于提高航向稳定性,使回转性能变差。实践表明,尾部纵中剖面的面积和艇尾形状的微小变化对舟艇的操纵性都有明显的影响。

为了提高舟艇的航向稳定性,可以增加尾部纵中剖面的面积,使中剖面的面积形心后移。例如,增加尾呆木,增加尾倾、切去前踵等。如果上述措施仍不能满足航向稳定性的要求,可在尾部两侧加装尾鳍。

为了提高舟艇的回转性,可减小尾呆木或在尾呆木上开孔,对于设有中舵的舟艇可以不用尾呆木。但还需要保证舟艇要具有一定的航向稳定性。

3. 尾部形状

舟艇的尾部形状不仅对快速性有很大的影响,对操纵性影响也很显著。若干试验表明,一般形式的巡洋舰船尾,回转力矩比普通艇尾大25%左右。对于单桨船,尾框不宜过大,过大将使回转力矩明显下降。如果纵中剖面的面积不变,要增加后体丰满度,即采用U形剖面,回转力矩减少,可以提高舟艇的回转性。

4. 首部形状

舟艇首部形状对回转性的影响比船尾影响小得多,一般可不考虑。只是如破冰船等前踵切去很多时,对回转性才产生明显的影响,会使定常回转直径加大,倒车稳定性变坏。

二、舵对操纵性的影响

舵的作用是由舵上产生的舵压力 P 提供使舟艇回转的力矩 M_a。回转力矩越大则表示回转性越好。影响回转力矩的因素除了舵面积的选择外还有其他的因素,如:

1. 航速

在航行中,影响操纵性的重要因素之一是航速。航速越高,舵压力及回转力矩就越大,故回转性越好。但航速过高会使横倾角增大。

2. 舵的布置

舵布置得离舟艇重心要尽可能地远,以增大回转力矩的力臂值,从而改善舟艇的回转性能。舵是处在螺旋桨的尾流中工作,受到螺旋桨诱导速度影响,将增加舵效率而改善舟艇的回转性能。

总之,艇长、艇尾形状和舵三者是影响操纵性的主要因素,在舟艇设计时应慎重考虑。

3. 特种舵

长期以来,为了提高推进效率,改进舟艇操纵性能,曾在各种不同类型的舟艇上广泛采用各种形式的操纵装置。这些操纵装置不同于普通舵的装置,称为特种舵。

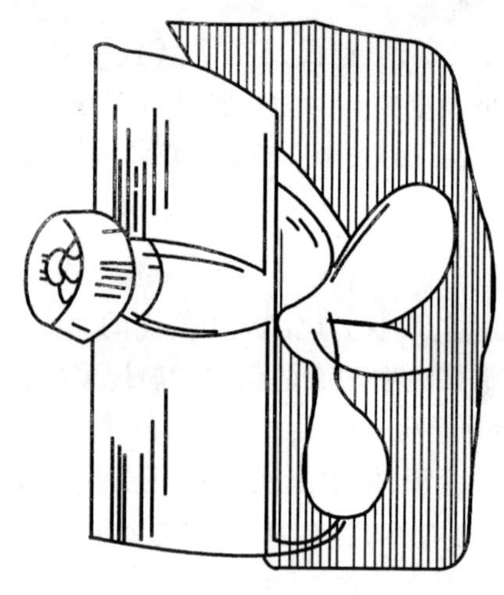

图 9-8 主动舵

1)主动舵

主动舵是在一般流线型舵叶中部内的后缘装一个带短导管的小螺旋桨,此螺旋桨由装置在舵体中部的封闭流线体的电动机驱动,如图 9-8 所示。当转舵时,小螺旋桨一起转动,因此能产生比普通舵大得多的回转力矩。它的主要优点如下:

(1)舟艇操纵性极为优良,可以原地回转,特别是在低速航行和主机停车的情况下,回转性极佳,还具有良好的倒航操纵性。

(2)在风暴天气中,或顶推大船队逆水航行时,除能改善船队的操纵性外,尚可增加推力。

(3)在港内、雾中、运河中低速航行时,停止主机,仅用主动舵螺旋桨亦可航行。

主动舵的结构虽然复杂,但近年来越来越多地用在操纵性要求很高的舟艇上。沿河岸航行、出入港口频繁或经常航行急流狭窄航道的舟艇,如推船、拖船、渡船,装置主动舵后可以减少进出港时间,提高航速,保证安全。

2)鱼尾舵

鱼尾舵是在普通流线型舵的后缘上加一用板焊成的三角形剖面舵尾,如图 9-9 所示。鱼尾舵转舵后,舵尾使舵叶后部的水压力加大,可明显提高舵效。正航时阻力增加很小,对航速影响不大。我国很多大功率拖船和顶推船采用鱼尾舵都得到了满意的效果。但对不平衡舵是不适宜的,因为会使舵的转矩增大。

目前在有较大的鱼尾和平衡比的舵上加装上下止流板,如图 9-10 所示。转舵之后,剖面后缘的鱼尾可以使水流发生充分的偏转。实践表明,与常规舵比较,它可使舟艇产生较小的横向偏移,提高了航行安全性,并有良好的倒车操纵性。

3)襟翼舵

襟翼舵是在普通流线型舵的后缘加上一小流线型舵,即襟翼。转舵时襟翼也转动,但转角比主舵大,如图 9-11 所示。不转舵时,主舵处于正中位置,襟翼起鱼鳍作用。转舵之后,由于主舵和襟翼转动角度不同,使整个剖面不再对称。剖面的弯曲相当于增大了剖面的拱度,使水流得到加速,从而提高了舵效。

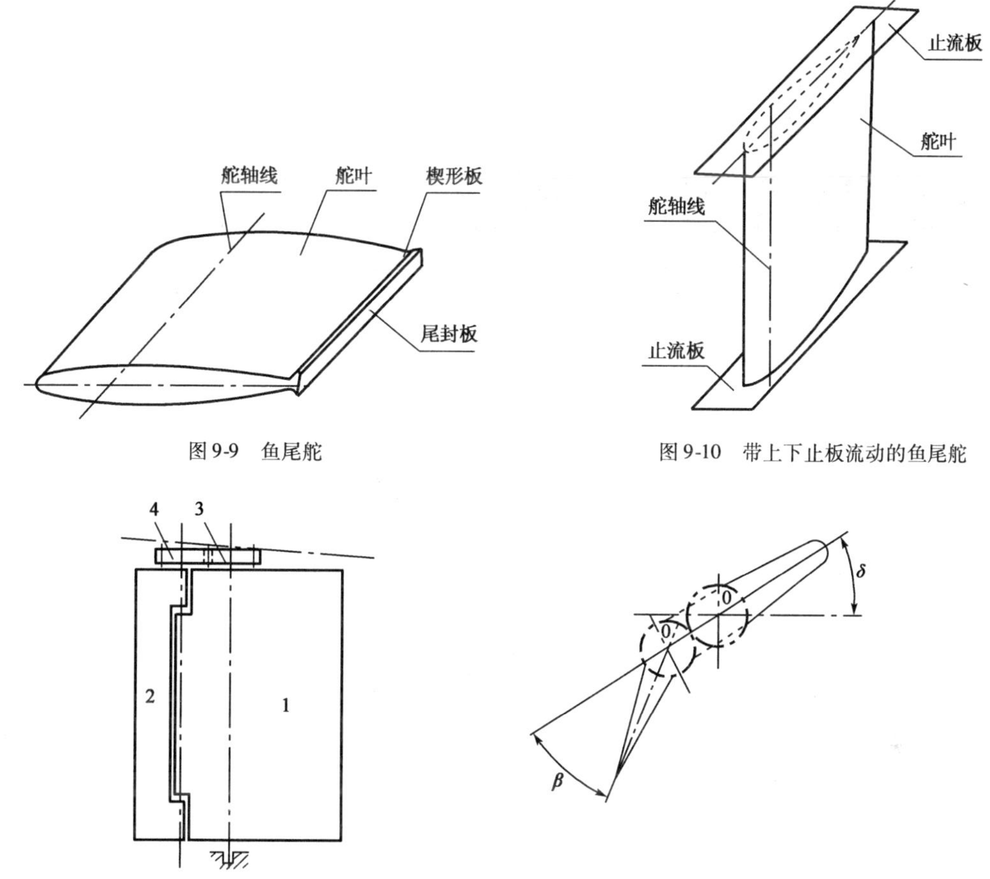

图 9-9　鱼尾舵

图 9-10　带上下止板流动的鱼尾舵

图 9-11　襟翼舵

1-主舵;2-副舵;3-太阳齿轮;4-行星齿轮

襟翼舵多用于内河拖船、顶推船或客船上,以改善舟艇的回转性。它的缺点是比普通舵多一套操纵襟翼的机构,制造安装时较复杂,造价较高,而且倒航性能较差。

还有一种主舵与襟翼用铰链相连的襟翼舵,在转动主舵时,襟翼由于铰接在主舵上,也被机械带动,转角等于主舵的两倍,舵上的横向力比普通的单体舵约大 50%。这种舵无论是在内河舟艇上,还是在海船上都得到了应用。

4)反应舵

舵叶的前缘以螺旋桨轴线为界,上下向左右扭曲,其扭曲偏度以在螺旋桨轴线处为最大,然后向上、下端减小到一定位置后,舵叶剖面仍为对称流线型,如图 9-12 所示。

反应舵相当于在螺旋桨尾流中安置了一个固定导叶,改进了尾流的转矩,增大了轴向诱导速度,从而提高了推进效率。螺旋桨滑脱比越大效果越显著。

另外,还有导流管舵、麦鲁舵等特种舵,这里不再一一介绍。

图 9-12　反应舵

第十章

舟艇摇荡基本概念

第一节　海浪概述

一、风浪的产生

船舶在波浪上的摇荡运动主要是由海浪引起的,为了研究船舶或者舟艇在海浪上的性能,必须对海浪进行分析。

海浪主要指表层海水受外力影响而发生的起伏现象。引起海浪的原因有很多,例如,由风引起的风浪、由日月引起的潮波、由地震引起的海啸以及船舶行驶引起的船行波等。在海上分布最广、出现频率最广泛、对舟艇影响最大的是风浪。

笼罩在海洋上的大气不断运动而产生我们常见的风,由于空气流动的结果,使海面所受的压力发生变化。同时由于水面与空气的相对运动,在它们之间有摩擦力存在,使水面承受切应力。正是由于大气压力的变化,使平静的水面发生局部变形。重力使变形的水面有向原来平衡位置运动的趋势,惯性力又有使变形继续下去的趋势,从而使水面不断起伏,形成风浪。

二、风浪的发展

在开始的时候,风浪的传播速度小于风速。这时风把能量传给风浪是通过两种方式进行的:一种是风对风浪的向风斜面上的正压力(与受力面的作用力);另一种是风沿风浪轮廓流动时的切向作用力(与受力面平行的作用力)。当风浪的传播速度大于风速时,就完全依靠后一种方式传递能量,这样使得风浪含有的能量已经“饱和”,风浪要素达到稳定状态。

风浪要素的大小,主要取决于以下三个条件:

(1)风速,即在水面规定高度上风的前进速度。

(2)风时,即稳定状态的风在水面上吹过的持续时间。

(3)风区长度,即风以接近于不变的方向和速度在开阔水面上吹过的距离。

风速越大、风时越久、风区长度越长,海水从风那里获得的能量越多,风浪要素越大。在一定风速作用下,风在相当大的风区海面上吹了足够长的时间以后,风浪要素达到稳定状态时的风浪,我们称之为充分发展风浪。要达到充分发展风浪应有足够的风时和风速长度,需要一定的条件。

表 10-1 给出了不同风速下达到充分发展风浪的条件。

达到充分发展风浪的条件 表 10-1

风速(kn)	风时(h)	风区长度(nmile)	风速(kn)	风时(h)	风区长度(nmile)
10	2.4	10	40	42	710
20	10	75	50	69	1 420
30	23	280			

注:1kn 即为 1 海里/h = 1.852km/h,1nmile 即为 1 海里 = 1.852km。

三、海浪的分类

海浪大致分成三类:

1. 风浪

风浪是在风的直接作用下产生的,表面看来极不规则的海浪,也叫作不规则波,是舟艇航行中经常遇到的一种海浪。

2. 涌

涌是由其他风区传来的波,或者由于当地的风力急剧下降、风向改变或者风平息之后形成的海浪。涌的形态和排列比较规则,波及的区域也较大。在一个海区内常见风暴未到而涌先到,或者风暴已过而涌仍然存在。

3. 混合浪

混合浪是风浪和涌同时存在的海浪。

由于涌的形态比较规则,它可以近似地用规则波来表示,例如余弦波。对于风浪,由于它的随机性,风浪的要素必须用另外的方法来表示,目前普遍采用的是统计分析方法。

第二节 风级和浪级

为了实用上的方便,通常根据风对海面物体的影响程度定出风的等级,习惯上采用按风速的大小从 0 ~ 12 分成 13 级的蒲福(Beaufort)风级,其主要特点见表 10-2。

风级和风速可以按以下近似公式确定：

$$U = 1.63\sqrt{F^3} \tag{10-1}$$

式中：U——风速（nmile/h）；

F——蒲福（Beaufort）风级。

通常把风速超过64nmile/h的特大风暴叫作十二级，但是在自然界中64nmile/h以上的风速范围还很广。

蒲福风级　　表10-2

风级	名称	风速		海面征状	参考浪高（m）
		nmile/h	m/s		
0	无风	1以下	0~0.2	海面如镜	—
1	软风	1~3	0.3~1.5	鱼鳞状涟漪，没有浪花	0.1(0.1)
2	轻风	4~6	1.6~3.3	小波、尚短，但波形显著，波峰呈玻璃色，未破碎	0.2(0.3)
3	微风	7~10	3.4~5.4	较大的小波，波峰开始破碎，出现玻璃色浪花，间或有稀疏白浪	0.6(1.0)
4	和风	11~16	5.5~7.9	小浪，波长变长，白浪成群出现	1.0(1.5)
5	清劲风	17~21	8.0~10.7	中浪，具有较显著的长波形状，许多白浪形成(间有飞沫)	2.0(2.5)
6	强风	22~27	10.8~13.8	大浪开始形成，带有白色浪花的波峰遍地都是（可能有飞沫）	3.0(4.0)
7	疾风	28~33	13.9~17.1	大浪，破碎的白色浪花开始沿风向被吹成带状	4.0(5.5)
8	大风	34~40	17.2~20.7	较长的中长浪，波峰边缘开始破碎成为浪花，沿风向形成很显著的带状	5.5(7.5)
9	烈风	41~47	20.8~24.5	狂浪，沿风向出现密集的白色浪花带，波峰开始摇动、翻滚，飞沫影响能见度	7.0(10.0)
10	狂风	48~55	24.5~28.4	狂涛，波峰长而翻转，白色浪花大片地被风削去，沿风向形成条条密集的白带，整个海面呈白色，海面翻转动荡更加猛烈，影响能见度	9.0(12.5)
11	暴风	56~63	28.5~32.6	异常狂涛，沿风向伸展的大片白浪花完全覆盖海面，视线所及浪峰边缘被吹到空中，影响能见度	11.5(16.0)
12	飓风	64以上	32.6以上	空中充满了白色的浪花和飞沫，被风驱赶的飞沫使海面完全呈白色，严重影响能见度	14.0

注：参考浪高指三一平均波高，括号内浪高指十一平均波高，三一平均波高和十一平均波高的具体含义见表10-4的表注。

在观测的海区，由其他海区传来的波，或者由于当地的风力急剧下降、风向改变或者风平息后会形成涌，习惯上根据涌的高度和长度从0~9分为10级，其特点见表10-3。

涌的分级 表10-3

涌级	涌名	海面特征	涌高(m)
0	无涌	—	—
1	小涌	短、中长的低涌	<0.3
2	小涌	长的低涌	0.3~0.8
3	中涌	短的稍高涌	0.8~1.3
4	中涌	中、长的稍高涌	1.3~2.0
5	大涌	长的稍高涌	2.0~3.5
6	大涌	短的高涌	3.5~6.1
7	巨涌	中、长的高涌	6.1~8.6
8	巨涌	长的高涌	8.6~11.0
9	巨涌	涌从两方向来,海面呈混乱状态	>11.0

注:短涌,涌长100m以下,周期8s以下;中涌,涌长100~200m,周期8.1~11.3s;长涌,涌长200m以上,周期11.4s以上。

风浪的级别是波动力的标志,而波动力是由风浪的尺度决定的。因此风浪的级别主要由风浪的尺度所决定。风浪越大,波动力越大,则风浪级别越高。目前各国风浪级别差别较大。通常习惯采用按波高大小从0~9分10个等级,波高的相应值见表10-4。

风浪的级别 表10-4

浪级	浪名	浪高(m)	
		$\bar{\zeta}_{\frac{w}{3}}$	$\bar{\zeta}_{\frac{w}{10}}$
0	无波(无浪)	0	0
1	微波(微浪)	<0.1	<0.1
2	小波(小浪)	0.1~0.5	0.1~0.5
3	轻浪	0.5~1.25	0.5~1.5
4	中浪	1.25~2.5	1.5~3.0
5	大浪	2.5~4.0	3.0~5.0
6	巨浪	4.0~6.0	5.0~7.5
7	狂浪	6.0~9.0	7.5~11.5
8	狂涛	9.0~14.0	11.5~18
9	怒涛	>14.0	>18

注:$\bar{\zeta}_{\frac{w}{3}}$ 为三一平均波高,即1/3最大波高的平均值;$\bar{\zeta}_{\frac{w}{10}}$ 为十一平均波高,即1/10最大波高的平均值。

风是产生风浪的主要原因,但是必须有充分的风时和风区长度才能形成与风级相称的风浪级别。

风作用于海面不仅产生不同尺度的风浪,而且使海面的外貌也发生变化,例如出现浪花、飞沫等现象。海面的外部特征取决于风速和风时,也和风区特点有很大关系,受到海岸、海岛、水深等因素的影响。在风直接或间接作用下的海面所呈现的外貌称为海况,一般习惯把海况从0~9分为10级,其特点见表10-5。

海况等级表 表 10-5

海况	海面特征
0	海面光滑如镜，或者仅有涌存在
1	波纹涟漪，或者涌和波同时存在
2	波浪很小，波顶开始破裂，浪花不显白色，而呈玻璃色
3	波浪不大，但很注目，波顶开始翻倒，有的地方形成白色浪花——"白浪"
4	波浪具有显著的形状，波顶急剧翻倒，到处形成"白浪"
5	出现高达波浪，波顶的浪花层占很大面积，风开始从浪顶上削去浪花
6	波峰呈现风暴波，波顶上削去的浪花开始一条条地沿着波浪斜面伸长
7	被风削去的浪花布满了波浪斜面，有些地方融合到波谷，波峰上布满了浪花层
8	稠密的浪花布满了波浪的斜面，因而海面变成白色，只有波谷，某些地方没有
9	整个海面布满了稠密的浪花层，空气中充满了水滴和飞沫，能见度显著下降

风浪等级和海况这两个概念是有差别的。例如在一定的风速和风时作用下，浅海海岸附近的浪高要比广海的小，因此广海风浪级别要高于沿海。但是在海岸附近的海况常比广海激烈，波浪陡而易破裂，出现布满浪花的波峰和飞沫等，因此沿海的海况等级可能比广海高。

第三节　规则波基本概念

波浪主要指表层水受到外力影响而发生周期性的起伏现象。引起波浪的原因是很多的，最常见的是由风引起的风浪。一般来说，风浪是极不规则的，最简单的风浪是规则波。

理想化的简单的规则波可用正弦型的平面行进波来表示，如图 10-1 所示。沿 o_0x_0 方向传播的平面行进波的波面方程为：

$$\zeta = \zeta_A \cos(kx_0 - \omega t) \tag{10-2}$$

式中：ζ——波面升高；

ζ_A——波幅，波峰或波谷到静水面间的垂向距离，它和波高的关系为 $\zeta_W = 2\zeta_A$；

k——波数，其值等于单位距离上出现的波浪个数的 2π 倍的一种表示波形的参数；

ω——波浪圆频率，简称频率。

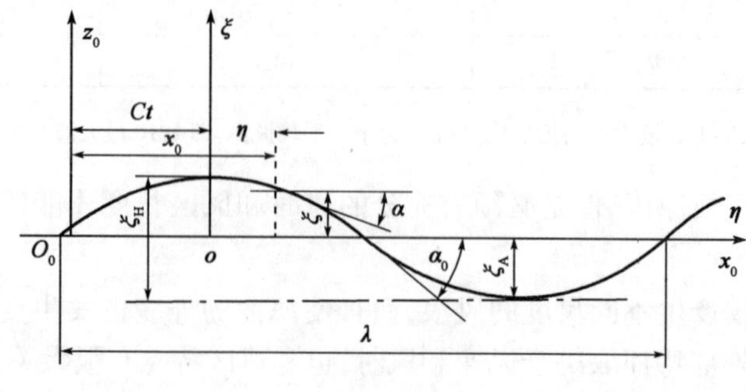

图 10-1　余弦波

与波峰线正交的垂向剖面上的波浪表面倾斜度称为波倾角 α，其大小由式(10-2)决定：

$$\alpha = \frac{\partial \zeta}{\partial x_0} = -k\zeta_A \sin(kx_0 - \omega t) = -\alpha_0 \sin(kx_0 - \omega t) \tag{10-3}$$

式中：α_0 ——最大波倾角，习惯称为波倾，其数值为：

$$\alpha_0 = k\zeta_A = \frac{2\pi}{\lambda}\zeta_A \tag{10-4}$$

式中：λ ——波长，两相邻波峰或波谷之间的水平距离。

对于固定点，通过坐标原点的转换，波倾角随时间的变化可以写成：

$$\alpha = \alpha_0 \sin\omega t \tag{10-5}$$

若时间 t 固定不变，由式(10-4)可以看出，kx_0 每增加 2π，波面升高 ζ 保持不变，其间的距离为一个波长 λ，因此可以写成：

$$k\lambda = 2\pi$$

$$k = \frac{2\pi}{\lambda}$$

若位置 x_0 固定不变，ωt 每增加 2π，波面升高 ζ 保持不变，波形传递一个波长所需的时间为波浪周期 T，故有：

$$\omega T = 2\pi$$

$$T = \frac{2\pi}{\omega} \tag{10-6}$$

在深水条件下，波长 λ、周期 T 和波速 C 之间存在以下关系：

$$T = \sqrt{\frac{2\pi}{g}\lambda} \approx 0.8\sqrt{\lambda}$$

$$\lambda = 1.56T^2$$

$$C = \frac{\lambda}{T} = \sqrt{\frac{g}{2\pi}\lambda} = 1.25\sqrt{\lambda} \tag{10-7}$$

由式(10-6)和(10-7)可以得到

$$\omega = \frac{2\pi}{T} = 2\pi\sqrt{\frac{g}{2\pi\lambda}} = \sqrt{\frac{2\pi}{\lambda}g} = \sqrt{kg}$$

所以

$$k = \frac{\omega^2}{g} \tag{10-8}$$

由流体力学知道，波浪运动是水中各质点沿圆形轨道匀速运动构成的，水质点的这种运动称为轨圆运动，如图 10-2 所示。轨圆运动的周期即为波浪周期，轨圆运动的角速度即为波浪圆频率。轨圆半径 ζ_B 与水深 h_B 的关系为：

$$\zeta_B = \zeta_A e^{-\frac{2\pi h_B}{\lambda}} \tag{10-9}$$

式中：h_B——质点运动的轨圆中心在静水表面下的深度。

从式(10-9)看出，轨圆半径是随水深以指数规律衰减的。当水深等于 $\lambda/2$ 时，由式(10-9)得到 $\zeta_B = \zeta_A e^{-\pi} \approx \zeta_A/23$，即如果表面波的波幅为 3m，那么在 $\lambda/2$ 水深处水的波动只有 0.13m。由此可看出，若物体在水下 $\lambda/2$ 处运动，几乎不受表面波浪的影响。

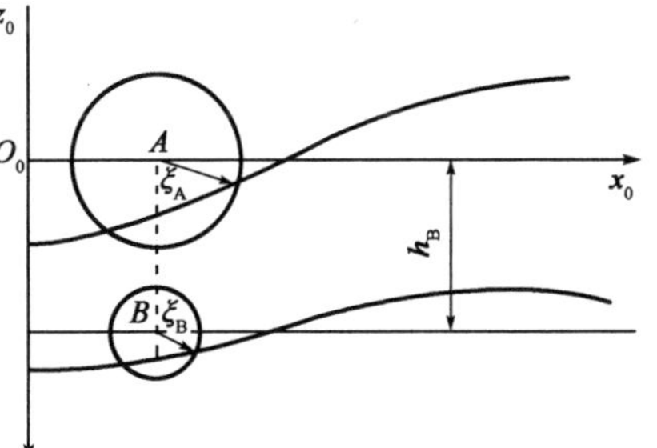

图 10-2 水质点轨圆运动

波内压力场的流体动压力的分布可以用下式确定：

$$p = p_0 + \gamma h_B - \gamma \zeta_B \cos(kx_0 - \omega t) \tag{10-10}$$

式中：p ——某点 B 处的流体动压力；

p_0 ——自由表面的大气压力；

γ ——水的密度。

从式(10-10)看出，在深水中，由波浪引起的压力变化与轨圆半径的变化具有相同的规律，即随着水深的增加，压力变化随指数规律衰减，这种现象通常称为史密斯(Smith)效应。

对于自由表面，式(10-10)中 $p = p_0$ 、$\zeta_A = \zeta_B$ ，则有：

$$h_B = \zeta_A \cos(kx_0 - \omega t) \tag{10-11}$$

比较式(10-11)和式(10-2)，发现波浪表面即为等压面。

现在考虑流场内部的等压面，由式(10-10)得等压面方程为：

$$h_B = \frac{p - p_0}{\gamma} + \zeta_B \cos(kx_0 - \omega t) \tag{10-12}$$

由式(10-12)可以看出，等压面也是余弦曲线，此曲线的轴线位于静水面下的深度为 $(p - p_0)/\gamma$ ，波动的幅值等于相应水线下的水质点轨圆半径。因此，等压面也叫次波面。

波浪中水质点的振荡，并没有使水质点向前移动，也没有质量传递。但是水质点具有速度且有升高，因此，波浪具有能量。余弦波单位波表面积，即单位长度和单位宽度的波浪内所包含的总能量 E 为：

$$E = \frac{1}{2}\rho g \zeta_A^2 \tag{10-13}$$

式中：ρ ——水的密度。

在总能量 E 中一半是动能，一半是位能。

第四节　舟艇的运动

舟艇在水上航行时，像任何刚体一样，可以产生六个自由度的运动。在这些运动中，除了前进的匀速直线运动之外，也包括非零的角速度、变化的角加速度和线加速度的运动。对于后一种形式，大致可以分为以下两类。

一、操纵运动

操纵运动是驾驶者借助于操纵装置，通常是用舵来改变舟艇的运动状态，一般不考虑波浪的影响。

所谓操纵是指舟艇按照驾驶者的意图保持或改变运动状态的性能，即舟艇能保持或改变航速、航向和位置的性能，详见第九章。

二、摇荡运动

摇荡运动是指由风浪的扰动产生的舟艇运动，对于这种运动，驾驶者是难以控制的。

为了研究舟艇的运动,需要选取适当的坐标系。在研究舟艇摇荡运动时,通常采用以下三个右手坐标系,见图 10-3。

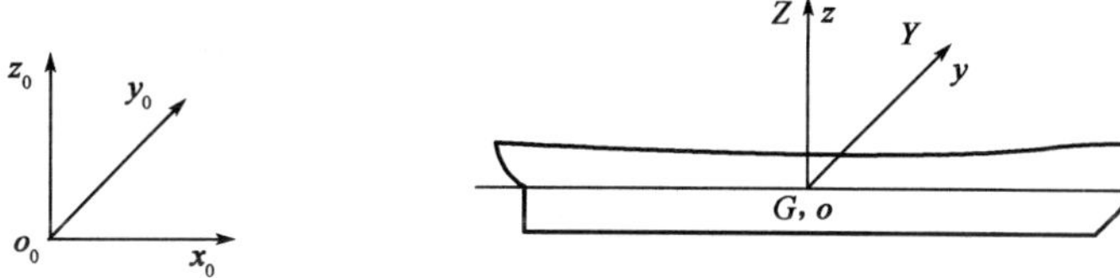

图 10-3 舟艇摇荡坐标系

1. 固定坐标系 $o_0x_0y_0z_0$

它是固定在地球上的直角坐标系,x_0y_0 平面与静水面重合,z_0 轴向上为正。

2. 运动坐标系 $GXYZ$

它是以舟艇重心位置 G 为原点而固定于舟体上的坐标系。X 轴在中线面内,平行于基面,指向舟首为正,Z 轴向上为正。X、Y 和 Z 轴可近似认为是舟体的三根惯性主轴。

3. 半固定坐标系 $oxyz$

它是以舟艇速度 v 随舟艇一起运动的直角坐标系,其位置与在平衡状态的运动坐标系 $GXYZ$ 重合。

舟艇任意时刻的运动可分解为在 $oxyz$ 坐标系内舟艇重心 G 沿三个坐标轴的直线运动及舟体绕三个坐标轴的转动。在这些运动中又有单向运动和往复运动之分,因此,共有十二种运动形式,如图 10-4 所示。习惯采用的名称见表 10-6。

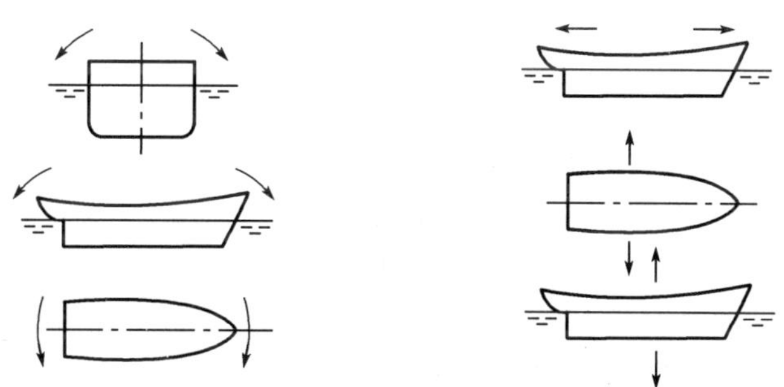

图 10-4 舟艇六个方向的运动

舟艇的摇荡运动 表 10-6

坐标轴	转动		直线	
	单向运动	往复运动	单向运动	往复运动
x	横倾	横摇	前进或后退	纵荡
y	纵倾	纵摇	横漂	横荡
z	回转	首摇	上浮或下沉	垂荡

舟艇在波浪中的纵荡、横荡、垂荡、横摇、纵摇和首摇分别记为 $x(t)$ 、$y(t)$ 、$z(t)$ 、$\theta(t)$ 、$\psi(t)$ 和 $\varphi(t)$ 。由于舟艇都对称于纵中剖面,在摇荡幅度比较小,即所谓线性条件下,可以把 6 个自由度的运动分为两组。一组是纵荡、垂荡与纵摇,称为纵向运动;另一组是横荡、横摇和

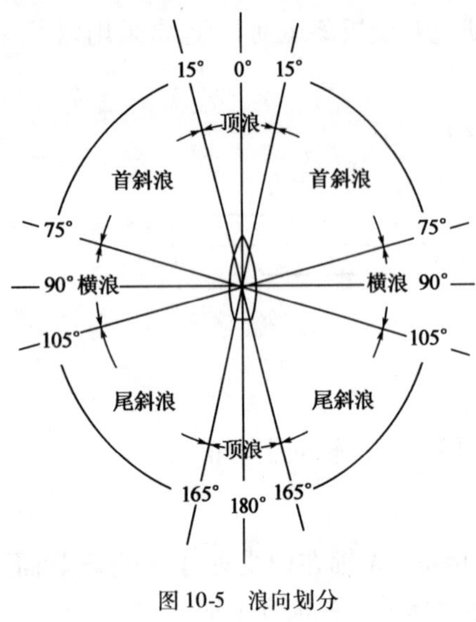

图 10-5 浪向划分

首摇，称为横向运动。同一组之间的振荡运动互相关联即所谓耦合，不同组之间的振荡运动认为是互相不影响，这样可以把分析问题大为简化。

若记舟首方向与波浪传播的负方向之间的夹角为 μ，则如图 10-5 所示，现对于舟首，在左右舷 $\mu = 0° \sim 15°$ 之间传来的波浪称为顶浪；$\mu = 15° \sim 75°$ 之间的来波为首斜浪；$\mu = 75° \sim 105°$ 为横浪；$\mu = 105° \sim 165°$ 为尾斜浪；$\mu = 165° \sim 180°$ 为顺浪。

顶浪时主要考虑纵摇和垂荡，横浪时主要考虑横摇、横荡和首摇，斜浪时才要考虑 6 个自由度的运动。

6 个自由度的摇荡运动中，只有横摇 $\theta(t)$、纵摇 $\psi(t)$ 和垂荡 $z(t)$ 具有恢复力（矩），称得上完全的振荡运动，对航行影响也最大。

第五节　舟艇在静水中的横摇

舟艇在静水中航行时，因为风等外力因素的影响，总会发生摇荡运动。因为阻尼的存在，舟艇最后都会回复到原平衡位置。为讨论问题的方便，首先研究舟艇在静水中的无阻尼横摇。

一、静水无阻横摇

简化假定：

（1）线性——横摇比较小。

（2）无阻——暂不考虑水的阻尼作用。

舟艇在静水面自由横摇，可以从势能和动能互相转换、能量不灭得到解析：舟艇在横倾到某一角度时，具有一定的势能，当舟艇自由以后，便要自动向低势能位置转动，转动过程中势能逐渐减小，转化为动能；到达原平衡位置势能为零，但动能相当大，会继续向平衡位置的另一方向转动；一旦过了平衡位置，动能则逐渐转化为势能，直到动能为零，再开始反方向转化；由于假定无阻尼，能量没有消耗，所以只有反复转换，继续横摇。

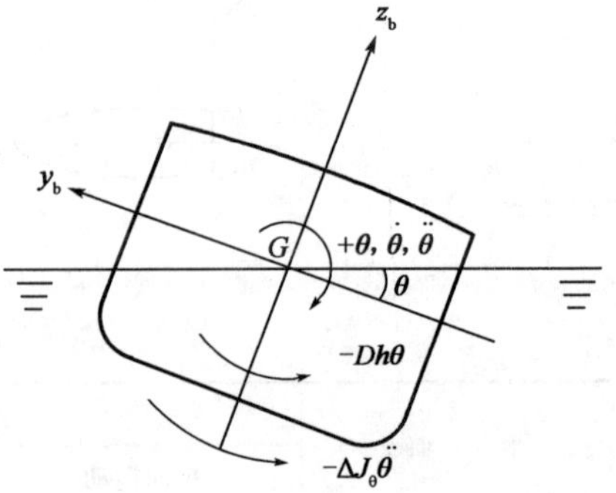

图 10-6 静水无阻横摇受力分析

从数学上分析，可取横摇过程中某一瞬时位置来分析船体的受力，建立运动微分方程式，如图 10-6 所示，并假定重心 G 在载重水线面上。

这一时刻舟体有横摇角 θ、横摇角速度 $\dot{\theta}$ 和横摇角加速度 $\ddot{\theta}$，从而有：

$$\text{恢复力矩} = -Dh\theta \tag{10-14}$$

$$\text{附加惯性力矩} = -\Delta J_\theta \ddot{\theta} \tag{10-15}$$

式中：D——排水量；

h——横稳性高；

ΔJ_θ——横摇附加惯性矩。

由于假定小角度横摇，恢复力矩可用初稳性公式计算，即式(10-14)。舟体在静水中作横摇运动，引起周围原来静止的水质点也作变速运动，增加了水的动能；与此同时，舟体则受到大小与运动加速度成正比、方向与加速度方向相反的水对舟体的反作用力，称为附加惯性力，其比例系数称为附加质量。此附加质量对 Gx_b 轴的惯性矩称为横摇附加惯性矩 ΔJ_θ，从而称 $-\Delta J_\theta \ddot{\theta}$ 为横摇附加惯性力矩。

按照牛顿第二定律，若记舟艇质量绕 Gx_b 轴的惯性矩为 J_θ，则图 10-6 中舟体运动的微分方程式为：

$$J_\theta \ddot{\theta} = -\Delta J_\theta \ddot{\theta} - Dh\theta \tag{10-16}$$

移项得：

$$(J_\theta + \Delta J_\theta)\ddot{\theta} + Dh\theta = 0 \tag{10-17}$$

或

$$\ddot{\theta} + n_\theta^2 \theta = 0 \tag{10-18}$$

其中

$$n_\theta^2 = \frac{Dh}{J_\theta + \Delta J_\theta} \tag{10-19}$$

微分方程式的解为：

$$\theta = C_1 \cos n_\theta t + C_2 \sin n_\theta t \tag{10-20}$$

若初始条件 $t=0$ 时，$\theta=\theta_0$，$\dot{\theta}=0$，则积分常数 $C_1=\theta_0$，$C_2=0$。于是有：

$$\theta = \theta_0 \cos n_\theta t \tag{10-21}$$

静水无阻横摇的特点如下：

(1)舟艇在静水中无阻横摇是等幅简谐振动，摇幅 θ_0 就是初始横摇角，见图 10-7。

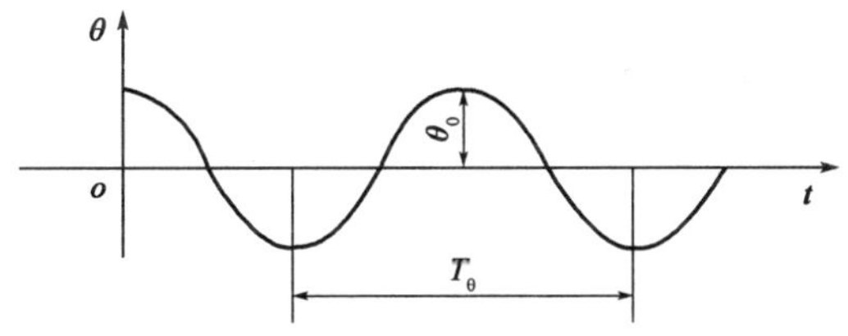

图 10-7 等幅简谐振动

(2)无阻横摇的圆频率 n_θ 由式(10-19)定义，它决定于舟艇的排水量、绕 Gx_b 轴的质量惯性矩和横稳性高，即决定于舟艇本身的特性，与外界条件无关，故称 n_θ 为舟艇的横摇固有频率或自摇频率，从而舟艇的横摇固有周期为：

$$T_\theta = \frac{2\pi}{n_\theta} = 2\pi\sqrt{\frac{J_\theta + \Delta J_\theta}{Dh}} \tag{10-22}$$

对于振动系统，若扰动力的频率和系统的固有频率相同，将出现大振幅的共振现象。因此，横摇固有周期对舟艇在波浪中的横摇有极重要的影响。

由式(10-22)计算舟艇的横摇周期，困难之处在于计算横摇附加惯性矩 ΔJ_θ 和舟艇本身的

质量惯性矩 J_θ,在民用海船稳性规范中给出了简易计算横摇固有周期的公式,即:

$$T_\theta \approx 0.58\sqrt{\frac{B^2 + 4z_g^2}{h_0}} \tag{10-23}$$

式中:z_g——舟艇重心距基线高;

h_0——未经自由液面修正的横稳性高。

在线性化假设之下(恢复力矩 $=Dh\theta$),T_θ 是一常数,若此假定不成立时,则 T_θ 要随摇幅变化。实践证明,质量惯性矩 J_θ 影响 T_θ 不明显,改变 T_θ 主要靠 h,但 h 受初稳性的制约,两者对 h 的要求是矛盾的。为了保证稳性,h 一般有一定范围,因此,舰船的横摇固有周期也有一定范围,常见舰船的横摇固有周期见表 10-7。

常见舰船横摇固有周期 表 10-7

舰 船 类 型	横 摇 T_θ(s)	舰 船 类 型	横 摇 T_θ(s)
巡洋舰	10 ~ 15	客船	20 ~ 25
驱逐舰	8 ~ 10	客货船	10.5 ~ 14.5
护卫舰	6 ~ 8	货船	9 ~ 13
巡逻艇	4 ~ 6	油船	9 ~ 10
快艇	3 ~ 5	渔船	5.5 ~ 7

二、静水有阻横摇

舟艇在静水面上作横摇运动时实际并不是等幅简谐运动,而是摇幅逐渐减少,最后停止在原平衡位置,记录曲线如图 10-8 所示。

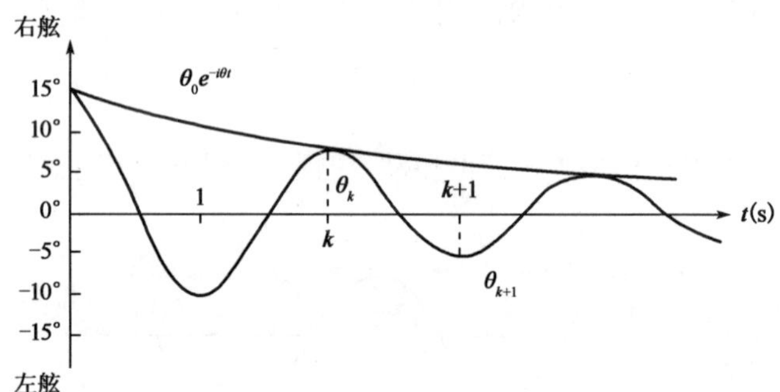

图 10-8 静水有阻横摇

舟艇有阻横摇是因为舟艇在静水中自由横摇时要受到水的阻滞作用,消耗能量,若没有新的能量补充,自然是横摇越来越小。习惯上称水对舟艇摇荡的阻力为阻尼,阻尼的方向与角速度方向相反,小摇幅时阻尼的大小与角速度成正比,大摇幅时则与角速度呈非线性关系。

取横摇过程中一瞬时位置如图 10-9 所示,此时,舟艇的受力除恢复力矩和附加惯性力矩外,还要加上阻尼力矩 $-2N_\theta\dot{\theta}$。其中 $2N_\theta$ 为阻尼比例常数。

于是,按照平衡原理,静水有阻横摇微分方程式为:

$$(J_\theta + \Delta J_\theta)\ddot{\theta} + 2N_\theta\dot{\theta} + Dh\theta = 0 \tag{10-24}$$

或

$$\ddot{\theta} + 2\nu_\theta\dot{\theta} + n_\theta^2\theta = 0 \tag{10-25}$$

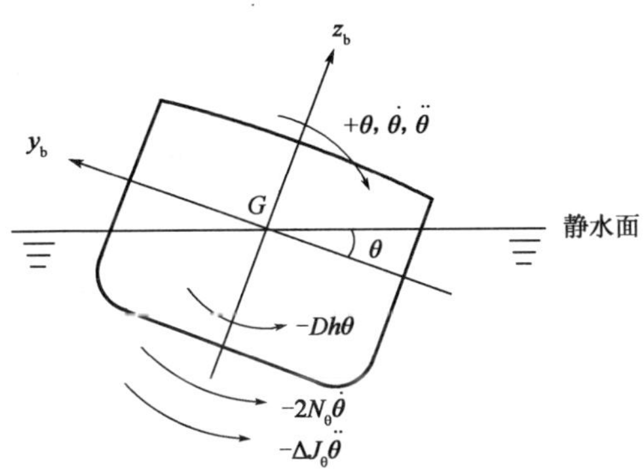

图 10-9 静水有阻横摇受力分析

其中衰减系数为:

$$2\nu_\theta = \frac{2N_\theta}{J_\theta + \Delta J_\theta} \tag{10-26}$$

式(10-27)是二阶常系数线性齐次微分方程,一般 $2\nu_\theta$ 比较小,微分方程解的形式为:

$$\theta = e^{-\nu_\theta t}(C_1\cos n_{\theta d}t + C_2\sin n_{\theta d}t) \tag{10-27}$$

其中,频率:

$$n_{\theta d}^2 = n_\theta^2 - \nu_\theta^2 \tag{10-28}$$

积分常数 C_1 和 C_2 决定于初始条件,若 $t=0$,则 $\theta=\theta_0$、$\dot{\theta}=0$。

则代入 θ 和 $\dot{\theta}$ 可解出:

$$C_1 = \theta_0$$

$$C_2 = \frac{\nu_\theta\theta_0}{n_{\theta d}}$$

于是

$$\theta = \theta_0 e^{-\nu_\theta t}\left(\cos n_{\theta d} + \frac{\nu_\theta}{n_{\theta d}}\sin n_{\theta d}t\right) \tag{10-29}$$

静水有阻横摇的特点:

(1)静水有阻横摇周期与无阻横摇周期相近。

由式(10-28)得静水有阻横摇周期:

$$T_{\theta d} = \frac{2\pi}{n_{\theta d}} = \frac{2\pi}{n_\theta}\frac{1}{\sqrt{1-\left(\frac{\nu_\theta}{n_\theta}\right)^2}} = \frac{T_\theta}{\sqrt{1-\mu_\theta^2}} \tag{10-30}$$

其中

$$\mu_\theta = \frac{\nu_\theta}{n_\theta}$$

u_θ 称为无因次横摇衰减系数或无因次横摇阻尼系数。由于 ν_θ 远小于 n_θ,所以 μ_θ 比较小,例如 $\mu_\theta=0.1$,实际上就是比较大的了,以 $\mu_\theta=0.1$ 代入式(10-30),则:

$$T_{\theta d} = \frac{T_\theta}{\sqrt{1-\mu_\theta^2}} \approx 1.005T_\theta$$

可见阻尼对横摇固有周期影响不大,通常把静水中实测的横摇周期作为舟艇的横摇固有周期。

(2)摇幅按指数规律减小。

由式(10-29)得知,从 $t = 0$ 开始每增加半个周期($T_{\theta d}/2$)出现一次摇幅,若取其绝对值,则:

$$\theta_{ai} = \theta_0 e^{-i\nu_\theta \frac{T_{\theta d}}{2}} \qquad (i = 0,1,2,\cdots)$$

即摇幅随 i 的增大按指数规律减小,如图 10-8 所示。则每半个周期摇幅的减小值为:

$$\Delta\theta_k = \theta_0 e^{-\left(\frac{\nu_\theta T_\theta}{2}\right)_k} - \theta_0 e^{-\left(\frac{\nu_\theta T_\theta}{2}\right)_{k+1}} = \theta_0 e^{-\left(\frac{\nu_\theta T_\theta}{2}\right)_k}\left(1 - e^{-\frac{\nu_\theta T_\theta}{2}}\right)$$

所以

$$\Delta\theta_k = \theta_k\left(1 - e^{-\frac{\nu_\theta T_\theta}{2}}\right) \tag{10-31}$$

因为

$$e^{-\nu_\theta \frac{T_\theta}{2}} = 1 + \left(-\nu_\theta \frac{T_\theta}{2}\right) + \frac{\left(-\nu_\theta \frac{T_\theta}{2}\right)^2}{2!} + \cdots \approx 1 - \nu_\theta \frac{T_\theta}{2} \tag{10-32}$$

将式(10-32)代入式(10-31)得:

$$\Delta\theta_k = \theta_k\left(1 - 1 + \frac{\nu_\theta T_\theta}{2}\right) = \theta_k \frac{\nu_\theta T_\theta}{2} = \theta_k \frac{\nu_\theta}{2}\frac{2\pi}{n_\theta} = \theta_k \nu_\theta \frac{\pi}{n_\theta}$$

最终得:

$$\Delta\theta_k = \pi\theta_k\mu_\theta \tag{10-33}$$

或

$$2\mu_\theta = \frac{2\Delta\theta_k}{\pi\theta_k} \tag{10-34}$$

可见,无因次横摇衰减系数 μ_θ 的大小唯一决定于横摇的衰减速率,它又是决定舟艇本身特性而对舟艇在波浪中横摇有重要影响的因素。要想减小猛烈的横摇,在设计中就要设法增大 μ_θ。

μ_θ 的确定按定义为:

$$2\mu_\theta = \frac{2N_\theta}{\sqrt{(J_\theta + \Delta J_\theta)Dh}} \tag{10-35}$$

可知无因次横摇衰减系数决定于舟艇的排水量、横向尺度、横剖面形状、质量分布、重心高度和附体等复杂因素,迄今尚不能导出其理论计算公式。虽在不少文献中有估算 μ_θ 的经验公式,但最可靠还是要通过模型试验。

方案设计中,在没有条件做试验时,以下可作为初步估算。

小摇幅时,则:

$2\mu_\theta \approx 0.07 \sim 0.10$,无舭龙骨;

$2\mu_\theta \approx 0.11 \sim 0.14$,有舭龙骨。

大摇幅时,则:

$2\mu_\theta \approx 0.16 \sim 0.18$,无舭龙骨;

$2\mu_\theta \approx 0.20 \sim 0.23$,有舭龙骨。

实验表明:舟艇以速度 v 航行时,一般 $2\mu_\theta(F_r)$ 比无航速时 $2\mu_\theta(0)$ 大,对无舭龙骨舟艇,初估可取:

$$2\mu_\theta(F_r) = 2\mu_\theta(0)(1 + 3.3F_r) \tag{10-36}$$

式中：F_r——傅鲁德数；

$2\mu_\theta(0)$——无舭龙骨舟艇零航速时的无因次横摇衰减系数。

第六节　舟艇在规则波中的线性横摇

舟艇在波浪中的摇荡是一复杂的运动，为了简化研究和突出问题的本质，作下列简化假设：

(1)线性运动。在线性范围内，可以略去摇荡之间或流体作用力之间的互相影响；

(2)波浪是微幅平面行进波，舟体的存在不改变波内压力场的结构；

(3)横浪。舟体的横向尺度（舟体宽 B 和吃水 d）远小于波长 λ。

据此，可以近似认为，波面在舟宽范围内为直线，波倾角为：

$$\alpha = \alpha_0 \sin\omega t \tag{10-37}$$

并且舟艇的浮力和重力垂直于波面。因此，当舟相对于静水面有横倾角 θ 时，则由于波面相对于静水面有波倾角 α，所以舟相对于波动水面有横倾角 $(\theta-\alpha)$，如图 10-9 所示。

取舟艇在波浪中横摇过程中的某一瞬时位置来分析。类似于静水有阻横摇的分析方法，见图 10-10，但此时考虑舟艇相对于动水面（波面）运动，舟相对于波面有横摇角 $(\theta-\alpha)$，因此，恢复力矩不是 $-Dh\theta$，而应是：

$$M_{恢} = -Dh(\theta-\alpha)$$

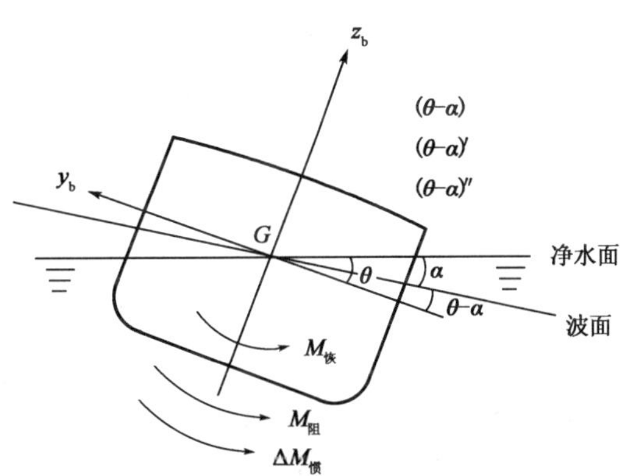

图 10-10　舟艇在规则横浪中横摇受力分析

同时舟艇有相对角速度 $(\theta-\alpha)'$，有阻尼力矩：

$$M_{阻} = -2N_\theta(\theta-\alpha)'$$

舟艇有相对角加速度 $(\theta-\alpha)''$，有附加惯性力矩：

$$\Delta M_{惯} = -\Delta J_\theta(\theta-\alpha)''$$

由平衡原理得：

$$J_\theta\ddot{\theta} = M_{恢} + M_{阻} + \Delta M_{惯}$$

代入各外力矩，经移项整理后得：

$$(J_\theta + \Delta J_\theta)\ddot{\theta} + 2N_\theta\dot{\theta} + Dh\theta = \Delta J_\theta\ddot{\alpha} + 2N_\theta\dot{\alpha} + Dh\alpha \tag{10-38}$$

式(10-38)即在规则横浪中线性横摇的微分方程式。方程式左边是舟艇在静水中横摇的各力矩,已经讨论过,下面对方程式右边与波倾角有关的扰动力矩作进一步的分析。

一、波浪的扰动力矩

由式(10-38)得:

$$M_{扰} = \Delta J_{\theta}\ddot{\alpha} + 2N_{\theta}\dot{\alpha} + Dh\alpha$$

其中,$\Delta J_{\theta}\ddot{\alpha}$ 和 $2N_{\theta}\dot{\alpha}$ 是波面运动的角加速度和角速度引起的附加惯性扰动力矩和阻尼扰动力矩,实践表明它们相对于 $Dh\alpha$ 可予忽略。于是:

$$M_{扰} = Dh\alpha \tag{10-39}$$

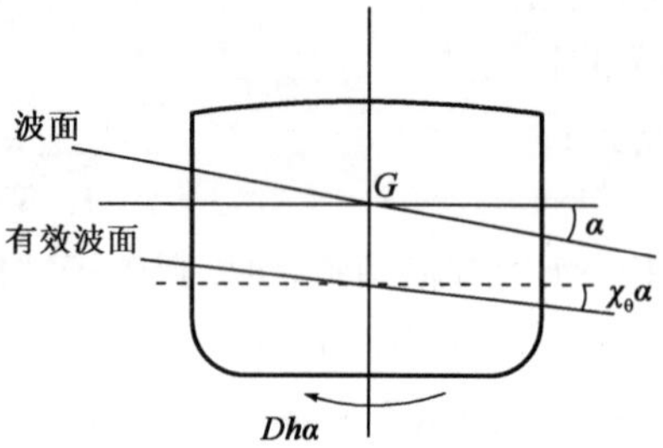

相当于波浪从舷向传过正浮舟艇时出现水面倾斜角 α,从而出现与 α 同向的、使舟艇横倾的力矩 $Dh\alpha$,如图 10-11 所示。

图 10-11　波浪扰动力矩

用 $Dh\alpha$ 计算波浪的横摇扰动力矩,本质上是从静水压力的角度计算波中动水压力。由于存在史密斯效应,在舟吃水(d)浅时,误差不大,当舟艇吃水比较深时,要作修正;或者说取一个比 α 小的次波面的波倾角($\chi_{\theta T}\alpha$)来计算扰动力矩,比较合理。此次波面称为有效波面,对横摇计算,一般可取 1/2 吃水处的次波面为有效波面,即:

$$\chi_{\theta T} = e^{-\frac{kd}{2}} \tag{10-40}$$

也可利用有关资料求得修正系数 $\chi_{\theta T}$。如图 10-12 所示,就是一种有限吃水修正系数图谱,图中 d 为舟艇的吃水,λ 为波长,参变数 χ 是舟艇的竖向棱形系数。

此外,舟宽范围内波面是直线的假设也将引起一定的误差,如图 10-13 所示,也需要引入有限舟宽修正系数 $\chi_{\theta B}$。

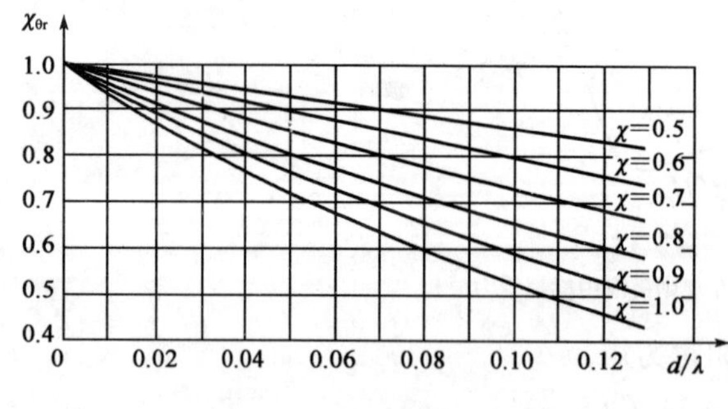

图 10-12　有限吃水修正系数

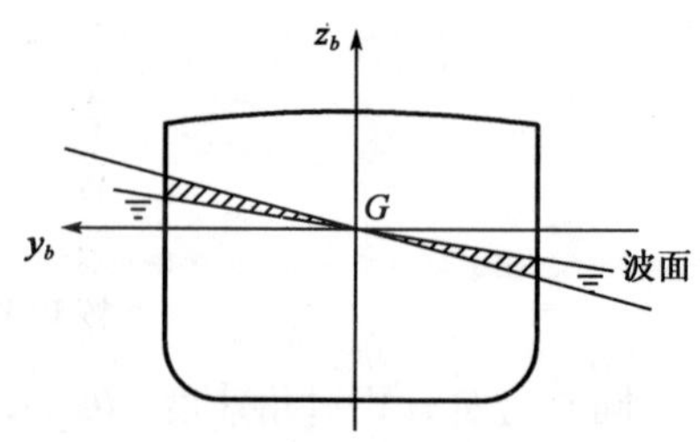

图 10-13　有限舟宽修正

$$\chi_{\theta B} = 1 - \sqrt{C_W}\left(\frac{B}{\lambda}\right)^2 \tag{10-41}$$

式中:C_W——水线面面积系数。

于是,横摇扰动力矩应为:

$$M_{扰} = Dh\chi_{\theta T}\chi_{\theta B}\alpha = Dh\alpha_e \tag{10-42}$$

把式(10-40)代入式(10-42)得:

$$M_{扰} = Dh\chi_{\theta T}\chi_{\theta B}\alpha_0\sin\omega t = Dh\alpha_{e0}\sin\omega t \tag{10-43}$$

式中：α_e ——有效波倾角，$\alpha_e = \chi_\theta\alpha$；

α_{e0} ——最大有效波倾角，$\alpha_{e0} = \chi_\theta\alpha_0$。

$\chi_{\theta B}$和$\chi_{\theta T}$的适用范围分别为：$\lambda = 8 \sim 10B$，$\lambda = 16 \sim 20d$。只有在该范围内，才可以有把握地利用它，并且，在此范围内，有限舟宽造成的误差较小。

二、强迫横摇运动

把式(10-42)代入式(10-38)右端：

$$(J_\theta + \Delta J_\theta)\ddot{\theta} + 2N_\theta\dot{\theta} + Dh\theta = Dh\alpha_{e0}\sin\omega t$$

或

$$\ddot{\theta} + 2\nu_\theta\dot{\theta} + n_\theta^2\theta = n_\theta^2\alpha_{e0}\sin\omega t \tag{10-44}$$

式(10-44)是典型的二阶常系数线性微分方程，方程的通解就是式(10-29)。这里主要谈论方程的特解。

设式(10-44)的特解为：

$$\theta = \theta_\alpha\sin(\omega t - \varepsilon_{\theta-\alpha}) \tag{10-45}$$

式中：θ_α——横摇幅值；

$\varepsilon_{\theta-\alpha}$——横摇 θ 与扰动源 α 的相位差。

将式(10-45)及其导数 $\dot{\theta}$ 和 $\ddot{\theta}$ 代入式(10-44)，展开三角函数，然后合并同类项，比较等式左右两边 $\cos\omega t$ 和 $\sin\omega t$ 的系数得：

$$(n_\theta^2\theta_\alpha - \omega^2\theta_\alpha)\cos\varepsilon_{\theta-\alpha} + 2\nu_\theta\omega\theta_\alpha\sin\varepsilon_{\theta-\alpha} = n_\theta^2 a_e \tag{10-46}$$

$$(n_\theta^2\theta_\alpha - \omega^2\theta_\alpha)\sin\varepsilon_{\theta-\alpha} - 2\nu_\theta\omega\theta_\alpha\cos\varepsilon_{\theta-\alpha} = 0 \tag{10-47}$$

于是，(10-46)$\cos\varepsilon_{\theta-\alpha}$ + (10-47)$\sin\varepsilon_{\theta-\alpha}$ 得：

$$\theta_\alpha(n_\theta^2 - \omega^2) = n_\theta^2\alpha_{e0}\cos\varepsilon_{\theta-\alpha} \tag{10-48}$$

(10-46)$\sin\varepsilon_{\theta-\alpha}$ − (10-47)$\cos\varepsilon_{\theta-\alpha}$ 得：

$$2\nu_\theta\omega\theta_\alpha = n_\theta^2\alpha_{e0}\sin\varepsilon_{\theta-\alpha} \tag{10-49}$$

$(10\text{-}48)^2 + (10\text{-}49)^2$ 得：

$$\theta_\alpha = \frac{n_\theta^2\alpha_{e0}}{\sqrt{(n_\theta^2 - \omega^2)^2 + 4\nu_\theta^2\omega^2}}$$

或

$$\theta_\alpha = \frac{\alpha_{e0}}{\sqrt{(1 - \Lambda^2)^2 + 4\mu_\theta^2\Lambda^2}} \tag{10-50}$$

由式(10-47)直接得：

$$\varepsilon_{\theta-\alpha} = \arctan\frac{2\nu_\theta\omega}{n_\theta^2 - \omega^2}$$

或

$$\varepsilon_{\theta-\alpha} = \arctan\frac{2\mu_\theta\Lambda}{1 - \Lambda^2} \tag{10-51}$$

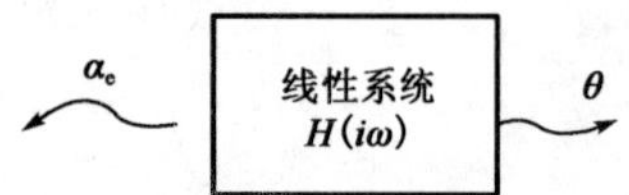

图 10-14　线性系统方框图

其中 $\mu_\theta = \dfrac{\nu_\theta}{n_\theta}$，称为无因次横摇阻尼系数；$\Lambda = \dfrac{\omega}{n_\theta}$，称为调谐因子。

式(10-44)代表一种线性系统，这里输入是有效波倾角 α_e，输出是横摇角 θ，如图 10-14 所示，系统的频率响应函数或复放大系数很容易写出：

$$H(i\omega) = \frac{n_\theta^2}{(i\omega)^2 + 2\nu_\theta(i\omega) + n_\theta^2} = P - iQ \tag{10-52}$$

经复数化简，得：

$$P = \frac{n_\theta^2(n_\theta^2 - \omega^2)}{(n_\theta^2 - \omega^2)^2 + 4\nu_\theta^2\omega^2}$$

$$Q = \frac{n_\theta^2 2\nu_\theta\omega}{(n_\theta^2 - \omega^2)^2 + 4\nu_\theta^2\omega^2}$$

于是

$$\theta_\alpha = |H(i\omega)|\alpha_{e0}$$

$$\varepsilon_{\theta-\alpha} = \arctan\frac{Q}{P} \tag{10-53}$$

最后结果与式(10-50)和式(10-51)一致。

结合式(10-50)和式(10-51)得：

$$|H(i\omega)| = \frac{\theta_\alpha}{\alpha_{e0}} = \frac{1}{\sqrt{(1-\Lambda^2)^2 + 4\mu_\theta^2\Lambda^2}} \tag{10-54}$$

称 $|H(i\omega)|$ 或 $\theta_\alpha/\alpha_{e0}$ 为放大因子。

当波浪的频率和舟艇的固有摇幅频率相近时，即调谐因子 $\Lambda = \omega/n_0 = 1$ 时，有：

$$|H(i\omega)| = \frac{\theta_\alpha}{\alpha_{e0}} = \frac{1}{2\mu_\theta} \tag{10-55}$$

$$\varepsilon_{\theta-\alpha} = 90°$$

由于 $2\mu_\theta$ 比较小，所以将有比较大的横摇幅值出现，称为共振现象或谐振现象。

三、影响摇幅的主要因素

由式(10-54)可得：

$$|H(i\omega)| = \frac{\theta_\alpha}{\alpha_{e0}} = \frac{1}{\sqrt{(1-\Lambda^2)^2 + (2\mu_\theta)^2\Lambda^2}} \tag{10-56}$$

相位差的变化规律是式(10-51)，式中只有变量 $2\mu_\theta$ 和 Λ，如图 10-15 和图 10-16 所示，以 Λ 为变数，μ_θ 为参变量，画出了幅值放大因子和相位差的变化规律。前者称为幅频曲线，后者称为相频曲线。

(1)当 $\Lambda \to 0$ 时，$\dfrac{\theta_\alpha}{\alpha_{e0}} \to 1$，$\varepsilon_{\theta-\alpha} \to 0$。

这种情况相当于救生筏或浅吃水平底舟艇在大浪中，摇幅、相位都和波浪一致。因为波倾角一般在10°左右，而且大波周期长，所以舟艇在这种情况下横摇角度不大，而且比较缓和。

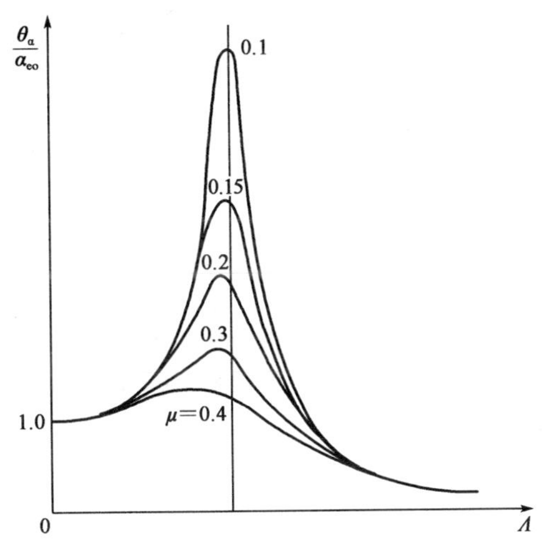

图10-15 幅频曲线

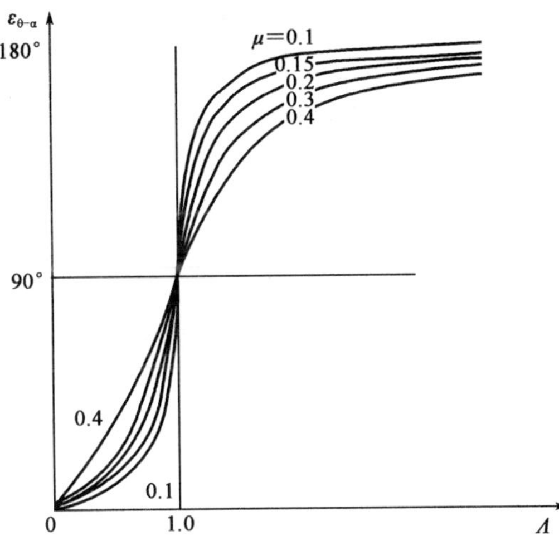

图10-16 相频曲线

(2)当 $\Lambda \to \infty$ 时，$\frac{\theta_\alpha}{\alpha_{e0}} \to 0$，$\varepsilon_{\theta-\alpha} \to 180°$。

这种情况相当于舟艇在极短周期的波浪中，舟艇实际上不摇荡。

(3)当 $\Lambda = 1$ 时，$\frac{\theta_\alpha}{\alpha_{e0}} = \frac{1}{2\mu_\theta}$，$\varepsilon_{\theta-\alpha} = 90°$。

只有在这时舟艇才出现大幅值横摇。实际上在 $\Lambda = 0.75 \sim 1.3$ 范围内摇幅都比较大，称为共振区或谐振区。

严格讲，幅频曲线的极大值位置不在 $\Lambda = 1$ 处。欲确定其位置，可令：

$$x = \Lambda^2$$

$$y = \left(\frac{\theta_\alpha}{\alpha_{e0}}\right)^2$$

则式(10-56)变为

$$y = \frac{1}{(1 - x)^2 + 4\mu_\theta^2 x}$$

求出 dy/dx，并令其等于0，可解得：

$$x = 1 - 2\mu_\theta^2$$

所以

$$\Lambda = \sqrt{1 - 2\mu_\theta^2}$$

表明放大因子的极大值位置在 $\lambda = 1$ 位置的左边。但因为一般 μ_θ^2 比较小，两者基本重合，所以实践中常常把共振摇幅当作最大摇幅。

舟艇设计中，希望能最大限度避开横摇共振区，这就需要调整横摇固有周期，但改变横摇固有周期主要靠变化横稳性高度 h，而 h 受稳性制约，首先要保证稳性，没有大的调整余地。因此，要合理处理好两者的矛盾。幸而，由图10-14可以看出，加大阻尼能显著降低共振区的摇幅，因为共振时，放大因子与 $2\mu_\theta$ 成反比。

综上所述，影响舟艇横摇的主要因素，从舟艇本身的特性方面讲，主要是固有周期和阻尼。

一般，若有可能则宜加大横摇固有周期，横摇周期长的舟艇发生共振的机会少。无论如何，共振一般不能完全避免，须设法加大阻尼，以降低共振区的摇幅。这就是一般大型舟艇都安装舭龙骨或其他减摇装置（相当于加大了阻尼）的原因。

四、响应幅值算子（RAO）

讨论舟艇在规则波中横摇的目的有：

（1）舟艇在涌浪中横摇近似于在规则波中横摇；

（2）借以揭示舟艇横摇的实质和影响横摇的因素；

（3）为计算舟艇在不规则波中横摇的谱密度函数取得相应幅值算子。

可以说后一个目的更重要些。线性系统的频率响应函数的模的平方称为响应幅值算子（简写为 RAO）。故响应幅值算子为：

$$|H(i\omega)|_{\alpha_0}^2 = \left(\frac{\theta_\alpha}{\alpha_0}\right)^2 = \frac{\chi_\theta^2}{(1-\Lambda^2)^2 + (2\mu_\theta)^2\Lambda^2} \tag{10-57}$$

式中左边右下角标 α_0 表示该响应幅值算子是$(\theta_\alpha/\alpha_0)^2$；还常常用$(\theta_\alpha/\zeta_\alpha)^2$（即摇幅比波幅的平方）表示横摇响应幅值算子，则：

$$|H(i\omega)|_{\zeta_\alpha}^2 = \left(\frac{\theta_\alpha}{\zeta_\alpha}\right)^2 = \frac{\omega^4}{g^2}\frac{\chi_\theta^2}{(1-\Lambda^2)^2 + (2\mu_\theta)^2\Lambda^2} \tag{10-58}$$

这是因为：

$$\alpha_0 = k\zeta_\alpha = \frac{\omega^2}{g}\zeta_\alpha$$

第七节　不规则波概述

理想化、简单化的平面行进波绝不是真实的波浪。真实的波浪，海面起伏极为复杂，波形极不规则。一般，不仅沿风吹的主要方向产生波浪并向该方向传出去，在主风向两侧 $\pm\pi/2$ 的角度范围内都有波浪传播出去，所以海面形成极不规则的波场。为了简化计算，假定风向只沿一个方向吹，从而海浪只沿风吹方向产生并传播出去；虽然如此，所产生的海浪是极不规则的，但其波峰与波谷线彼此平行并垂直于波浪前进的方向，称为“平面不规则波”或“长峰不规则波”。与此不同的，不作上述假定的海浪，则没有连续的长的波峰和波谷线，波面像一个个小丘，为“三元不规则波”或“短峰不规则波”。这里主要讨论长峰不规则波。

虽然做了“长峰”的假定，但海浪仍然是极不规则的随机过程。但若风速一定，在广阔的海面上，吹了相当长时间之后，海浪得到充分的发展，当海浪从风吸收的能量和由形成波浪传播走的能量达到基本平衡时，从统计的意义上讲，海浪的统计规律基本不变，此时的海浪可以认为是平稳随机过程。因为波面总是在静水平面上下起伏，因此，可进一步认为海浪是均值为零的、具有各态历经性的正态平稳随机过程。于是，有关平稳过程的理论完全可以应用于海浪的研究。

一、波高的试验统计平均值

既然海浪均值为零，具有各态历经性的正态平稳随机过程，就可以用一个定点记录时间比较长的现实海浪(即一条定点记录的波升曲线)来代替随机过程的样集。

图 10-17 便是一条这样的海上定点记录曲线。

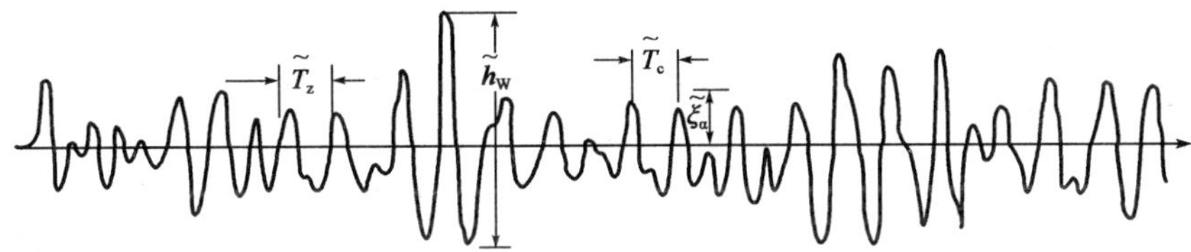

图 10-17 不规则波的典型的定点记录曲线

图 10-17 中:$\widetilde{\zeta}_\alpha$ 为表观波幅,波峰至静水平面的距离;$\widetilde{h}_W$ 为表观波高,相邻峰谷间的垂直距离;$\widetilde{T}_z$ 为表观跨零周期,曲线相邻两次向上穿越零线的时间;$\widetilde{T}_c$ 为表观峰峰周期,出现两个相邻波峰所经过的时间。

在记录曲线上取出所有的波高子样,譬如共 n 个,一般 n 应大于 200,然后从小到大加以排列,为 $\widetilde{h}_1$、$\widetilde{h}_2$、…、$\widetilde{h}_i$、…、$\widetilde{h}_n$。

于是,平均波高:

$$\bar{h} = \sum_{i=1}^{n} \frac{\widetilde{h}_i}{n} \tag{10-59}$$

有义波高(或有效波高) $\bar{h}_{1/3}$ 等于三分之一大波的平均值,即:

$$\bar{h}_{1/3} = \sum_{i=\frac{2}{3}n+1}^{n} \frac{\widetilde{h}_i}{\left(\frac{n}{3}\right)} \tag{10-60}$$

十分之一大波平均波高 $\bar{h}_{1/10}$ 等于十分之一大波的平均值,即:

$$\bar{h}_{1/10} = \sum_{i=\frac{9}{10}n+1}^{n} \frac{\widetilde{h}_i}{\left(\frac{n}{10}\right)} \tag{10-61}$$

通常用有义波高来区分海浪的等级,它与有经验的航海人员目测的平均波高相近。也常常采用十分之一大波平均波高,有时甚至采用更大的平均波高。

二、海浪表达式

极端复杂的波能否取某种适宜的数学模型来描述它?在回答这个问题之前,请先看一个有益的事实:取三个正弦型规则波的叠加,其中相关参数见表 10-8。

三个正弦型规则波相关参数 表 10-8

波浪编号	1	2	3
波幅 ζ_{ai} (m)	3.0	3.4	3.2
波数 k_i (1/m)	0.059 0	0.020 5	0.038 5
波长 λ_i (m)	107	307	163
圆频率 ω_i (1/s)	0.759	0.448	0.615

于是

$$\zeta = \zeta_{a1}\cos(k_1\zeta - \omega_1 t) + \zeta_{a2}\cos(k_2\zeta - \omega_2 t) + \zeta_{a3}\cos(k_3\zeta - \omega_3 t)$$

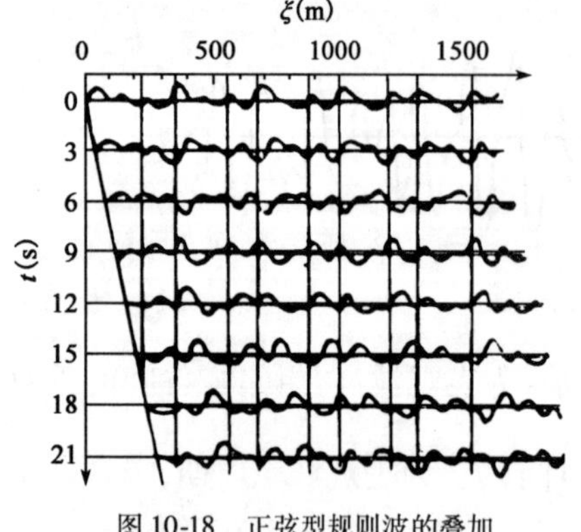

图 10-18　正弦型规则波的叠加

叠加的波形曲线如图 10-18 所示。取定 t，如 $t=0$，合成一条沿 ζ 轴不规则的变化曲线；随着时间的变化，如 $t=3$，合成的不规则曲线也就不同了。这一事实说明，仅仅三个规则的正弦波形叠加之后就可以得到如此不规则的波形，有理由设想，极不规则的海浪可以由叠加大量规则的波形来描述。即：

$$\zeta(t) = \sum_{i=1}^{\infty}\zeta_{ai}\cos(\omega_i t + \varepsilon_i) \tag{10-62}$$

式(10-57)中每一个被加项都具有不同的波幅、频率和相位的微幅平面行进波。

$$\zeta_i = \zeta_{ai}\cos(\omega_i t + \varepsilon_i) \tag{10-63}$$

ζ_i 称为子波或单元波。其中波幅 ζ_{ai} 是均匀微小量，相位差 ε_i 是在$(0,2\pi)$之间均匀分布的随机变量，由此，式(10-62)才是随机过程。可见，子波[式(10-63)]是均值为 0、具有各态历经性的平稳随机过程；取定 t 值，它是随机变量，而且各子波之间统计上彼此独立。因此，由它们叠加组成的式(10-62)是均值为 0，并具有各态历经性的正态平稳随机过程。

三、波能谱密度(方差谱密度)

在一条定点记录时间比较长的海浪记录曲线上，等时间间隔地(如 1s)取波面升高 $\zeta(t_i)$ $(i=1、2、\cdots、n)$，即波升子样，如图 10-19 所示。

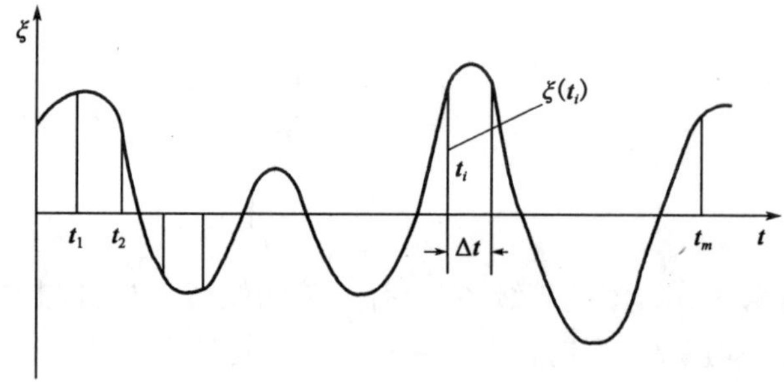

图 10-19　取波升子样

计算过程的相关函数：

$$R_{\zeta\zeta}(\tau) = \frac{1}{n-r}\sum_{i=1}^{n-r}\zeta(t_i)\zeta(t_{i+r}) \qquad (r = 0、1、2、\cdots、m,\text{其中 } m < n)$$

对相关函数作傅立叶变换，得方差谱密度：

$$S_{\zeta\zeta}(\omega_i) = \frac{2}{\pi}\int_0^{\infty} R_{\zeta\zeta}(\tau)\cos\omega_i\tau\,\mathrm{d}\tau \qquad (i = 1、2、\cdots、p)$$

然后加权光顺，得 $S_{\zeta\zeta}(\omega_i)$ 曲线，就是方差谱密度。

积分方差谱得海浪的方差：

$$m_0 = \int_0^{\infty} S_{\zeta\zeta}(\omega)\,\mathrm{d}\omega$$

下面从海浪的表达式(10-62)出发,对海浪谱再作具体说明。其海浪的方差或能谱如图10-20所示。

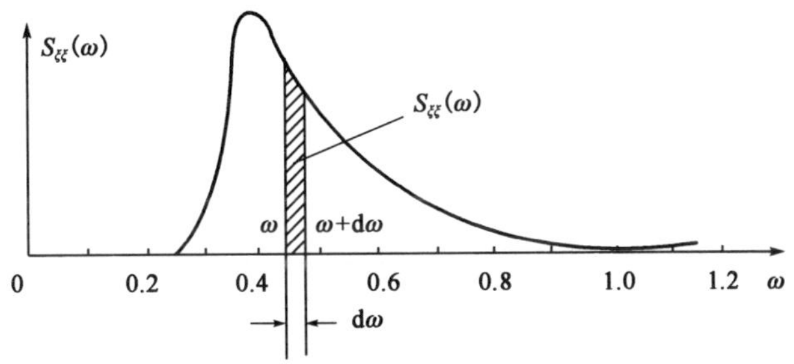

图10-20 海浪的方差谱或能谱

式(10-62)表明不规则波由大量(理论上是无穷多)波幅非常小(理论上无穷小)的随机平面行进波叠加组成。根据式(10-13),海面单位面积中每一个平面行进波的能量为:

$$E_i = \frac{1}{2}\rho g\zeta_{ai}^2$$

于是,在频率区间 $(\omega,\omega+\mathrm{d}\omega)$ 中子波波能之和为:

$$\sum_{i=\omega}^{\omega+\mathrm{d}\omega} E_i = \rho g\sum_{i=\omega}^{\omega+\mathrm{d}\omega}\frac{1}{2}\zeta_{ai}^2 \tag{10-64}$$

又因为式(10-63)中每一个子过程都是微幅随机相位正弦波,子过程的方差为 $1/2\zeta_{ai}^2$,在频率区间 $(\omega,\omega+\mathrm{d}\omega)$ 中的方差为:

$$S_{\zeta\zeta}(\omega)\mathrm{d}\omega = \sum_{i=\omega}^{\omega+\mathrm{d}\omega}\frac{1}{2}\zeta_{ai}^2 \tag{10-65}$$

比较式(10-64)和(10-65)得:

$$\rho g S_{\zeta\zeta}(\omega)\mathrm{d}\omega = \rho g\sum_{i=\omega}^{\omega+\mathrm{d}\omega}\frac{1}{2}\zeta_{ai}^2 = \sum_{i=\omega}^{\omega+\mathrm{d}\omega}E_i \tag{10-66}$$

于是,不规则波中单位面积总能量为:

$$E = \rho g\int_0^{\infty}S_{\zeta\zeta}(\omega)\mathrm{d}\omega = \rho g m_0 \tag{10-67}$$

式(10-67)表明波能等于方差乘以常数 ρg,所以 $S_{\zeta\zeta}(\omega)$ 既是过程的方差谱,也是海浪的能谱,它表示不规则波的能量在各频率范围中的分布。

从波能谱中可获得不规则波的如下信息:

(1)反映浪级的大小。若曲线下面积大,则波的能量多,平均波高大;或者说该面积大,则过程的方差大,波面平均偏离静水平面大,都表明浪级高。

(2)给出谱峰周期 T_0。

$$T_0 = \frac{2\pi}{\omega_0} \tag{10-68}$$

式中:ω_0 ——对应谱峰处频率。

显然,在 ω_0 附近的频率范围的子波波能大,在此不规则波中占有较重要的地位。

(3)计算 n 阶谱矩。

$$m_n = \int_0^{\infty}\omega^n S_{\zeta\zeta}(\omega)\mathrm{d}\omega \quad (n = 0、1、2、\cdots) \tag{10-69}$$

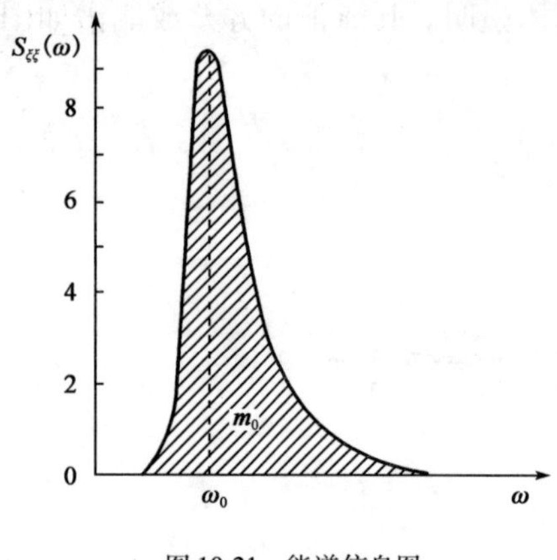

图 10-21　能谱信息图

m_n 是能谱曲线下面积对原点的 n 阶矩；它们是反映波浪和波能谱特征的参数。图 10-21 所示为能谱信息图。

m_0 表示过程的方差，或单位面积的总波能。

$$m_2 = \int_0^\infty \omega^2 S_{\zeta\zeta}(\omega)\,\mathrm{d}\omega \tag{10-70}$$

m_2 是波升 $\zeta(t)$ 的导数 $\dot{\zeta}(t)$ 的方差，即波面起伏的速度的方差。由调和函数的微分性质，$\zeta(t)$ 线性变换为 $\dot{\zeta}(t)$，其响应幅值算子 $|H(i\omega)|^2 = \omega^2$，所以 $\dot{\zeta}(t)$ 的方差谱密度为：

$$S_{\dot{\zeta}\dot{\zeta}}(\omega) = \omega^2 S_{\zeta\zeta}(\omega) \tag{10-71}$$

从而

$$m_{0\dot{\zeta}} = \sigma_{\dot{\zeta}}^2 = m_2 = \int_0^\infty \omega^2 S_{\zeta\zeta}(\omega)\,\mathrm{d}\omega$$

同理有：

$$m_4 = \int_0^\infty \omega^4 S_{\zeta\zeta}(\omega)\,\mathrm{d}\omega \tag{10-72}$$

m_4 则表示 $\ddot{\zeta}(t)$（即波面起伏的加速度）的方差。

（4）判别海浪不规则的程度。若能谱曲线陡而窄，则能量集中在很窄的频带内，如图10-22所示，这表明海浪相对比较规则，涌浪和长峰不规则波属于这种情况，称为窄带谱，其定点记录曲线如图 10-23a）所示。若能谱曲线低而平坦，则各种范围的子波都起相当作用，没有特别突出贡献的子波范围，这表明海浪很不规则，短峰波属于这种情况，其定点记录曲线如图10-23b）所示。具体用谱宽系数 ε 判别：

$$\varepsilon = \sqrt{1 - \frac{m_2^2}{m_0 m_4}} \tag{10-73}$$

ε 介于 0 ~ 1 之间，ε 接近于 0 为窄带谱，ε 接近于 1 则为宽带谱。

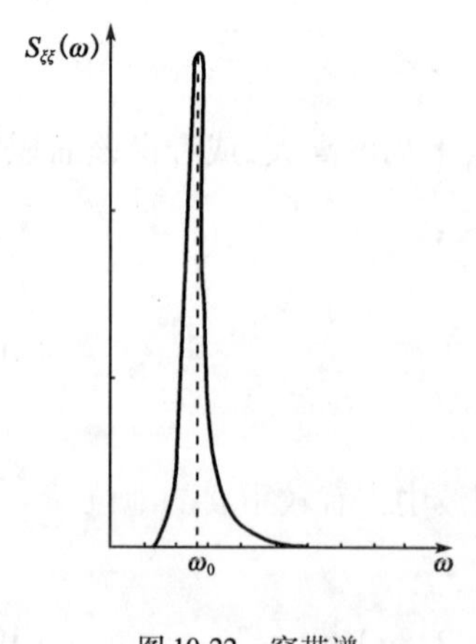

图 10-22　窄带谱

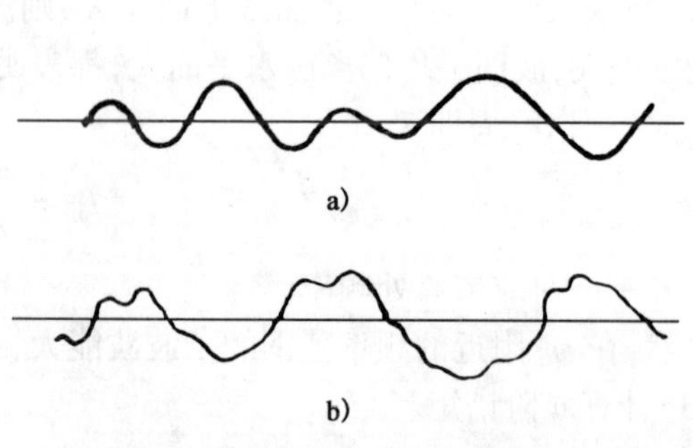

图 10-23　定点记录曲线

在窄带谱的情况下，理论上可以证明，不规则波的平均频率或称平均跨零频率为：

$$\bar{\omega}_z = \sqrt{\frac{m_2}{m_0}} = \frac{\sigma_{\dot{\zeta}}}{\sigma_\zeta} \tag{10-74}$$

从图 10-22 和式(10-70)可以得到近似说明：由于窄带谱，谱曲线下的面积集中在平均频率附近，式(10-70)积分式中的 ω^2 近似为常数，可提到积分号外面，因此：

$$\frac{m_2}{m_1} = \frac{\omega_z^2\int_0^\infty S_{\zeta\zeta}(\omega)\mathrm{d}\omega}{\int_0^\infty S_{\zeta\zeta}(\omega)\mathrm{d}\omega} = \omega_z^2$$

四、海浪谱公式

许多学者在观测某特定海区海浪的基础上制定了半经验半理论的海浪谱公式，这里仅介绍国际船模试验水池会议(ITTC)推荐的海浪谱公式和我国海洋部门发表的海浪谱公式。

1. ITTC 单参数谱

ITTC 单参数谱适用于广阔海洋充分发展的海浪。

$$S_{\zeta\zeta}(\omega) = \frac{A}{\omega^5}\exp\left(-\frac{B}{\omega^4}\right) \tag{10-75}$$

其中，$A=0.78$，$B=3.11\sqrt{\bar{h}_{1/3}^2}$。

波谱决定于有义波高 $\bar{h}_{1/3}$，如图 10-24 所示，谱峰频率为：

$$\omega_0 = \frac{1.256}{\sqrt{\bar{h}_{1/3}}}$$

2. ITTC 双参数谱

海浪经常处于发生、发展和衰亡的过程中，需要有义波高 $\bar{h}_{1/3}$ 和特征周期 T_1 两个参数，才能比较合理地反映海浪各个发展阶段的能谱，为此，ITTC 推荐双参数谱：

$$S_{\zeta\zeta}(\omega) = \frac{173\bar{h}_{1/3}^2}{\omega^5 T_1^4}\exp\left(-\frac{691}{\omega^4 T_1^4}\right) \tag{10-76}$$

与式(10-75)比较，相当于：

$$A = \frac{173\bar{h}_{1/3}^2}{T_1^4} \tag{10-77}$$

$$B = \frac{691}{T_1^4} \tag{10-78}$$

其中，波浪特征周期为：

$$T_1 = 2\pi\frac{m_0}{m_1} \tag{10-79}$$

式中：m_0、m_1——分别是波谱的 0 阶矩和 1 阶矩。

式(10-76)可改写为：

$$\frac{S_{\zeta\zeta}(\omega)}{\bar{h}_{1/3}^2} = \frac{173}{\omega^5 T_1^4}\exp\left(-\frac{691}{\omega^4 T_1^4}\right) \tag{10-80}$$

式(10-80)可以 T_1 为参变数作曲线如图 10-25 所示，谱峰频率 $\omega_0 = 4.85T_1^{-1}$。

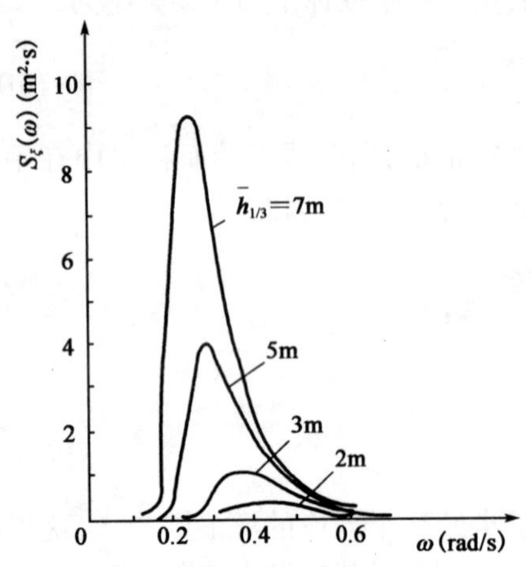

图 10-24　ITTC 单参数谱

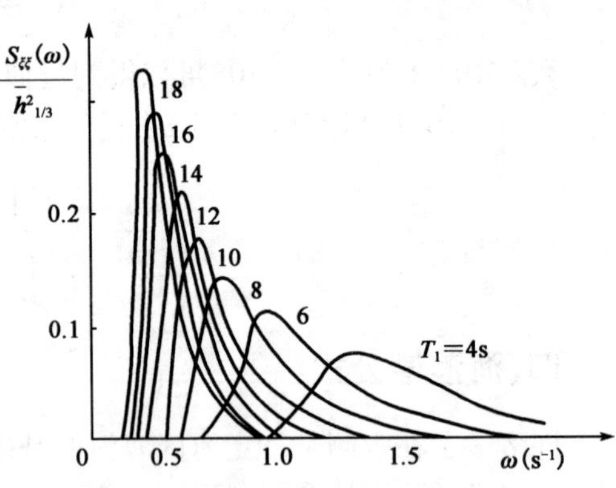

图 10-25　ITTC 双参数谱

上述单参数谱和双参数谱都仅适用于开阔海区的风浪。

3. 我国海区波谱

$$S_{\zeta\zeta}(\omega) = \frac{0.74}{\omega^5}\exp\left(-\frac{96.2}{U^2\omega^2}\right) \tag{10-81}$$

式中：U——风速(m/s)，U 与 $\bar{h}_{1/3}$ 的关系为：

$$U = 6.28\sqrt{\bar{h}_{1/3}} \tag{10-82}$$

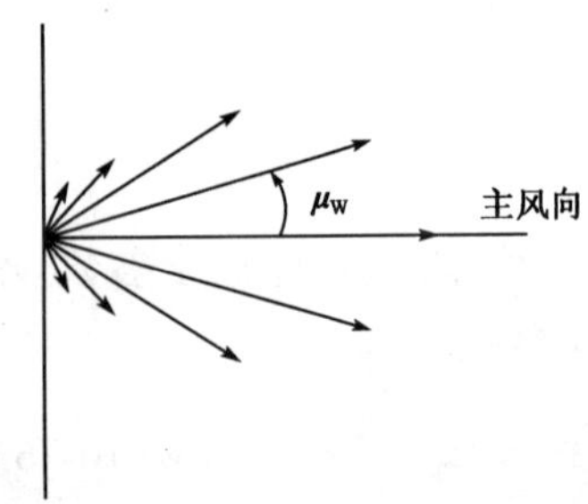

图 10-26　短峰波的传播

以上讨论的波谱均适用于长峰不规则波。实际上，波浪除沿主风向产生和传播外，在主风向两侧 $\pm\pi/2$ 角度的范围内都有波浪产生和扩散，如图 10-26 所示。

因此实际海浪多为短峰不规则波，波谱应为 ω 和扩散角 μ_W 的二元函数，称为方向谱。第 12 届 ITTC 暂时建议：

$$S_{\zeta\zeta}(\omega,\mu_W) = \frac{2}{\pi}\cos^2\mu_W S_{\zeta\zeta}(\omega) \tag{10-83}$$

式中：$S_{\zeta\zeta}(\omega)$——前文所讨论的长峰不规则波谱。

称式(10-83)中因子 $f(\mu_W) = \frac{2}{\pi}\cos^2\mu_W$ 为扩散函数。该式表明，方向谱由两个独立的函数的乘积表示，它等于长峰不规则波谱(或点谱)乘以随 μ_W 变化的扩散系数 $\frac{2}{\pi}\cos^2\mu_W$。

$$\int_{-\frac{\pi}{2}}^{\frac{\pi}{2}} \frac{2}{\pi}\cos^2\mu_W \mathrm{d}\mu_W = 1$$

于是，积分方向谱，仍有方差：

$$\begin{aligned} m_0 &= \int_0^\infty \int_{-\frac{\pi}{2}}^{\frac{\pi}{2}} S_{\zeta\zeta}(\omega,\mu_W)\,\mathrm{d}\omega\mathrm{d}\mu_W = \int_0^\infty S_{\zeta\zeta}(\omega)\,\mathrm{d}\omega \int_{-\frac{\pi}{2}}^{\frac{\pi}{2}} \frac{2}{\pi}\cos^2\mu_W \mathrm{d}\mu_W \\ &= \int_0^\infty S_{\zeta\zeta}(\omega)\,\mathrm{d}\omega \end{aligned} \tag{10-84}$$

$m_0 > 1.6\text{m}^2$ 时，70% 的波能集中在 $\mu_W = \pm 35°$ 范围内，$m_0 < 0.2\text{m}^2$ 时，也有 50% 的波能集中在此范围内。

第十一章

舟体总纵弯曲的弯矩和剪力计算

第一节 概 述

舟艇是由外板和内部骨架所组成的一个水上工程结构物,同所有的工程结构物一样,对舟艇的要求之一就是要保证其结构应具有足够的强度和刚度,即在各种外力作用下,舟艇结构不致破坏或者发生不能容许的变形。舟艇必须具有足够的浮性、稳性、抗沉性、耐波性、适航性,同时还要有足够的强度、刚度。通常,由于舟艇的尺寸较小,在满足所要求的强度条件下,舟体所产生的变形一般不会超过所容许的标准,因此,对舟艇的刚度可以不予以考虑,主要考虑舟艇的强度是否满足要求。

舟艇漂浮于水面以上,它在水中所受到的外力主要有重力和浮力。由舟艇的浮性原理可知,作用在舟体上的总重力与总浮力是大小相等、方向相反的,是相互平衡的。但是由于舟体上各个载重分布的位置不同以及舟体各段形状不同,引起的浮力大小沿舟长方向是变化的,所以有可能在舟艇长度方向的某一段上,重力与浮力并不一定相互平衡。于是沿舟体总长方向会发生弯曲变形。

舟艇上的质量与舟艇上荷载、壳板、骨架、主机、附属设备等有关。而舟艇上的浮力与舟艇的浸水部分、形状和尺寸有关。

在外力作用下沿舟体长度方向所产生的弯曲称为总纵弯曲，总纵弯曲可能引起舟艇结构破坏甚至导致舟体折断。舟体抵抗总纵弯曲的能力称为总纵强度。此外，在相应的荷载作用下会发生局部弯曲变形，该构件抵抗局部弯曲的能力称为局部强度。当然，舟体的总纵弯曲和局部弯曲是同时存在的，因此，对舟体的总纵强度计算和局部强度的计算是相互联系的。在舟体强度计算中，要依据各构件（如舟体底部板架）在外力作用下，既有总纵弯曲变形，又有局部弯曲变形。对这类构件的强度计算，需要分别求出总纵强度的应力和局部强度的应力，并按照叠加原理进行综合考虑，以校核其合成应力。

由于舟艇受力和结构情况的复杂性，目前对舟艇的强度是根据舟艇航行实验经验做出一定的假设前提，并对结构按照力学原理来计算。其基本假设有：

（1）在考虑舟体外力时，把舟体置于静水上作静力弯曲，舟体是处于静力平衡的。

（2）在考虑舟体的应力时，把舟体当作一根沿舟长方向变剖面的空心薄壁箱形梁，这样就可以将普通梁的弯曲计算公式应用于具有复杂结构的舟体。

因此对舟体的强度计算同普通梁一样，需要解决以下几个问题，即：

（1）确定作用于舟体沿舟长方向重力 P 和浮力 D 的分布。

（2）计算总纵弯曲时的剪力 Q、弯矩 M。

假设，重力沿舟长方向按 $p(x)$ 分布；浮力沿舟长方向按 $d(x)$ 分布，所以舟体总纵弯曲的荷载为：

$$q(x) = p(x) - d(x) \tag{11-1}$$

$$Q(x) = \int_0^x q(x)\mathrm{d}x \tag{11-2}$$

$$M(x) = \int_0^x\int_0^x q(x)dx\mathrm{d}x \tag{11-3}$$

（3）计算等值梁惯性矩 J、抵抗矩 W 和静矩 S。

（4）强度验算。

$$\sigma = \frac{M(x)}{W} \tag{11-4}$$

$$\tau = \frac{Q(x)S}{Jt} \tag{11-5}$$

【例】 某船长 44m，船宽 9m，型深 4m。其各站实际水下半横剖面面积 $a(x)$ 和各站距分布质量见表 11-1，求 Q_{max}，M_{max}，并作浮力图、质量图、载重图、剪力图、弯矩图。

横剖面积和质量分布 表 11-1

站 名	$a(x)$ (m^2)	站 段	$m(x)$ (kg)	站 名	$a(x)$ (m^2)	站 段	$m(x)$ (kg)
0	0.10	0-1	2.98	7	7.82	7-8	14.74
1	0.34	1-2	4.46	8	7.92	8-9	12.10
2	1.21	2-3	4.68	9	8.24	9-10	9.76
3	1.38	3-4	7.81	10	8.22	10-11	16.64
4	4.15	4-5	8.30	11	7.90	11-12	12.06
5	5.90	5-6	16.76	12	7.55	12-13	12.31
6	6.99	6-7	9.94	13	6.15	13-14	11.73

续上表

站 名	$a(x)(m^2)$	站 段	$m(x)(kg)$	站 名	$a(x)(m^2)$	站 段	$m(x)(kg)$
14	5.10	14-15	9.05	18	0.85	18-19	2.77
15	3.99	15-16	10.66	19	0	19-20	1.98
16	2.86	16-17	4.13	20			
17	1.80	17-18	3.8				

解:作图所需相关参数见表 11-2。

作 图 参 数　　表 11-2

Ⅰ	Ⅱ	Ⅲ	Ⅳ	Ⅴ	Ⅵ	Ⅶ	Ⅷ	Ⅸ
站 距	P	D	q	第Ⅳ列自上而下之和	第Ⅴ列积分和	Q	1.1×第Ⅵ列	M
0-1	6.556	0.968	5.588	5.588	5.588	5.634	6.15	5.56
1-2	9.812	3.410	6.402	11.990	23.166	12.02	25.48	24.30
2-3	10.296	5.698	4.598	16.588	51.744	16.63	56.92	55.15
3-4	17.182	12.166	5.016	21.604	89.936	21.67	98.93	96.57
4-5	18.260	22.110	-3.850	17.754	129.30	17.831	142.22	139.27
5-6	36.872	28.358	8.514	26.268	173.32	26.36	190.65	187.11
6-7	21.956	32.582	-10.63	15.642	215.23	15.74	236.75	232.62
7-8	32.428	34.625	-2.200	13.442	244.31	13.57	268.74	264.02
8-9	26.620	35.552	-8.932	4.51	262.26	4.65	288.44	283.13
9-10	21.472	36.212	-14.74	-10.23	256.54	-10.08	282.20	276.29
10-11	36.608	35.464	1.144	-9.085	237.23	-8.92	260.95	254.45
11-12	26.532	33.990	-7.458	-16.54	211.60	-16.36	232.96	225.87
12-13	27.082	30.140	-3.058	-19.60	175.45	-19.40	193.00	185.32
13-14	25.806	24.750	10.56	-18.55	137.30	-18.33	151.03	142.76
14-15	19.910	19.998	-0.088	-18.63	100.12	-18.40	110.13	101.29
15-16	23.452	15.070	8.382	-10.25	71.236	-10.00	78.36	68.91
16-17	9.086	10.252	-1.166	-11.42	49.566	-11.16	54.52	44.48
17-18	8.360	5.830	2.530	-8.888	29.260	-8.61	32.19	21.56
18-19	6.094	1.870	4.224	-4.664	15.708	-4.37	17.28	6.06
19-20	4.365	0	4.356	-0.308	10.736	0	11.81	0

各站质量图、浮力图、载重图、剪力图、弯矩图如图 11-1 所示。

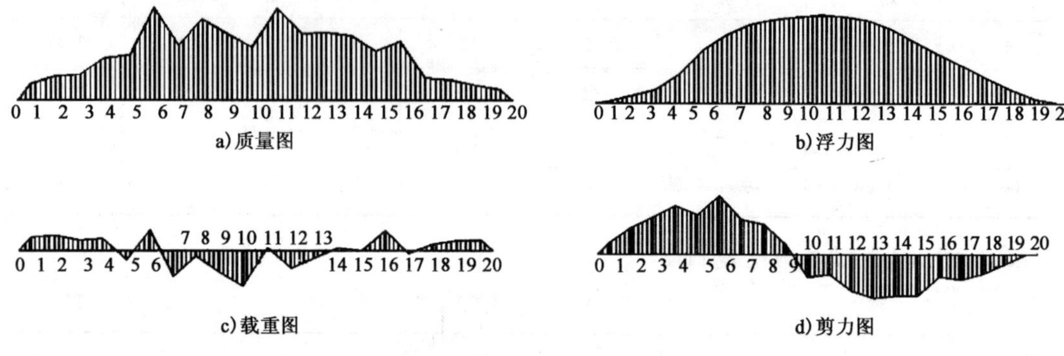

a)质量图　b)浮力图

c)载重图　d)剪力图

e)弯矩图

图 11-1　质量、浮力、载重、弯矩、剪力计算曲线图

第二节　静水中的弯矩和剪力

一、质量曲线

质量沿舟长方向各站距内分布的曲线称为梯级质量曲线。质量曲线可显示质量沿舟长方向的变化规律，它的纵坐标表示舟体单位长度的质量值。

绘制质量曲线时需要具备如下资料：舟艇质量明细表和舟体纵中剖面图。

舟艇质量明细表是绘制质量曲线的原始资料，它列出各项质量大小及重心位置，并可由此确定舟艇的总质量及其重心坐标。通常，舟艇的质量包括：

(1)舟艇自重——舟体壳板、骨架等。

(2)外部载重——根据舟艇的用途不同确定。如浮游桥脚舟，则主要承受桥跨结构传递的载质量和桥跨结构质量；登陆渡河用的舟艇，则承受各种轻重武器、弹药及乘员的质量等。

(3)舟艇动力装置质量——对于自航舟艇，则有主机及推进器等装置和质量。

舟艇纵剖面图用以确定各项质量的位置及其分布范围。

质量曲线的绘制方法是：

在舟艇纵剖面图上将其分成若干理论站距，通常可分为 10 ~ 20 个理论站距，对于小型渡河舟艇一般分成 10 个理论站距。再按照舟艇质量明细表中各项质量的数据，将它们分配到纵剖面图上各理论站距内的相应位置内，各项质量在理论站距内应该使其均匀分布，即将任意载重换算成均布载重。

在进行各项质量的分配时应遵循等效原则，具体如下：

(1)分配后的质量大小应与实际质量相等，即质量曲线下所包含的面积数据应等于该项质量。

(2)质量曲线下的面积形心与该质量重心一致,质量曲线的总重心与舟艇总重心相一致。

(3)质量分配的范围应与该质量实际占据的范围相对应。

例如:

(1)集中载重 P 位于理论肋距 l 的中点,可将其均匀分配到该理论肋距长度上,均布载重 $p=\frac{P}{l}$,如图 11-2a)所示。

(2)集中载重 P 位于两个理论肋距交界处,可将荷载均匀分配到两个肋距中,每个肋距内分配到 $P/2$,均布载 $p=\frac{P}{2l}$,如图 11-2b)所示。

(3)设集中载重 P 的重心距 2 站为 a,如图 11-2c)所示,现将 P 分配到相邻两个理论肋距中,依据以上原则可列出如下方程组:

$$\left.\begin{aligned} P_1 + P_2 &= P \\ \frac{1}{2}(P_1 - P_2)l &= Pa \end{aligned}\right\}$$

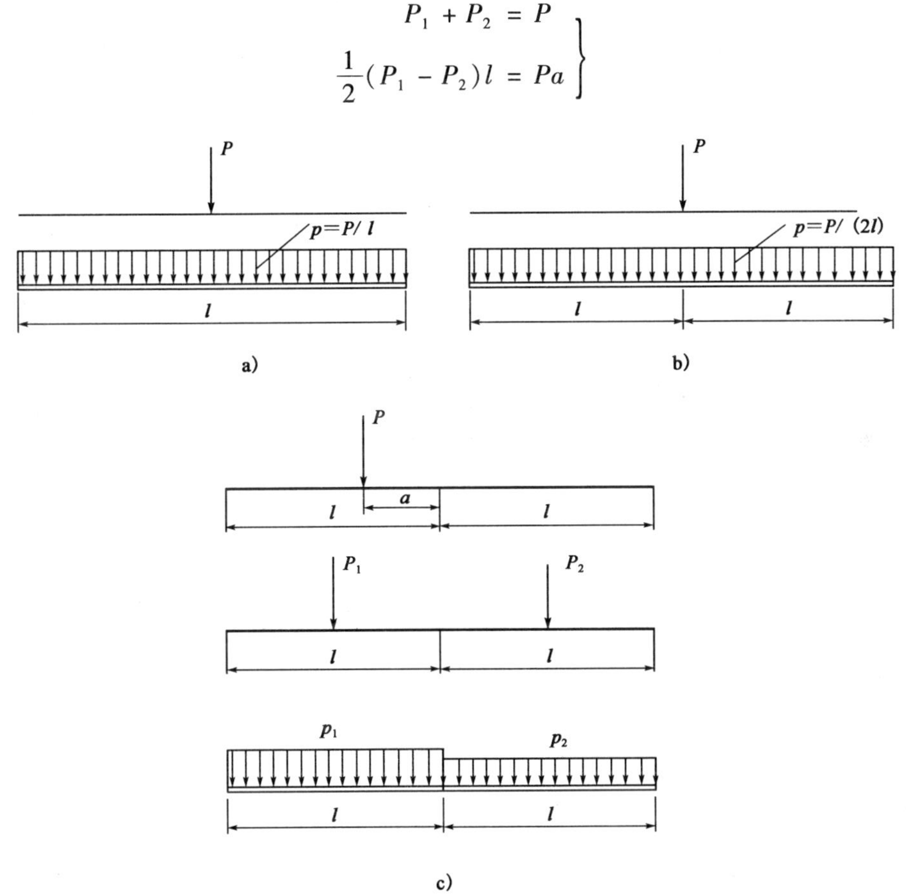

图 11-2 荷载的等效分配

由此可解得:

$$\left.\begin{aligned} P_1 &= P\left(0.5 + \frac{a}{l}\right) \\ P_2 &= P\left(0.5 - \frac{a}{l}\right) \end{aligned}\right\} \tag{11-6}$$

因此各理论站距内均布载重分别为：

$$\left.\begin{aligned} p_1 &= \frac{P_1}{l} \\ p_2 &= \frac{P_2}{l} \end{aligned}\right\} \tag{11-7}$$

对于其他各种载重分布情况，可根据具体情况，按静力等效原则灵活处理。

按照上述原则将舟艇各项质量分配之后，可编制出一个质量在各理论站距内分配表（表11-3），表中列有各项质量在理论站距内的分配情况。最后可用此表中的数据检查质量分配是否正确。

质量在理论站距内的分配表　　表 11-3

序号	载 重 名 称	理 论 站 距										每行之和
		0－1	1－2	2－3	3－4	4－5	5－6	6－7	7－8	8－9	9－10	
1	舟体自重											
	底板											
	甲板											
2	外部质量											
…												
n												
Ⅰ	在站距内的质量（等于每列内的质量之和）	p_{0-1}	p_{1-2}	p_{2-3}	p_{3-4}	p_{4-5}	p_{5-6}	p_{6-7}	p_{7-8}	p_{8-9}	p_{9-10}	$\sum p$
Ⅱ	对于舟体中部的假设力臂	4.5	3.5	2.5	1.5	0.5	－0.5	－1.5	－2.5	－3.5	－4.5	
Ⅲ	假设的力矩	C_{0-1}	C_{1-2}	C_{2-3}	C_{3-4}	C_{4-5}	C_{5-6}	C_{6-7}	C_{7-8}	C_{8-9}	C_{9-10}	$\sum C$

注：1. 实际力臂应等于假设力臂乘 $l = L/10$。

2. 实际力矩应等于假设力矩乘 l。

3. 舟艇排水量 $D = \sum p$。

4. 相对于舟艇中部的重心位置 $x_G = \frac{\sum C}{\sum p} l$。

如果分配正确的话则能满足：舟艇质量之和等于舟艇的排水量，质量分配后的总重心位置应与分配前的位置相符合。即：

$$D = \sum p \tag{11-8}$$

$$x_G = \frac{\sum C}{\sum p} l \tag{11-9}$$

根据表10-3中的数据可以绘制出舟艇的质量曲线，如图11-3所示。由于在每个理论站距内将质量均匀分配，故所得质量曲线呈阶梯形状，我们称此曲线为梯级质量曲线。

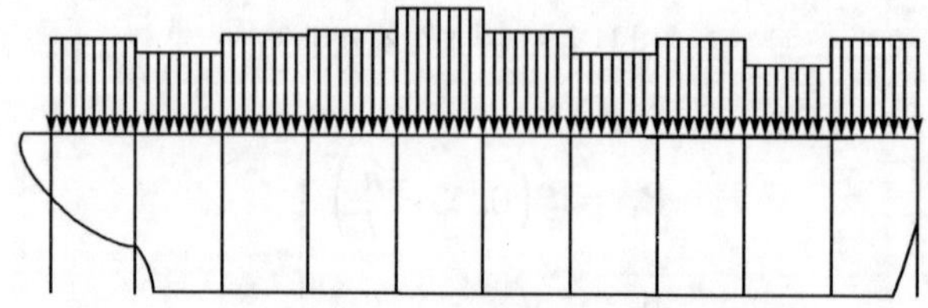

图 11-3　各分站的质量分布

二、浮力曲线

浮力沿舟长方向分布状况的曲线称为浮力曲线。浮力曲线可显示浮力沿舟长方向的变化规律,它的竖坐标表示舟体单位长度的浮力值。浮力曲线所包围的面积大小等于舟体的总浮力,该面积的形心坐标即为浮心的纵向位置。

绘制浮力曲线时需具备如下资料:舟艇排水量及其浮心坐标值;舟艇的静水性能曲线和邦津曲线图。这些资料均在舟艇原理浮性和稳性计算中可以获得。我们利用这些资料就可以绘出浮力曲线,具体方法如下:

(1)按已知的排水量,在静水性能曲线上求得平均吃水 T_P,舟体的浮心坐标 x_C,设计水线面积漂心坐标 x_F 及纵稳心半径 R。

如果浮力位置与重心位置相重合,即 $x_C = x_G$,则是正浮,即表示舟艇没有吃水差,这时可按平均吃水 T_P 在邦津曲线上绘出作用水线,并量出各站的浸水面积值,便可很容易绘出浮力曲线(因为舟艇单位长度上的浮力值等于浸水面积值乘以水的相对密度)。具体计算方法可按表 11-4 格式进行。

浮力分布在理论站距内的计算表 表 11-4

理论站号	各站浸水面积(m^2)	浸水面积成对和(m^2)	在理论站距内的浮力值(t)	理 论 站 距
Ⅰ	Ⅱ	Ⅲ	Ⅳ=(Ⅲ)×1/2	Ⅴ
0	$A_{\omega0}$			
		$A_{\omega0}+A_{\omega1}$	d_{0-1}	0-1
1	$A_{\omega1}$			
		$A_{\omega1}+A_{\omega2}$	d_{1-2}	1-2
2	$A_{\omega2}$			
		$A_{\omega2}+A_{\omega3}$	d_{2-3}	2-3
3	$A_{\omega3}$			
		$A_{\omega3}+A_{\omega4}$	d_{3-4}	3-4
4	$A_{\omega4}$			
		$A_{\omega4}+A_{\omega5}$	d_{4-5}	4-5
5	$A_{\omega5}$			
		$A_{\omega5}+A_{\omega6}$	d_{5-6}	5-6
6	$A_{\omega6}$			
		$A_{\omega6}+A_{\omega7}$	d_{6-7}	6-7
7	$A_{\omega7}$			
		$A_{\omega7}+A_{\omega8}$	d_{7-8}	7-8
8	$A_{\omega8}$			
		$A_{\omega8}+A_{\omega9}$	d_{8-9}	8-9
9	$A_{\omega9}$			
		$A_{\omega9}+A_{\omega10}$	d_{9-10}	9-10
10	$A_{\omega10}$			

注:舟艇排水量 $D=\sum d; l=\frac{L}{10}$。

(2)当 $x_C \neq x_G$ 时,则舟艇首尾产生吃水差将有总倾,其倾角为:

$$\psi_1 = \frac{x_G - x_C}{R} \tag{11-10}$$

这时可求得舟艇的首尾吃水差为:

首吃水:

$$T_{S1} = T_{P1} + \left(\frac{L}{2} - x_F\right)\frac{x_G - x_C}{R} \tag{11-11}$$

尾吃水:

$$T_{W1} = T_{P1} - \left(\frac{L}{2} + x_F\right)\frac{x_G - x_C}{R} \tag{11-12}$$

按 T_{S1}、T_{W1} 在邦津曲线图上绘出第一次近似吃水线 W_1L_1，将各站的浸水面积值用表 11-5 计算可得第一次近似的排水量 D_1 及浮心坐标 x_{C_1}。

舟艇在静水中的平衡位置计算表 表 11-5

理论站距	假设力臂	第一次近似		第二次近似	
		各站浸水面积(m^2)	(Ⅱ)×(Ⅲ)	各站浸水面积(m^2)	(Ⅱ)×(Ⅴ)
Ⅰ	Ⅱ	Ⅲ	Ⅳ	Ⅴ	Ⅵ
0	5	$A_{\omega 0}$	$5A_{\omega 0}$		
1	4	$A_{\omega 1}$	$4A_{\omega 1}$		
2	3	$A_{\omega 2}$	$3A_{\omega 2}$		
3	2	$A_{\omega 3}$	$2A_{\omega 3}$		
4	1	$A_{\omega 4}$	$A_{\omega 4}$		
5	0	$A_{\omega 5}$	0		
6	-1	$A_{\omega 6}$	$-A_{\omega 6}$		
7	-2	$A_{\omega 7}$	$-2A_{\omega 7}$		
8	-3	$A_{\omega 8}$	$-3A_{\omega 8}$		
9	-4	$A_{\omega 9}$	$-4A_{\omega 9}$		
10	-5	$A_{\omega 10}$	$-5A_{\omega 10}$		
Σ					
修正值					
修正后总和		Σ( )	Σ( )	Σ( )	Σ( )

注：$D_1 = l\Sigma(\text{Ⅲ})$；$D_2 = l\Sigma(\text{Ⅴ})$；$x_{C_1} = \frac{\Sigma(\text{Ⅳ})}{\Sigma(\text{Ⅲ})}l$；$x_{C_2} = \frac{\Sigma(\text{Ⅳ})}{\Sigma(\text{Ⅴ})}l$；$l = \frac{L}{10}$。

(3)当 $D_1 = D$ 及 $x_{C_1} = x_G$ 时，所得曲线即为实际水线，如果 D_1 与 D、x_{C_1} 与 x_G 相差较大，则需要第二次近似。

平均吃水：

$$T_{P2} = T_{P1} - \frac{D_1 - D}{\gamma A_S} \tag{11-13}$$

倾角：

$$\psi_2 = \frac{x_G - X_{C_1}}{R} \tag{11-14}$$

再重复第(2)条，并验算，直到 D 的误差不超过 0.5%，x_C 不超过 0.1% 为止。对于浮力分配，假设浮力均匀分布于每个理论站距的长度上，可用在每个理论站距内取平均值的方法进行分配，即令：

$$\frac{A_{\omega_i} + A_{\omega(i+2)}}{3}l = (A_{\omega_i} + A_{\omega_{i+1}})\frac{l}{2} \tag{11-15}$$

浮力分配时，假设浮力均匀分布于每个理论站距上，具体用表 11-5 进行浮力分配。

三、静水中的剪力与弯矩

在绘制出浮力曲线和质量曲线后，将在同一剖面处质量曲线上的竖坐标值减去浮力曲线上的竖坐标值，就可以得到载重曲线。因为质量曲线和浮力曲线均为梯级曲线，因此，载重曲线也是一条梯级曲线。利用梯级载重曲线就可以绘制载重梯级曲线图。

$$q(x)=p(x)-d(x) \tag{11-16}$$

按照梯级载重曲线的数据就很容易求得舟艇各剖面的剪力与弯矩。因为舟艇被当成是一根两端完全自由的变剖面梁，则剖面 x 处的剪力值可用剖面 x 以前的梯级载重曲线的面积值之和来求得，这样就可以沿舟艇长度方向上绘制剪力曲线。而剖面 x 处的弯矩值等于剖面 x 处之前的剪力曲线的面积之和。这样也可以沿舟艇长度方向绘出弯矩曲线。如图 11-4 所示。剪力与弯矩的具体计算可以按照表 11-6 的格式进行。

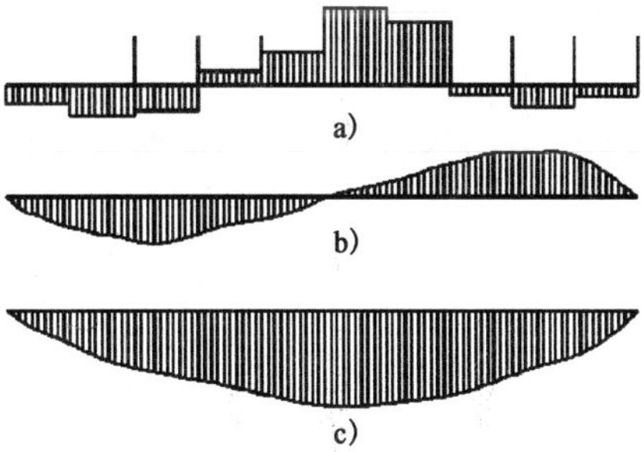

a)

b)

c)

图 11-4　荷载、弯矩、剪力曲线

在应用表格进行计算时，由于舟艇两端为自由端，因此剪力与弯矩在第 0 号和第 10 号理论站距处应该为零，其剪力曲线和弯矩曲线在第 0 号和第 10 号理论站距处应该封闭。但是在实际计算中有一定误差，通常在第 10 号处没有封闭。设在实际的剪力曲线第 10 号处的不封闭值为 n_{10}，实际的弯矩曲线第 10 号处的不封闭值为 m_{10}。当误差值小于表中最大 n 值和最大 m 值的 5% 时可以修正，修正时将 n_{10} 值 m_{10} 值分为 10 等分，在每项上都进行修正，即按照表中第Ⅶ项及第Ⅹ项数据分配。当误差值大于表中最大 n 值和最大 m 值的 5% 时不能修正，说明误差太大，需要调整吃水线，以便获得较为准确的浮力曲线后再进行计算。

静水中的剪力与弯矩计算表　　表 11-6

理论站距	质量(t)	浮力(t)	载重(t)	第Ⅳ列上下和	第Ⅴ列积分和	第Ⅵ列修正值	剪力(t)	0.5(Ⅵ) l(t·m)	第Ⅸ列修正值	弯矩(t·m)	理论站号
Ⅰ	Ⅱ	Ⅲ	Ⅳ	Ⅴ	Ⅵ	Ⅶ	Ⅷ	Ⅸ	Ⅹ	Ⅺ	Ⅻ
				0	0	0	0	0	0	0	
0-1	p_{0-1}	d_{0-1}	q_{0-1}	n_1	n_1	$0.1n_{10}$	Q_1	m_1	$0.1m_{10}$	M_1	1
1-2	p_{1-2}	d_{1-2}	q_{1-2}	n_2	$2n_1+n_2$	$0.2n_{10}$	Q_2	m_2	$0.2m_{10}$	M_2	2
2-3	p_{2-3}	d_{2-3}	q_{2-3}	n_3			Q_1	m_3		M_3	3
3-4	p_{3-4}	d_{3-4}	q_{3-4}	n_4			Q_4	m_4		M_4	4
4-5	p_{4-5}	d_{4-5}	q_{4-5}	n_5			Q_5	m_5		M_5	5
5-6	p_{5-6}	d_{5-6}	q_{5-6}	n_6			Q_6	m_6		M_6	6
6-7	p_{6-7}	d_{6-7}	q_{6-7}	n_7			Q_7	m_7		M_7	7
7-8	p_{7-8}	d_{7-8}	q_{7-8}	n_8			Q_8	m_8		M_8	8
8-9	p_{8-9}	d_{8-9}	q_{8-9}	n_9			Q_9	m_9		M_9	9
9-10	p_{9-10}	d_{9-10}	q_{9-10}	n_{10}		n_{10}	0	m_{10}	m_{10}	0	10

第三节 浮游桥脚舟的剪力和弯矩计算

对于浮游桥脚舟，其总纵强度计算原理及方法与一般类型的舟艇完全一致，但是根据其结构特点和荷载的特点，计算时将其看成是一根置于水中的空心薄壁梁，在计算时，它的特点表现在以下方面：

(1)浮游桥脚舟线形简单，多呈长方形箱体结构；舟体结构的布置与形状都是对称的，而且多是等剖面的梁，各理论站距处的横剖面均相同，因而自重分布均匀，其浮力也是均匀分布的。

(2)浮游桥脚舟上的桥跨结构对称地布置在舟体中央，所以外载的分布也是均匀的、有规律的。

由于以上特点给浮游桥脚舟的计算带来了很多方便之处，所以可以采用经典的公式进行分析计算。

一、作用在浮游桥脚舟上的质量

1. 浮游桥脚舟的自重

因舟体结构与形状均为对称，可以认为自重沿舟体长度方向均匀分布，即：

$$g = \frac{G_0}{L} \tag{11-17}$$

式中：G_0——浮游桥脚舟的总质量；

L——浮游桥脚舟的总长度。

由于舟体自重沿其长度均匀分布，所以它产生的水压力大小分布也是均匀的，它们在各个剖面处的大小与浮力相等，而方向相反，相互抵消，因而在计算舟体切力和弯矩时可以不考虑自重的影响。

2. 桥跨自重及载重

设 R_1 为桥跨结构自重分配到一个舟上的质量，R_2 为活荷载分配到一个舟上的质量。而 R_1 和 R_2 对于舟体的作用，根据桥跨结构的数量来定。

当桥桁数量较少时($n \leqslant 4$)，取 n 个集中载，$P = (R_1 + R_2)/n$，按位置放置；当桥桁数量较多时($n > 4$)，取均匀载集度，$p = (R_1 + R_2)/b_0$，在 b_0 内分布；当带式舟桥无桥跨时，取两段均布载，$p = R_2/2b_1$，分两处均布。

3. 浮力(除自重引起的浮力以外)

浮力大小是由浮游桥脚舟的浸水面积而定，对于浮游桥脚舟某一小段长度上受到的浮力为，$d = \gamma A_\omega \Delta x$，当 $\Delta x = 1$ 时，d 表示为单位长度上所受到的浮力。当浮游桥脚舟为长方形箱体时，各理论站距处的浸水面积 A_ω 均相等，其大小可以表示为：

$$A_\omega = BT \tag{11-18}$$

式中：B——舟体宽度(m)；

T——活荷载和桥桁结构质量引起的舟体吃水(没有考虑舟体自重产生的吃水)。

当浮游桥脚舟两端呈雪橇形时，可将舟体长度 L 换算为计算长度 L_1 的长方体进行计算，即：

$$L_1 = \frac{R_1 + R_2}{d} = \frac{R_1 + R_2}{\gamma A_\omega} \tag{11-19}$$

对于舟舷为直壁的舟体，则计算长度为：

$$L_1 = \frac{R_1 + R_2}{\gamma BT} = \delta L \tag{11-20}$$

已知作用于舟体的重力和浮力沿其长度的分布情况后，即可求得作用于舟体载重的分布情况，然后应用公式很容易求得舟体的剪力和弯矩。对于各种不同布载情况下的剪力和弯矩计算及其结果分别在以下介绍。

二、各种布载的剪力和弯矩计算

1. 舟体中央一段对称的均布荷载情况下的剪力和弯矩计算（表 11-7）

舟体中央一段对称的均布荷载情况下的剪力和弯矩计算 表 11-7

载重类型	舟体中央一段对称的均布荷载		
简图	b_0　p　d　L_1　$Q(x)$　Q_{max}　$M(x)$　M_{max}		
范围	$0 < x < \frac{L_1 - b}{2}$	$x < \frac{L_1 + b_0}{2}$ 和 $x > \frac{L_1 - b_0}{2}$	$L_1 > x > \frac{L_1 + b_0}{2}$
剪力	$Q(x) = -dx$	$Q(x) = -dx + p\left(x - \frac{L_0 - b_0}{2}\right)$	$Q(x) = -dx + pb_0$
弯矩	$M(x) = -\frac{dx^2}{2}$	$M(x) = -\frac{dx^2}{2} + \frac{p}{2}\left(x - \frac{L_1 - b_0}{2}\right)^2$	$M(x) = -\frac{dx^2}{2} + pb_0\left(x - \frac{L_1}{2}\right)$
最大剪力	$Q_{max} = \pm\frac{pb_0}{2L_1}(L_1 - b_0)\quad\left(x = \frac{L_1 \pm b_0}{2}\right)$		

续上表

最大弯矩	$M_{\max}=-\dfrac{pb_0}{8}(L_1-b_0)\quad\left(x=\dfrac{L_1}{2}\right)$
备注	$p=\dfrac{R_1+R_2}{b_0};d=\dfrac{pb_0}{L_1};L_1=m_2\delta L_2+m_3L_3$ 其中 m_2 为尖舟数量;m_3 为方舟数量;L_2 为尖舟长度;L_3 为方舟长度

2. 舟体中央受两个对称集中荷载情况下的剪力和弯矩计算(表 11-8)

舟体中央受两个对称集中荷载情况下的剪力和弯矩计算 表 11-8

载重类型	舟体中央受两个对称集中荷载		
简图	P b₀ P d L₁ Q(x) Q_max M(x) M_max		
范围	$0<x<\dfrac{L_1-b}{2}$	$x<\dfrac{L_1+b_0}{2}$ 和 $x>\dfrac{L_1-b_0}{2}$	$L_1>x>\dfrac{L_1+b_0}{2}$
剪力	$Q(x)=-dx$	$Q(x)=-dx+P$	$Q(x)=-dx+2P$
弯矩	$M(x)=-\dfrac{dx^2}{2}$	$M(x)=-\dfrac{dx^2}{2}+P\left(x-\dfrac{L_1-b_0}{2}\right)$	$M(x)=P(2x-L_1)$
最大剪力	$Q_{\max}=-P+\dfrac{Pb_0}{L_1}\quad\left(x=\dfrac{L_1-b_0}{2},L_1>2b_0\right)$ 或 $Q_{\max}=P-\dfrac{Pb_0}{L_1}\quad\left(x=\dfrac{L_1+b_0}{2},L_1>2b_0\right)$		
最大弯矩	$M_{\max}=-\dfrac{P}{L_1}\dfrac{(L_1-b_0)^2}{4}\quad\left(x=\dfrac{L_1-b_0}{2}\text{或}x=\dfrac{L_1+b_0}{2}\right)$		
备注	$P=\dfrac{R_1+R_2}{2};d=\dfrac{2P}{L_1};L_1=m_2\delta L_2+m_3L_3$ 其中 m_2 为尖舟数量;m_3 为方舟数量;L_2 为尖舟长度;L_3 为方舟长度		

3. 舟体中央受三个对称集中荷载情况下的剪力和弯矩计算(表 11-9)

舟体中央受三个对称集中荷载情况下的剪力和弯矩计算 表 11-9

载重类型	舟体中央受三个对称集中荷载			
简图	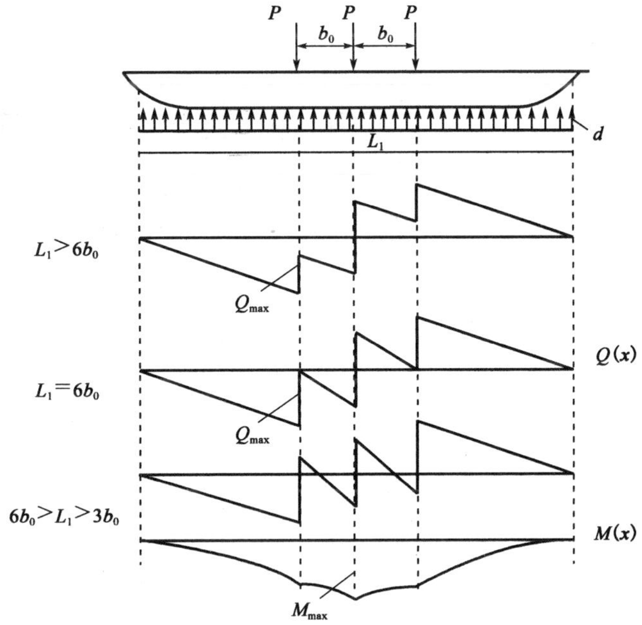 P P P b_0 b_0 d L_1 $L_1>6b_0$ Q_{max} $Q(x)$ $L_1=6b_0$ Q_{max} $6b_0>L_1>3b_0$ $M(x)$ M_{max}			
范围	$0<x<\frac{L_1-2b_0}{2}$	$\frac{L_1-2b_0}{2}<x<\frac{L_1}{2}$	$\frac{L_1}{2}<x<\frac{L_1+2b_0}{2}$	$\frac{L_1+2b_0}{2}<x<L_1$
剪力	$Q(x)=-dx$	$Q(x)=-dx+P$	$Q(x)=-dx+2P$	$Q(x)=-dx+3P$
弯矩	$M(x)=-\frac{dx^2}{2}$	$M(x)=-\frac{dx^2}{2}+P\left(x-\frac{L_1-2b_0}{2}\right)$	$M(x)=-\frac{dx^2}{2}+2P\left(x-\frac{L_1}{2}\right)+Pb_0$	$M(x)=-\frac{dx^2}{2}+3P\left(x-\frac{L_1}{2}\right)$
最大剪力	$Q_{max}=-\frac{3P}{2}+\frac{3Pb_0}{L_1}\quad\left(x=\frac{L_1-2b_0}{2},L_1>3b_0\right)$ 或 $Q_{max}=\frac{3P}{2}-\frac{3Pb_0}{L_1}\quad\left(x=\frac{L_1+2b_0}{2},L_1>3b_0\right)$			
最大弯矩	$M_{max}=\frac{3PL_1}{8}+Pb_0\quad\left(x=\frac{L_1}{2},L_1>3b_0\right)$			
备注	$P=\frac{R_1+R_2}{3};d=\frac{3P}{L_1};L_1=m_2\delta L_2+m_3L_3$ 其中 m_2 为尖舟数量;m_3 为方舟数量;L_2 为尖舟长度;L_3 为方舟长度			

4. 舟体中央受四个对称集中荷载情况下的剪力和弯矩计算(表 11-10)

舟体中央受四个对称集中荷载情况下的剪力和弯矩计算 表 11-10

载重类型	舟体中央受四个对称集中荷载				
简图	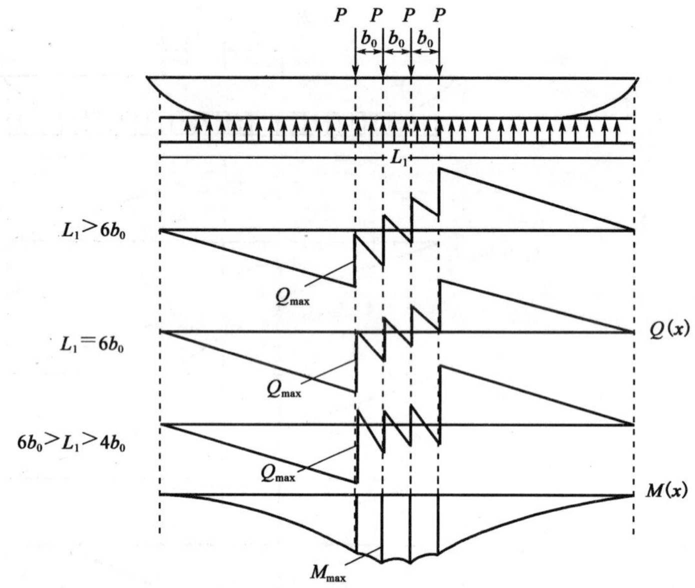				
范围	$0<x<\frac{L_1-3b_0}{2}$	$\frac{L_1-3b_0}{2}<x<\frac{L_1-b_0}{2}$	$\frac{L_1-b_0}{2}<x<\frac{L_1+b_0}{2}$	$\frac{L_1-b_0}{2}<x<\frac{L_1+b_0}{2}$	$\frac{L_1+3b_0}{2}<x<L_1$
剪力	$Q(x)=-dx$	$Q(x)=-dx+P$	$Q(x)=-dx+2P$	$Q(x)=-dx+3P$	$Q(x)=-dx+4P$
弯矩	$M(x)=-\frac{dx^2}{2}$	$M(x)=-\frac{dx^2}{2}+P\left(x-\frac{L_1-3b_0}{2}\right)$	$M(x)=-\frac{dx^2}{2}+P(2x-L_1+2b_0)$		
弯矩	$M(x)=-\frac{dx^2}{2}+P\left(3x-\frac{3L_1-3b_0}{2}\right)$	$M(x)=-\frac{dx^2}{2}+P(4x-2L_1)$			
最大剪力	$Q_{max}=-2P+\frac{6Pb_0}{L_1}\quad\left(x=\frac{L_1-3b_0}{2},L_1>4b_0\right)$ 或 $Q_{max}=2P-\frac{6Pb_0}{L_1}\quad\left(x=\frac{L_1+3b_0}{2},L_1>4b_0\right)$				
最大弯矩	$M_{max}=-\frac{PL_1}{2}+2Pb_0-\frac{Pb_0^2}{2L_1}\quad\left(x=\frac{L_1-b_0}{2},x=\frac{L_1+b_0}{2}\right)$				
备注					

5. 舟体中央受两个对称均布荷载情况下的剪力和弯矩计算(表 10-11)

舟体中央受两个对称均布荷载情况下的剪力和弯矩计算 表 11-11

<table>
<tr><td>载重类型</td><td colspan="6">舟体中央受两个对称均布荷载</td></tr>
<tr><td>简图</td><td colspan="6">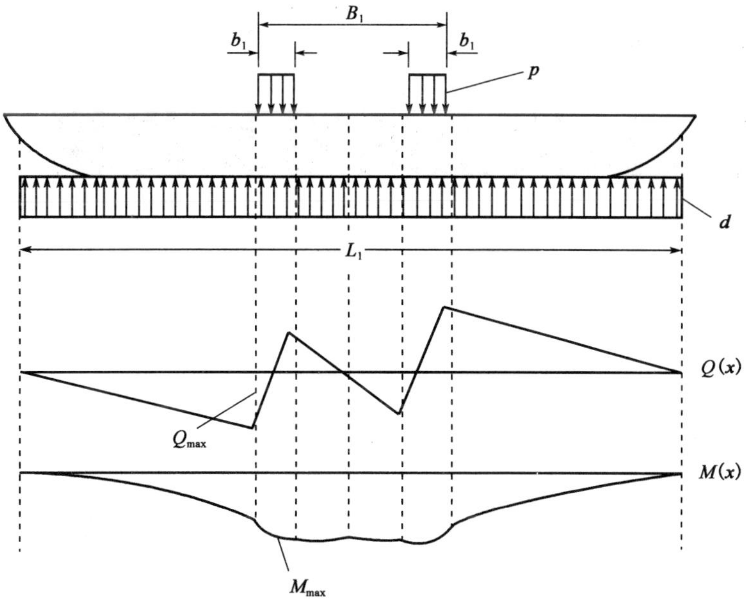
</td></tr>
<tr><td>范围</td><td>$0 < x < \frac{L_1 - B_1}{2}$</td><td>$\frac{L_1 - B_1}{2} < x < \frac{L_1 - B_1}{2} + b_1$</td><td>$\frac{L_1 - B_1}{2} + b_1 < x < \frac{L_1 + B_1}{2} - b$</td><td>$\frac{L_1 + B_1}{2} - b_1 < x < \frac{L_1 + B_1}{2}$</td><td colspan="2">$\frac{L_1 + B_1}{2} < x < L_1$</td></tr>
<tr><td>剪力</td><td colspan="2">$Q_1 = -dx$</td><td colspan="2">$Q_2 = -dx + p\left(x - \frac{L_1 - B_1}{2}\right)$</td><td colspan="2">$Q_3 = -dx + p(2x - L_1 + B_1 - b_1)$</td></tr>
<tr><td>剪力</td><td colspan="3">$Q_4 = -dx + p\left(3x - \frac{3L_1 - B_1}{2}\right)$</td><td colspan="3">$Q_5 = -dx + p(4x - 2L_1)$</td></tr>
<tr><td>弯矩</td><td colspan="2">$M_1 = -\frac{x^2}{2}$</td><td colspan="2">$M_2 = -\frac{x^2}{2} + \frac{p}{2}\left(x - \frac{L_1 - B_1}{2}\right)^2$</td><td colspan="2">$M_3 = -\frac{x^2}{2} + pb_1\left(x - \frac{L_1 - B_1 + b_1}{2}\right)$</td></tr>
<tr><td>弯矩</td><td colspan="4">$M_4 = -\frac{x^2}{2} + pb_1\left(x - \frac{L_1 - B_1 + b_1}{2}\right) + \frac{p}{2}\left(x - \frac{L_1 + B_1 - 2b_1}{2}\right)^2$</td><td colspan="2">$M_5 = -\frac{x^2}{2} + pb_1(2x - L_1)$</td></tr>
<tr><td>最大剪力</td><td colspan="6">$Q_{max} = -pb_1\left(1 - \frac{B_1}{L_1}\right) \quad \left(x = \frac{L_1 - B_1}{2}\right)$
或 $Q_{max} = pb_1\left(1 - \frac{B_1}{L_1}\right) \quad \left(x = \frac{L_1 + B_1}{2}\right)$</td></tr>
<tr><td>最大弯矩</td><td colspan="6">$M_{max} = \frac{p(L_1 - B_1)^2}{32(L_1 - 2b_1)^2}[(L_1 + 2b_1)^2 - 16b_1] \quad \left[x = \frac{L_1(L_1 - B_1)}{2(L_1 - 2b_1)}\right]$
或 $M_{max} = \frac{-pb_1L_1}{4} + \frac{pb_1}{2}(B_1 - b_1) \quad \left(x = \frac{L_1}{2}\right)$</td></tr>
</table>

第十二章 舟艇在波浪上的附加荷载

第一节 概　　述

一、基本概念

海洋中的波浪是由多种不同的原因引起的,包括地震、火山爆发、涨潮和风。

在舟艇航行过程中,形成作用在舟体上变化着的波浪荷载的主要波浪形式,是由风的作用产生的风浪。

波浪是由于水粒子沿环形轨道运动而形成的,朝生成它的风方向移动的水自由表面波峰和波谷的交替,形成行进波;在某种条件下(一般是波浪遇到障碍时),波峰与波谷可能在同一个位置处循环产生及消失,便形成驻波。

二、波浪的分类

在决定舟艇强度要求时,需要考虑的波浪形式有以下几种。

(1)行进波及驻波。

(2)强制波(由波浪上方的风引起的波浪)及自由波(在风停止的情况下继续存在的

波浪)。

(3)增长波、发展波和衰减波,分别从一定数量的波浪的平均波高是增长、稳定还是衰减来区分。

(4)规则波(周期性)及非规则波(无周期性,无序的)。

(5)定常波及非定常波,全部的波浪平均参数是否随时间变化的波浪。

(6)长峰波及短峰波,波浪特征是否沿波峰变化的波浪。

(7)大波和微幅波。

(8)深水波和有限水深波,由波长与水深的比例来决定,当比例大于1/2时,认为是深水波,当比例小于1/2时,认为是有限水深波,后者存在着水底对波浪运动的影响。

三、波浪的参数与术语

关于行进波的描述主要有以下参数:静水面为没有波浪时的水平面;水深为水的自由表面到水底的距离;波系为一个个行进波的集合;波形为限于一个波长范围的波系部分的形状;波浪平均线为在波形中,波顶与波底等距离的水平线;波峰为位于波浪平均以上的波浪部分;波谷为位于波浪平均以下的波浪部分;波顶为波峰最高点;波底为波谷最底点;波高为波顶到波底的距离;波幅为静水面至波顶或者波底的距离,即波高的一半;波长为通过邻近波顶引出的两条垂线之间的波形水平投影长度;波浪周期为两个相继波浪顶点通过同一条垂线的时间间隔;波浪参数为可以决定所有其他波浪特征的行进波的基本参数,主要有波高和波浪周期或者波长;在有限水深的情况下还要考虑水域深度参数;波浪陡度为波高与波长的比值。

第二节 规则波以及波浪荷载

规则波在自然界是极少见到的,但是在研究波浪对舟艇的影响、确定舟体在波浪中运动和力的影响参数时,规则波是一种基本的模型,也是其他不规则波理论的基础。规则波理论是建立在一系列的简化假设的基础上。

一、基本假设

为了确定舟艇在规则波中的荷载,必须了解舟艇湿表面上的波浪引起的压力和由于舟艇纵摇形成的舟艇质量惯性力沿舟体长的不均匀分布。

以下是规则波浪的基本假设:

(1)舟艇是绝对刚性的,舟艇在波浪上运动的弹性变形可以忽略不计。

(2)由于波浪是微幅的,因此水动力荷载和摇荡参数可以用线性方程来描述。

(3)波浪作用可以采用线性叠加原则进行。

(4)作用在舟艇上的荷载由以下各部分组成:在舟艇垂直平面内的总波浪弯矩;波浪引起的水平面内的弯矩;在波浪上的扭矩;迎浪运动时波浪对舟艇的动力抨击弯矩;引起舟艇“波浪振动”的高频波浪弯矩等。

二、波浪荷载的计算

所研究的舟艇以速度"u"运动，舟艇在二维规则波舟艇方向的夹角为 φ。速度"u"在迎浪时为正。

引入两个坐标系：与舟艇相连的运动坐标系 x、y、z；以及固定坐标系 ε、η、ζ。坐标系原点与舟艇中剖面重合。

在已经假设的前提下，与舟艇相连的运动坐标系中的波相表达式为：

$$\xi_{\mathrm{B}} = r\cos[k(x\cos\varphi - y\sin\varphi) + \omega_{\mathrm{k}}t] \tag{12-1}$$

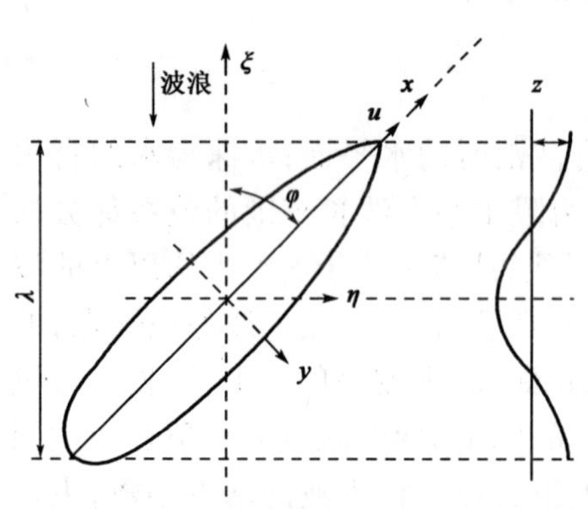

图 12-1　迎浪角与遭遇频率

式中：　$r = \frac{1}{2}h$，h 为波高；

$k = \frac{2\pi}{\lambda}$，λ 为波长；

ω_{k}——波浪的遭遇频率，也就是位于舟艇上的人观察到的波浪频率，$\omega_{\mathrm{k}} = \omega + ku\cos\varphi$。

具体如图 12-1 所示。

舟艇在纵摇运动条件下的垂直作用力，在线性问题中，可以表示为以下分量的和：

q_1 为由于波浪和纵摇影响造成的浮力再分配的荷载；q_2 为摇荡运动中舟艇质量垂直惯性力的荷载；q_3 为附连水质量的惯性作用力；q_4 为阻尼力。

1. 附加量值

$$q_1(x,t) = -\int_{\Omega(x)} p\cos(n,z)\,\mathrm{d}l \tag{12-2}$$

式中：$\Omega(x)$——舟艇湿表面剖面周界；

n——在周界长度 $\mathrm{d}l$ 范围内，表面的法线方向；

p——由于波浪和纵摇造成的浮力再分配的变化压力分量。

2. 舟艇质量惯性力

$$q_2 = -m(x)(\ddot{\xi}_0 + x\ddot{\psi}) \tag{12-3}$$

式中：$m(x)$——舟艇荷载质量强度。

3. 附连水质量惯性作用强度

$$q_3 = -\frac{\mathrm{d}}{\mathrm{d}t}\left[\mu(x)\frac{\mathrm{d}\xi}{\mathrm{d}t}\right] \tag{12-4}$$

式中：ξ——舟艇剖面相对位移（相对于波浪表面）；

$\mu(x)$——舟艇横剖面。

$$\xi = \xi_0 + x\psi - \xi_{\mathrm{B}} \tag{12-5}$$

$$\mu(x) = \frac{\pi}{8}\rho_{\mathrm{B}}k_{\mu}b^2(x) \tag{12-6}$$

式中：k_μ——与横剖面水下部分形状相关的系数。

4. 阻尼力

阻尼力主要与舟艇摇荡能量的耗散相关，摇荡能量依靠离舟艇而去的波浪转移开去。当耗波系统为线性问题时，阻尼力可以用相对于静水表面舟体各剖面的速度来决定。

舟艇在波浪上摇荡过程中，作用在舟体上的荷载总计为：

$$q_B = \sum_{i=1}^{4} q_i \tag{12-7}$$

纵摇平衡方程是由平衡条件构成的：

$$\int_{-0.5L}^{0.5L} q_B \mathrm{d}x = 0 \tag{12-8}$$

$$\int_{-0.5L}^{0.5L} q_B x \mathrm{d}x = 0 \tag{12-9}$$

将波浪表达式代入上面的平衡表达式中，便可以得到相对于参数 ξ 和 ψ 的两个二阶微分方程的纵摇方程组，它们的求解结果决定波浪荷载。

三、舟体剖面垂向波浪弯矩

舟艇剖面上的附加波浪弯矩和剪力，根据舟艇在波浪上纵摇平衡方程，可以用以下公式确定：

$$N_B(x) = \int_{-0.5L}^{x} q_B \mathrm{d}x \tag{12-10}$$

$$M_B(x) = \int_{-0.5L}^{x}\int_{-0.5L}^{x} q_B \mathrm{d}x\mathrm{d}x \tag{12-11}$$

在横中剖面处，弯矩达到最大值，其为：

$$M_B(0) = \int_{-0.5L}^{0}\int_{-0.5L}^{x} q_B \mathrm{d}x\mathrm{d}x = -\int_{-0.5L}^{0} q_B x \mathrm{d}x \tag{12-12}$$

在舟艇摇荡的任一时刻，舟艇不仅对于垂向荷载的主矢量是平衡的，而且对于主力矩也是平衡的。在中剖面处的波浪力矩值只取决于对称的荷载部分，并且可以表达为如下形式：

$$M_B(0) = \frac{1}{2}(M_K + M_H) \tag{12-13}$$

式中：M_K——作用于舟艇尾部全部外力相对于中剖面的力矩；

M_H——作用于舟艇首部全部外力相对于中剖面的力矩。

四、舟体剖面水平波浪弯矩和波浪扭矩

当舟艇相对于规则斜波航向航行时，在舟体剖面的弯矩不但有垂向的，而且还在水平面内有水平波浪弯矩，同时还产生扭矩。用理论方法确定弯矩和扭矩，目前的做法是建立舟艇纵摇的运动方程并求解，同时必须考虑舟艇的横荡、首摇和横摇运动。

同时研究纵摇、横荡、首摇和横摇的复杂运动有一定的困难，而且要考虑到初始条件的影响和水动力系数。因此一般都是采用试验和近似理论公式研究的方法。

产生水平波浪的主要原因是作用在舟艇两侧的波浪引起的压力的差值，它是由于舟艇在斜向波浪中运动时引起舟舷两侧波面高度的差值。图 12-2 表示了舟体两侧的波浪压力。用 p_B^N 表示迎风面的压力，p_B^H 表示背风面的压力。

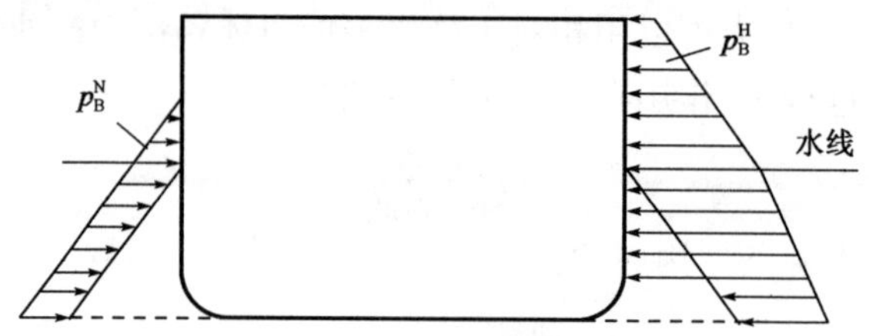

图 12-2　舟艇两侧压力差

当波向角 $\varphi = 60°$ 和波长 $\lambda = 0.5L$ 时，由波浪引起的水平弯矩的经验计算公式为：

$$M_S(x) = 0.35h_S\left(1 - 4\frac{d}{L}\right)\frac{d}{B}L^2\varphi(\bar{x}) \tag{12-14}$$

$$\varphi(\bar{x}) = 0.5\left(1 - \cos\frac{2\pi x}{L}\right) \tag{12-15}$$

式中：h_S——确定 $M_S(x)$ 的计算波高；

x——至首垂线的距离。

水平扭矩与沿舟宽不均匀分布的作用于舟底的垂向压力分量形成的扭矩相叠加。而合成扭矩以对时间的函数式表示：

$$M_k = M_{k_1}\cos\omega_k t + M_{k_2}\sin\omega_k t \tag{12-16}$$

式中：ω_k——波浪遭遇频率，需要考虑舟艇对波浪运动的角度和速度。

$$M_{k_1} = \frac{1}{2}h_k B^2 L\left[k_1\left(1 - \cos\frac{2\pi x}{L}\right) - k_2\sin\frac{3\pi x}{L}\right] \tag{12-17}$$

$$M_{k_2} = \frac{1}{2}h_k B^2 L k_3\sin\frac{2\pi x}{L} \tag{12-18}$$

式中：h_k——计算波高。

$$k_1 = 0.1\left(1 - 8\frac{d}{L}\right)\left(1 - 4\delta\frac{B}{L}\right)[1 + 3.6(\delta - 0.7)] \tag{12-19}$$

$$k_2 = \left(1 - 4\frac{d}{L}\right)\frac{d}{L}\frac{L}{B}\frac{e}{B} \tag{12-20}$$

$$k_3 = 2k_2 \tag{12-21}$$

式中：e——舟艇扭转中心到距离舟底 0.6H 水平处。

而合成扭矩的幅值为：

$$M_k = \sqrt{M_{k_1}^2 + M_{k_2}^2} \tag{12-22}$$

第三节 波浪中附加剪力和附加弯矩

舟艇在波浪中航行时,质量曲线 $p(x)$ 未变,而由于水线面的改变引起 $d(x)$ 的改变,从而导致浮力重新分布。波浪下浮力相对静水状态的浮力增量是引起静波浪剪力和弯矩的荷载。由此可见,静波浪弯矩与舟艇的外形以及舟艇在波浪上的相对位置有关。

一、一般计算方法

由于舟艇的外形主要由其功能决定,因此对给定外形的舟艇的静波浪弯矩,其大小主要取决于波浪要素以及舟艇与波浪的相对位置。

波浪要素主要包括波形、波长与波高。目前运用最为广泛的是坦谷波理论(Airy 波)。根据这一理论,二维波的剖面是坦谷曲线形状。图 12-3 所示的波面是从二维波中截取的一段,粗黑线为波浪剖面形状,两相邻波峰或者波谷之间的距离是波长,波高是波谷到波峰的垂直距离。坦谷波的特点是波峰陡峭、波谷平坦,波浪轴线上下的剖面积不相等,故称为坦谷波。

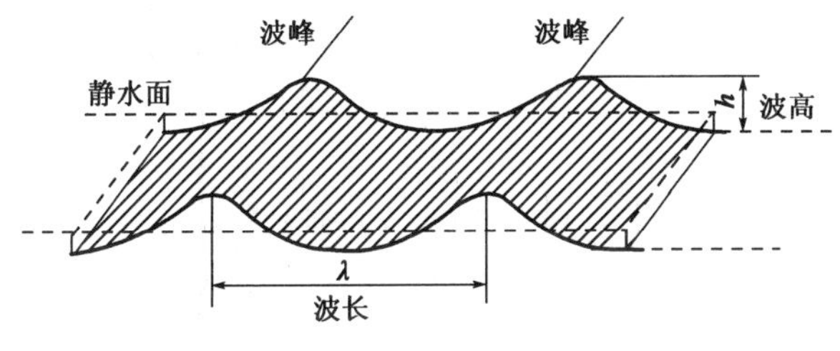

图 12-3 坦谷波

舟艇在航行中遇到的波浪是随机的、不断变化的。计算的波浪要素以及舟艇在波浪上的危险位置的选择主要考虑可能引起较大的静波浪弯矩。下面从概念上加以说明。

当舟艇静置在波浪上的位置发生变化时,舟艇剖面上的弯矩也将发生变化。当波峰或者波谷在舟艇的中央时,浮力相对于静水线的改变最为明显,因此舟艇中剖面产生最大的波浪弯矩,这是显而易见的。但是计算表明,特别是前后不对称的舟艇,在其他剖面中的最大弯矩并不是发生在波峰或者波谷在舟艇中央时。怎样的波长才使弯矩成为最大呢?若波长远小于舟长,在舟长范围内会有几个波峰或者波谷出现,此外波高也较小,因此相对于静水面的浮力分布并未产生明显的变化;反之,若波长远大于舟长,此时虽然波高很大,但是由于舟艇只位于部分波浪长度上,在舟长范围内的波浪表面实际上和静水面差别不大,故相对于静水面的浮力分布并未发生很大的变化。所以这两种情况都不会发生过大的波浪弯矩。试验分析以及理论研究表明,当舟艇长度与波长相近时,波浪引起的弯矩最大。所以在实际计算时,按照最不利状态,取计算波长等于舟艇长度,并且按波峰在舟艇中央和波谷在舟艇中央两种典型状况分析计算。见图 12-4。

若舟艇航行的区域没有等于舟艇长度的波长,考虑到舟艇可能斜浪航行,仍然取波浪长度等于舟艇长度来计算。

波长与波高之间并没有严格的固定关系,但是一般按照经验公式选取。

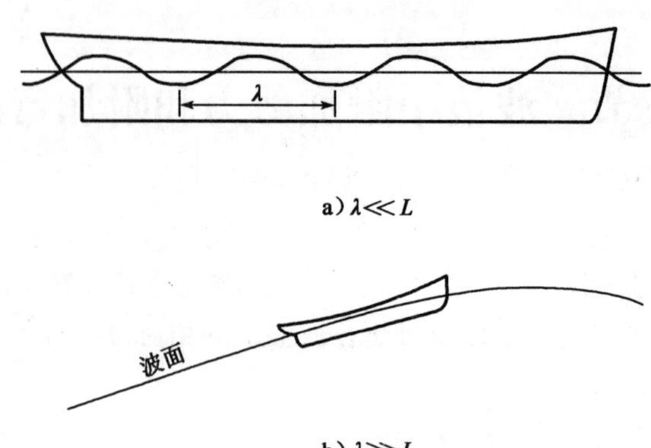

a) $\lambda \ll L$

b) $\lambda \gg L$

图 12-4　波长对浮力变化的影响

当 $\lambda \geqslant 120\text{m}$ 时，$h = \dfrac{\lambda}{20}$；

当 $60\text{m} \leqslant \lambda \leqslant 120\text{m}$ 时，$h = \dfrac{\lambda}{30} + 2$；

当 $\lambda \leqslant 60\text{m}$ 时，$h = \dfrac{\lambda}{20} + 1$。

基于以上分析，形成了标准的计算方法，现将方法归纳如下：

(1)将舟艇静置于波浪上，即设想舟艇以波速在波浪的传播方向上航行，舟艇与波浪处于相对静止的状态。

(2)以二维坦谷波作为标准波形，计算波长取为与舟艇长度一致，计算波高按经验公式选用。

(3)取波峰位于舟艇中央和波谷位于舟艇中央两种状态分别计算。

二、坦谷波的绘制方法

若以半径为 R 的圆盘，沿直线 AB 滚动时，圆内一距圆心为 r 的定点 P 所描绘的轨迹，即为一坦谷波曲线。坦谷波曲线可按图 12-5 所示的方法绘制。将直线 AB(即波长 λ)及滚圆圆周各分为数量相同的 n 等份(通常为 8 等份)，分别以各等分点 O_0、O_1、O_n 为中心，顺次将滚圆逆时针旋转 $360°/n$，记下 P 点的不同位置 P_0、P_1、P_n，连接各点的光滑曲线便为一坦谷波曲线。

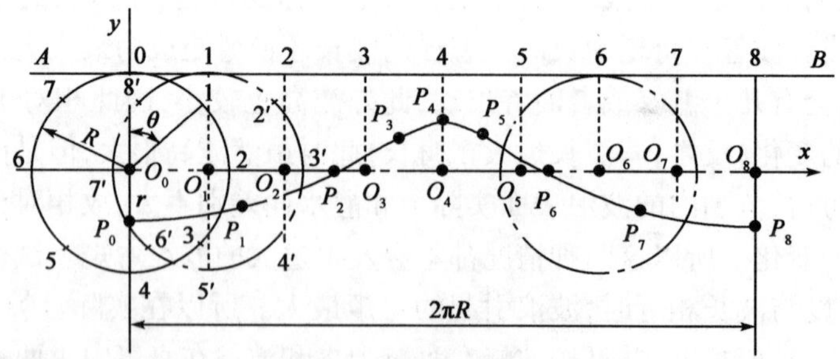

图 12-5　坦谷波的绘制

滚圆半径 R 和半径 r(波幅)与波浪要素的关系是：

$$R = \frac{\lambda}{2\pi} \tag{12-23}$$

$$r = O_0P_0 = \frac{h}{2} \tag{12-24}$$

式中：λ、r——分别为波长及波高。

在图 12-5 所示的坐标系统下，可以写出坦谷波的波面方程为：

$$x = \frac{\lambda}{2\pi}\theta + r\sin\theta \tag{12-25}$$

$$y = -r\cos\theta \tag{12-26}$$

式中：θ——圆盘滚动时的转角；

x——波面距波浪轴线的垂向坐标；

y——与 θ 和 x 相对应的纵向坐标。

三、静波浪剪力及弯矩计算

为了计算舟艇上的弯矩和剪力，必须首先计算重力和浮力沿舟长方向的分布。对具体问题来说，质量沿舟艇长方向是不变的，但是舟艇在波浪中的浮力分布 $b_w(x)$ 会发生变化，可以视为舟艇在静水中的浮力分布 $b_s(x)$ 和由于波浪而产生的附加浮力分布 $\Delta b(x)$ 之和，见图 12-6。即：

$$b_w(x) = b_s(x) + \Delta b(x) \tag{12-27}$$

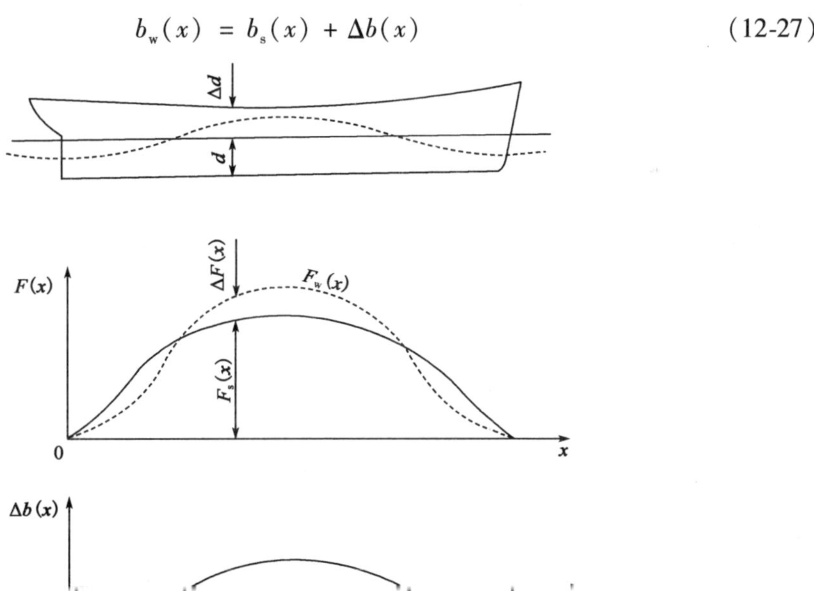

图 12-6 波浪浮力分布曲线

因此将舟艇看成是一个空心梁，作用在舟艇上的荷载、剪力和弯矩分别为：

$$q(x) = p(x) - b_w(x) \tag{12-28}$$

$$N(x) = \int_0^x q(x)\,\mathrm{d}x = N_s(x) + N_w(x) \tag{12-29}$$

$$M(x) = \int_0^x N(x)\,\mathrm{d}x = M_s(x) + M_w(x) \tag{12-30}$$

其中：

静水剪力
$$N_s(x) = \int_0^x [p(x) - b_s(x)]\mathrm{d}x \tag{12-31}$$

静水弯矩
$$M_s(x) = \int_0^x N_s(x)\mathrm{d}x \tag{12-32}$$

波浪附加剪力
$$N_w(x) = \int_0^x [-\Delta b(x)]\mathrm{d}x \tag{12-33}$$

波浪附加弯矩
$$M_w(x) = \int_0^x N_w(x)\mathrm{d}x \tag{12-34}$$

式中：$\Delta b(x)$——舟艇在波浪中的浮力曲线相对于静水面的变化量，可以按照式(12-35)计算：

$$\Delta b(x) = b_w(x) - b_s(x) = \rho g \Delta F(x) \tag{12-35}$$
$$\Delta F(x) = F_w(x) - F_s(x) \tag{12-36}$$

式中：ρ——水的密度；

g——重力加速度；

$F_s(x)$——舟艇在静水中各理论站横剖面的浸水面积；

$F_w(x)$——在波浪上各理论站横剖面的浸水面积。

舟艇由静水进入波浪，其浮态会发生变化。若以静水线作为坦谷波的轴线，当舟艇中部位于波谷时，由于坦谷波在波轴线以上的剖面面积比轴线以下的剖面面积小，同时舟艇中部一般较丰满，所以舟艇在此位置时的浮力要比静水中小，因而不能处于平衡状态，舟艇将下沉一定的值。而当舟艇中部位于波峰时，一般舟艇会上浮一些。另外由于舟艇前后的不对称，也会发生一定的纵倾变化。

由此可见，为求静波浪剪力和弯矩，首先必须确定舟艇在波浪上的平衡位置。假定舟艇静置在波浪上，尾垂线处较静水时下沉 ζ_0 值（下沉为正），纵倾角变化为 ψ 值（首下沉为正），则尾垂线 x 处剖面下沉或者上浮的距离为：

$$\zeta_x = \zeta_0 + x\psi \tag{12-37}$$

因此求舟艇在波浪上的平衡位置，实际上可归纳为求波浪轴线的位置 ζ_0 和 ψ，如图 12-7 所示。

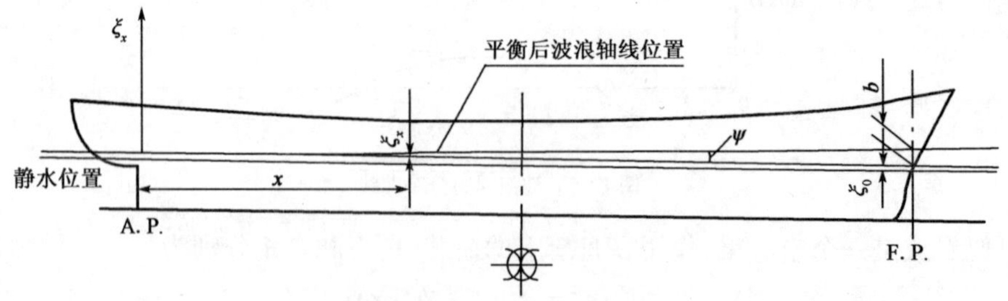

图 12-7　波浪上的平衡位置

为求舟艇静置在波浪上的平衡位置，仍然需要利用静力平衡条件，即重力等于浮力，重心与浮心的纵向位置在同一铅垂线上，所以，舟艇在波浪上的浮力变化量必须满足：

$$\int_0^L \Delta b(x)\,\mathrm{d}x = 0 \tag{12-38}$$

$$\int_0^L x\Delta b(x)\,\mathrm{d}x = 0 \tag{12-39}$$

确定舟艇在波浪上的平衡位置的方法一般有逐步近似法和直接法两种。逐步近似法一般适用于小型船舶、内河船舶和军用舰船等。下面只介绍直接法。

直接法是由麦卡尔(Muckle)提出的,因此又称为麦卡尔法,该方法是利用邦津曲线来调整舟艇在波浪上的平衡位置。因此,在手工计算时,要求舟艇在水线附近为直壁式,同时舟艇无横倾发生。根据试验经验,麦卡尔法主要适用于大型运输船舶。其运算步骤可归纳如下:

使坦谷波轴线与静水线重合,得到波峰在中部或者波谷在中部的波形线,如图 12-8 所示。在各理论站线与波形线 $A-A$ 的交点 A_i 处利用邦津曲线量取剖面面积 F_{A_i},实际平衡位置时的波形线为 $C-C$(与各站的交点为 C_i),在中垂时,C_i 在 $A-A$ 波形线之上,在中拱时,C_i 在 $A-A$ 波形线之下,如图12-8 所示。因此在各理论站 A_i 点之上(对于中垂情况)或 A_i 点之下(对于中拱情况),以相同的比例量取 ε 值,得点 B_i,并利用邦津曲线量取 B_i 处的剖面积 F_{B_i},于是利用水线附近舷侧为直壁式的假设(即假设邦津曲线在该段为直线),实际波面下的浸水面积 F_{C_i} 为:

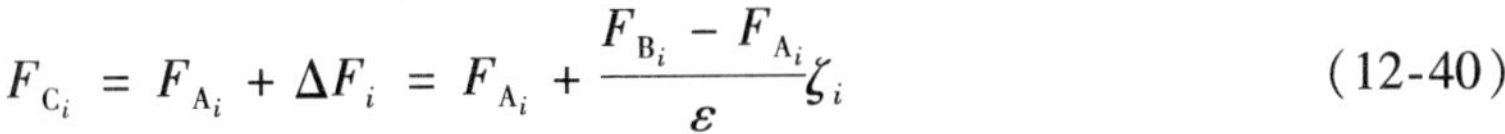

$$F_{C_i} = F_{A_i} + \Delta F_i = F_{A_i} + \frac{F_{B_i} - F_{A_i}}{\varepsilon}\zeta_i \tag{12-40}$$

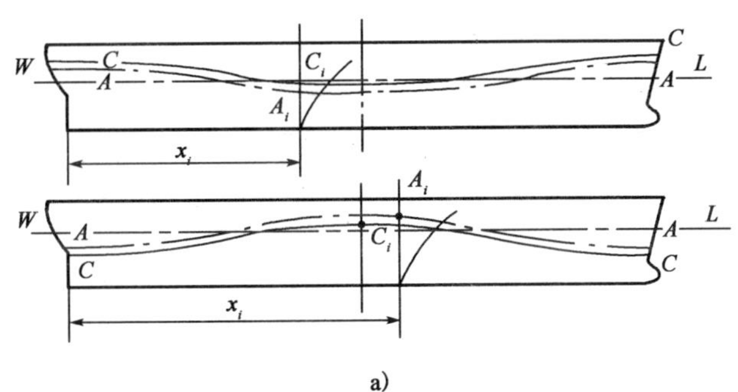

a)

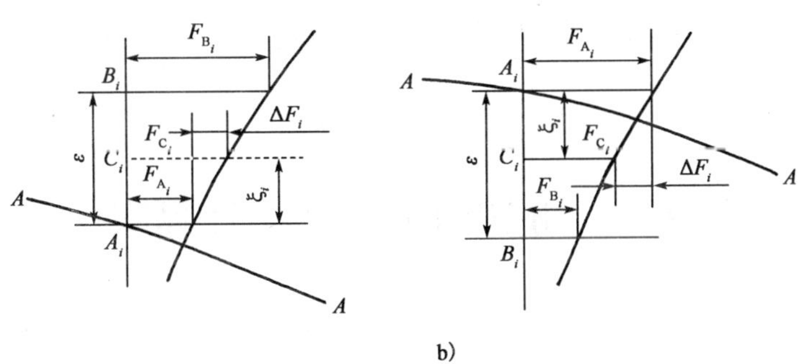

b)

图 12-8 波浪上浸水面积量读方法

或

$$F_{C_i} = F_{A_i} + \frac{F_{B_i} - F_{A_i}}{\varepsilon}(\zeta_0 + x_i\psi) \tag{12-41}$$

利用平衡条件,即排水量和浮心位置与静水中相等的条件:

$$\int_0^L F_c(x)\mathrm{d}x = V \tag{12-42}$$

$$\int_0^L F_c(x)x\mathrm{d}x = Vx_b \tag{12-43}$$

式中：V——舟艇在静水中的排水量；

x_b——舟艇在静水中的浮心至尾垂线的距离。

可以得到：

$$\int_0^L F_A(x)\mathrm{d}x + \int_0^L \frac{F_B(x) - F_A(x)}{\varepsilon}(\zeta_0 + \psi x)\mathrm{d}x = V \tag{12-44}$$

$$\int_0^L F_A(x)\frac{x}{L}\mathrm{d}x + \int_0^L \frac{F_B(x) - F_A(x)}{\varepsilon}\frac{x}{L}(\zeta_0 + \psi x)\mathrm{d}x = \frac{x_b}{L}V \tag{12-45}$$

从上述两个方程可以解出未知数ζ_0和ψ。在手工计算时，上述公式中的积分均用表格进行，公式可以改写为：

$$\Sigma(2) + \frac{\zeta_0}{\varepsilon}\Sigma(5) + \frac{b}{\varepsilon}\frac{\Sigma(6)}{20} = \frac{V}{\Delta L} \tag{12-46}$$

$$\Sigma(3) + \frac{\zeta_0}{\varepsilon}\Sigma(6) + \frac{b}{\varepsilon}\frac{\Sigma(7)}{20} = \frac{Vx_b}{(\Delta L)^2} \tag{12-47}$$

式中：$\Sigma(2)$、$\Sigma(3)$、$\Sigma(5)$、$\Sigma(6)$、$\Sigma(7)$——分别为计算表12-4中的相应积分值（表12-4将在本章第四节中详细介绍）。

利用表12-4计算出上述5个积分系数后，由式(12-44)、式(12-45)就可以解出ζ_0和ψ，于是就得到了舟艇静置在波浪上的实际平衡位置。

利用公式(12-41)计算或者从邦津曲线上直接量取各站横剖面的浸水面积，并按公式(12-35)、式(12-26)计算，再按公式$N_w(x) = \int_0^x [-\Delta b(x)]\mathrm{d}x$、$M_w(x) = \int_0^x N_w(x)\mathrm{d}x$计算静波浪的弯矩和剪力。

第四节　附加剪力和弯矩计算实例

本例选自某海洋集装箱船，作为计算实例仅选取计算状态中的压载到港状态进行计算。由于该工况在静水中处于中拱状态，故在计算静水弯矩时取波峰在船中状态，从而求得该工况下的最大总纵弯矩和剪力。

一、主要数据及原始资料

1. 主要数据

计算船长：$L = 148.0\mathrm{m}$；海水密度：$\rho = 10.25\mathrm{kN/m^3}$；船宽：$B = 25.0\mathrm{m}$；重力加速度：$g = 9.80\mathrm{m/s^2}$。

2. 原始资料

(1)全船质量重心汇总表。

(2)静水力曲线图。

(3)邦津曲线图(图12-9)。

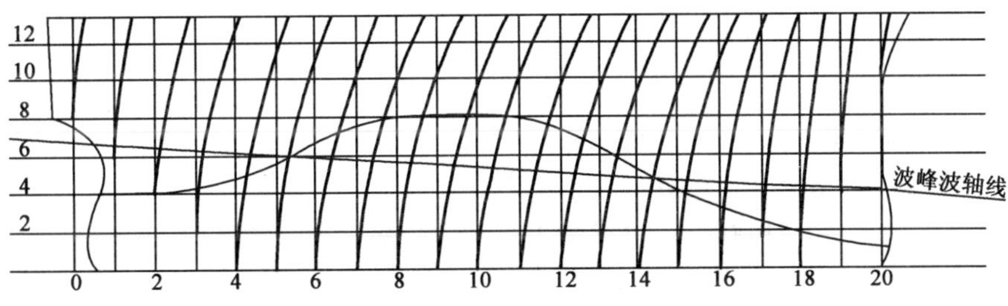

图12-9 邦津曲线图

3. 压载到港状态下的有关参数

总质量:$W=121\,006.4\text{kN}$;浮心纵向坐标:$x_B=0.15\text{m}$;重心纵向坐标:$x_G=-4.464\text{m}$;水线面积:$A=2\,570\text{m}^2$;平均吃水:$d_m=5.17\text{m}$;纵稳心半径:$R=222.26\text{m}$;漂心纵向坐标:$x_F=-1.35\text{m}$。

二、波形与波浪要素

波长 $\lambda=148.0\text{m}$,波高 $h=6.0\text{m}$。

坦谷波垂向坐标值采用余弦级数展开计算,即:

$$y_B = r\cos\frac{2\pi}{\lambda}x + \frac{\pi r^3}{\lambda}\left(1-\cos\frac{4\pi}{\lambda}x\right) \tag{12-48}$$

式中:r——半波高,取 $r=3.0\text{m}$。

各理论站从坦谷波面到波轴线垂向坐标值 y_B(由波轴线向下为正,反之为负),经过式(12-48)计算,列入表12-1。

各理论站 y_B 值 表12-1

中拱站号	0	1	2	3	4	5	6	7	8	9	10
	20	19	18	17	16	15	14	13	12	11	
y_B	3.000	2.890	2.559	2.013	1.273	0.382	−0.581	−1.513	−2.295	−2.817	−3.000

三、压载到港状态的静水剪力和弯矩计算

1. 船舶在静水中平衡位置的确定

1)第一次近似计算(表12-2)

首吃水:

$$d_{f1} = d_m + \frac{x_G - x_B}{R}\left(\frac{L}{2} - x_F\right) = 5.17 + \frac{-4.464-0.15}{222.26}\left(\frac{148}{2}+1.35\right) = 3.606(\text{m})$$

尾吃水:

$$d_{a1} = d_m + \frac{x_G - x_B}{R}\left(\frac{L}{2} + x_F\right) = 5.17 + \frac{-4.464-0.15}{222.26}\left(\frac{148}{2}-1.35\right) = 6.678(\text{m})$$

浮力：

$$B_1 = \rho g \Delta L \sum(3) = 118\,843.6(\mathrm{kN})$$

浮心纵坐标：

$$x_{B_1} = \Delta L \cdot \frac{\sum(4)}{\sum(3)} = -4.850(\mathrm{m})$$

2)第二次近似计算(表 12-2)

首吃水：

$$d_{f2} = d_{f1} + \frac{W-B}{\rho g A} + \frac{x_G - x_{B_1}}{R}\left(\frac{L}{2} - x_F\right)$$

$$= 3.606 + \frac{121\,006.4 - 118\,843.6}{1.025 \times 9.8 \times 2\,570} + \frac{-4.464 + 4.85}{222.26}\left(\frac{148}{2} + 1.35\right) = 3.820(\mathrm{m})$$

尾吃水：

$$d_{a2} = d_{a1} + \frac{W-B}{\rho g A} - \frac{x_G - x_{B_1}}{R}\left(\frac{L}{2} + x_F\right)$$

$$= 6.678 + \frac{121\,006.4 - 118\,843.6}{1.025 \times 9.8 \times 2\,570} - \frac{-4.464 + 4.85}{222.26}\left(\frac{148}{2} - 1.35\right) = 6.635(\mathrm{m})$$

浮力：

$$B_2 = \rho g \Delta L \sum(5) = 120\,902.6(\mathrm{kN})$$

浮心纵坐标：

$$x_{B_2} = \Delta L \frac{\sum(6)}{\sum(5)} = -4.559(\mathrm{m})$$

两 次 近 似 计 算 表 12-2

理论站号	力臂乘数	第一次近似		第二次近似		各站浸水面积成对和	理论站距上的浮力	理论站距
		各站浸水面积	面积矩函数	各站浸水面积	面积矩函数			
		F_{si}(m²)	(2)×(3)(m²)	F_{si}(m²)	(2)×(5)(m²)	(m²)	(7)×ΔL/2×ρg(kN)	
(1)	(2)	(3)	(4)	(5)	(6)	(7)	(8)	(9)
0	-10	0	0	0	0			
1	-9	13.5	-121.5	14.0	-126.0	14.0	520.3	0-1
2	-8	42.5	-340.0	43.5	-348.0	57.5	2 137.1	1-2
3	-7	72.5	-507.5	73.5	-514.0	117.0	4 348.5	2-3
4	-6	94.0	-564.0	95.0	-570.0	168.5	6 262.6	3-4
5	-5	112.5	-562.5	113.5	-567.5	208.5	7 749.2	4-5
6	-4	125.0	-500.0	126.0	-504.0	239.5	8 901.4	5-6
7	-3	130.0	-390.0	131.0	-393.0	257.0	9 551.8	6-7
8	-2	130.0	-260.0	131.0	-262.0	262.0	9 737.6	7-8
9	-1	127.5	-127.5	129.0	-129.0	260.0	9 663.3	8-9
10	0	122.5	0	124.0	0	253.0	9 403.1	9-10
11	1	117.5	117.5	119.0	119.0	243.0	9 031.5	10-11
12	2	112.5	225.0	114.0	228.0	233.0	8 659.8	11-12
13	3	102.5	307.5	105.0	315.0	219.0	8 139.5	12-13

续上表

理论站号	力臂乘数	第一次近似		第二次近似		各站浸水面积成对和	理论站距上的浮力	理论站距
		各站浸水面积	面积矩函数	各站浸水面积	面积矩函数			
		F_{si}(m²)	(2)×(3)(m²)	F_{si}(m²)	(2)×(5)(m²)	(m²)	(7)×ΔL/2×ρg(kN)	
(1)	(2)	(3)	(4)	(5)	(6)	(7)	(8)	(9)
14	4	90.0	360.0	92.0	368.0	197.0	7 321.8	13-14
15	5	70.0	350.0	73.0	365.0	165.0	6 132.5	14-15
16	6	55.0	330.0	57.0	342.0	130.0	4 831.6	15-16
17	7	37.5	262.5	39.0	273.0	96.0	3 568.0	16-17
18	8	25.0	200.0	26.5	212.0	65.5	2 434.4	17-18
19	9	15.0	135.0	16.5	148.5	43.0	1 598.2	18-19
20	10	7.5	75.0	8.0	80.0	24.5	910.6	19-20
总和		1 602.5	-1 010.5	1 630.5	-962.0			
修正值		-3.75	-37.5	-4.0	-40.0			
修正后总和		1 598.8	-1 048.0	1 626.5	-1 002.0			

注:表中各站的横剖面浸水面积 F_{si}取自邦津曲线。

2. 静水剪力 N_s 及弯矩 M_s 计算

静水剪力 N_s 及弯矩 M_s 计算见表 12-3,其分布见图 12-10。

3. 精度检查

质量误差 0.09%,浮心坐标相对误差为 0.06%,具体计算过程见表 12-3。

静水剪力 N_s 及弯矩 M_s 计算 表 12-3

理论站距	理论站距间质量(kN)	理论站间浮力(kN)	理论站间荷载[(2)-(3)](kN)	第4列自上而下之和(kN)	第5列积分和(kN)	对第5列不封闭的修正值(kN)	剪力值[(5)-(7)](kN)	(6)×ΔL/2(kN·m)	对第9列不封闭的修正值(kN·m)	弯矩值(kN·m)	理论站号
(1)	(2)	(3)	(4)	(5)	(6)	(7)	(8)	(9)	(10)	(11)	(12)
				0	0	0	0	0	0	0	0
0-1	4 818.7	520.3	4 298.4	4 298.4	4 298.4	5.2	4 293.2	1 5904.1	-265.3	15 169.4	1
1-2	6 015.2	2 137.1	3 878.1	8 176.5	16 773.3	10.4	8 166.1	62 061.2	-530.5	62 591.7	2
2-3	6 870.8	4 348.5	2 522.3	10 698.8	35 648.6	15.5	10 683.3	131 899.8	-795.8	132 695.6	3
3-4	8 471.1	6 262.6	2 208.5	12 907.3	59 254.7	20.7	12 886.6	219 242.4	-1 061.0	220 303.4	4
4-5	8 452.5	7 749.2	703.3	13 610.6	85 772.6	25.9	13 584.7	317 358.6	-1 316.3	318 684.9	5
5-6	4 594.2	8 901.4	-4 307.2	9 303.4	10 8686.6	31.1	9 272.3	402 140.4	-1 591.5	403 731.9	6
6-7	5 133.2	9 551.8	-4 418.6	4 664.8	122 874.8	36.3	4 848.5	454 636.8	-1 856.8	456 493.6	7
7-8	4 809.8	9 737.6	-4 927.8	-43.0	127 716.6	41.4	-84.4	472 551.4	-2 122.0	474 673.4	8
8-9	8 557.4	9 663.3	-1 105.9	-1 148.9	126 524.7	46.6	-1 195.5	468 141.4	-2 387.3	470 528.7	9
9-10	7 610.7	9 403.1	-1 792.4	-2 941.3	122 434.5	51.8	-2 993.1	453 007.6	-2 652.5	455 660.1	10
10-11	7 542.1	9 031.5	-1 489.4	-4 430.7	115 062.5	57.0	-4 487.7	425 731.3	-2 917.8	428 649.1	11

续上表

理论站距	理论站距间质量(kN)	理论站间浮力(kN)	理论站间荷载[(2)-(3)](kN)	第4列自上而下之和(kN)	第5列积分和(kN)	对第5列不封闭的修正值(kN)	剪力值[(5)-(7)](kN)	(6)×ΔL/2(kN·m)	对第9列不封闭的修正值(kN·m)	弯矩值(kN·m)	理论站号
(1)	(2)	(3)	(4)	(5)	(6)	(7)	(8)	(9)	(10)	(11)	(12)
11-12	7 610.7	8 659.8	-1 049.1	-5 479.8	105 152.0	62.2	-5 542.0	389 062.4	-3 183.0	392 245.4	12
12-13	8 023.3	8 139.5	-116.2	-5 596.0	94 076.2	67.3	-5 663.3	348 081.9	-3 448.3	351 530.2	13
13-14	5 154.8	7 321.8	-2 167.0	-7 763.0	80 717.2	72.5	-7 835.5	298 653.6	-3 713.5	302 367.1	14
14-15	4 908.8	6 132.5	-1 223.7	-8 986.7	63 967.5	77.7	-9 064.4	236 679.8	-3 978.8	240 658.6	15
15-16	5 310.6	4 831.6	479.0	-8 607.7	46 473.1	82.9	-8 590.6	171 950.5	-4 244.0	176 194.5	16
16-17	3 840.6	3 568.0	272.6	-8 235.1	29 730.3	88.1	-8 323.2	110 002.1	-4 509.3	114 511.4	17
17-18	3 821.0	2 434.4	1 396.6	-6 848.5	14 646.7	93.2	-6 941.7	5 4192.8	-4 774.6	58 967.4	18
18-19	3 778.9	1 598.2	2 180.7	-4 667.8	3 130.4	98.4	-4 766.2	11 582.5	-5 039.8	16 622.3	19
19-20	5 682.0	910.6	4 771.4	103.6	-1 433.8	103.6	0	5 305.1	-5 305.1	0	20

注:各理论站间质量取自质量汇总表。

由表 12-3 得 $W = 121\ 006.4\text{kN}$,$x_G = -4.464\text{m}$,$d_f = 3.820\text{m}$,$d_a = 6.635\text{m}$,$M_{s,\max} = 47\ 463.4$ kN·m,$N_{s,\max} = 13\ 584.7\text{kN}$。

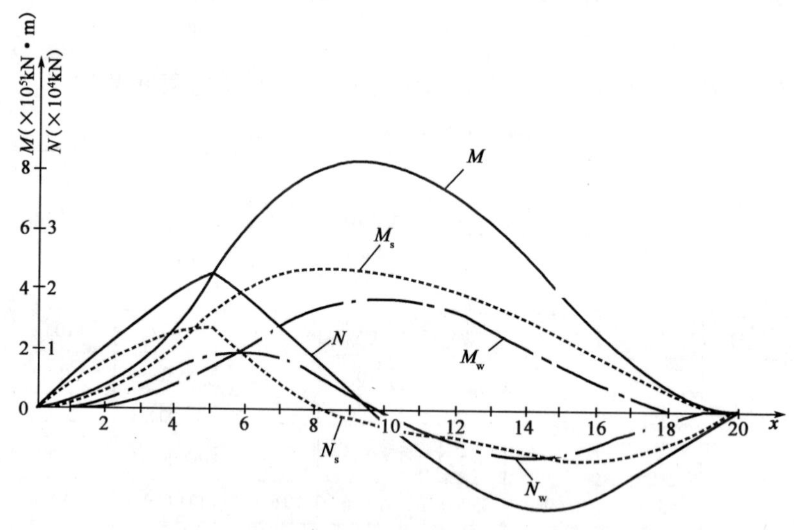

图 12-10　弯矩、剪力曲线图

四、静波浪剪力 N_w 及弯矩 M_w 计算

1. 船舶在波浪上平衡位置的确定

作为计算示例,运用麦卡尔法计算船舶在波浪上(其中波峰在船中)的平衡位置,当然也可以用逐步近似法计算,取静水线作为波轴线,按波峰在船中,在邦津曲线图上量取各站浸水面积 F_{A_i},取 $\varepsilon = -1\text{m}$,即波轴线向下移动 1m,量取各站横剖面浸水面积 F_{B_i},按表 12-4 计算。

浸 水 面 积 计 算　　表 12-4

理论站号力臂系数	以静水线为波轴线的波面浸水面积(m^2)	$i \times F_{A_i}$ = (1)×(2) (m^2)	移轴后的波面浸水面积 F_{B_i} (m^2)	$F_{B_i}-F_{A_i}$ = (4)-(2) (m^2)	$i \times (F_{B_i}-F_{A_i})$ = (1)×(5) (m^2)	$i^2 \times (F_{B_i}-F_{A_i})$ = (1)×(6) (m^2)
(1)	(2)	(3)	(4)	(5)	(6)	(7)
0	0.0	0.0	0.0	0.0	0.0	0.0
1	2.0	2.0	1.5	-0.5	-0.5	-0.5
2	22.5	45.0	15.0	-7.5	-15.0	-30.0
3	46.0	138.0	34.5	-11.5	-34.5	-103.5
4	80.0	320.0	64.0	-16.0	-64.0	-256.0
5	119.5	597.5	99.0	-20.5	-102.5	-512.5
6	152.5	915.0	130.0	-22.5	-135.0	-810.5
7	176.5	1 235.5	155.5	-21.0	-147.0	-1 029.0
8	192.5	1 540.0	170.0	-22.5	-180.0	-1 440.0
9	201.5	1 809.0	1 77.5	-23.5	-211.5	-1 903.5
10	203.0	2 030.0	176.5	-26.5	-265.0	-2 650.0
11	196.0	2 156.0	170.5	-25.5	-280.5	-3 035.5
12	185.5	2 226.0	160.5	-25.0	-300.0	-3 600.0
13	160.5	2 086.5	136.5	-24.0	-312.0	-4 056.0
14	127.5	1 785.0	105.5	-22.0	-308.0	-4 312.0
15	90.0	1 350.0	68.5	-21.5	-322.5	-4 837.5
16	52.0	832.0	35.5	-16.5	-264.0	-4 224.0
17	25.0	425.0	15.0	-10.0	-170.0	-2 890.0
18	11.0	198.0	4.5	-6.5	-117.0	-21 065.0
19	2.0	38.0	0.5	-1.5	-28.5	-541.5
20	0.5	10.0	0.0	-0.5	-10.0	-200.0
Σ	2 046.0	19 738.5	2 118.0	-325.0	-3 267.5	-57 497.0

将表 12-4 中的数据,代入以下公式:

$$\Sigma_2 + \frac{\zeta_0}{\varepsilon}\Sigma_5 + \frac{b}{\varepsilon}\frac{\Sigma_6}{20} = \frac{V}{\Delta L}$$

$$\Sigma_3 + \frac{\zeta_0}{\varepsilon}\Sigma_6 + \frac{b}{\varepsilon}\frac{\Sigma_7}{20} = \frac{Vx_b}{(\Delta L)^2}$$

其中:

$$V = \frac{W}{\rho g} = \frac{121\,006.4}{1.025 \times 9.8} = 12\,046.4(\mathrm{m}^3)$$

$$x_b = \frac{L}{2} + x'_b = \frac{148}{2} - 4.464 = 69.536(\mathrm{m})$$

$$\Delta L = \frac{L}{20} = 7.4(\mathrm{m})$$

$$\varepsilon = -1.0\mathrm{m}$$

将已知参数代入方程组并且求解得到:

$$\zeta_0 = -0.857\mathrm{m}$$

$$b = -0.847\mathrm{m}$$

由此可以求得平衡时的波轴线位置：

首吃水：

$$d_f = d_{f0} + \zeta_0 + b = 3.820 - 0.857 - 0.847 = 2.116(\text{m})$$

尾吃水：

$$d_a = d_{a0} + \zeta_0 = 6.635 - 0.857 = 5.778(\text{m})$$

2. 静波浪剪力及弯矩计算

求得平衡位置后，即从邦津曲线上量读船舶处于平衡状态下的横剖面浸水面积，并进行检验平衡精度要求的计算。船舶在波峰上平衡位置的计算结果见表12-5。

船舶在波峰上平衡位置的计算结果 表12-5

理论站号	$d_f=2.116\text{m}, d_a=5.778\text{m}$		
	横剖面浸水面积(m^2)	力臂系数	面积矩函数
	(1)	(2)	(3)
0	0.0	-10	0
1	3.0	-9	-27.0
2	16.0	-8	-128.0
3	34.0	-7	-238.0
4	64.0	-6	-384.0
5	98.0	-5	-490.0
6	129.0	-4	-516.0
7	152.0	-3	-456.0
8	164.0	-2	-328.0
9	171.0	-1	-171.0
10	169.0	0	0
11	163.0	1	163.0
12	150.5	2	301.0
13	124.5	3	373.0
14	91.5	4	366.0
15	55.5	5	277.5
16	25.0	6	150.0
17	9.5	7	66.5
18	3.5	8	28.0
19	1.5	9	13.5
20	0	10	0
总和	1 624.5		-999.5
修正项	0		0
修正后总和	1 624.5		-999.5

计算结果

浮力：

$$B = \rho g \Delta L \sum(1) = 1.025 \times 9.8 \times 7.4 \times 1\,624.5 = 120\,754(\text{kN})$$

浮心坐标：

$$x_B = \Delta L \frac{\sum(3)}{\sum(1)} = 7.4 \times \frac{-999.5}{1\,624.5} = -4.554(\text{m})$$

准确度：

$$\left|\frac{W-B}{W}\right| = \left|\frac{121\,006.4 - 120\,754}{121\,006.4}\right| = 0.21\% < 0.5\%$$

$$\left|\frac{x_G - x_B}{L}\right| = \left|\frac{-4.464 + 4.554}{148}\right| = 0.05\% < 0.1\%$$

注：表中各站横剖面浸水面积 F_{C_i} 取自邦津曲线。

静波浪剪力及弯矩计算见表第(1)列～第(12)列。计算中先检验了第(5)列及第(6)列不封闭值满足计算精度要求。

静水弯矩及剪力计算

表 12-6

理论站号	波面下横剖面浸水面积 F_m(m^2)	静水下横剖面面积 F_s(m^2)	增量 (3)−(2) (m^2)	(4)的积分和 (m^2)	(5)的积分和 (m^2)	静波浪剪力 (kN)	不封闭修正值 (kN)	修正后的静波浪剪力 (kN)	静波浪弯矩 (kN)	弯矩不封闭修正值 (kN·m)	修正后的静弯矩 (kN·m)	合成剪力和弯矩 静水剪力 (kN)	合成剪力和弯矩 静水弯矩 (kN·m)	合成剪力和弯矩 合成剪力 (9)+(13) (kN)	合成剪力和弯矩 合成弯矩 (12)+(14) (kN·m)
(1)	(2)	(3)	(4)	(5)	(6)	(7)	(8)	(9)	(10)	(11)	(12)	(13)	(14)	(15)	(16)
0	0.0	0.0	0.0	0	0	0	0	0	0	0	0	0	0	0	0
1	3.0	14.0	11.0	11.0	11.0	408.8	7.4	401.4	1 512.7	728.8	783.9	4 293.2	15 169.4	4 694.6	16 953.3
2	16.0	43.5	27.5	49.5	71.5	1 839.7	14.9	1 824.8	9 832.4	1 457.7	8 374.7	8 166.1	6 259.7	9 990.9	70 966.4
3	34.0	73.5	39.5	116.5	237.5	4 329.9	22.3	4 307.6	32 660.1	2 186.5	30 473.6	10 683.3	132 695.6	14 990.9	163 169.2
4	64.0	95.0	31.0	187.0	541.0	6 950.1	29.7	6 920.4	74 396.2	2 915.3	71 480.9	12 886.6	220 303.4	19 807.0	291 784.3
5	98.0	113.5	15.5	233.5	961.5	8 678.4	37.2	8 641.2	132 221.7	3 644.2	128 577.5	13 584.7	318 684.9	22 225.9	447 262.4
6	129.0	126.0	−3.0	246.0	1 441.0	9 143.0	44.6	9 098.4	198 160.0	4 373.0	193 787.6	9 272.3	403 731.9	18 370.7	597 519.5
7	152.0	131.0	−21.0	222.0	1 909.0	8 251.0	52.0	8 199.0	262 518.1	5 101.8	257 416.3	4 848.5	456 493.6	13 047.5	713 909.9
8	164.0	131.0	−33.0	168.0	2 299.0	6 244.0	59.5	6 184.5	316 149.4	5 830.7	310 318.7	−84.4	474 673.4	6 100.1	784 992.1
9	171.0	129.0	−42.0	93.0	2 560.0	3 456.5	66.9	3 389.6	352 041.1	6 559.5	345 481.6	−1 195.5	470 528.7	2 194.1	816 010.3
10	169.0	124.0	−45.0	6.0	2 659.0	223.0	74.3	148.7	365 655.2	7 288.4	358 366.8	−2 993.1	455 660.1	−2 844.4	814 026.9
11	163.0	119.0	−44.0	−83.0	2 582.0	−3 084.8	81.0	−3 166.6	355 066.4	8 017.2	347 049.2	−4 487.7	428 649.1	−7 654.3	775 698.3
12	150.5	114.0	−36.5	−163.5	2 335.5	−6 076.7	89.2	−6 165.9	321 168.7	8 746.0	312 422.7	−5 542.0	392 245.4	−11 707.9	704 668.1
13	124.5	105.0	−19.5	−219.5	1 952.5	8 158.1	96.6	−8 254.7	268 500.1	9 474.9	259 025.2	−5 663.3	351 530.2	−13 918.0	610 555.4
14	91.5	92.0	0.5	−238.0	1 494.5	−8 864.2	104.1	−8 968.3	205 517.7	10 203.7	195 314.0	−7 835.5	302 367.1	−16 803.8	497 681.1
15	55.5	73.0	17.5	−220.5	1 035.5	−8 195.2	111.5	−8 306.7	142 397.9	10 932.5	131 465.4	−9 064.4	240 658.6	−17 371.1	372 124.0
16	25.0	57.0	32.0	−171.0	644.0	−6 355.5	118.9	−6 474.7	88 560.3	11 661.1	76 899.2	−8 590.6	176 194.5	−15 065.3	253 093.7
17	9.5	39.0	29.5	−109.5	363.5	−4 069.7	126.4	−4 196.1	49 987.1	12 390.2	37 596.9	−8 323.2	114 511.4	−12 519.3	72 939.1
18	3.5	26.5	23.0	−57.0	197.0	−2 118.5	133.8	−2 252.3	27 090.7	13 119.0	13 971.7	−6 941.7	58 967.4	−9 194.0	19 413.8
19	1.5	16.5	15.0	−19.0	121.0	−706.1	141.2	−847.4	16 639.4	13 847.9	2 791.5	−4 766.2	16 622.3	−5 613.6	−2 822.1
20	0.0	8.0	8.0	4.0	106.0	148.7	148.7	0	14 576.7	14 576.7	0	0	0	0	0

再对不封闭值按图所示方法进行修正。修正和的最大静波浪剪力及弯矩为：

$$N_{w,max} = 9\,098.4\text{kN};N_{w,min} = -8\,968.3\text{kN};M_{w,max} = 358\,366.8\text{kN}\cdot\text{m}$$

五、总弯矩及剪力计算

将静水弯矩及剪力与静波浪弯矩及剪力分别按代数和相加即得总纵弯矩及剪力，其计算见表 12-6 第 13 列 ~ 16 列，分布曲线见图 12-10。

最大总纵弯矩及剪力为：

$$N_{w,max} = 22\,225.9\text{kN}$$

$$N_{w,min} = -17\,371.1\text{kN}$$

$$M_{w,max} = 816\,010.3\text{kN}\cdot\text{m}$$

第十三章

舟体总纵弯曲强度计算

第一节　舟体总纵弯曲应力计算

在获得舟体的剪力曲线和弯矩曲线后，就可以按照 $\sigma=\frac{M}{W}$、$\tau=\frac{QS}{Jt}$计算剖面处的剪应力和正应力了。显然最大正应力值发生在弯矩值最大而截面模数最小的剖面。浮游桥脚舟大多为等剖面结构，各剖面的模数均相等，故其计算剖面多选在弯矩值最大的舟体中部。剪力最大值多在桥跨结构边桁所处的舟体剖面处。

由公式

$$\left.\begin{aligned}\sigma&=\frac{M}{W}\\\tau&=\frac{QS}{Jt}\end{aligned}\right\}\tag{13-1}$$

可以看出，要计算舟体的剪应力和正应力，在已知剪力和弯矩的条件下，还必须求出舟体计算剖面的惯性矩及剖面模量，即还需要计算 W、S、J 等。因为舟体剖面是由板和骨架等多种构件组合起来的，其剖面要素的计算较普通梁要复杂一些，计算时按照剖面的组合图形来考虑。当舟体剖面中参加总纵弯曲的各构件面积一定时，其惯性矩只随这些构件至中和轴之间的距离而变化,而与构件在宽度上的位置无关。如果把这些构件的面积集中于纵中剖面处而保持高度不变,便可以组成与舟体剖面抗弯能力完全相当的梁,对具有这种剖面的梁我们称为等值梁(或者相当梁),如图 13-1 所示,其中图 13-1a)为舟体剖面组合图形,图 13-1b)为等值梁剖面。该等值梁的惯性矩及剖面模数与舟体剖面组合图形的惯性矩及剖面模数是相等的。

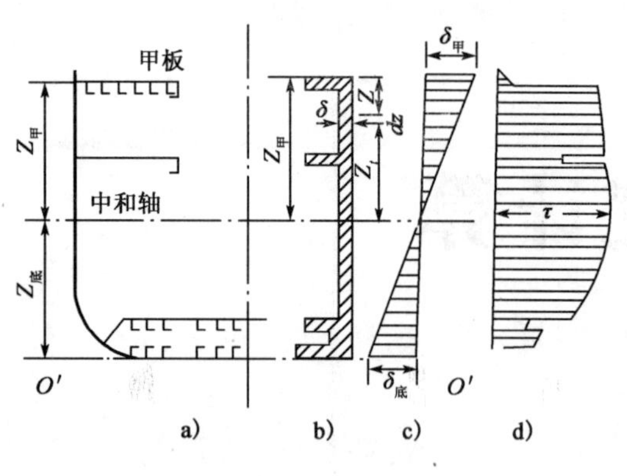

图 13-1　等值梁剖面

现在我们讨论舟体中有哪些构件具有抵抗总纵弯曲的能力,也就是说有哪些构件应包括在舟体等值梁剖面中。可以认为:

(1)舟体纵向骨架(刚性构件),如浮游桥脚舟的底板纵桁,舷底间滑铁、甲板纵桁、甲板边板、舷缘角钢等构件,它们一方面具有抵抗总纵弯曲的能力,另一方面还支持舟体的外板以增强其稳定性。因此,对于舟体贯穿全长的连续纵向构件,都具有抵抗总纵弯曲的作用,即这些构件的横剖面都应该计入等值梁剖面中。对于较短的不连续的纵向构件(如短的基座梁等),因为其抗弯作用不大,则不必计入等值梁剖面中。

(2)外板(柔性构件),如底板、甲板和舷板等可以认为是舟体的纵向连续构件,一般应该将其考虑到等值梁的剖面中。但是由于外板的抗弯刚度较纵向骨架的小,特别是在受压情况下,纵向骨架一般不会失去稳定性而外板则容易失去稳定性。因此,在舟体受压部分,外板与纵向骨架(如甲板与纵桁)所起的作用是不同的。试验和理论证明:板在承受很大压力时(超过临界载重),即失去稳定性,板在失去稳定性后,板上的压应力分布得很不均匀,在板与构件相毗邻的地方压应力很大,而在板的中央部分压应力较小,随着压力的增加,其压应力分布越来越不均匀。因此板在未失去稳定性时与骨架的抗弯作用一样,应将其全部计入等值梁剖面中。如果板失去了稳定性,则外板只有部分面积可计入等值梁剖面中,这部分面积要根据所受压力大小进行换算。其换算方法如下:

认为只有与刚性构件相毗邻部分的外板可以承受总纵弯曲应力,而其余部分最大只承受等于其临界应力的压应力,这时,按照柔性构件所受压力与刚性构件所受压力相等的条件将板的面积予以折减,即按照以下公式进行换算:

$$\sigma A_0 = \sigma_k A$$

$$A_0 = \frac{\sigma_k}{\sigma} A = \varphi A \tag{13-2}$$

式中:A——柔性构件的实际面积;

A_0——柔性构件折减后的面积;

σ_k——柔性构件的临界应力(N/cm^2);

σ——与柔性构件距中和轴等远处的刚性构件的压应力;

φ——面积折减系数,变化范围为 $0 < \varphi < 1$。

对于舟体钢板,其临界应力可采用如下公式:

当 $a < b$ 时:

$$\sigma_k = 2\,000 \left(\frac{100t}{a}\right)^2 \left(1 + \frac{a^2}{b^2}\right)^2 \tag{13-3}$$

当 $a>b$ 时：

$$\sigma_{k} = 8\,000\left(\frac{100\delta}{b}\right)^{2} \tag{13-4}$$

式中：t——板厚度(mm)；

a——横梁间距(cm)；

b——纵梁间距(cm)。

根据理论分析和试验可知，受拉伸的板与骨架一样参加抵抗总纵弯曲，受压时，由于板与骨架的稳定性相差较大，板不能完全有效地参与抗弯工作。在纵骨架间距较大时，对厚度为 t 的板。只在与骨架毗连的部分对抗弯是有效的，其范围为每边约 $25t$(两边共 $50t$，t 为板厚，取 mm)，计算时把该部分板作为骨架的附连翼板。由于浮游桥脚舟的外板均为薄板，在舟体等值梁计算中，对板可只计入与刚性构件相毗连的那一部分，对其余部分可忽略不计，这样可使计算工作简化而强度偏于安全。

此外，舟体横向骨架，如底板与甲板上的肋骨、甲板横梁，它们具有增强外板及纵向骨架的稳定性作用，但是对于抵抗舟体总纵弯曲并不起作用，因此在舟体等值梁剖面中对其可不计入。

在确定了参加抵抗总纵弯曲的构件以后，就可以按照组合图形计算等值梁的惯性矩和剖面模数，其确定方法如下：

(1)选取比较轴

在舟体横剖面中，可选取任意一条水平轴线为比较轴，但是一般取基线、甲板线均可以。如图 13-1 所示选择的为 O'-O'轴。

(2)确定中和轴位置

计算等值梁中各构件对比较轴的静矩，然后根据各构件对比较轴静矩总和及各构件面积总和，按照下列公式确定等值梁剖面中和轴的具体位置 O'-O'，即中和轴至比较轴的距离 z_0。

$$z_0 = \frac{\sum A_i z_i}{\sum A_i} \tag{13-5}$$

式中：A_i——分别为等值梁中各构件的面积，$i=1$、2、…、n；

z_i——分别为等值梁中各构件面积重心至比较轴的距离，$i=1$、2、…、n；

$\sum A_i z_i$——等值梁中各构件对比较轴的静矩总和；

$\sum A_i$——等值梁中各构件面积总和。

(3)求等值梁的惯性矩

设舟体等值梁各构件对比较轴 O'-O'的惯性矩分别为 $j_i + A_i z_i^2$，则等值梁剖面对比较轴的惯性矩为：$\sum j_i + \sum A_i z_i^2$，则对中和轴的惯性矩为：

$$J = \sum j_i + \sum A_i z_i^2 - Z_0^2 \sum A_i = \sum A_i z_i^2 - Z_0 \sum A_i z_i \tag{13-6}$$

由于 $\sum j_i$ 较小，所以可以忽略不计。

利用表 13-1 对等值梁中和轴位置及惯性矩进行计算。

利用表 13-1 中的数据可以求得中和轴的比较轴的距离 z_0 及惯性矩 J 值。

$$z_0 = \frac{(B)}{(A)} \tag{13-7}$$

$$J = (C) - \frac{(B)^2}{(A)} \tag{13-8}$$

等值梁剖面中和轴位置及惯性矩计算表　　表 13-1

序号	等值梁剖面各构件名称	构件尺寸(cm)	面积 A_i(cm^2)	构件重心至比较轴距离 z_i(cm)	静矩 A_iz_i(cm^3)	惯性矩	
						移轴惯矩(cm^4)	自身惯矩(cm^4)
Ⅰ	Ⅱ	Ⅲ	Ⅳ	Ⅴ	Ⅵ	Ⅶ = Ⅵ × Ⅴ	Ⅷ
1	底板						
2	纵桁						
总和			(A)		(B)	(C)	

(4)求等值梁之剖面模数

$$W_{甲} = \frac{J}{H - Z_0} \tag{13-9}$$

$$W_{底} = \frac{J}{Z_0} \tag{13-10}$$

(5)计算应力

$$\sigma_{甲} = \frac{M_{max}}{W_{甲}} \tag{13-11}$$

$$\sigma_{底} = \frac{M_{max}}{W_{底}} \tag{13-12}$$

式中：$\sigma_{甲}$——等值梁甲板上边缘处的正应力值；

$\sigma_{底}$——等值梁底板下边缘处的正应力值。

如果有些构件并不在上下边缘处，则可以按照距中和轴实际位置计算相应的剖面模数再按公式计算其正应力值。

舟体总纵弯曲的最大剪力一般由舷板承受（如果有纵舱壁板时，则与舷板共同承受）。等值梁中舷板的剪应力值可以按照下式计算：

$$\tau = \frac{Q_{max}S}{Jt} \tag{13-13}$$

式中：Q_{max}——舷板所承受的最大剪力；

J——等值梁剖面的惯性矩；

S——等值梁剖面中和轴上部或者下部各构件对中和轴的静矩总和；

t——舷板的总厚度。

对舷板的稳定性验算可采用下式：

$$\tau_k = 1\,020\left(\frac{100t}{a}\right)^2 \tag{13-14}$$

式中：a——舷板肋骨间距。

其中 τ_k 的单位取 N/cm^2。

最后还需要说明，当舟体横剖面由不同材料的构件组成时，因为各种材料的弹性模量不同，则在等值梁计算中必须将不同材料构件剖面按基本材料加以换算。其换算方法可以按下式进行，即：

$$E_nA_n = EA$$

$$A_n = \frac{E}{E_n}A = \varphi_n A \tag{13-15}$$

式中：A——需要换算构件的实际面积；

A_n——按基本材料换算后的构件面积；

E——需换算构件的弹性模量；

E_n——基本构件的弹性模量；

φ_n——面积换算系数。

第二节 计 算 例 题

已知浮游桥脚舟的结构与尺寸如图 13-2 所示，求舟体底板所受的总纵弯曲正应力。

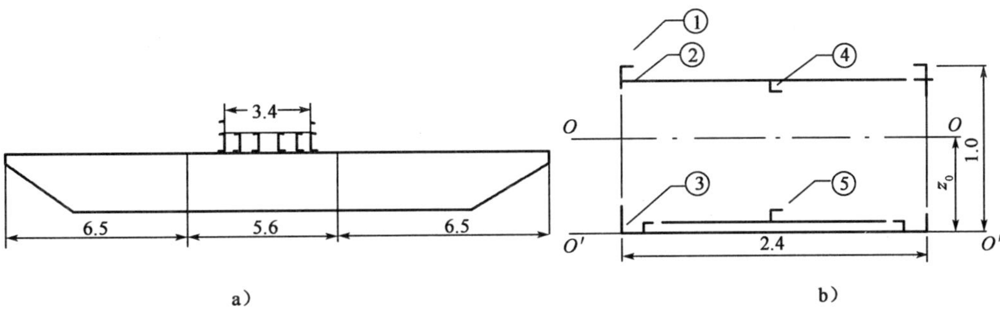

图 13-2 浮游桥脚舟的结构与尺寸（尺寸单位：m）

基本数据如下：

（1）浮游桥脚舟为三节舟组成。每节舟尺寸为：

$$LBH = 6.5\text{m} \times 2.4\text{m} \times 1.0\text{m}（尖形舟）$$

$$LBH = 5.6\text{m} \times 2.4\text{m} \times 1.0\text{m}（方形舟）$$

舟舷均为直壁，尖形舟方型系数 $\delta_0 = 0.86$。

（2）舟体中横剖面各构件尺寸为：

①舷缘角钢：型号 9/5.6，厚度 6mm；

②甲板边板：由钢板制成 8×8 角钢，厚度 4mm；

③舷底滑铁：由钢板弯制成槽型尺寸为 10cm×12cm×5cm×5cm，厚度 4mm；

④甲板下纵桁：由钢板折边制成，尺寸为 10cm×6cm，厚度 4mm；

⑤底板纵桁：采用同甲板纵桁构件；

⑥外板：底板厚 3mm，甲板、舷板厚度 2mm。

（3）荷载。

静载：桥跨结构质量 $R_1 = 22\text{kN}$；

舟体自重：$P_0 = 14\text{kN}$（尖形舟）；$P_0 = 12\text{kN}$（方形舟）；

活载：$R_2 = 300\text{kN}$。

（4）桥面宽度：$b_0 = 3.4\text{m}$（两外桁间距离）。

计算步骤如下：

(1)确定重力与浮力。

桥跨结构与活载在舟上的分布值为：

$$P_0 = \frac{R_1 + R_2}{b_0} = \frac{22 + 300}{3.4} = 94.7(\mathrm{kN/m})$$

舟体计算长度为：

$$L_0 = 2\delta_0 L_1 + L_2 = 2 \times 0.86 \times 6.5 + 5.6 = 16.78(\mathrm{m})$$

浮力分布值为：

$$d = \frac{R_1 + R_2}{L_0} = \frac{22 + 300}{16.78} = 19.2(\mathrm{kN/m})$$

(2)求最大弯矩。

应用表 11-7 中公式得：

$$M_{\max} = \frac{p_0 b_0}{8}(L_0 - b_0) = \frac{94.7 \times 3.4}{8}(16.78 - 3.4) = 538.5(\mathrm{kN \cdot m})$$

(3)求舟体横剖面对中和轴的惯性矩。

选择横剖面的计算剖面如图 13-2b)所示，剖面中各组合构件的面积中心 z_0 及其自身惯性矩计算结果列表于 13-2 中，并由表 13-3 可求得舟体横剖面中和轴位置(至基线距离)，即：

$$z_0 = \frac{\sum A_i z_i}{\sum A_i} = \frac{4\,126.76}{85.72} = 48.14(\mathrm{cm})$$

由此，舟体横剖面中各构件中心至中和轴的距离 z_{0i} 便可求得。

舟体横剖面中各组合构件几何要素计算 表 13-2

序　号	构件名称	构 件 形 状	构件面积(cm^2)	构件面积中心(cm)	构件自身惯性矩(cm^4)
1	舷缘角钢	z_0	8.76	2.89	118.53
2	甲板边板	z_0	8.40	2.84	111.13
3	舟底滑铁	z_0	16.05	3.74	191.20
4	甲板纵桁	z_0	8.40	5.47	150.00

续上表

序　　号	构件名称	构 件 形 状	构件面积 (cm^2)	构件面积中心 (cm)	构件自身惯性矩 (cm^4)
5	底板纵桁	z_0	10.9	4.32	206.90

舟体横剖面对中和轴的惯性矩计算表　　　　表 13-3

序号	等值梁构件名称	构件尺寸 (cm)	面积 (cm^2)	构件重心至比较轴距离 (cm)	静矩 (cm^3)	惯性矩(cm^4)	
						移轴惯性矩	自身惯性矩
Ⅰ	Ⅱ	Ⅲ	Ⅳ	Ⅴ	Ⅵ	Ⅶ = Ⅵ × Ⅴ	Ⅷ
1	舷缘角钢	见表 12-2	2 ×8.76	97.11	1 701.36	165 219	118.53 ×2
2	甲板边板		2 ×8.40	88.16	1 481.00	130 545	111.13 ×2
3	舟底滑铁		2 ×16.05	3.74	120.00	448.8	191.20 ×2
4	甲板纵桁		8.40	85.53	718.45	61 449	150.00
5	底板纵桁		9.72	9.72	103.95	1 010.4	206.90
6			85.72		4 126.76	359 870.82	

依据表 13-3 中数据，则：

$$J = 359\ 870.82 - 85.72 \times 48.14^2 = 161\ 218.18(cm^4)$$

舟体底板所受总纵弯曲应力(在底板厚度中心，即离中和轴距离处)为：

$$W = \frac{J}{z_0} = \frac{161\ 218.18}{48.14} = 3\ 348.9(cm^3)$$

$$\sigma = \frac{M_{max}}{W} = \frac{538.5 \times 10^6}{3\ 348.9 \times 10^3} = 160.8(MPa)$$

第三节　舟艇强度的许用应力选择

舟艇结构强度是以构件的应力值来衡量的。其强度校核采用普通梁的校核方法，即在已知外力下，求出结构构件的应力，并与其相应的许用应力相比较。许用应力是在舟艇结构设计时预计的各种工况下，结构构件所容许承受的最大应力值，许用应力值通常小于结构发生危险状态时材料所对应的极限应力值，以保证强度有足够的储备。当结构构件的应力小于其许用应力值时，则满足强度条件，认为舟艇结构强度是安全可靠的，由于在舟艇强度计算中均带有某些假设条件，因此计算所得的应力值有一定的近似性。在理论上，材料的极限应力除以安全系数即为许用应力值。实际上，舟艇的许用应力 σ 是根据舟艇设计、使用以及航行试验的结果，再按安全和经济的原则综合分析确定的。在校核舟艇结构构件的强度时，需要合理地选取与之相适应的许用应力标准。

在舟艇强度计算中，许用应力$[\sigma]$一般用小于构件材料的屈服极限 σ_s 的大小作标准，即：

$$[\sigma] = K\sigma_s \tag{13-16}$$

式中：K——构件的强度储备系数，$K<1$。

在确定构件的强度储备时所考虑的因素很多，主要包括：

(1)载重性质，经常性小，偶然性大；动载小，静载大。

(2)结构的重要性，整体破坏、局部破坏。

(3)计算的准确性，是简化计算还是精确计算。

(4)建造质量，是否有残余变形。

(5)使用年限、条件等。

表13-4所列数据为与舟艇计算有关的内河船舶(钢质船体)许用应力标准，供舟艇结构设计时参考。

许 用 应 力 标 准 表13-4

序　号	舟体构件的名称及受载特点	计 算 应 力	强度储备系数K值
1	参与总纵弯曲，但是不承受局部载重作用的等值梁的刚性构件	总纵弯曲应力σ	0.75
2	参与总纵弯曲，但是局部载重作用的等值梁的刚性构件	总纵弯曲应力σ	0.60
3	参与总纵弯曲和板架局部弯曲的构件（有载重的甲板纵桁和底板纵桁）	总纵弯曲和板架弯曲的合成正应力$\sigma_1+\sigma_2$ 在跨距中 在支座处	 0.75 1.00
4	参与总纵弯曲并承受局部载重作用的横骨架式舟体壳板	总纵弯曲和板弯曲的合成正应力$\sigma_1+\sigma_2$ 在跨距中 在支座处	 0.85 未定
5	作为有限刚性板计算的舟体壳板	总纵弯曲应力，板的局部弯曲应力和板的链锁应力的合成正应力	1.00
6	总纵弯曲时承受剪力作用的舟体构件(舷板)	总纵弯曲剪应力τ	0.30
7	舟体横向普通骨架：横骨架式的舟底肋骨、舷部肋骨和横梁	局部载重引起的正应力： 在跨距中 在支座处	 0.85 1.00
8	舟体横向宽骨架：宽肋骨和宽横梁	局部载重引起的正应力： 在跨距中 在支座处	 0.75 0.85
9	压筋组成的横向刚架	在跨距中 在支座处	0.80 1.00
10	支柱与斜撑		0.80

第四节 舟 体 挠 度

对于使用高强度钢或者铝合金的舟艇以及舟长与型深之比很大的舟艇,应注意考虑挠度问题。挠度过大时,对舟艇栖装件的安装,特别对桥节舟的相互连接都有很不利的影响。

舟体总纵弯曲时的挠度包括弯曲挠度和剪切挠度两部分。

如果取舟体尾部为原点,x 轴沿舟长方向,z 轴垂直向上,则作用在舟体任意剖面上的弯矩 $M(x)$ 与挠度 z 之间具有下列关系:

$$EJ(x)Z'' = -M(x) \tag{13-17}$$

对式(13-17)积分两次得到:

$$z(x) = -\int_0^x\int_0^x \frac{M(x)}{EJ(x)}\mathrm{d}x\mathrm{d}x + ax + b \tag{13-18}$$

式中:a、b——积分常数,可根据舟体首尾端挠度为零的条件决定,即:当 $x=0$ 时,$z(0)=0$,所以 $b=0$。

当 $x=L$ 时,$z(L)=0$,则:

$$a = \frac{1}{L}\int_0^L\int_0^x \frac{M(x)}{EJ(x)}\mathrm{d}x\mathrm{d}x \tag{13-19}$$

于是,舟体弯曲挠度方程式为:

$$z(x) = \frac{1}{E}\left[\frac{x}{L}\int_0^L\int_0^x \frac{M}{EJ(x)}\mathrm{d}x\mathrm{d}x - \int_0^x\int_0^x \frac{M(x)}{J(x)}\mathrm{d}x\mathrm{d}x\right] \tag{13-20}$$

式中:E——舟体材料弹性模量;

$J(x)$——舟体剖面惯性矩。

可用表格 13-5 计算。在用表格计算时,可以将舟艇分为 10 站或者 20 站。

弯曲挠度计算表 表 13-5

理论站号	弯矩 $M(x)$ (kN·m)	惯性矩 $I(x)$ (m^4)	$\frac{M(x)}{J(x)}$ (kN/m^3)	第Ⅳ项成对和 (kN/m^3)	第Ⅴ项自上而下和 (kN/m^3)	第Ⅵ项成对和 (kN/m^3)	第Ⅶ项自上而下和 (kN/m^3)	(Ⅷ)×$\left(\frac{L}{40}\right)^2$ (kN/m)	(Ⅸ)×$\frac{l}{20}$ (kN)	(Ⅹ)−(Ⅸ)	挠度 z (Ⅺ)/E (m)
Ⅰ	Ⅱ	Ⅲ	Ⅳ	Ⅴ	Ⅵ	Ⅶ	Ⅷ	Ⅸ	Ⅹ	Ⅺ	Ⅻ
0											
1											
2											
…											
20											

对于舟体因为剪力作用而产生的剪切挠度,一般约为弯曲挠度的 10%,故通常可不计算。舟体的挠度一般应小于舟长的 1/400。

第十四章

舟艇结构局部强度计算

第一节　局部强度计算的力学模型

舟艇在外力作用下除发生总纵弯曲变形外，各局部结构，如舟底、甲板、舷板和隔舱壁以及横向骨架都会因为局部荷载作用而发生变形、失稳或破坏。研究它们的强度问题也就是研究局部强度问题。局部强度的问题很多，除了上述板架和框架以外，各种骨架、外板的强度计算也是局部强度的研究对象。由于有限元的发展和计算机的广泛使用，使传统的局部强度计算方法，即把舟艇结构划分为板架、刚架、连续梁和薄板等分别进行计算，可以扩展成整体计算。如立体舱段计算等，可使结构模型更加接近实际情况。本节在介绍传统计算原理的基础上，将介绍有限元分析的基本方法。

在进行局部强度计算时，首先应根据结构受力与变形的特点，把实际复杂的结构抽象为可以用力学方法计算的简化模型（称为力学模型或者计算模型），然后，对这个力学模型进行内力和应力分析，并进行强度校核。力学模型的建立是与技术方法相联系的，用传统的船舶结构力学方法（解析法、力法、位移法和能量法等）进行局部强度计算时，只能将舟艇各部分结构简化为板架、刚架、连续梁和外板等，而且还需要对荷载进行一定程度的简化。而用有限元方法计算，则可以整体解析，不受上述结构分类及荷载的限制，只需要选取适当的单元和处理好约束条件便可。

一、建立计算模型的原则

计算模型仅具有实际结构的一些主要力学特征,并不是把实际结构的各种特征都全部反映出来。而且,计算模型的选取也与计算荷载和许用应力的选择有关。内力计算的精度应与外荷载的精度相匹配,如果外力有很大的近似性,就没有必要过分追求内力计算的精确性。

舟艇局部强度与总强度一样是一种相对强度。外力、内力和许用应力的一致性是比较强度的基本出发点。

我们在简化结构建立力学模型时,追求的是在力学上能反映实际结构变形,而计算上又不过于复杂的模型。影响计算模型的主要因素有以下几点:

(1)结构的重要性:对重要结构应采用比较精确的计算模型,而对次要结构应采用相对粗糙的模型。

(2)使用的阶段:在方案设计和初步设计阶段,采用比较粗糙的模型,而在技术设计阶段采用相对精确的模型。

(3)计算问题的性质:对于结构静力学问题,一般可以运用比较复杂的模型,而对于结构动力学和稳定性分析的问题,由于分析过程比较复杂,因此可以用比较简单的计算模型。

二、构件几何尺寸的简化

在进行局部强度计算时,不可能也没有必要对实际结构的各种因素都加以考虑,在确定其几何因素(如跨度、宽度、附连翼板、剖面模数)时,可将结构作一些"理想化"的处理。

板架计算时,其长度、宽度取相应的支持构件间的距离,例如舟艇底板板架和甲板板架的长度取端板或者横隔舱之间的距离,宽度取组成肋骨框架中和轴的跨距,或者取舟艇宽度。

肋骨刚架计算时,其长度、宽度取组成肋骨框架的中和轴线交点间距离,用中和轴线代替实际构件,可以简化结构。肋骨刚架弯矩如图 14-1 所示。

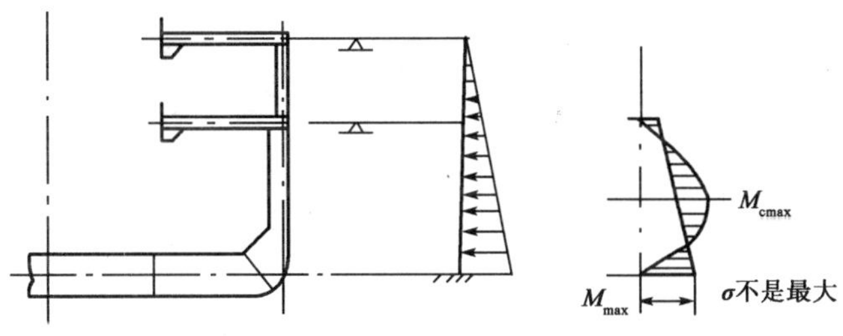

图 14-1 肋骨刚架弯矩图

三、支承条件的简化

把局部构件或者结构从整体结构中分离出来进行局部强度分析计算,需要考虑构件对计算结构的影响——支承条件和支座。在舟艇结构中,通常有三种支座情况:

(1)自由支持在刚性支座上。

(2)刚性固定。

(3)弹性支座和弹性固定。

简化成哪种支座,主要依据相邻构件与计算构件间的相对刚度以及受力后的变形特点。如图 14-2 所示的舟艇底部龙骨,在均布水压力作用下产生弯曲变形。由于肋板刚度远大于纵向龙骨,因此可以看成为纵向龙骨的刚性支座。又因为变形以肋板为支点左右对称,因此计算舟艇底部纵向龙骨强度时可以按照两端刚性固定的单跨梁来进行。图 14-3 所示的甲板纵桁,在舟艇中垂弯曲变形时受轴向压力,因此纵桁稳定性计算时,根据其变形特点可作为两端自由支持的单跨梁来计算。由此可见,正确分析结构变形特点,才能做到力学上的等价,这是模型建立的关键。

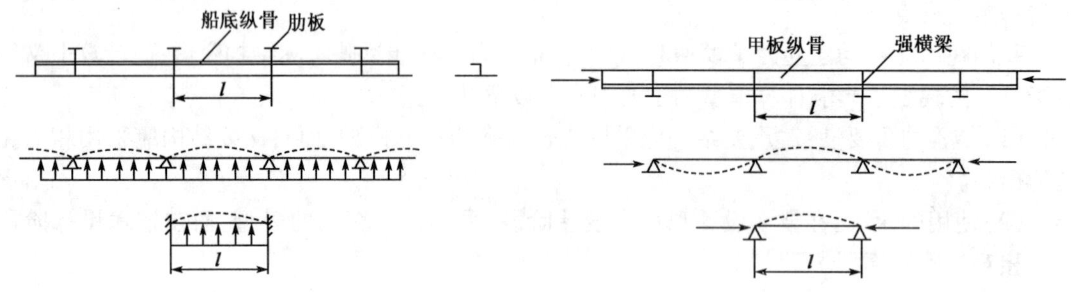

图 14-2　船舶底纵骨变形图　　　图 14-3　甲板纵骨稳定性计算

计算图 14-4 所示框架时,由于肋板刚度远大于肋骨,故肋骨下端可作为刚性固定,因为甲板上无荷载,故可以进一步简化为弹性固定的单跨梁,按照船舶结构力学的方法,可以计算出弹性固定端的转角和柔性系数分别为:

$$\theta_2 = \frac{l}{3Ei}M_2 \tag{14-1}$$

$$\alpha = \frac{l}{Ei} \tag{14-2}$$

式中:i、l——分别为横梁的剖面惯性矩和跨度。

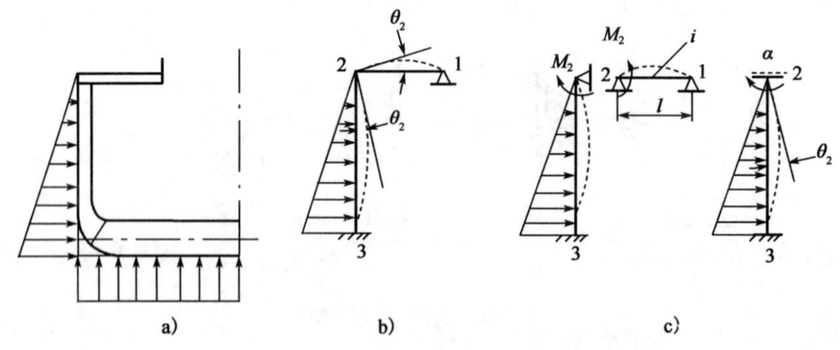

图 14-4　肋骨框架的简化图形

一般情况下,当相邻梁的刚度相差在 20 倍以上时,其计算图形可按照极限情况简化处理,误差在 5% 以内,如图 14-5 所示。

板架的交叉构件(龙骨、纵桁)在横舱壁处的固定条件取决于相邻板架的刚度、跨度和荷载之比,为了精确计算相邻板架的影响,必须对它们进行连续板架计算;但是在实用上,通常引入横隔舱的支座固定系数(图 14-6)来考虑相邻板架的影响。支座固定系数可以用下列近似公式计算:

$$\chi=\frac{1+\frac{1}{2}\frac{q'l'}{ql}}{1+\frac{1}{2}\frac{l'}{l}} \tag{14-3}$$

式中：q——在板架计算跨距上的荷载强度；

q'——在相邻两个舱板架上的平均荷载强度；

l——计算板架的跨距；

l'——相邻两个舱板架的平均跨距。

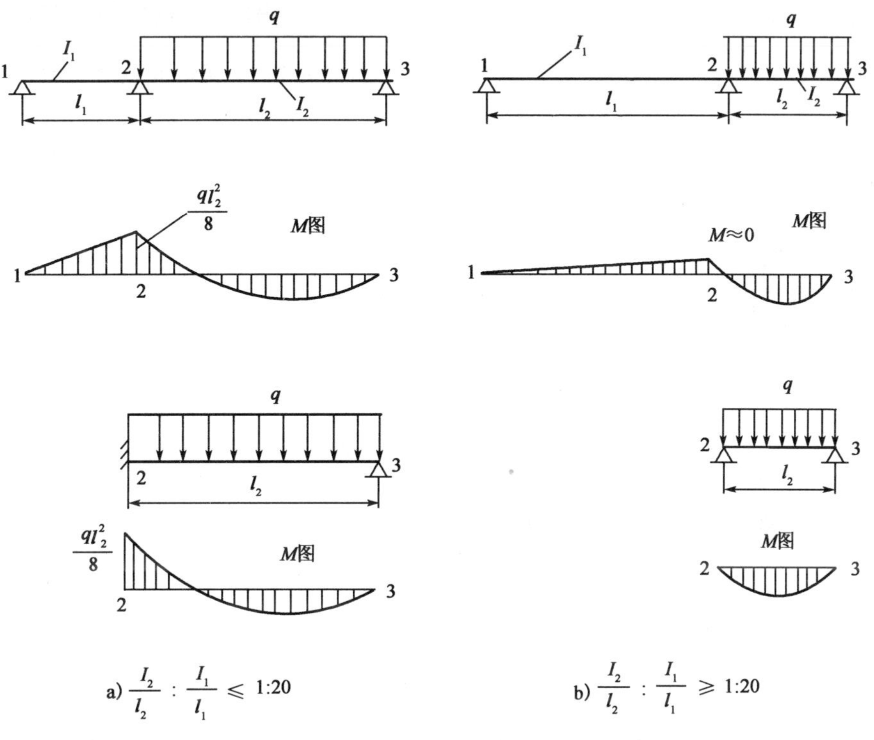

图 14-5 骨架支座的简化

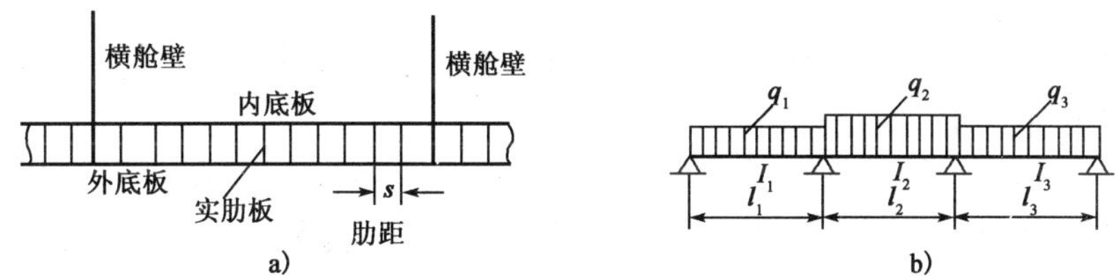

图 14-6 板架固定系数计算

在多数情况下，交叉构件在横舱壁处可以是认为刚性固定的。舟艇底部板架在舷侧处的固定情况可通过肋骨刚架计算来确定，但是在通常计算中可以近似认为其自由支持在舷侧，因为肋骨的刚度比肋板小得多。

在确定板架两向梁支持关系时，应以它们的相对刚度来判断。如图 14-7 所示交叉梁系，现在求出支反力 R。

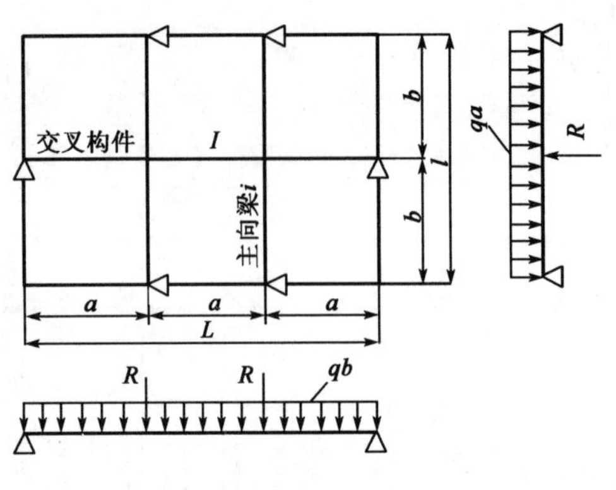

图 14-7　交叉梁系的简化图形

设主向梁上所受的总荷载为：

$$Q_1 = qal = \frac{1}{3}qlL \tag{14-4}$$

节点反力为 R，则主向梁在节点处的挠度为：

$$w = \frac{5}{384}\frac{Q_1 l^3}{Ei} - \frac{1}{48}\frac{Rl^3}{Ei} \tag{14-5}$$

式中：l、i——分别主向梁的跨度和剖面惯性矩。

又设交叉构件上所受的总荷载为 $Q_2 = qbl = \frac{1}{2}qlL$，则在 Q_2 和两节点反力 R 同时作用下，节点挠度为：

$$w = \frac{11}{972}\frac{Q_2 L^3}{EI} + \frac{5}{162}\frac{RL^3}{EI} \tag{14-6}$$

式中：L、I——分别为交叉梁的跨度和剖面惯性矩。

令式(14-5)和式(14-6)相等，则可以解出节点反力 R：

$$R = qlL \cdot \frac{\frac{5}{1\,152}\alpha - \frac{11}{1\,944}}{\frac{\alpha}{48} + \frac{5}{162}} \tag{14-7}$$

式中：α——交叉构件与主向梁的相对刚度，$\alpha = \frac{l^3 I}{L^3 i}$。

由式(14-7)可以看出，节点反力随着 α 的增加而增加，即随交叉构件刚性增加而加大，当 $\alpha \to \infty$ 时，节点反力达到最大值，即：

$$R_{\max} = \frac{5}{24}qlL \tag{14-8}$$

这时，交叉构件对主向梁的作用相当于一个刚性支座。如果交叉构件刚性减小，则反力 R 也减小，并且当 $\frac{5}{1\,152}\alpha < \frac{11}{1\,944}$，即 $\frac{I}{L^3} < 1.3\ \frac{i}{l^3}$ 时，节点反力将变为负值，这表示交叉构件不仅不支持主向梁，反而加重了主向梁的负担，是一种不合理的设计，因此在决定交叉构件尺寸时必须考虑它与主向梁间的相对刚度。

在有多根交叉构件板架的情况下，当主向梁与交叉梁的相对刚度满足下列条件时，说明两向梁相互支持，必须进行板架计算，而不能简单地将一向梁作为另一向梁的刚性支座。即：

$$k\sqrt[4]{\frac{L}{a}\,\frac{i}{I}\left(\frac{L}{l}\right)^3} \leqslant 3.7 \tag{14-9}$$

式中：a——主向梁之间的平均距离；

L、I——交叉构件的长度和剖面惯性矩；

i——主向梁的长度；

k——系数，与交叉构件的数目 m 和主向梁的支座固定系数 χ 有关，k 值见表 14-1。

系 数 k 表 14-1

m \ χ	0.0	0.1	0.2	0.3	0.4	0.5	0.6	0.7	0.8	0.9	1.0
1	0.931	0.945	0.967	0.988	1.015	1.048	1.088	1.130	1.182	1.245	1.320
2	0.849	0.865	0.886	0.905	0.933	0.965	1.000	1.046	1.098	1.160	1.185
3	0.785	0.800	0.820	0.836	0.863	0.892	0.927	0.967	1.015	1.072	1.185
4	0.740	0.754	0.773	0.789	0.813	0.841	0.874	0.912	0.957	1.011	1.115
5	0.709	0.723	0.755	0.756	0.779	0.806	0.837	0.874	0.918	0.968	1.068

例如在计算设置在船侧纵桁与强肋骨的舷侧板架时，如果：

$$k\sqrt[4]{\frac{L}{a}\frac{i}{I}\left(\frac{L}{l}\right)^3} > 3.7 \tag{14-10}$$

则不需要进行板架计算，将舟艇的纵桁简化为支持在刚性支座上的连续梁。

四、结构处理模型化

结构处理模型化的任务是，尽可能应用简化的模型来计算具体结构，以减少计算工作量。

1. 结构对称性的利用

舟艇结构一般都是左右对称的，充分利用结构的对称性这个特点可以大大减少未知量的数目。如果结构与荷载都是对称的，可以取一半结构进行计算，在对称面的各节点上加上适当的约束。如图 14-8a）所示。

如果结构具有纵横双重对称性，荷载也对称，则可以取 1/4 结构进行计算。例如受均布水压力作用的双层底板架，取 1/4 板架并在纵横相对称面上加上相应约束。在利用有限元法计算时，取这样的计算模型的计算工作量仅是原来计算模型的计算工作量的 1/16。

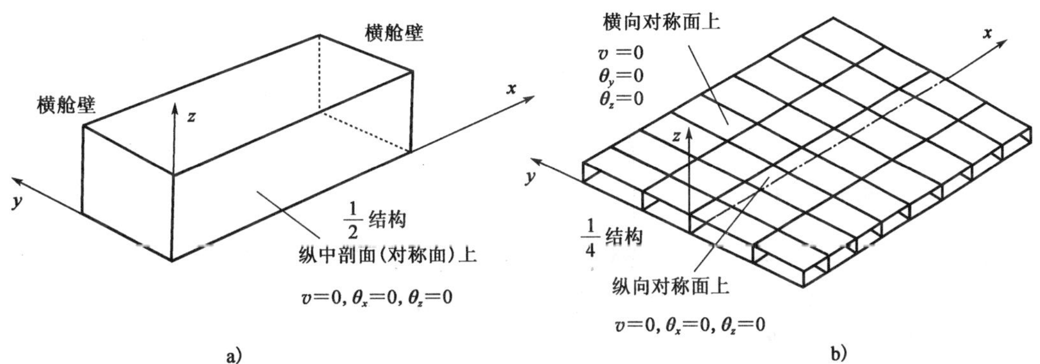

图 14-8 对称性条件的运用

当结构对称、荷载不对称时，可将荷载分解为对称荷载和反对称荷载两种情况分别计算，然后进行叠加，如图 14-9a）所示的肋骨刚架的弯矩，可以运用图 14-9b）和图 14-9c）两刚架计算结果的合成得到。

2. 等效刚度模型的利用

等效刚度模型在舟艇局部计算中应用较普遍，它可以使计算的自由度大为减少。例如，将空间结构用平面结构模型，甚至一维模型来计算；用弹性支座或者弹性固定端来代替相邻结构等。例如图 14-10 所示的大舱口船的悬臂梁结构，其刚度 K_j 可以由图 14-10c）所示肋骨刚架在单位力作用下的挠度求得，即：

$$v_i = A_j R = A_j \times 1$$

$$K_j = \frac{1}{A_j} \tag{14-11}$$

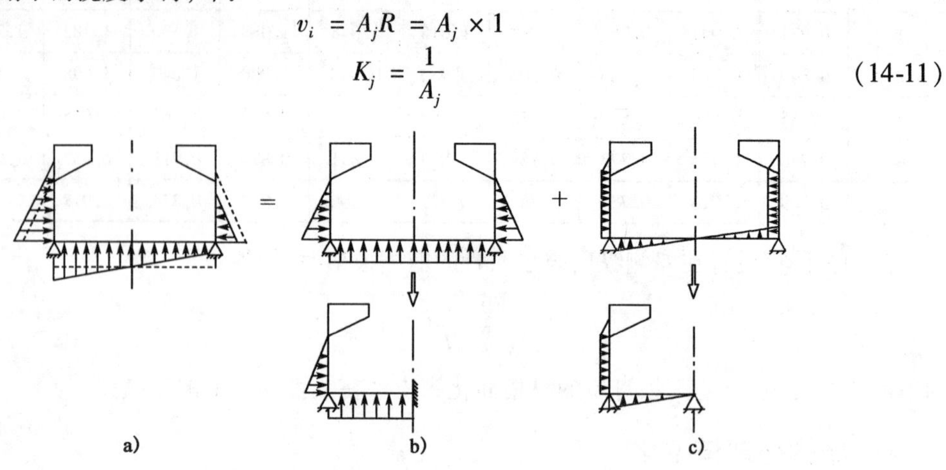

图 14-9　荷载分解为对称性和反对称性

舱口围板处的弹性支座刚度由图 14-10d）所示刚度计算得到。

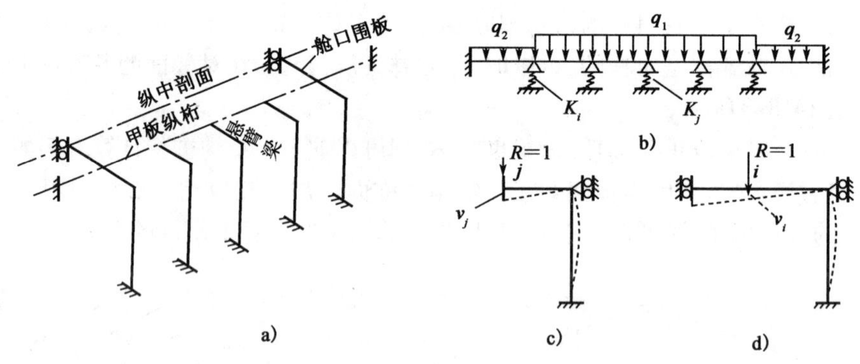

图 14-10　悬臂梁的简化

五、荷载处理模型化

荷载对结构的计算起决定性作用，由于舟艇实际受载的复杂性和可变性，因此荷载的估算有一定的近似性。荷载模型化的目的是，选择舟艇在使用过程中的最危险和最经常的荷载情况，并且能用有限参数来描述的实际荷载。

在荷载模型化的过程中要考虑的主要因素有：

（1）确定作用在舟艇结构上的荷载工况。

（2）确定计算荷载的性质（不变荷载、静变荷载、动变荷载和冲击荷载）与荷载类型（经常性荷载、偶然性荷载）。

（3）确定荷载大小，并决定施加在哪些构件上。

（4）确定荷载的组合与搭配。

由于我们是在线弹性范围内进行强度计算的，因此在复杂荷载作用下可以应用叠加原理，即将荷载分解为简单情况分别计算（图 14-11），然后将效应进行叠加。

局部强度计算荷载主要有车辆装备的质量和水压力，一般不计结构的自重影响，因为后者与前者相比其效应可以忽略不计。

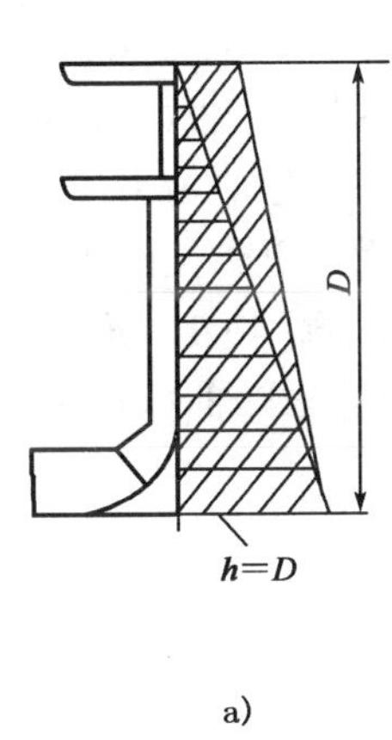

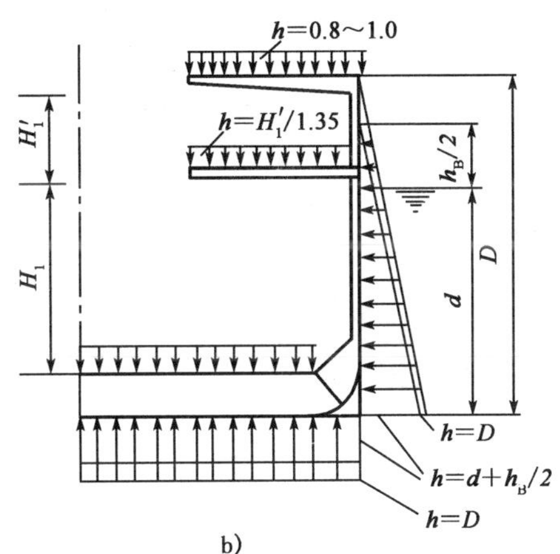

图 14-11 计算荷载的简化

水压力用两种情况来表示：

一种是船舶静置于波浪上的静水压力作为计算荷载，这时的水头高度为：

$$h = d + \frac{h_B}{2} \tag{14-12}$$

式中：d——载重吃水(m)；

h——计算波高(m)。

另一种情况是船舶在波浪上摇摆时，船舶倾斜的同时还要受到波浪冲击的动力作用，舟舷浸水至甲板边线，所以静水压力可认为是型深 D，即 $h = D$。

作用在舟底部的计算荷载由载重与水压力的差值来确定。

第二节 舟体骨架的附连翼板

舟艇结构中大多数骨架都是焊接在钢板上，当骨架受力发生变形时，与它连接的钢板也一起参与骨架抵抗变形。因此，为计算骨架的承载能力，也应当把一定宽度的板计算在骨架剖面中，即作为它的组成部分来计算骨架梁的剖面积、惯性矩和抵抗矩等几何要素，这部分钢板称为附连翼板或者带板。

是否应该把多宽的钢板计算到和它相连的骨架剖面中呢？这是舟艇设计的一个复杂的问题，同样也是船舶设计的一个重要问题。各国船级社的规范对附连翼板宽度都有不同的规定，而且在规范修改中不断完善。因此有必要对附连翼板的概念进行讨论，以便对附连翼板有一个比较明确的理解和正确的运用。

由于骨架的受力情况不同，附连翼板宽度有两种完全不同的定义和数值，即：

(1)压杆的(稳定性)的附连翼板宽度。

(2)梁的(弯曲)的附连翼板宽度。

受拉伸的板和骨架,全部剖面都能同样工作,但是受压时,由于板与骨架的稳定性差别较大,板不能全部有效地参加工作。早在 1905 年就有人做过试验,发现在纵骨架间距较大时,厚度为 t 的板只有沿纵骨架两边约 $25t$(共 $50t$)的板对抵抗压缩是有效的。其后不久,又有人把板受压缩时沿板宽方向的压力用效果相同的平均分布在纵骨架附近的假设的压应力来代替。这种假设的平均分布的压应力沿纵骨架两边的宽度就是压杆的附连翼板宽度,如图 14-12 所示。

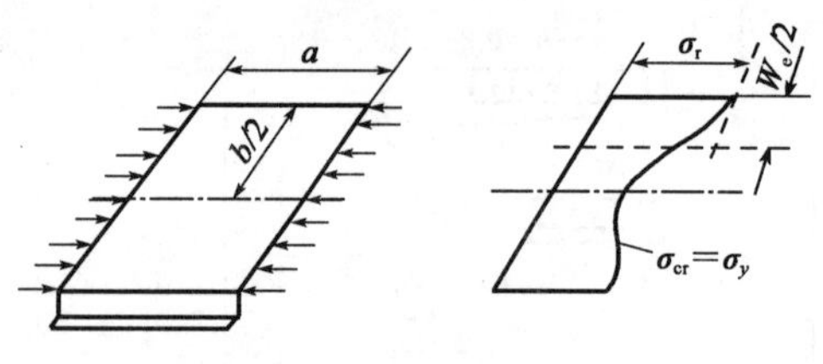

图 14-12　压杆的稳定性附连翼板

长为 a,宽为 b,筒形弯曲刚度为 D 的矩形板格的临界压缩荷载为:

$$P_{cr} = \frac{\pi^2 D}{b^2}\left(\frac{1}{m}\frac{a}{b} + m\frac{b}{a}\right) = k\frac{\pi^2 D}{b^2} \tag{14-13}$$

式中:m——纵向半小波当数。

其中 k 的最小值 $k_{min}=4$。

若令有效宽度内的压应力达到板格的临界应力 σ_{cr} 和板的屈服极限 σ_y,则:

$$\sigma_y = \sigma_{cr} = \frac{4\pi D^2}{W_c^2(1\times t)} = \frac{4\pi^2 E t^2}{12(1-\mu^2)W_c^2} \tag{14-14}$$

于是,可得压杆的稳定性附连翼板宽度为:

$$W_c = \sqrt{\frac{4\pi^2 E}{12(1-\mu^2)}\frac{1}{\sigma_y}}t \tag{14-15}$$

对于普通素碳钢,$E=2.06\times10^7\text{N/cm}^2$,$\sigma_y=23\,520\text{N/cm}^2$,则:

$$W_c = \sqrt{\frac{4\times3.141\,5^2\times2.06\times10^7}{12\times(1-0.3)^2\times23\,520}}t = 56.27t \tag{14-16}$$

实用上取 $60t$ 基本符合实验结果。这个有效宽度与船舶结构力学中所讲的板格受压时不折减部分($\varphi=1$)的宽度(在纵骨架两边各为板格短边长度的 1/4)意义不一样。按上述定义,在宽度 W_c 之外的板是完全不承受压缩力的,而在折减系数 $\varphi=1$ 以外的板,虽经过折减,却还有一定的承受压力。因此,是同一目的的两种计算方法,W_c 代表受压板格可能是最大有效宽度。

骨架弯曲时的附连翼板问题比较复杂,虽然对该问题一直有人研究,但比较完整的理论直到 1951 年才发表。骨架弯曲时与腹板连接的面板也跟着伸长或缩短,板变形的主要原因是腹板边缘给它的剪切,其次才是弯曲影响。在腹板正上面的面板部分弯曲应力最大,沿面板宽度离开腹板逐渐减小,这种现象称为"剪切滞后"效应。附连翼板宽度 b_e 就是把面板宽度 b 中的弯曲应力化成腹板上面板中的应力时所需要的面板宽度(图 14-13)。从表面上看,这和稳定性附连翼板宽度 W_c 似乎一样,但实际意义并不相同。计算 W_c 时所用的应力 σ_y 是材料的屈服极限,而计算 b_e 所用的应力 σ_x 是骨架弯曲时其附连翼板(厚度为 t)中 x 方向(骨架方向)的正应力,把 σ_x 沿 y 方向(横向)从 0 积分到 $b/2$ 就得到轴向力 X 的一半,由于左右对称,所以再乘以 2 即得到轴向力 X。弯曲附连翼板宽度 b_e 为:

$$b_e = \frac{X}{\sigma_{max}t} = \frac{2\int_0^{\frac{b}{2}}\sigma_x \mathrm{d}y t}{\sigma_{max}t} = \frac{2\int_0^{\frac{b}{2}}\sigma_x \mathrm{d}y}{\sigma_{max}} \tag{14-17}$$

由式(14-17)可见宽度 b_e 的意义是把本来较宽(宽度为 b)而应力分布不均匀的附连翼板,用一块宽度较小(为 b_e)而应力等于腹板边缘处的最大弯曲应力 σ_{max} 的附连翼板来代替。这样代替以后的实际效果不变,而计算附连翼板的骨架的剖面模数时概念明确,计算方便。

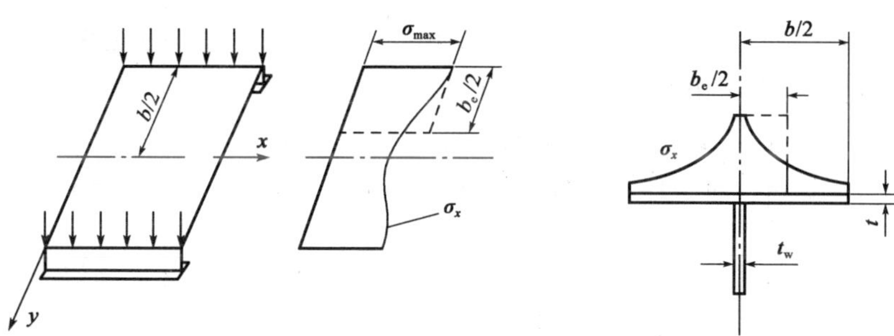

图 14-13 梁的弯曲附连翼板

式(14-17)形式简单,但实际计算却比较困难,因为应力分布与许多因素有关,而且要找到一个能完全满足各种边界条件的应力函数也很困难。夏德(Schade)研究了单根桁材、箱形桁材和多根平形桁材等三种结构,在各种不同的横荷载(均布三角形的、集中的等)和端点固定情况(距零点间的距离反映出来)下的附连翼板有效宽度,得到了比较详细和全面的解答。按照这个理论,若以末端刚性固定,受均布荷载的多根桁材来计算,令它们的跨距为 l,间距为 b,则附连翼板有效宽度 b_e/l 值见表 14-2。

b_e/l 值 表 14-2

l/b		2	4	6	8	10
b_e/l	跨距中	1/4.4	1/5.05	1/6.05	1/7.92	1/9.61
	支座处	1/5.99	1/6.36	1/7.3	1/8.57	1/10.05

由于夏德的方法太繁琐,用起来很不方便,因此,各国规范中又做了一些简化的近似规定。我国船级社(CCS)《钢质海船入级规范》(2012 年)规定:安装在平板上的主要构件附连翼板的有效面积为:

$$A = 10fbt_p \tag{14-18}$$

式中: $f-0.3(l/b)^{2/3}$,且 f 不大于 1;

b——主要构件支承面积平均宽度(m);

l——主要构件的长度(m);

t_p——附连翼板的平均厚度(mm)。

中国船舶检验局颁布的《内河钢船建造规范》(1991)(以下简称《河船规范》)中规定:强骨材附连翼板宽度取其跨度的 1/6,即 $b_e/l = 1/6$,但不大于负荷平均宽度,亦不小于普通骨材间距。

此外,英国、俄国等国家的相关规范规定,按 b_e/l 的比值确定附连翼板宽度;法国、挪威等国家的相关规范规定,计算附连翼板时要考虑相邻构件的影响。这样,就把支座弯矩的变化也包括进去了,在理论上更合理,但计算要麻烦一些。

应当指出,规范规定的附连翼板是强度附连翼板,不能把它应用于稳定性附连翼板计算中,这一点常常被一些人忽视。

第三节　船底结构的强度计算

本节几部分将分别介绍构成船体的主要结构(船底、甲板、舷侧及舱壁等)、局强与稳定性问题,并按照传统的船舶结构力学方法建立计算模型。

船底是船体的下翼板,受到很大的总纵弯曲应力,此外还承受机器质量、货物质量、压载注水及舷外水压力等横向质量的作用。对于在波浪中高速航行的船舶底部,特别是首部附近的船底,还受到很大的冲击力。

在总纵强度校核时,船底纵桁应力要与总纵弯曲应力合成,此时船底板架的计算荷载应取相应的总弯曲计算时的荷载状态和波浪位置的水头高度。在局部强度计算时,船底板架计算水头为舷外水压与货物反压力之差值。

一、船底外板的强度计算

受均布水压力作用的船底板,一般可作为四周性固定的刚性板来计算。

对于横骨架式板格[图 14-14a)],若 $c/s>2$,则长边中点(2 点)的最大应力(沿船长方向)可按下式计算:

$$\sigma_x = 0.5q\left(\frac{s}{t}\right)^2 \tag{14-19}$$

板中点(1 点)沿船长方向的应力为:

$$\sigma_x = 0.25q\left(\frac{s}{t}\right)^2 \tag{14-20}$$

式中:q——水压力($\mathrm{N/mm^2}$);

s——肋骨间距(mm);

t——板厚(mm)。

纵骨架式板格[图 14-14b)],若 $s/b=1.5\sim2.0$ 时,各边应力可以按照式(14-21)~式(14-23)计算:

短边中点沿船长方向的应力为:

$$\sigma_x = 0.343q\left(\frac{b}{t}\right)^2 \tag{14-21}$$

板中点沿船长方向的应力为:

$$\sigma_x = 0.075q\left(\frac{b}{t}\right)^2 \tag{14-22}$$

长边中点沿船宽方向的应力为:

$$\sigma_y = 0.5q\left(\frac{b}{t}\right)^2 \tag{14-23}$$

式中:b——船底纵骨间距(mm)。

船底板的许用应力,在板中点处可取$[\sigma]=0.8\sigma_{\mathrm{Y}}$,在骨架处$[\sigma]<0.9\sigma_{\mathrm{Y}}$($\sigma_Y$ 为材料屈服极限)。

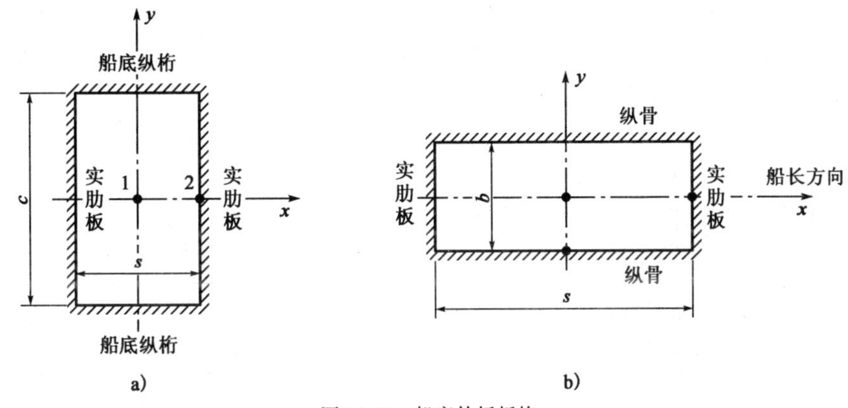

图 14-14　船底外板板格

二、船底纵骨弯曲计算

船底纵骨由肋板支持，由于纵骨在结构上以及所承受的荷载对称于肋板，可以把纵骨当作两端固定在肋板上的单跨梁计算（图 14-2），其支座剖面和跨中的弯矩按式（14-24）、式（14-25）计算：

支座弯矩：

$$M_0 = \frac{qba^2}{12} \tag{14-24}$$

跨中弯矩：

$$M_1 = \frac{qba^2}{24} \tag{14-25}$$

式中：a——纵骨跨距；

b——纵骨间距；

q——荷载强度，分别取中拱和中垂时的水压力。

纵骨弯曲应力为：

$$\sigma_3 = \frac{M}{W} \tag{14-26}$$

式中：W——纵骨自由翼板或附连翼板的剖面模数（mm^3）。

三、船底板架计算

船底一般都是由多根交叉构件和很多主向梁组成的板架。对于纵骨架式板架，主向梁（实肋板）承受肋板间距范围内的荷载，交叉构件只承受节点反力；对于纵骨架式板架，荷载通过纵骨传给实肋板，交叉构件也只承受节点反力。如图 14-15 所示。

多根交叉构件板架的计算可采用船舶结构力学中介绍的近似方法——主向梁节点挠度选择法。若构件不等间距、不等截面或某些构件加强，手算就比较困难，往往作些近似简化处理。如采用有限元法计算，则不存在任何困难。

船底板架由于其结构强大，又比强力甲板靠近船体剖面中和轴线，因此在船体中拱变形时船底板架不易失稳，其主要矛盾是强度问题。

对于舱长很短的船底板架（例如，舱长 l 与板架计算宽度 B 之比小于 0.8 时），为确定这种板架中桁材的弯曲应力，可将中桁材当作单跨梁处理。现分析如下：

如果把船底板架当作组合板且认为是各向同性的，则板架中桁与平板的中央板条梁相当。在表 14-3 中列出了不同边长比值时，各向同性板的弯矩与板条弯矩的比值。

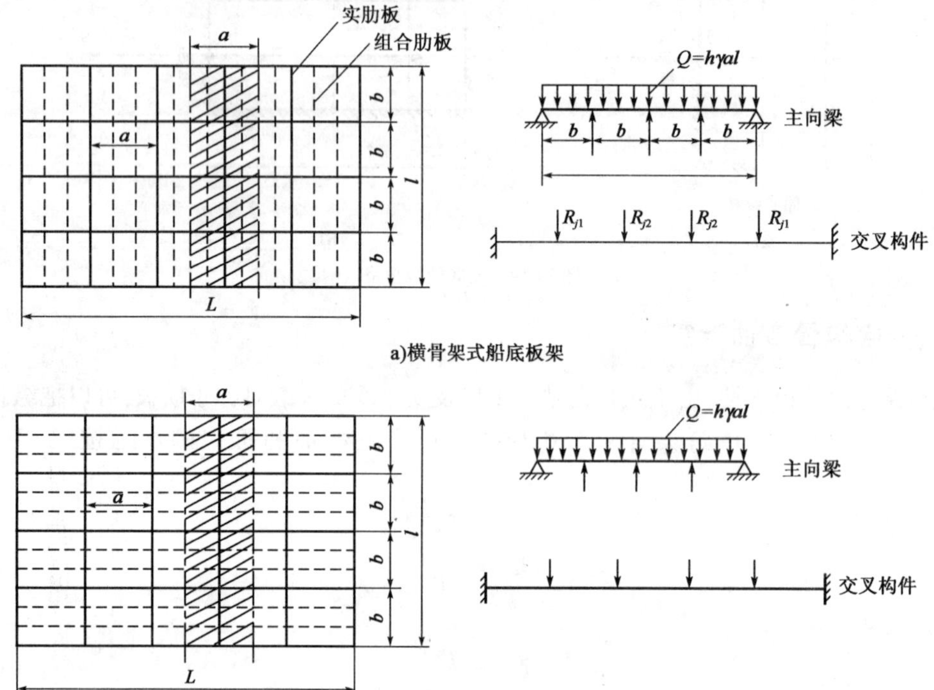

图 14-15　船底板架

不同边长比值时各向同性板的弯矩与板条弯矩的比值　　　表 14-3

边界固定情况	构件名称	剖面位置	l/B		
			0.8	1.0	1.2
在舱壁处为刚性固定，舷侧处为自由支持	中桁材	舱壁处	0.94	0.84	0.72
		跨度中点	0.91	0.80	0.67

从表 14-3 所列数值可知，边长比越小，弯矩比值大，亦即将中桁材当作单跨处理引起的误差越小，而且是偏于安全方面的误差。因此，在初步校核船体强度时，对边长比小于 0.8 的板架可以采用单跨的计算公式，即

支座剖面处弯矩：

$$M_0 = \frac{1}{12}Ql \tag{14-27}$$

跨长中点处弯矩：

$$M_1 = \frac{1}{24}Ql \tag{14-28}$$

对于边长比≥0.8 的板架，可以按照式(14-29)～式(14-31)近似计算。

(1)中桁材的弯矩。

在支座剖面处：

$$M_0 = \gamma_1 \frac{1}{12} Ql \tag{14-29}$$

在跨长中点处：

$$M_l = \gamma_2 \frac{1}{24} Ql \tag{14-30}$$

(2)中央肋板在中桁材处弯矩。

$$M = \gamma_3 \frac{1}{8} Q_1 l \tag{14-31}$$

式中：Q——作用在中桁材上的荷载，$Q = qcl$；

Q_1——作用在肋板上的荷载，$Q_1 = qaB$；

q——板架的荷载强度；

c——纵桁间距；

l——纵桁跨度；

a——肋板间距；

B——肋板跨度；

γ_1、γ_2、γ_3——系数，由板架长宽比 l/B 及中桁材的惯性矩之比 I_1/I_2 决定，见表 14-4。

γ_1、γ_2、γ_3 值　　表 14-4

构件名称	剖面位置	l/B	0.8		1.0		1.2		1.4	
		I_1/I_2	1.0	1.2	1.0	1.2	1.0	1.2	1.0	1.2
中桁材	在舱壁处	γ_1	0.84	0.92	0.73	0.83	0.60	0.69	0.51	0.58
	在跨度中	γ_2	0.81	0.91	0.68	0.80	0.55	0.63	0.47	0.55
肋板	在中桁材处	γ_3	0.16	0.08	0.27	0.17	0.40	0.31	0.49	0.42

第四节　甲板结构的强度计算

甲板是舟艇结构的重要构件之一，它是箱形梁的上翼板，对舟艇的总纵强度起重要作用，所以其强度计算十分关键。

一、甲板板架的强度计算

图 14-16 为一典型的纵骨架式甲板板架，有半纵舱壁或在舱口端梁中点设置支柱。甲板纵桁和舱口端梁的计算可以化为图 14-16b)和 c)所示的计算模型，其中荷载可化为：

$$q_0 = \frac{1}{2}(B_1 + b_1)h \tag{14-32}$$

当纵中剖面有半舱壁时

$$q_1 = \frac{1}{2}\left(B_1 + \frac{b_1}{2}\right)h \tag{14-33}$$

式中：h——计算水头高度。

甲板纵桁可以简化为刚性或弹性固定在横舱壁上，并且有中间弹性支座(舱口端梁)的阶梯形变断面梁的计算。开口区域以外的横梁和开口区域以内的半梁对它的支持作用，实际上可不予考虑，它们的主要作用是将甲板的荷载传递给甲板纵桁。舱口端梁自由支持在舷侧，而且由于荷载对称而刚性固定在纵中剖面处。令 $R=1$，可由图 14-16c）的计算模型求得舱口端梁对甲板纵桁的弹性支座的柔性系数 $A=\frac{v}{R}=v$。

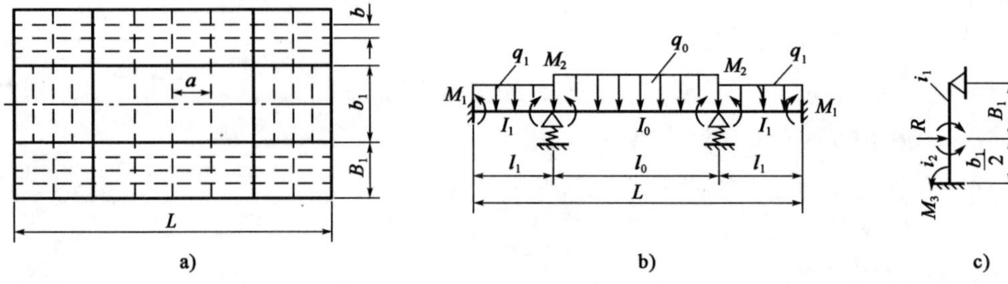

图 14-16　甲板板架计算

甲板纵桁采用五弯矩方法。取舱壁处和舱口端梁处剖面弯矩为未知数 M_1、M_2。求得 M_1、M_2 后，可按下式计算甲板纵桁跨度中点处的弯矩：

$$M=\frac{q_0 l_0^2}{8}-M_2 \tag{14-34}$$

甲板纵桁在跨度中点处的最大挠度为：

$$v_{\max}=v+\frac{5}{384}\frac{q_0 l_0^4}{EI_0}-\frac{M_2 l_0^2}{8EI_0} \tag{14-35}$$

式中：v——甲板纵桁与舱口端梁交点处的挠度，按下式计算：

$$v=A\left(\frac{q_1 l_1+q_0 l_0}{2}+\frac{M_2-M_1}{l_1}\right) \tag{14-36}$$

舱口端梁的强度应按照承受甲板纵桁传来的反力 R 进行计算。反力 R 由下式确定：

$$R=\frac{q_1 l_1+q_0 l_0}{2}+\frac{M_2-M_1}{l_1} \tag{14-37}$$

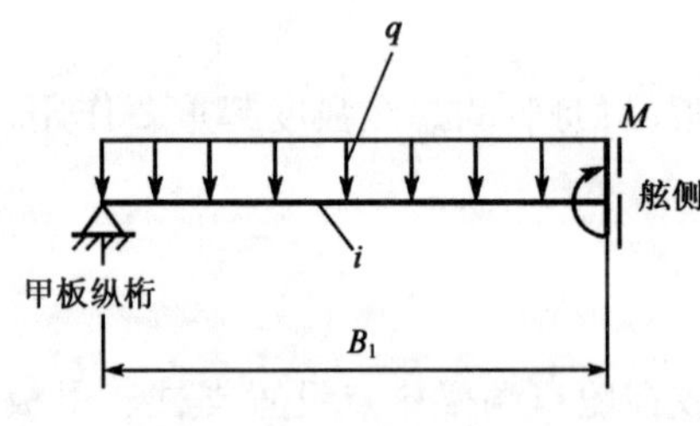

图 14-17　舱口强横梁计算

舱口处的强横梁的强度可按图 14-17 所示图形计算。认为强横梁自由支持在甲板纵桁上并且在一般情况下弹性固定在舷侧上。强横梁在舷侧的弹性固定柔性系数，可按下式确定：

$$\alpha=\frac{l_{肋}}{3EI_{肋}} \tag{14-38}$$

式中：$l_{肋}$——与强横梁相连的肋骨的跨度；

$I_{肋}$——肋骨的剖面惯性矩。

强横梁在弹性固定端的弯矩为：

$$M=\frac{qB_1^2}{8}\frac{1}{1+\frac{3\alpha Ei}{B_1}} \tag{14-39}$$

对于没有半纵舱壁或在舱口端梁中点无支柱的甲板架需要计算由板纵和舱口端梁组成的井字形交叉梁系，如图 14-18 所示。

二、甲板纵骨的强度计算

作用在甲板纵骨上的力，除横荷载外，还有总纵弯曲产生的轴向力，它对甲板纵骨的弯曲有一定影响，必须把甲板纵骨作为复杂弯曲梁来计算。考虑到荷载、结构的对称性，甲板纵骨视为两端刚性固定在强横梁上，承受均布荷载 q 及轴向力作用的单跨计算(图 14-19)。

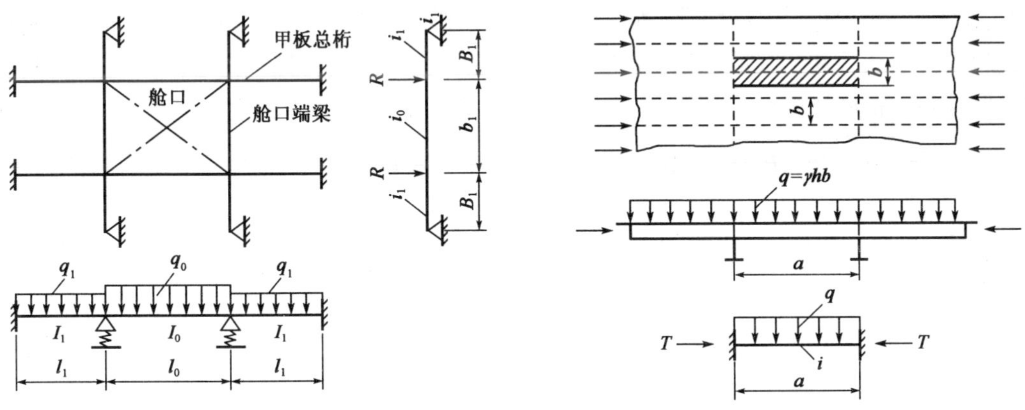

图 14-18　无半纵舱壁的甲板板架计算

图 14-19　甲板纵骨的计算图形

由船舶结构力学中梁的复杂弯曲计算可知，轴向拉力对纵骨弯曲产生有利影响，轴向压力产生不利影响。当 T 为压力时，可求得甲板纵骨的最大弯曲应力发生在支座剖面处。

考虑到甲板纵骨同时有总纵弯应力作用，所以它的局部强度的许用应力一般较小，在 50N/mm^2 左右。

第五节　舷侧结构的强度计算

舷侧结构是船体梁的腹板，在总纵弯曲时，除承受拉、压的法向应力外，还承受较大的剪切应力。由第一章可知，船体最大剪力发生在距首、尾约 1/4 船长处。船侧板还受到经常性的舷外水压力作用，包括波浪冲击荷载及其他动荷载。航行于冰区的船舶还应考虑冰压作用。

一、舷侧外板的强度计算

作用在舷侧外板上的静水压力呈三角形或梯形分布，在舭列板上缘最大。由于水线附近的外板承受较大的波浪冲击且腐蚀比较严重，加之易遭受碰撞等意外荷载，故在计算舷侧外板局部强度时把荷载取为均布的(图 14-20)，并以舭列板上缘的水压力作为计算荷载。

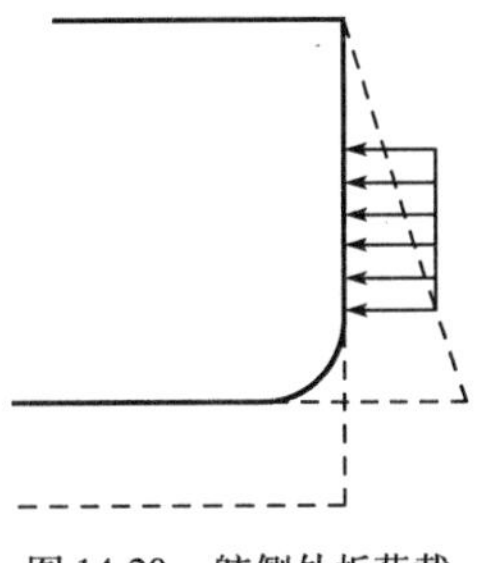

图 14-20　舷侧外板荷载

由于结构对称、荷载对称，计算时把舷侧外作为刚性固定在支持周界上，因此可利用式(14-19)、式(14-20)计算。

为了提高舷顶列板的工作能力，应保证其在船体总纵弯曲正应力和剪应力联合作用下不发生破坏，同时按相当应力进行校核，其值不应超过材料的屈服极限 σ_Y，即：

$$\sigma^* = \sqrt{\sigma^2 + 3\tau^2} \leqslant \sigma_Y \tag{14-40}$$

二、舷侧板架计算

舷侧板架从它的功能和受力特点看，采用横骨架式为宜。因为横骨架式舷侧板架对建造工艺、扩大舱容以及防碰撞和传递垂向作用力等都是有利的。对于一般货船多采用在舱壁之间设置数根强肋骨和一根舷侧纵桁的交替肋骨制的横骨架式舷侧板架。图 14-21 就是具有三根强肋骨和一根舷侧纵桁的板架计算图形，其舷侧纵桁可归纳为弹性基础梁，承受荷载 $q = \frac{\beta}{\gamma}\frac{Q}{s}$ 及三个集中力 P_1、P_2、P_3。其中 β 与 γ 为肋骨的影响系数，假如肋骨两端为刚性固定，则 $\gamma = \frac{1}{192}$，$\beta = \frac{1}{384}$。力 P_1、P_2 的数值由下式确定：

$$\left.\begin{aligned} P_1 &= k_1 Q \\ P_2 &= k_2 Q \end{aligned}\right\} \tag{14-41}$$

式中：k_1、k_2——具有三根强肋骨和一根侧舷板架的舟侧板架的系数（$L_n = 16s$，$u_1 = u_2 = 1$），由表 14-5 查得，其中 u 为弹性基础梁的系数，其值为：

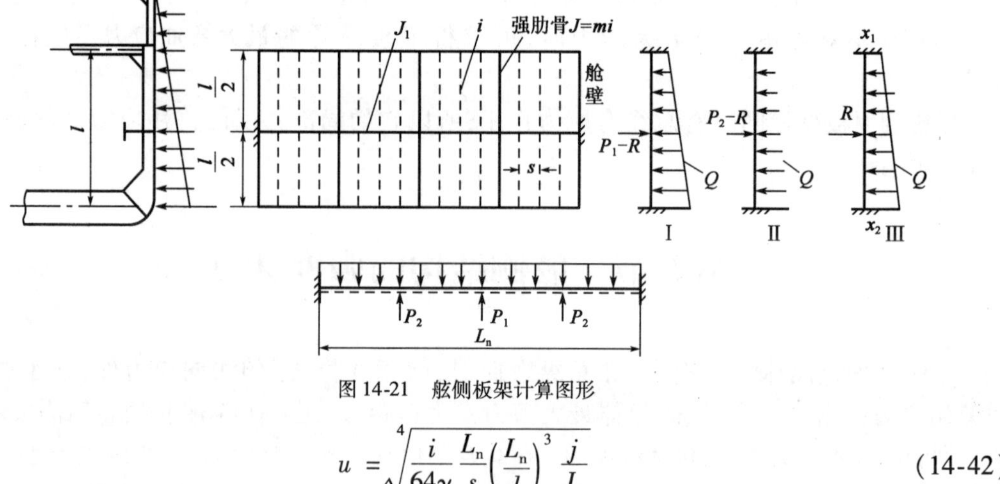

图 14-21 舷侧板架计算图形

$$u = \sqrt[4]{\frac{i}{64\gamma}\frac{L_n}{s}\left(\frac{L_n}{l}\right)^3\frac{j}{J_1}} \tag{14-42}$$

强肋骨Ⅰ、Ⅱ与舷侧纵桁交点处的挠度按下式确定：

$$\left.\begin{aligned} v_1 &= \gamma\frac{P_1 l^3}{(m-1)Ei} \\ v_2 &= \gamma\frac{P_2 l^3}{(m-1)Ei} \end{aligned}\right\} \tag{14-43}$$

肋骨Ⅲ按承受的荷载 Q 和反力 R 来计算。R 由下式确定：

$$R = \frac{\beta}{\gamma}Q - \frac{P_1}{m-1} \tag{14-44}$$

强肋骨按承受的荷载 Q 及反力（$P_1 - R$）（傍边强肋骨）和（$P_2 - R$）（中间强肋骨）来计算。

肋骨也是保证横向强度的主要构件。在横强度校核时，通常取舱中间开口区的肋骨框架孤立地进行刚架计算。由于未考虑纵向构件的影响，计算结果过于保守。对于有强大纵向构件的船舶，宜进行立体舱段计算。

舟侧板架的系数 表 14-5

U	$M=3$		$M=5$		$M=11$		$M=21$	
	$k_1=\frac{P_1}{Q}$	$k_2=\frac{P_2}{Q}$	$k_1=\frac{P_1}{Q}$	$k_2=\frac{P_2}{Q}$	$k_1=\frac{P_1}{Q}$	$k_2=\frac{P_2}{Q}$	$k_1=\frac{P_1}{Q}$	$k_2=\frac{P_2}{Q}$
1.00	0.14	0.06	0.26	0.15	0.57	0.32	0.94	0.53
1.25	0.27	0.16	0.50	0.28	0.96	0.55	1.38	0.82
1.50	0.42	0.24	0.74	0.42	1.26	0.75	1.67	1.02
1.75	0.54	0.32	0.69	0.54	1.42	0.91	1.75	1.20
2.00	0.63	0.39	1.00	0.63	1.51	1.03	1.77	1.33
2.25	0.68	0.44	1.05	0.70	1.53	1.10	1.77	1.39
2.50	0.71	0.48	1.07	0.76	1.52	1.19	1.73	1.49
2.75	0.72	0.52	1.07	0.81	1.49	1.24	1.70	1.52
3.00	0.72	0.55	1.06	0.85	1.48	1.28	1.70	1.55
3.50	0.69	0.59	1.01	0.89	1.42	1.31	1.62	1.54

注：当 $m\to\infty$ 时，P_1、$P_2\to1.9Q$，Q 为一根肋骨上的荷载。

第六节 舱壁结构的强度计算

舱壁按其布置方向可分为横舱壁和纵舱壁两种；按其结构形式可分为平面舱壁（由舱壁板、扶强材等组成）和带皱折（压筋）舱壁，后者是由钢板压制成某种截面形状的波形板。

强肋骨按承受的荷载 Q 及反力(P_1-R)（中间强肋骨）来计算。

肋骨也是保证横强度的主要构件。在横强度校核时，通常取货舱中间开口区的肋骨框架孤立地进行刚架计算。由于未考虑纵向构件的影响，计算结果过于保守。对于有强大纵向构件的油船横强度或有长大货舱开口的船舶横强度，宜进行立体舱段计算。

作用在舱壁上的荷载，有垂向丁板面的横向荷载和作用在舱壁平面内的力。对于民用船舶，保证破舱后船舶不沉性的主舱壁，其荷载是量至舱壁甲板的水头高度。对于舰艇，根据有关规则规定，按图 14-22 所示的舰艇破损压头线确定作用在主舱壁上的水头高度。图中 H 为干舷高度，L 为水线长度。

首端防撞舱壁及紧靠它的一道水密舱壁的计算荷载不应加于破舱艇仍能以 10kn 航速向前航行时所产生的相当于 1.35m 水头高度的水动压力。

对于液舱舱壁，若无空气管和注入管时，则按相邻舱为空舱，取该舱所装液货产生的静水压力作为舱壁的计算荷载；若设有空气管和注入管，且空气管的高度于它们所在液舱的破损高度时，则应按与上述管子的高度相应的水柱压力作为舱壁的计算荷载。

作用在舱壁平面内的力，例如，在坞内或下水时由船底板架传来的坞墩反力或下水架反力，应根据船舶进坞或下列计算资料确定。

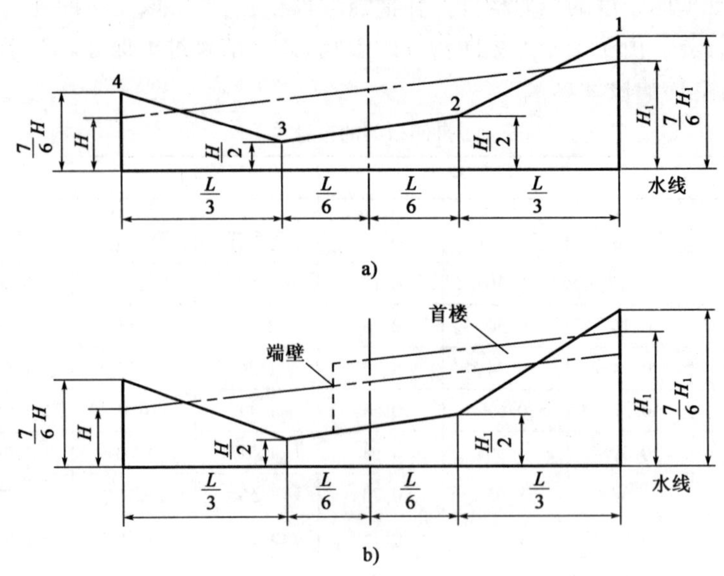

图 14-22　船舶破损压头线

一、平面舱壁板的强度计算

被扶强材支持的舱壁板，由于结构和荷载的对称性变形呈筒形，故舱壁板可按两端固定的板条梁来计算(图 14-23)。

由图 14-23 可见，板的跨度与厚度之比 $\mu = s/t < 70$，则板的挠度较小，因而中面应力对板的弯曲影响可忽略不计，应力与荷载呈正比关系(图中直线)；若 $\mu > 70$，应计及中面应力对板的弯曲影响，与刚板相比将使挠度与应力减小。

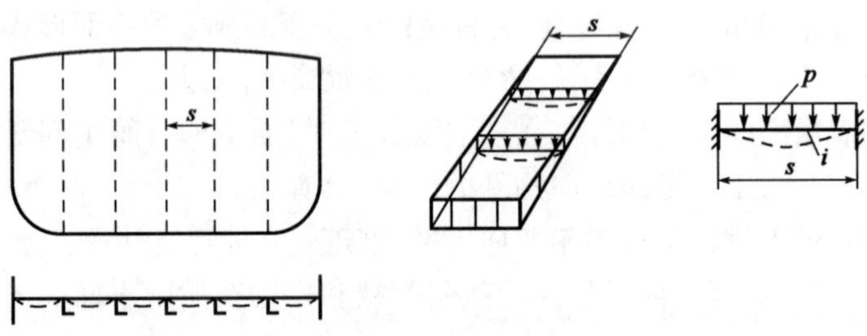

图 14-23　平面舱壁板计算图形

两端刚性固定的板条梁的最大应力 σ 与水头高度 h 的关系如图 14-24 所示。

$\mu < 70$ 的舱壁板，作为刚性板来计算，板条梁跨度中点的弯曲应力为：

$$\sigma = \frac{1}{4}p\left(\frac{s}{t}\right)^2$$

或

$$\sigma \approx 25h\left(\frac{s}{100t}\right) \tag{14-45}$$

式中：h——板条梁上的水头高度(m)。

$\mu > 70$ 的舱壁板，作为柔性板来计算，即要考虑板自身弯曲而产生的中面应力的影响。可以根据参考文献[3]中的有关公式和表格计算。板条梁的周界支撑系数取为$K=0.5$。当板条梁端部的应力超过屈服极限时,板跨度中点的应力取板条梁端部分别为简支($K=0$)和刚性固定($K=1.0$)时跨度中点应力的平均值。

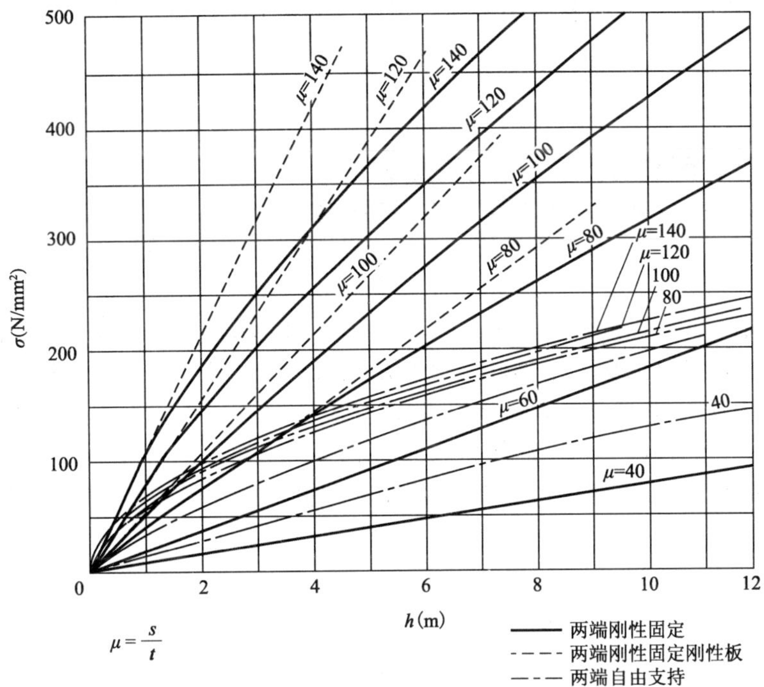

图 14-24　板条梁 σ 与 h 的关系

舱壁板在跨度中点的许用应力可取为 0.8。

二、平面舱壁构架的强度计算

舱壁扶强材应视为两端有一定固定程度并承受三角形或梯形分布荷载的梁来计算。多甲板船的舱壁扶强材,若它们在甲板间和舱内布置在同一平面上且相互连接(图 14-25),应将它视为连续梁来计算。其端部固定情况有以下几种:

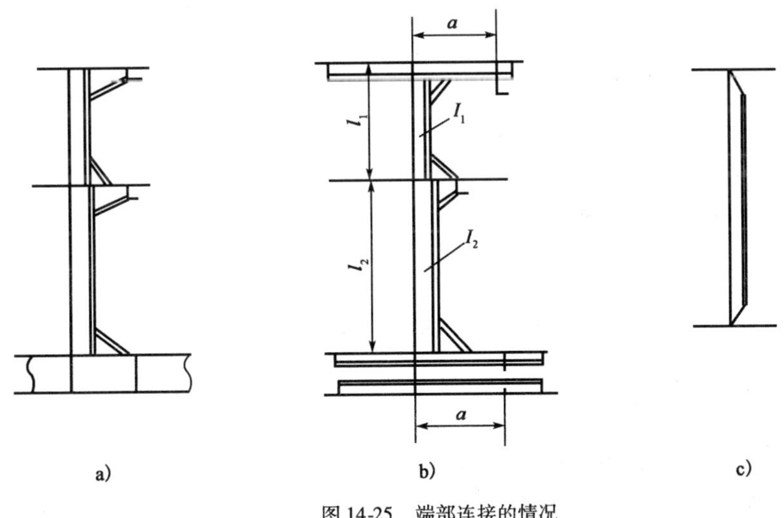

图 14-25　端部连接的情况

(1)当底部和甲板均为横骨架式时,扶强材两端用肘板连接到横梁和肋板上[图 14-25a)],此时扶强材下端可视为刚性固定($N=1.0$),上端可视为弹性固定($N=0.5$)。

(2)当底部和甲板为纵骨架式时,舱壁扶强材与内底和甲板纵骨相连并固定其上[图 14-25b)]。此时,认为扶强材两端弹性固定($u=1.0$),弹性固定端的柔性系数可近似取为($u=0.5$):

$$\alpha=\frac{a}{6Ei} \tag{14-46}$$

式中:a、i——分别为甲板或船底纵骨的跨距及惯性矩。

若扶强材仅在一边与底和甲板纵骨固定连接时,则:

$$\alpha=\frac{a}{3Ei} \tag{14-47}$$

(3)若扶强材两端削斜或焊在水平桁上[图 14-25c)],则认为扶强材两端自由支持。

扶强材跨距应取包括肘板在内的长度,舱壁扶强材作为连续计算时,可用三弯矩方程求解。

若舱壁构架由扶强材、水平桁及竖桁组成,计算应分为两部分:普通扶强材当作连续梁计算;桁材当作交叉梁系计算。例如,油船横舱壁(图 14-26),可作为节点数目很少的平桁传来的反力。然后,按图 14-26b)所示的交叉梁系进行计算。交叉梁系在端部的固定系数通常取$u=1.0$。

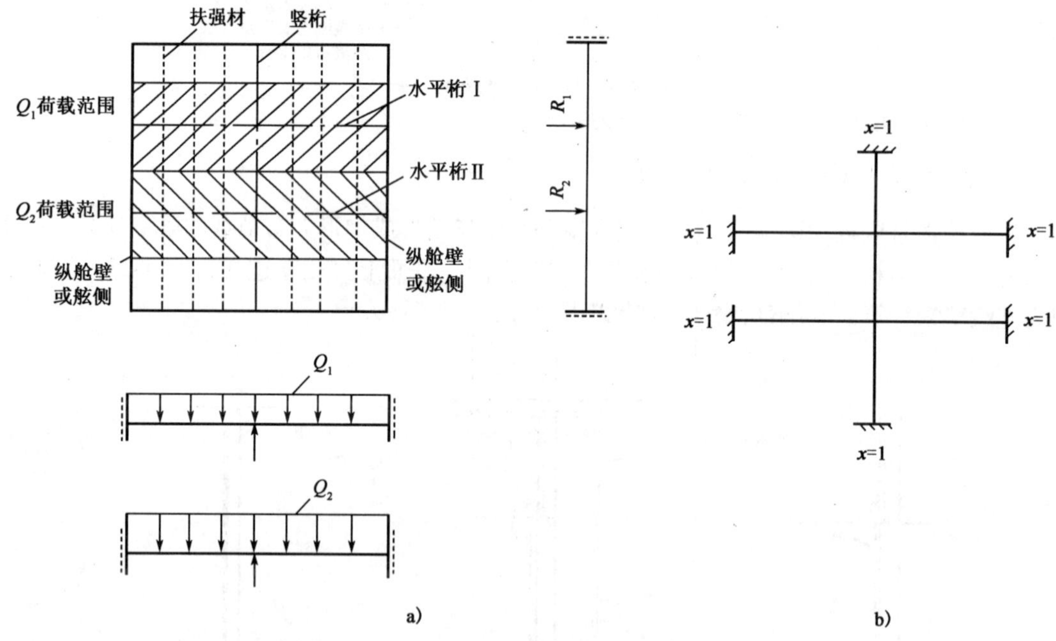

图 14-26　横舱壁桁材的计算

三、皱折(压筋)舱壁的强度计算

皱折(压筋)舱壁的断面形状呈槽形或波形。由于它工艺简单、质量轻,近年来在一些大型散装货船和液货船上广泛应用。船舶上层建筑轻型围壁因为板比较薄,板与骨架采用焊接或铆接在工艺和质量上都会带来问题，而采用波形围壁，不但结构轻、工艺性好，而且挺性也好。

1. 皱折(压筋)舱壁的几何要素

槽形和波形舱壁的一个单元如图 14-27 所示，称为波条。

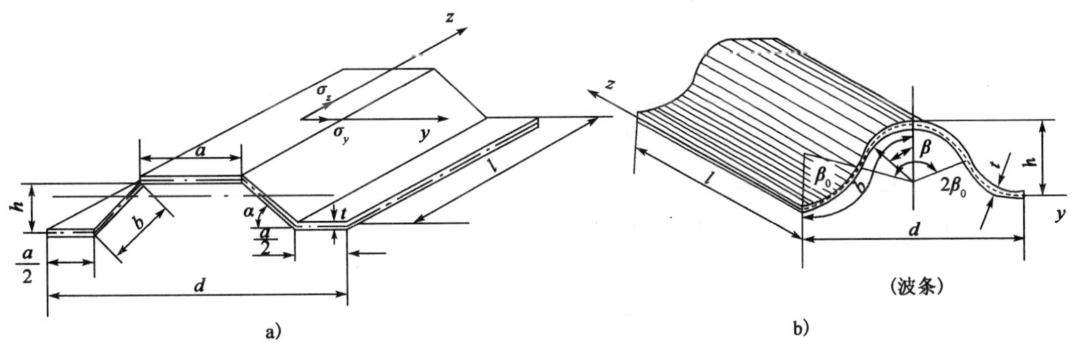

图 14-27 皱折(压筋)舱壁的一个单元

(1)槽形舱壁波条的剖面要素

剖面积：

$$F = 2t(a + b) \tag{14-48}$$

剖面惯性矩：

$$I = 2at\left(\frac{h}{2}\right)^2 + 2 \times \frac{t}{12\sin\alpha}h^3 \tag{14-49}$$

因为 $h = b\sin\alpha$，代入式(14-50)得：

$$I = \frac{1}{6}(3a + b)th^2 \tag{14-50}$$

剖面模数：

$$W = \left(a + \frac{b}{3}\right)th \tag{14-51}$$

剖面中和轴以上面积对中和轴的静矩：

$$S = \frac{th}{4}(2a + b) \tag{14-52}$$

(2)波形舱壁波条的剖面要素

剖面积：

$$F = 4\beta_0 Rt \tag{14-53}$$

剖面模数：

$$W = \psi_1 R^2 t \tag{14-54}$$

剖面惯性矩：

$$I = \psi_2 R^3 t \tag{14-55}$$

剖面中和轴以上面积对中和轴的静矩为：

$$S = \psi_3 R^2 t \tag{14-56}$$

以上式中 a、b、α、h、R、t、β_0 含义见图 14-27，其余符号意义如下：

$$\psi_1 = 2\frac{\beta_0 + 2\beta_0\cos^2\beta_0 - 1.5\sin2\beta_0}{1 - \cos\beta_0} \tag{14-57}$$

$$\psi_2 = 2(\beta_0 + 2\beta_0\cos^2\beta_0 - 1.5\sin2\beta_0) \tag{14-58}$$

$$\psi_3 = 2(\sin\beta_0 - \beta_0\cos\beta_0) \tag{14-59}$$

2. 槽形舱壁的强度与稳定性计算

一般分为两步计算：首先，把槽形舱壁作为一个整体，计算在槽形荷载作用下沿纵向（槽形体方向）和横向（垂直于槽形体方向）的弯曲强度，通常称为槽形舱壁的总强度。其次，计算槽形体的折曲钢板在横荷载作用下的横向局部弯曲强度，称为局部强度。

（1）槽形舱壁总强度计算。

实验证明，槽型舱壁在横荷载作用下沿横向的弯曲是极微的，可忽略不计。此外，各槽形体对纵向弯曲的相互影响也可忽略不计。因此，槽形舱壁的总强度归结为其单个槽形体的弯曲强度。

槽形舱壁的单个槽形体与平面舱壁的扶强材相当。因此，槽形体的弯曲计算与平面舱壁扶强材一样，作为弹性固定的单跨梁或连续梁来计算。在求解超静定性后，作弯矩图及剪力图，求出整个槽形跨度内的 M_{max} 和 N_{max}，则在槽形体的水平翼板及倾斜板面内相应的最大应力为：

$$\sigma_{max} = \frac{M_{max}}{W} \tag{14-60}$$

$$\tau_{max} = \frac{N_{max}S}{2It} \tag{14-61}$$

若最大弯矩产生在跨中，为确定槽形体横剖面内的最大纵向应力值，除上述由槽形体总弯曲所引起的应力外，还应计及后述由折板局部弯曲所引起的应力，即在校核槽形舱壁总强度时，跨中的总计算应力应按下述公式确定：

$$\sigma_{z0} = \sigma_{zmax} + \mu\sigma_{ymax} \tag{14-62}$$

式中：σ_{zmax}、σ_{ymax}——可按照式（14-61）计算确定；

μ——泊松系数。

许用应力，对船舶一般可取 $[\sigma] = 0.8\sigma_Y$，$[\tau] = 0.57[\sigma]$。

具有强桁材时，桁材视为波条的刚性支座，波条作为连续梁计算，桁材只承受反力。

（2）槽形舱壁局部强度——舱壁板的强度计算。

槽形体的折曲钢板间具有相互支持作用，而且槽形体的长宽比（J/A）一般大于 2.5，因此折曲钢板槽形舱壁在横荷载作用下的局部弯曲可作为筒形面弯曲的连续板条梁来考虑（图 14-28）。

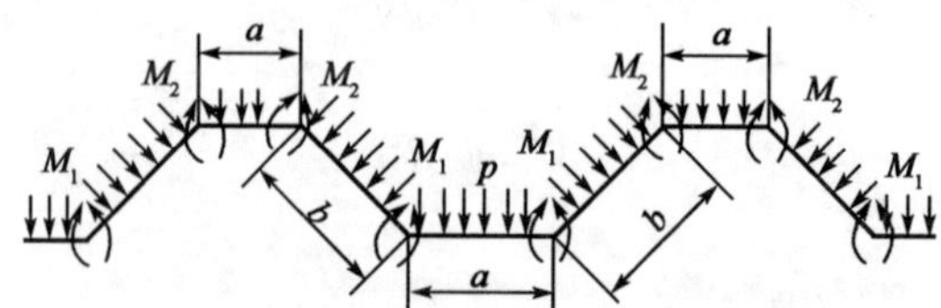

图 14-28　槽形舱壁的横向弯曲

当 $a/t < 70$ 时，可认为折曲板是刚性板，折曲板的相互支持作用可认为是刚性支座。因此，可列出连续板条梁的三弯矩方程式：

$$\left.\begin{aligned}\frac{M_2a}{3EI}+\frac{M_2a}{6EI}-\frac{pa^3}{24EI}&=-\frac{M_2b}{3EI}-\frac{M_1b}{6EI}+\frac{pb^3}{24EI}\\\frac{M_1b}{3EI}+\frac{M_2b}{6EI}-\frac{pb^3}{24EI}&=-\frac{M_1a}{3EI}-\frac{M_1a}{6EI}+\frac{pa^3}{24EI}\end{aligned}\right\}\tag{14-63}$$

由此可解得槽形体棱边处单位宽度的弯矩：

$$M_1=M_2=C\frac{pb^2}{12}\tag{14-64}$$

式中：C——$C=1-\frac{a}{b}+\left(\frac{a}{b}\right)^2$； (14-65)

p——荷载强度。

当 $a/t>70$ 时，折曲板应视为柔性板，折曲板的相互支持作用应视为弹性支座。此时，槽形体棱边处的弯矩为：

$$M_1=\chi C\frac{pb^2}{12}\tag{14-66}$$

式中：χ——考虑板自身弯曲而产生的中面应力及槽形体棱边处的弹性位移的影响系数，一般可取 1.3。

所以，最大弯曲应力可按下式确定：

$$\sigma_{y\max}=n_1\frac{6M_1}{t}\tag{14-67}$$

式中：n_1——修正系数，一般情况下可以取 $n_1=1.25$。

（3）槽形舱壁的稳定计算。

槽形体翼板因槽形本身的弯曲而受到压缩应力作用，因而翼板可能失稳。虽然，受压的翼板失稳并不标志槽形体承载能力耗尽，但对油船来说是不允许的。

槽形体翼板的局部稳定性可按矩形板公式计算，即：

$$\sigma_{cr}\approx n_1 80\left(\frac{100t}{a}\right)^2\tag{14-68}$$

在设计中，希望临界应力 σ_{cr} 达到材料的屈服极限 σ_Y，但在任何情况下不得小于 $0.8\sigma_Y$。

3. 波形舱壁的总强度与稳定性计算

波形舱壁的计算可归结为单个波条的计算。因为与支持周界相连的边缘的波条内，由总弯曲引起的应力不会大于中部波条内应力，因此波形舱壁的总强度由中部波条的强度确定。

每一个波条都是承受横向分布荷载的圆柱形壳体，应用壳体理论研究波条的工作可得出如下主要结论：

（1）波形体的工作特征主要取决于它们的相对长度 l/h（其中 l 为波条长度，h 为波条高度）。当 $l/h>\alpha_0$（α_0 为特征数）时，波形体如同梁一样工作：当 $l/h<\alpha_0$ 时，波形体的计算不能用梁的弯曲公式，应该当作壳体来计算。

α_0 的数值取决于波条两端的固定情况：

①当两端为自由支持时，$\alpha_0=\sqrt{R/t}$；

②当两端刚性固定时，$\alpha_0=1.5\sqrt{R/t}$；

③当两端弹性固定时，$\alpha_0=(1+0.5\upsilon)\sqrt{R/t}$。

其中 R 为波条圆弧半径,t 为波条厚度,v 为支座固定系数。

波形舱壁的许用应力与槽形舱壁相同。

(2)波形舱壁的局部稳定性由波条的临界应力确定,其值为:

$$\sigma_{cr} = 0.29\eta_1\eta_2\frac{Et}{R} \tag{14-69}$$

式中:η_1——考虑到波形非圆时对筒形的修正系数,建议取 $\eta_1 = 0.75$;

η_2——由 σ'_{cr}/σ_Y 决定的非弹性修正系数,由图 14-24 的曲线查得,其中 σ_Y 为材料的屈服极限,而 σ'_{cr} 由下式确定:

$$\sigma'_{cr} = 0.29\eta_1\frac{Et}{R} \tag{14-70}$$

式中:E——材料弹性模量。

在设计中,希望临界应力 σ_{cr} 达到材料的屈服极限 σ_Y,但在任何情况下不得小于 $0.8\sigma_Y$。

第十五章

舟体外板计算

目前的桥脚舟几乎全是舟、桁、板合一的密封箱体,因此板是舟体结构的重要组成部分,它约占舟艇(体)质量的70%,而壳板都是由纵横方向的骨架支撑的,这些骨架均成矩形边界,因此我们也只讨论矩形板的强度问题。

在舟艇中不同部位的板,其工作状况是不同的。如甲板与底板在舟体总纵弯曲中是作为等值梁的上下翼板承受弯矩作用的,舷板则作为等值梁的腹板承受剪力作用,而底板、舷板还要承受水压力的作用产生局部弯曲。因此,在舟艇(体)中,有的板要承受总纵弯曲和局部弯曲的共同作用,有的板只承受总纵弯曲和只承受局部弯曲。

板可能受到两种荷载的作用,一种是垂直作用于板面的横向荷载 p,另一种是作用于板的纵向力 R。横向荷载 p 作用后板将发生弯曲,其应力称为弯曲应力,用 σ_M 表示;纵向力对板的弯曲有很大影响,其影响程度取决于板的尺寸、板四周的支撑形式、荷载的方向和大小等,由纵向力 R 引起的沿板厚度均匀分布的应力称为链锁应力,用 σ_R 表示,如图 15-1 所示。

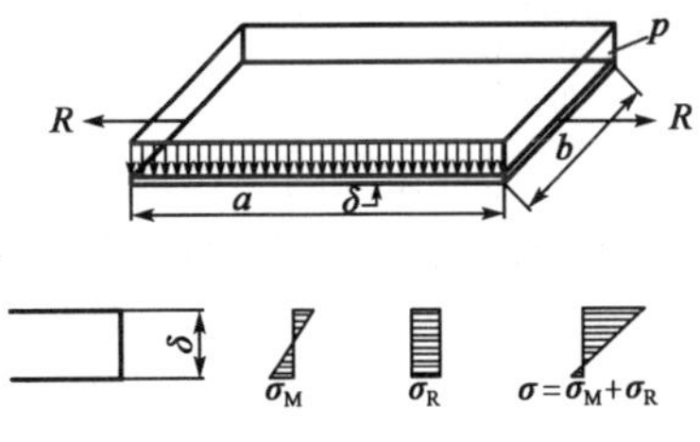

图 15-1　承受均布荷载的板

按照板所承受的荷载情况在计算时可以将板分为两类:

(1)绝对刚性板。板在弯曲时链应力对弯曲的影响很小,与弯曲应力相比可以忽略不计。因此只考虑弯曲应力,不考虑链锁应力。

(2)有限刚性板,板在弯曲时链应力不能忽略,同时考虑弯曲应力和链锁应力。

舟体结构中的板应属于哪一类的板,可根据板的尺称、周界支持情况与载重大小而定,一般我们把内河使用的渡河舟艇上的薄板看作有限刚性板来计算。

第一节　绝对刚性板的筒形弯曲

首先我们研究最简单的情况,按筒形弯曲的板,如图 15-2 所示。当板的长度 a 大于宽度 b 很多时($a/b>2$),而且板上的横向载重 p 并不随着板的长度而变化,则板在大部分长度上的挠度是不变的,只是在支撑周界附近一小段距离内的挠度沿长度而变化,因此板的长度方向大部分将以长边为母线作筒形面弯曲,由于支撑周界短边附近的应力比按筒形面弯曲部分的应力小,所对于这种板,我们只研究筒形面的弯曲部分即可。

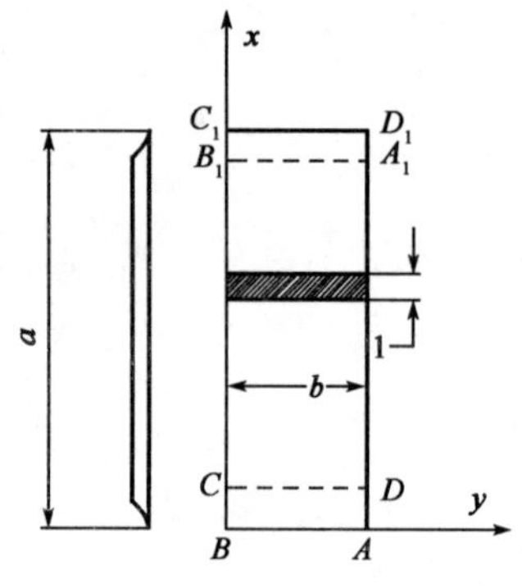

图 15-2　筒形弯曲的板

如图 15-2 所示,板 ABC_1D_1 中,中间大部分 A_1B_1CD 是按筒形面弯曲的,只有靠近周界短边支撑的板段 $ABCD$ 和 $A_1B_1C_1D_1$ 部分不按筒形面弯曲,显然,在板段 A_1B_1CD 段的挠度是不变的,因此我们只需要取出其中的单元板条(宽度等于 1cm)来讨论即可,如图 15-3 所示。这种长度为 b、高度为 t、宽度为 1cm 的板条称为板条梁。

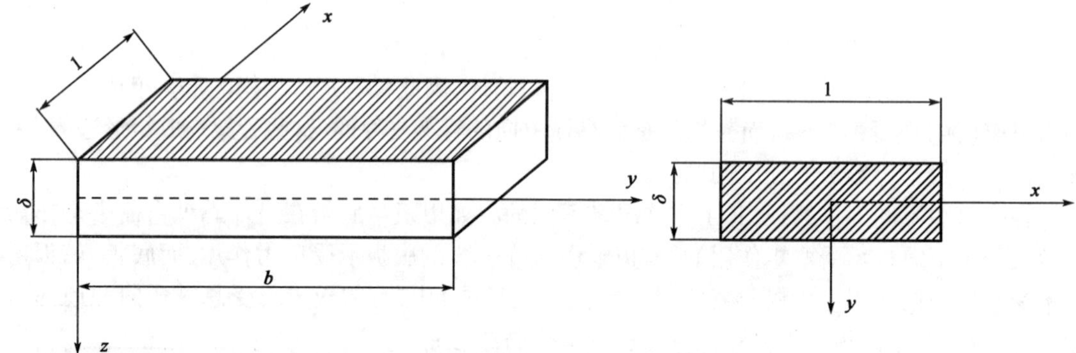

图 15-3　板条梁(尺寸单位:cm)

在计算板条梁时可以应用普通梁弯曲的已知成果,但要注意板条梁与普通梁又具有各自不同的特点,现在我们比较如下,见表 15-1。

板条梁与普通梁的对比　　表 15-1

普通梁	板条梁
$\sigma_x=0$	$\sigma_x\neq0$
$\varepsilon_x\neq0$	$\varepsilon_x=0$
$\sigma_x=\frac{E}{1-\mu^2}(\varepsilon_x+\mu\varepsilon_y)$	
$\sigma_y=\frac{E}{1-\mu^2}(\varepsilon_y+\mu\varepsilon_x)$	

续上表

普 通 梁	板 条 梁
$\varepsilon_x = -\mu\varepsilon_y$	$\sigma_y = \dfrac{E}{1-\mu^2}\varepsilon_y$
$\sigma_y = E\varepsilon_y$	$\sigma_x = \dfrac{E}{1-\mu^2}\mu\varepsilon_y = \mu\sigma_y$

由表 15-1 比较可得：

(1)两种梁在沿轴方向上的正应力和相对伸长关系是相似的，不同的是用 $E_1 = \dfrac{E}{1-\mu^2}$ 取代了弹性模数 E；

(2)普通梁在 x 轴方向上的正应力为 $\sigma_x = 0$，而板条梁内的正应力 σ_x 则是 σ_y 的 μ 倍。

下面我们研究板条梁弯曲的微分方程式。

板的弯曲同梁的弯曲是一样的，即变形之前垂直于中间面的线段保持垂直于弯曲后的中间面，同时该线段的长度保持不变。

板条渠的坐标建立如图 15-4 所示。如图 15-5 所示，将板条梁在离中间面 z 处取出一单元体来研究(单元体长度 $\mathrm{d}y$，厚度 $\mathrm{d}z$，宽度 1cm)，当板条梁弯曲时产生挠度，且距离为 $\mathrm{d}y$ 的两个剖面Ⅰ-Ⅰ和Ⅱ-Ⅱ相对地产生了一无限小的角度 $\mathrm{d}\alpha$，根据直法线假设，两剖面Ⅰ-Ⅰ和Ⅱ-Ⅱ仍旧垂直于板弯曲后的中间面，由图中可以看出分离段的长度增量 AB 为 $AB = z\,\mathrm{d}\alpha$，它在 y 轴上的相对伸长率为 $\varepsilon_y = \dfrac{AB}{\mathrm{d}y} = \dfrac{z\mathrm{d}\alpha}{\mathrm{d}y}$，而式中 $\dfrac{\mathrm{d}\alpha}{\mathrm{d}y} = \dfrac{1}{R}$ 为弯曲中间面的曲率(R 为板的中间面的曲率半径)，于是就有 $\varepsilon_y = \dfrac{z}{R}$，代入表 15-1 中的公式有：

$$\sigma_y = \frac{E}{1-\mu^2}\frac{z}{R} \tag{15-1}$$

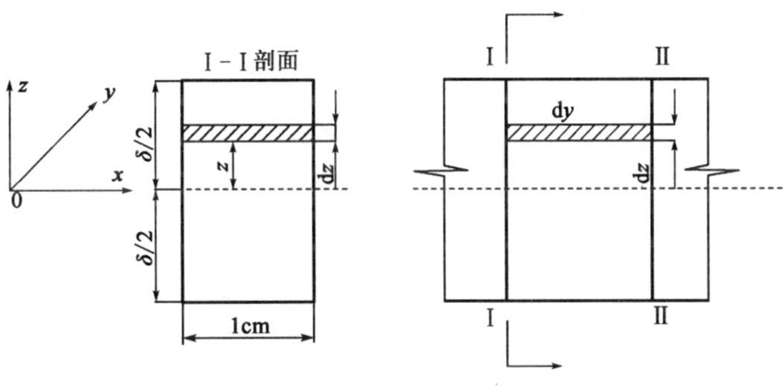

图 15-4　板条梁的坐标建立

由上式可知 σ_y 在厚度上是按直线规律变化的，在边缘处应力值最大，即：

$$(\sigma_y)_{\max} = \pm\frac{E}{1-\mu^2}\frac{\frac{t}{2}}{R} \tag{15-2}$$

同普通梁弯曲时一样，在微小变形时，板条梁有以下的关系：

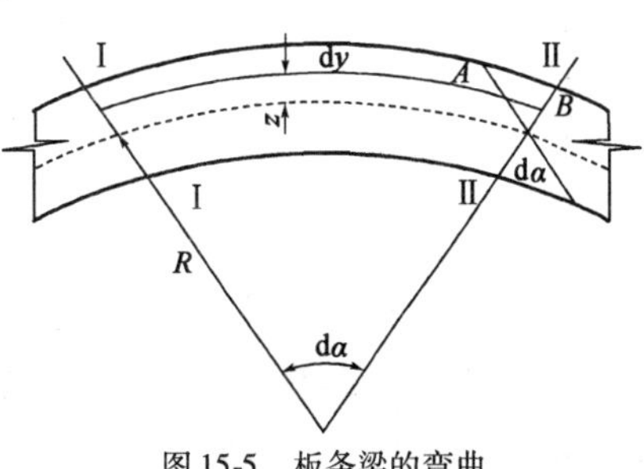

图 15-5　板条梁的弯曲

$$\frac{1}{R}=-\frac{\mathrm{d}^2w}{\mathrm{d}y^2} \tag{15-3}$$

则

$$\varepsilon_y=-z\frac{\mathrm{d}^2w}{\mathrm{d}y^2} \tag{15-4}$$

$$\sigma_y=-\frac{E}{1-\mu^2}z\frac{\mathrm{d}^2w}{\mathrm{d}y^2} \tag{15-5}$$

对于分离体来说，应力 σ_y 对中间面的力矩为 $\mathrm{d}y\mathrm{d}z\cdot z$，则整个剖面上的弯矩应为：

$$M=\int_{-\frac{t}{2}}^{+\frac{t}{2}}\sigma_y z\mathrm{d}z=-\frac{E}{1-\mu^2}\frac{\mathrm{d}^2w}{\mathrm{d}y^2}\int_{-\frac{t}{2}}^{+\frac{t}{2}}z^2\mathrm{d}z=-\frac{Et^3}{12(1-\mu^2)}\frac{\mathrm{d}^2w}{\mathrm{d}y^2}=-D\frac{\mathrm{d}^2w}{\mathrm{d}y^2} \tag{15-6}$$

式中：D——板的筒形刚度，$D=\dfrac{Et^3}{12(1-\mu^2)}$。

于是板条梁的微分方程式为：

$$D\frac{\mathrm{d}^2w}{\mathrm{d}y^2}=-M \tag{15-7}$$

按照梁的弯曲理论可知：

$$Q=\frac{\mathrm{d}M}{\mathrm{d}y}=-D\frac{\mathrm{d}^3w}{\mathrm{d}y^3} \tag{15-8}$$

$$p=-\frac{\mathrm{d}^2M}{\mathrm{d}y^2}=D\frac{\mathrm{d}^4w}{\mathrm{d}y^4} \tag{15-9}$$

如果我们已知板的边界条件，通过以上的公式便可以求得板条梁的挠度 w 及弯矩 M，则正应力为：

$$\sigma_y=\frac{M}{\frac{t^3}{12}}z \tag{15-10}$$

由于板条梁最大正应力在 $z=\pm\dfrac{t}{2}$处，则

$$(\sigma_y)_{\max}=\pm\frac{6M}{t^2} \tag{15-11}$$

$$(\sigma_x)_{\max}=\pm\mu\frac{6M}{t^2} \tag{15-12}$$

板条梁在筒形弯曲时剪切应力很小，可以忽略不计。

以下讨论常见的两种绝对刚性板的筒形弯曲情况。

一、自由支撑于长方形周界的筒形弯曲

设板自由支撑在长方形周界上（图 15-6），板长 a 比宽 b 大很多（$a/b>2$），且受到均布荷载 p 的作用，求板的挠度和弯矩。我们可以对板的微分方程 $D\dfrac{\mathrm{d}^4w}{\mathrm{d}^4y}=p$ 进行逐次积分，首先求得一般方程，则有：

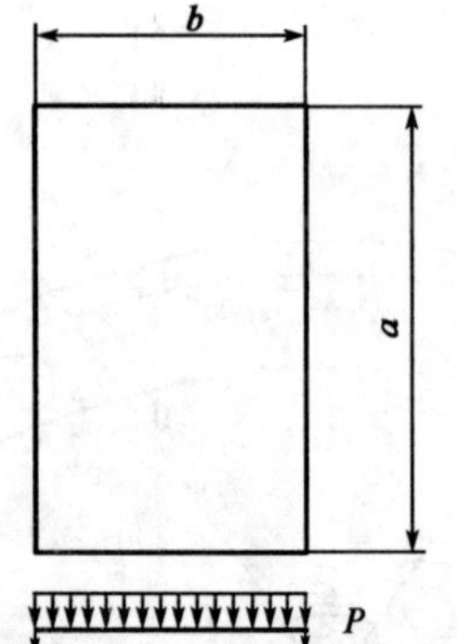

图 15-6　板自由支撑于长方形周界

$$\left.\begin{aligned} D\frac{\mathrm{d}^3w}{\mathrm{d}y^3} &= py + C_1 \\ D\frac{\mathrm{d}^2w}{\mathrm{d}y^2} &= p\frac{y^2}{2} + C_1y + C_2 \\ D\frac{\mathrm{d}w}{\mathrm{d}y} &= p\frac{y^3}{6} + C_1\frac{y^2}{2} + C_2y + C_3 \\ Dw &= p\frac{y^4}{24} + C_1\frac{y^3}{6} + C_2\frac{y}{2} + C_3y + C_4 \end{aligned}\right\} \tag{15-13}$$

下面我们来求任意常数 C_1、C_2、C_3、C_4。由于板的周界是刚性的，因此其周界处的挠度应为零，而且板又是自由支撑在周界上，故在周界处的弯矩也等于零，则边界条件为：

在 $y=0$ 和 $y=b$ 处，有 $w=0$、$\frac{\mathrm{d}^2w}{\mathrm{d}y^2}=0$ 将这些条件代入式(15-13)，则可得：

$$C_2 = C_4 = 0, C_1 = -\frac{pb}{2}, C_3 = \frac{pb^3}{24} \tag{15-14}$$

因此得到板的挠度 w 和弯矩 M 的方程式如下：

$$\left.\begin{aligned} w &= \frac{pb^4}{24D}\left(\frac{y}{b} - 2\cdot\frac{y^3}{b^3} + \frac{y^4}{b^4}\right) \\ M &= \frac{pb^2}{2}\left(\frac{y}{b} - \frac{y^2}{b^2}\right) \end{aligned}\right\} \tag{15-15}$$

按照式(15-15)我们可以给出板的挠度图和弯矩图，在实际中，通常只需要求出其最大值，而最大值均在 $y=b/2$，求得：

$$\left.\begin{aligned} w_{\max} &= \frac{5}{384}\frac{pb^4}{D} \\ M_{\max} &= \frac{pb^2}{8} \end{aligned}\right\} \tag{15-16}$$

二、刚性固定于长方形周界的筒形弯曲

设已知板刚性固定于长方形周界上，板的长度 a 比宽度 b 大很多($a>>b$)，且受到均布载重 p 的作用，求板的挠度和弯矩。

分析的方法同上，只是板的周界固定条件不同。由于是刚性支撑，因此板的周界处的挠度和转角都等于零，即在 $y=0$ 和 $y=b$ 处，有 $w=0$、$\frac{\mathrm{d}w}{\mathrm{d}y}=0$，将其代入板的微分方程可得：$C_3 = C_4 = 0, C_1 = \frac{-pb}{12}, C_2 = \frac{pb^2}{12}$。

因此得板的挠度和弯矩方程式如下：

$$\left.\begin{aligned} w &= \frac{pb^4}{24D}\frac{y^2}{b^2}\left(1 - 2\cdot\frac{y}{b} + \frac{y^2}{b^2}\right) \\ M &= -\frac{pb^4}{12}\left(1 - 6\cdot\frac{y}{b} + 6\cdot\frac{y^2}{b^2}\right) \end{aligned}\right\} \tag{15-17}$$

在 $y=b/2$ 处,板条梁的最大挠度为:

$$w_{\max}=\frac{1}{384}\frac{pb^4}{D} \tag{15-18}$$

在 $y=0$ 和 $y=b/2$ 处,其弯矩值分别为:

$$\left.\begin{aligned} M_2&=\frac{pb^2}{12}\\ M_1&=\frac{pb^2}{24}\end{aligned}\right\} \tag{15-19}$$

在刚性支撑的矩形板中,刚支撑端的弯矩为上拉下压,且比板中弯矩(上压下拉)大一倍。

第二节　绝对刚性板的一般弯曲

前面我们研究的是当板的长宽比较大时,板呈筒形弯曲的情况。下面我们来讨论当板的长宽比不大的情况,此时板不呈筒形弯曲,在两个边长方向的弯曲影响都要考虑。

我们在平板上截取一单元体,如图 15-7 所示,其单元体的长宽分别为 dx、dy,高为板厚 t,并将 xyz 坐标取在单元体的中平面上,单元体除了有弯矩 M_x、M_y 和扭矩 M_{xy}外,还有侧向垂直剪力,用 Q_x 和 Q_y 表示,则

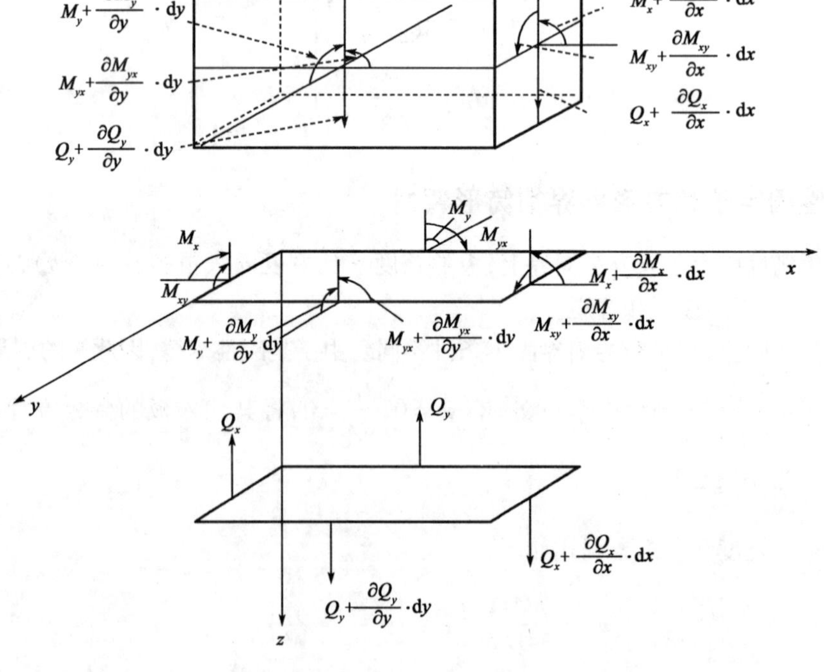

图 15-7　板条梁的单元体

$$Q_x = \int_{-\frac{t}{2}}^{\frac{t}{2}} \tau_{xy} \mathrm{d}z \tag{15-20}$$

$$Q_y = \int_{-\frac{t}{2}}^{\frac{t}{2}} \tau_{yz} \mathrm{d}z \tag{15-21}$$

由于弯矩和剪力是坐标的函数，因此必须考虑微增量 $\mathrm{d}x$、$\mathrm{d}y$ 的影响。

此外还须考虑在板的上表面的荷载分布(p)，则单元体上的荷载为 $p\mathrm{d}x\mathrm{d}y$。

首先在 z 轴上投影平衡，则得：

$$\frac{\partial Q_y}{\partial y} - \mathrm{d}y\mathrm{d}x + \frac{\partial Q_x}{\partial x}\mathrm{d}x\mathrm{d}y + p\mathrm{d}x\mathrm{d}y = 0 \tag{15-22}$$

将式(15-22)中无穷小量省略，得：

$$\frac{\partial Q_y}{\partial y} + \frac{\partial Q_x}{\partial x} + p = 0 \tag{15-23}$$

将单元体上的力对 x 轴取力矩，得：

$$\frac{\partial M_{xy}}{\partial x}\mathrm{d}x\mathrm{d}y - \frac{\partial M_y}{\partial y}\mathrm{d}y\mathrm{d}x + Q_y\mathrm{d}x\mathrm{d}y + \frac{\partial Q_y}{\partial y}\mathrm{d}y\mathrm{d}x\mathrm{d}y + p\mathrm{d}y\mathrm{d}x\frac{\mathrm{d}y}{2} = 0$$

由于后两项为二阶无穷小量，故省略，得：

$$\frac{\partial M_{xy}}{\partial x} - \frac{\partial M_y}{\partial y} + Q_y = 0 \tag{15-24}$$

同理，对 y 轴取矩，得：

$$\frac{\partial M_{yx}}{\partial y} + \frac{\partial Mx}{\partial x} - Q_x = 0 \tag{15-25}$$

由式(15-23)～式(15-25)得到：

$$\frac{\partial^2 M_y}{\partial y^2} - \frac{\partial^2 M_{xy}}{\partial x \partial y} + \frac{\partial^2 M_{xy}}{\partial x \partial y} + \frac{\partial^2 M_x}{\partial x^2} = -p \tag{15-26}$$

由于 $\tau_{xy} = -\tau_{yx}$，$M_{yx} = -M_{xy}$，所以：

$$\frac{\partial^2 M_y}{\partial y^2} + \frac{\partial^2 M_x}{\partial x^2} - 2\frac{\partial^2 M_{xy}}{\partial x \partial y} = -p \tag{15-27}$$

又由于：

$$\left.\begin{aligned} M_x &= -D\left(\frac{\partial^2 w}{\partial x^2} + \mu\frac{\partial^2 w}{\partial y^2}\right) \\ M_y &= -D\left(\frac{\partial^2 w}{\partial x^2} + \mu\frac{\partial^2 w}{\partial x^2}\right) \\ M_{xy} &= -M_{yx} = D(1-\mu)\frac{\partial^2 w}{\partial x \partial y} \end{aligned}\right\} \tag{15-28}$$

所以

$$D\left(\frac{\partial^4 w}{\partial x^4} + 2\frac{\partial^4 w}{\partial x^2 \partial y^2} + \frac{\partial^4 w}{\partial y^4}\right) = p \tag{15-29}$$

根据板的各种边界条件，对以上方程式积分，则可以求得关于板的挠度和弯矩等要素，而此具体积分过程比较复杂，是三角函数的形式，详见《板壳理论》(铁木辛柯)。以下我们只给出板上的最大值。

图 15-8 ~ 图 15-11 为不同边界支撑条件下的板的尺寸图。

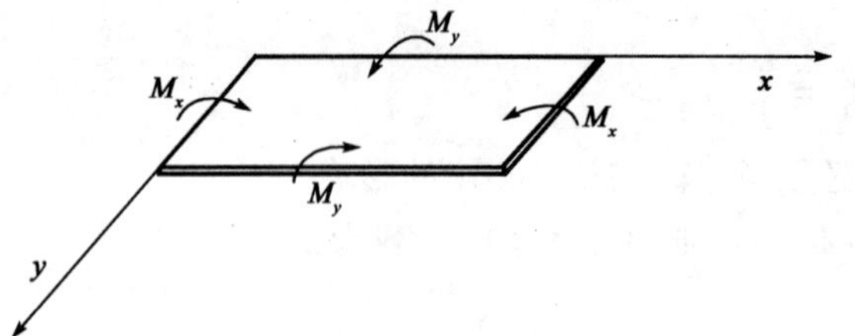

图 15-8　双向弯曲的矩形板

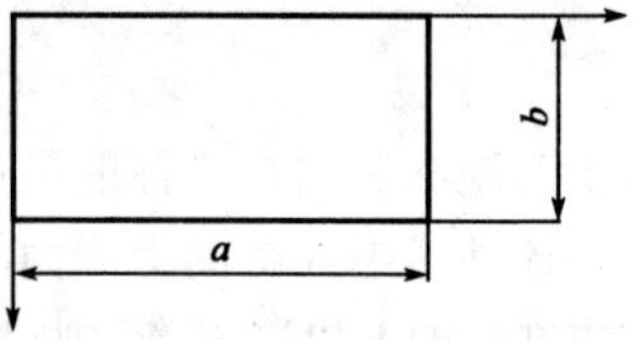

图 15-9　四周自由支撑的矩形板

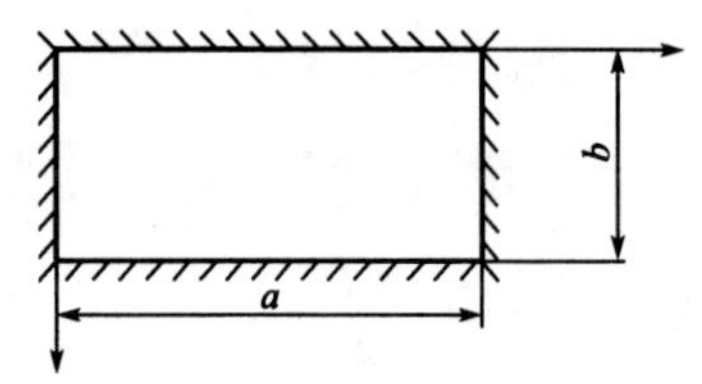

图 15-10　四周刚性支撑的梁

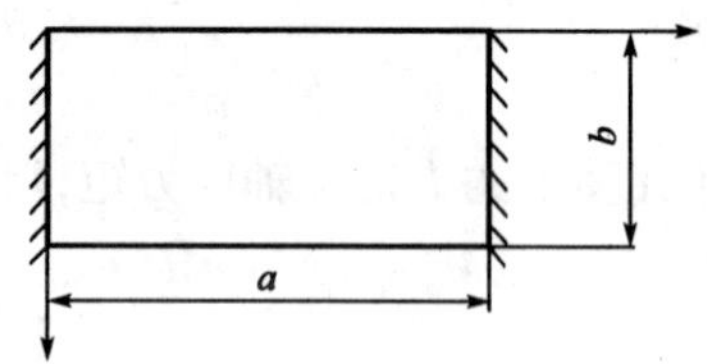

图 15-11　两对边刚性固定、两边左右支承的梁

一、四边自由支承

四边自由支承板系数见表 15-2。

四边自由支承板的系数　　表 15-2

a/b	K_1	K_2	K_3
1.0	0.044 3	0.047 9	0.047 9
1.1	0.053 0	0.049 4	0.055 3
1.2	0.061 6	0.050 1	0.062 6
1.3	0.069 7	0.050 4	0.069 3
1.4	0.077 0	0.050 6	0.075 3
1.5	0.084 3	0.050 0	0.081 2
1.6	0.090 6	0.049 3	0.086 2
1.7	0.096 4	0.048 6	0.090 8
1.8	0.101 7	0.047 9	0.094 8
1.9	0.106 4	0.047 1	0.098 5
2.0	0.110 6	0.046 4	0.101 7
3.0	0.133 6	0.040 4	0.118 5
4.0	0.140 0	0.038 4	0.123 5
5.0	0.141 6	0.037 5	0.124 6
∞	0.142 2	0.037 5	0.125 0

二、四边刚性支撑

四边刚性支承板的系数见表 15-3。

四边刚性支承板的系数 表 15-3

a/b	K_1	K_2	K_3	K_4	K_5
1.0	0.013 8	0.023 1	0.023 1	0.051 3	0.051 3
1.1	0.016 5	0.023 1	0.026 4	0.053 8	0.058 1
1.2	0.018 8	0.022 8	0.029 9	0.055 4	0.063 9
1.3	0.021 0	0.022 4	0.032 7	0.056 3	0.068 8
1.4	0.022 7	0.021 5	0.034 9	0.056 8	0.072 6
1.5	0.024 1	0.020 4	0.036 8	0.057 0	0.075 7
1.6	0.025 1	0.019 3	0.038 1	0.057 1	0.078 0
1.7	0.026 0	0.018 2	0.039 2	0.057 1	0.079 9
1.8	0.026 7	0.017 4	0.040 1	0.057 1	0.081 2
1.9	0.027 2	0.016 5	0.040 7	0.057 1	0.082 2
2.0	0.027 6	0.015 8	0.041 2	0.057 1	0.082 9
3.0	0.027 9	0.014 3	0.041 5	0.057 1	0.083 2
4.0	0.028 2	0.013 9	0.041 7	0.057 1	0.083 3
5.0	0.028 4	0.013 9	0.041 7	0.057 1	0.083 3
∞	0.028 4	0.012 5	0.041 7	0.057 1	0.083 3

三、对边分别为刚支和简支

对边分别为刚支和简支承板的系数见表 15-4。

对边分别为刚支和简支承板的系数 表 15-4

板边比	$a>b$				$a<b$			
	K_1	K_2	K_3	K_4	K_1	K_2	K_3	K_4
1.0	0.021 4	0.032 2	0.024 4	0.069 8	0.021 4	0.032 2	0.024 4	0.069 8
1.1	0.027 6	0.037 0	0.030 9	0.078 8	0.022 8	0.035 6	0.023 0	0.073 9
1.2	0.034 9	0.040 1	0.037 7	0.086 8	0.024 3	0.037 4	0.021 6	0.077 0
1.3	0.042 5	0.042 6	0.044 7	0.093 8	0.025 5	0.038 8	0.020 2	0.079 3
1.4	0.050 4	0.044 6	0.051 7	0.099 8	0.026 2	0.039 9	0.018 9	0.080 8
1.5	0.058 2	0.046 0	0.058 5	0.104 9	0.027 0	0.040 6	0.017 2	0.082 9
1.6	0.065 8	0.046 9	0.065 0	0.109 0	—	—	—	—
1.7	0.073 0	0.047 4	0.071 1	0.112 4	—	—	—	—
1.8	0.079 0	0.047 6	0.076 8	0.115 2	—	—	—	—
1.9	0.086 3	0.047 6	0.082 1	0.117 3	—	—	—	—
2.0	0.092 2	0.047 4	0.086 9	0.119 1	0.028 4	0.042 1	0.014 2	0.084 2
3.0	0.127 6	0.042 1	0.114 4	0.124 6	—	—	—	—

续上表

板边比	a > b				a < b			
	K_1	K_2	K_3	K_4	K_1	K_2	K_3	K_4
4.0	0.138 3	0.039 0	0.122 3	0.125 0	—	—	—	—
5.0	0.141 2	0.037 6	0.124 3	0.125 0	—	—	—	—
∞	0.142 2	0.037 5	0.125 0	0.125 0	0.028 4	0.041 7	0.012 5	0.083 3

$$w = K_1 \frac{pb^4}{E\delta^3}$$

$$M_1 = K_2 pb^2$$

$$M_2 = K_3 pb^2$$

$$M'_1 = K_4 pb^2$$

$$M'_2 = K_5 pb^2$$

按以上各式分别求出最大弯矩后，板上下表面的正应力可用下式计算：

$$\sigma = \pm \frac{6M}{t^2} \tag{15-30}$$

式中：K_i（$i = 1 \sim 5$）——分别为系数，可查表15-2～表15-4得出。

a——板的长边长度；

b——板的短边长度；

t——板的厚度；

p——均布荷载集度；

w——最大挠度；

M_1——平行于 y 轴的弯矩；

M_2——平行于 x 轴的弯矩；

M'_1——平行于 y 轴的固支边弯矩；

M'_2——平行于 x 轴的固支边弯矩。

第三节　有限刚性板的筒形弯曲

有的板除承受横向荷载作用外，在板的中间面还有纵向力作用，即板同时承受弯曲应力和链应力的共同作用，其总应力为：

$$\sigma = \sigma_M + \sigma_R \tag{15-31}$$

式中：σ_M——由横向荷载 p 作用产生的弯应力；

σ_R——由纵向力 R 作用产生的链应力。

渡河舟艇多为薄板结构，一般为横骨架式，其肋骨间距比舟宽要小，当板在直接承受横向荷载（水压力）作用时，其支撑骨架有阻碍板的两端因弯曲而相互趋近的作用，因此便使板内产生了纵向力。注意，此纵向力是由于板受横向力作用而产生的，此时的板应按有限刚性板的筒形弯曲来计算。

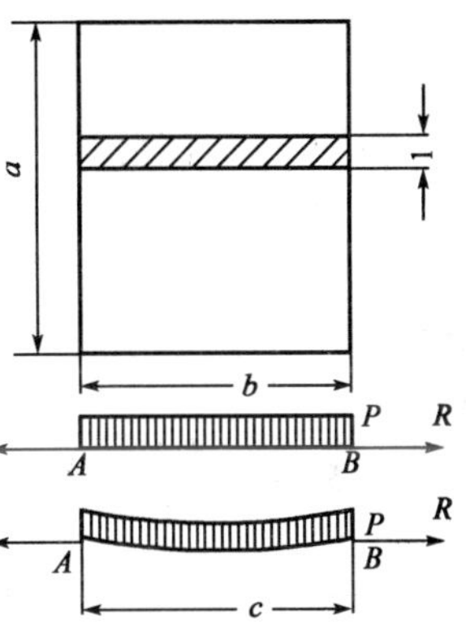

图 15-12 板条梁的变形

下面我们来研究链锁应力与弯曲应力的计算方法。

一、链锁应力的计算

如图 15-12 所示为一筒形弯曲的有限刚性板，横向荷载为 p，纵向力为 R，板的长边为 a，板的短边为 b，且 $a/b>2$。

对此情况我们也像绝对刚性板一样，首先取一板条梁来研究，要求链锁应力，则须先求纵向力 R。

1. 求纵向力 R

板上的 p 为已知，而 R 是未知数，我们可以根据以下条件来分析，板弯曲时两端靠近的距离等于支撑骨架受到的压缩的距离。

按照胡克定律，由于 R 作用，板条梁的伸长：

$$\Delta S = \frac{Rb}{E_1 \times 1 \times t} \tag{15-32}$$

同理，支撑骨架受到压缩时的压缩距离为：

$$b - c = \frac{Rb}{EF} \tag{15-33}$$

式中：b——板条梁跨度；

c——支撑骨架压缩后长度（挠曲线弦长）；

E——材料弹性模量；

E_1——板条梁相当弹性模量；

F——支撑骨架的剖面面积；

$1\times t$——板条梁剖面面积。

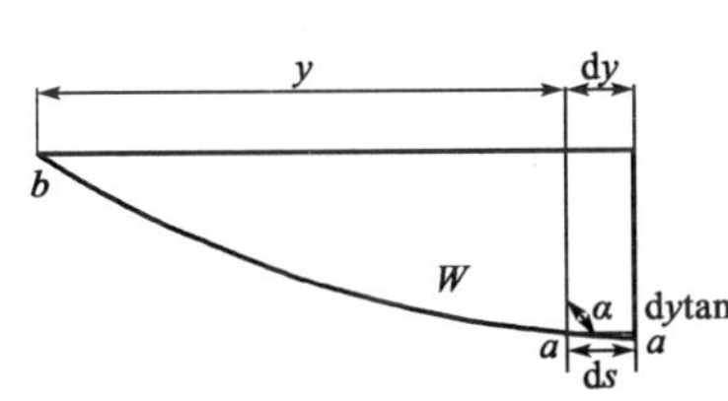

图 15-13 单元体 ab

现在用 w 表示由于 p 和 R 作用于板条梁产生的挠度值，并求出板条梁挠曲线的总长度，为此，截取板条梁的一个单元体 ab 来研究，如图 15-13 所示。

因此 ds 可以近似为：

$$\mathrm{d}s^2 = \mathrm{d}y^2 + (\mathrm{d}y \cdot \tan\alpha)^2 = \mathrm{d}y^2(1+\tan^2\alpha) \tag{15-34}$$

$$\mathrm{d}s = \mathrm{d}y\sqrt{1+\tan^2\alpha} \approx \mathrm{d}y\sqrt{1+\alpha^2} = \mathrm{d}y\sqrt{1+\left(\frac{\mathrm{d}w}{\mathrm{d}y}\right)^2} \approx 1 + \frac{1}{2}\left(\frac{\mathrm{d}w}{\mathrm{d}y}\right)^2$$

因此：

$$s = \int_0^c \left[1 + \frac{1}{2}\left(\frac{\mathrm{d}w}{\mathrm{d}y}\right)^2\right]\mathrm{d}y = c + \frac{1}{2}\int_0^c \left(\frac{\mathrm{d}w}{\mathrm{d}y}\right)^2 \mathrm{d}y \tag{15-35}$$

板条梁拉伸后的伸长值：

$$\Delta s = s - b = \frac{1}{2}\int_0^c \left(\frac{\mathrm{d}w}{\mathrm{d}y}\right)^2 \mathrm{d}y - (b-c) \tag{15-36}$$

$$\varepsilon_x \approx \frac{\Delta S}{b} = \frac{R}{E_1 t} \tag{15-37}$$

将式(15-36)代入式(15-37)可得下面方程：

$$\frac{Eb}{E_1 t} = \frac{1}{2}\int_0^c \left(\frac{\mathrm{d}w}{\mathrm{d}y}\right)^2 \mathrm{d}y - \frac{Rb}{EF} \tag{15-38}$$

由于 $c \approx b$,因此有:

$$\int_0^b \left(\frac{\mathrm{d}w}{\mathrm{d}y}\right)^2 \mathrm{d}y \approx \int_0^b \left(\frac{\mathrm{d}w}{\mathrm{d}y}\right)^2 \mathrm{d}y \tag{15-39}$$

$$\frac{1}{2}\int_0^c \left(\frac{\mathrm{d}w}{\mathrm{d}y}\right)^2 \mathrm{d}y = \frac{Rb}{E_1 t} + \frac{Rb}{EF} \tag{15-40}$$

而 $E_1 \approx E, \frac{F+t}{F} \approx 1$,于是

$$R = \frac{E_1 t}{2b}\int_0^b \left(\frac{\mathrm{d}w}{\mathrm{d}y}\right)^2 \mathrm{d}y \tag{15-41}$$

由式(15-41)可以看出,如果已知板条梁的挠度时,则纵向力 R 就可以求出。以下介绍两种情况下的结构计算。

2. 板条梁两端自由支承并承受均布荷载

如图 15-13 所示,板条梁在横向荷载 p 及纵向力作用下,其剖面所受弯矩为:

$$M_x = -Rw + \frac{pb}{2}x - \frac{px^2}{2} \tag{15-42}$$

将该式代入板条梁的弯曲微分方程式中得:

$$w'' - \frac{Rw}{D} = -\frac{bpx}{2D} + \frac{px^2}{2D} \tag{15-43}$$

将该式积分并根据边界条件可解得:

$$w_x = \frac{pb^4}{16u^4 D}\left[\frac{\cosh u\left(1 - \frac{2x}{b}\right)}{\cosh u} - 1\right] + \frac{pb^2 x}{8u^2 D}(b - x) \tag{15-44}$$

其中 u 为参数, $u^2 = \frac{Rb^2}{4D}$,将式(15-44)代入式(15-43)中,经过积分后可得:

$$\left[\frac{E}{(1-\mu^2)p}\right]^2\left(\frac{t}{b}\right)^8 = \frac{135\tanh u}{16u^9} + \frac{27\tanh^2 u}{16u^8} - \frac{135}{16u^8} + \frac{9}{8u^6} \tag{15-45}$$

3. 板条梁两端刚性支承并承受均布荷载

如图 15-13 所示,板条梁在横向荷载 p 及纵向力作用下,其剖面所受弯矩为:

$$M_x = m - Rw + \frac{pb}{2}x - \frac{px^2}{2} \tag{15-46}$$

将该式代入板条梁的弯曲微分方程式中得:

$$w'' - \frac{Rw}{D} = -\frac{bpx}{2D} + \frac{px^2}{2D} - \frac{m}{D} \tag{15-47}$$

将该式积分并根据边界条件可解得:

$$w_x = \frac{pb^4}{16u^3 D}\frac{1}{\tanh u}\left[\frac{\cosh u\left(1 - \frac{2x}{b}\right)}{\cosh u} - 1\right] + \frac{pb^2 x}{8u^2 D}(b - x) \tag{15-48}$$

同理可得:

$$\left[\frac{E}{(1-\mu^2)p}\right]^2\left(\frac{t}{b}\right)^8 = -\frac{81}{16u^7\tanh u} - \frac{27}{16u^8\tanh^2 u} + \frac{27}{4u^8} + \frac{9}{8u^6} \tag{15-49}$$

当板的尺寸、材料及载重(即 b、E、p、t 等)已知时,把各数据代入所得的公式可解得相应的 u 值,从而可求得纵向力 R,即:

$$R = \frac{4u^2D}{b} \tag{15-50}$$

在计算中,参数 u 可用表格形式确定,以符号 U 表示式(15-45)和式(15-49)中左边部分,即:

$$U = \left[\frac{E}{(1-\mu^2)p}\right]^2\left(\frac{t}{b}\right)^8\frac{1}{K} \tag{15-51}$$

其中 K 称为"支承系数",它考虑了板条梁两端支座有一定的自由趋近。K 值在 0 ~ 1 之间变化,当 $K=1$ 时,表示板边完全不可以趋近;当 $K=0$ 时,表示板边能自由趋近,即 $U\to\infty$,$u=0$,则板中没有纵向力;当 $0<K<1$ 时,表示板边可以趋近一些,但是并非能自由趋近。一般在计算中取 $K=0.5$。

为使计算简化,在表格中不列函数 U,而采用 $\lg10^4\sqrt{U}$,即:

$$\lg10^4\sqrt{U} = \lg10^4\left[\frac{E}{(1-\mu^2)p}\right]\left(\frac{t}{b}\right)^4\frac{1}{\sqrt{K}} \tag{15-52}$$

表 15-5 中列出了两种情况的函数 U 与参数 u 的相应数据。

对两端自由支持的板条梁,其最大挠度和最大弯矩为:

$$w_{\max} = \frac{5}{384}\cdot\frac{pb^4}{D}\varphi_0(u) \tag{15-53}$$

$$M_{\max} = \frac{pb^2}{8}\chi_0(u) \tag{15-54}$$

式中:$\varphi_0(u)$、$\chi_0(u)$——复杂弯曲的辅助函数,它考虑了纵向力 R 对挠度和弯矩的影响,其大小随 u 值而变化,查表 15-5 可得。

对两端刚性固定的板条梁,其最大挠度和最大弯矩为:

$$w_{\max} = \frac{1}{384}\frac{pb^4}{D}\varphi_1(u) \tag{15-55}$$

$$M\left(\frac{b}{2}\right) = \frac{pb^2}{24}\chi_1(u) \tag{15-56}$$

$$M(0) = -\frac{pb^2}{12}\chi_2(u) \tag{15-57}$$

式中:$\varphi_1(u)$、$\chi_1(u)$、$\chi_2(u)$——复杂弯曲的辅助函数,查表 15-5 可得。

有限刚性板的参数及辅助函数 表 15-5

u	两端自由支持板条梁			两端刚性支持板条梁			
	$\lg10^4\sqrt{U}$	$\varphi_0(u)$	$\chi_0(u)$	$\lg10^4\sqrt{U}$	$\varphi_1(u)$	$\chi_1(u)$	$\chi_2(u)$
0.0		1.000	1.000		1.000	1.000	1.000
0.5	3.889	0.908	0.905	3.217	0.976	0.972	0.984
1.0	3.483	0.711	0.704	2.886	0.909	0.894	0.939
1.5	3.173	0.532	0.511	2.663	0.817	0.788	0.876
2.0	2.911	0.380	0.367	2.481	0.715	0.673	0.806
2.5	2.684	0.281	0.268	2.320	0.617	0.563	0.736
3.0	2.486	0.213	0.200	2.174	0.529	0.467	0.672

续上表

u	两端自由支持板条梁			两端刚性支持板条梁			
	$\lg 10^4\sqrt{U}$	$\varphi_0(u)$	$\chi_0(u)$	$\lg 10^4\sqrt{U}$	$\varphi_1(u)$	$\chi_1(u)$	$\chi_2(u)$
3.5	2.311	0.166	0.153	2.040	0.453	0.386	0.614
4.0	2.155	0.132	0.120	1.916	0.388	0.320	0.563
4.5	2.014	0.107	0.097	1.801	0.335	0.267	0.519
5.0	1.886	0.088	0.079	1.694	0.291	0.224	0.480
5.5	1.768	0.074	0.066	1.594	0.254	0.189	0.446
6.0	1.660	0.063	0.055	1.501	0.223	0.162	0.417
6.5	1.650	0.054	0.047	1.413	0.197	0.139	0.391
7.0	1.467	0.047	0.041	1.331	0.175	0.121	0.367
7.5	1.380	0.041	0.036	1.256	0.156	0.106	0.347
8.0	1.298	0.036	0.031	1.179	0.141	0.093	0.328
8.5	1.221	0.032	0.028	1.109	0.127	0.083	0.311
9.0	1.148	0.029	0.025	1.042	0.115	0.074	0.296
9.5	1.079	0.026	0.022	0.979	0.105	0.066	0.283
10.0	1.014	0.024	0.020	0.918	0.096	0.060	0.270
10.5	0.951	0.021	0.018	0.860	0.088	0.054	0.259
11.0	0.892	0.020	0.017	0.805	0.081	0.050	0.248
11.5	0.835	0.018	0.015	0.751	0.075	0.045	0.238
12.0	0.780	0.016	0.014	0.700	0.069	0.042	0.229

已知板条梁的纵向力和弯矩后，其链应力和最大弯曲应力就可以求得：

对两端自由支承的板条梁：

$$\sigma_R = \frac{R}{1 \times t} = \frac{4u^2 D}{tb^2} = \frac{Eu^2}{3(1-\mu^2)}\left(\frac{t}{b}\right)^2 \tag{15-58}$$

$$\sigma_M = \frac{6M_{max}}{t^2} = \frac{3}{4}p\left(\frac{b}{t}\right)^2\chi_0(u) \tag{15-59}$$

对两端刚性固定的板条梁：

$$\sigma_R = \frac{Eu^2}{3(1-\mu^2)}\left(\frac{t}{b}\right)^2 \tag{15-60}$$

$$\sigma_M = \frac{1}{2}p\left(\frac{b}{t}\right)^2\chi_2(u) \tag{15-61}$$

综合以上分析计算，可得出如下结论：

(1)纵向力对板的弯曲影响很大，与绝对刚性板相比，它可减小板的挠度、弯矩和应力。

(2)参数 u 值与横向荷载 p 有相当大的关系，p 增大时，u 也随着增大，即纵向力 R 增大。说明纵向力的产生与横向荷载是相互联系的。

(3)链应力的影响依据参数 u 而定，当 u 增大时，其影响也增大；当 u 减小时，其影响也减小；如果 $u<0.5$，则链应力的影响可以忽略不计。

二、例题

已知底板周界尺寸为：$a\times b=1.2\text{m}\times0.4\text{m}$，板厚度为 $t=3\text{mm}$；b 为肋骨间距，板边为自由支撑，其他数据同总纵弯曲正应力计算例题，计算局部弯曲应力。

计算步骤如下。

底板边长比为：$a/b=1.2/0.4=3$，属于筒形弯曲的板。

舟体满载吃水：

$$T=\frac{R_1+R_2+\sum p_0}{\gamma L_1 B}=\frac{22+300+40}{10\times16.78\times2.4}=0.9(\text{m})$$

底板所受水压强度：

$$p=\gamma T=10\times0.9=9\text{kN/m}^2=90(\text{kPa})$$

按照式(15-51)计算 U：

$$U=\left[\frac{E}{(1-\mu^2)p}\right]^2\left(\frac{t}{b}\right)^8\frac{1}{K}=\left[\frac{2.1\times10^5}{(1-0.3^2)\times90}\right]^2\left(\frac{3}{0.4\times100}\right)^8\frac{1}{0.5}=132\times10^{-4}$$

因此 $\lg10\sqrt[4]{U}=\lg10\sqrt[4]{132\times10^{-4}}=3.06$。

查表 15-5 得，参数 $u=1.8$，辅助函数 $\chi_0(u)=0.424$。

则板的弯曲应力为：

$$\sigma_M=\frac{6M_{max}}{\delta^2}=\frac{3}{4}p\left(\frac{b}{t}\right)^2\chi_0(u)=\frac{3}{4}\times90\left(\frac{40}{3}\right)^2\times0.424\times10^{-2}=50.88(\text{MPa})$$

链应力为：

$$\sigma_R=\frac{Eu^2}{3(1-\mu^2)}\left(\frac{t}{b}\right)^2=\frac{2.1\times10^5\times1.8^2}{3(1-0.3^2)}\left(\frac{3}{0.4\times100}\right)^2\times10^{-2}=14.02(\text{MPa})$$

$$\sigma=\sigma_M+\sigma_R=64.90(\text{MPa})$$

参考文献

[1] 王建平,程建生.舟艇原理与设计[M].南京:解放军理工大学工程兵工程学院,2003.
[2] 彭公武.船体结构与制图[M].哈尔滨:哈尔滨工程大学出版社,2008.
[3] OM 帕利.船舶结构力学手册[M].徐秉汉,译.北京:国防工业出版社,2002.
[4] 孙丽萍.船舶计算结构力学[M].哈尔滨:哈尔滨工程大学出版社,2009.
[5] 吴梵,朱锡,梅志远.船舶结构力学[M].北京:国防工业出版社,2010.
[6] 盛振邦.船舶原理(上册)[M].上海:上海交通大学出版社,2010.
[7] 盛振邦,刘应中.船舶原理(下册)[M].上海:上海交通大学出版社,2010.
[8] 朱军.舰船静力学[M].长沙:国防科技大学出版社,2001.
[9] 李忠林,魏莉洁,张子睿.船体建造工艺学[M].哈尔滨:哈尔滨工程大学出版社,2006.
[10] 刘向东.船舶结构与强度[M].北京:国防工业出版社,2010.
[11] 王建平,黄亚新,程建生.浮桥工程[M].北京:人民交通出版社,2012.
[12] 王建平,程建生.舟桥设计理论[M].北京:国防工业出版社,2012.
[13] 潘晓明.船舶原理[M].北京:人民交通出版社,2007.
[14] 梁霄,李巍.船舶操纵性与耐波性[M].大连:大连海事大学出版社,2010.
[15] 冯铁城,朱文蔚,顾树华.船舶操纵与摇荡[M].北京:国防工业出版社,1989.
[16] 伊绍林.船舶阻力[M].北京:国防工业出版社,1985.

[17] 彭英声. 舰船耐波性基础[M]. 北京:国防工业出版社,1989.
[18] 徐德伦,于定勇. 随机海浪理论[M]. 北京:高等教育出版社,2001.
[19] 俞聿修. 随机波浪及其工程应用[M]. 北京:大连理工大学出版社,2000.
[20] 刘应中,缪国平. 高等流体力学[M]. 上海:上海交通大学出版社,2000.
[21] 刘岳元,冯铁城,刘应中. 水动力学基础[M]. 上海:上海交通大学出版社,1990.